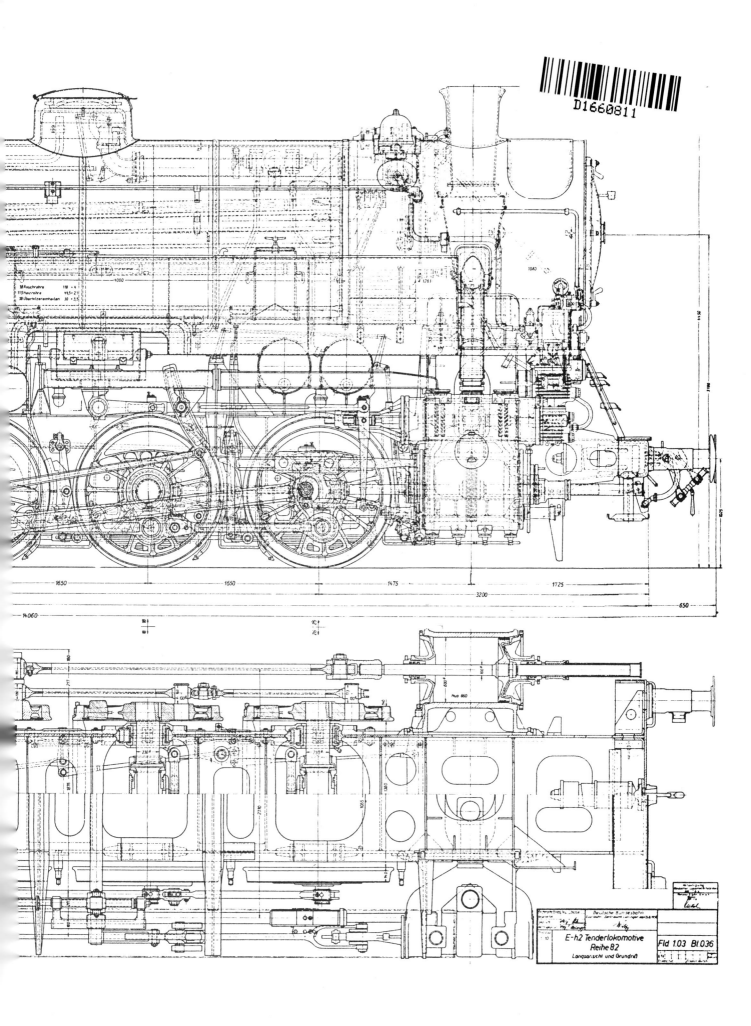

kohlhammer edition eisenbahn
herausgegeben von Wolfgang Fiegenbaum

1 Vorderansicht der 66 001, aufgenommen am 5.10.1955 im Werkshof der Fa. Henschel in Kassel. Die Maschine hat bereits werksseitig die doppelte Luftbehälterleitung für die Wendezugsteuerung, die Montage des Steuergerätes erfolgte allerdings erst danach im AW Jülich. Über dem rechts zu sehenden Puffer lugt die Turbospeisepumpe hervor.

Jürgen Ebel

Die Neubau-Dampflokomotiven der Deutschen Bundesbahn

Band 2
Technik und Geschichte
der Tenderloks BR 65, 82 und 66

Unter Mitarbeit von
Rüdiger Gänsfuß und
Werner Schimmeyer

Verlag W. Kohlhammer
Stuttgart Berlin Köln Mainz

Inhalt

Die Baureihe 65 6
   Vorgeschichte 6
   BR 65 als 1'D1' 7
   Die endgültige Gestalt 7
   Die Vorentwürfe im Vergleich 9

Die Baureihe 82 11
   Vorgeschichte 11
   BR 94 dringend nötig 12
   BR 82: Erste Neubaulok 13
   Die Vorentwürfe im Vergleich 15

Technische Beschreibung der Baureihen 65 und 82 17
   Vorbemerkung 17
   Allgemeines 17
   Der Kessel 22
   Die Kesselausrüstung 26
   Der Rahmen 32
   Das Laufwerk der BR 65 34
   Das Laufwerk der BR 82 36
   Die Zylinder 38
   Das Triebwerk 38
   Die Steuerung 40
   Die Bremse 41
   Die Dampfheizung 43
   Die Schmierung 43
   Die Beleuchtungsanlage 45
   Das Führerhaus 45
   Die Kohlen- und Wasserkästen 47

Die Baureihe 65 im Betrieb 48
   Leistungstafeln im Vergleich 48
   Erprobung und Bewährung 49
   Alle 65 auf »Z« 50
   Das Leichtbautriebwerk 52
   Die zweite Serie 53
   Mit geschobenem Zug 54
   Der Hauptmangel 58
   Lokführer-Meinungen 59
   Bewertung 60
   Bauartänderungen 60

Beheimatungen und Einsätze der Baureihe 65 63
   Unterhaltung 63
   BD Essen 63
   BD Wuppertal 65
   BD Frankfurt/M 66
   BD Nürnberg 71
   Stoom Stichting Nederland (SSN), Rotterdam 71

Die Baureihe 82 im Betrieb 77
   Erprobung und Bewährung 77
   Kinderkrankheiten 78
   Ein »Konstruktionsfehler« 80
   Henschel-Mischvorwärmer 84
   Unterhaltungskosten 90

   Im Steilstreckendienst 92
   Bewertung 95
   Bauartänderungen 96

Beheimatungen und Einsätze der Baureihe 82 98
   Unterhaltung 98
   BD Hamburg 98
   BD Hannover 102
   BD Münster 102
   BD Essen 105
   BD Wuppertal 106
   BD Mainz 108
   BD Stuttgart 114

Die Baureihe 66 121
   Vorgeschichte 121
   Eine ganz andere Lok 123
   Die Vorentwürfe im Vergleich 125

Technische Beschreibung der Baureihe 66 127
   Der Kessel 128
   Die Kesselausrüstung 129
   Der Rahmen 130
   Das Laufwerk 130
   Die Zylinder 133
   Das Triebwerk 133
   Die Steuerung 135
   Die Bremse 135
   Die Dampfheizung 135
   Die Schmierung 135
   Die Beleuchtung 136
   Das Führerhaus 136
   Die Kohlen- und Wasserkästen 136

Die Baureihe 66 im Betrieb 138
   Erprobung und Bewährung 138
   Erstaunliche Versuchsergebnisse 138
   Bauartänderungen 141
   Lokführer-Erfahrungen 143
   Bewertung 143

Beheimatungen und Einsätze der Baureihe 66 145
   Unterhaltung 145
   BD Frankfurt/M 145

Einige »Schubladen-Projekte« 150
   Abkehr von der Dampflok 153
   Neubau-Dampfloks bei der DR 155

Bildnachweis 157
Die abgebildeten Maschinen 157

Anhang 158
   Die Lebensläufe der Neubau-Dampfloks
   BR 10, 23, 65, 66, 82 158
   Literaturübersicht 183

Titelbild: 082 008 verläßt mit dem morgendlichen Güterzug Neuwied – Siershahn die Station Engers, wo die Nebenbahn von der rechten Rheinstrecke abzweigt. Wenige Wochen nach der am 8. 10. 1971 entstandenen Aufnahme wurde 082 008 abgestellt. Die Lok steht heute als Denkmal beim Bf Lingen.

Vorderer Vorsatz: BR 82 (ohne Vorwärmer) im Lieferzustand
Hinterer Vorsatz: 66 001 im Lieferzustand

Alle Rechte vorbehalten
© 1984 Verlag W. Kohlhammer GmbH
Stuttgart Berlin Köln Mainz
Verlagsort: Stuttgart
Umschlagentwurf: hace
Gesamtherstellung:
W. Kohlhammer Druckerei GmbH + Co. Stuttgart
Printed in Germany

CIP-Kurztitelaufnahme der Deutschen Bibliothek

Ebel, Jürgen:
Die Neubau-Dampflokomotiven der Deutschen Bundesbahn / Jürgen Ebel. –
Stuttgart; Berlin; Köln; Mainz: Kohlhammer
(Kohlhammer-Edition Eisenbahn)

Bd. 2. Ebel, Jürgen: Technik und Geschichte der Tenderloks BR 65, 82 und 66. – 1984

Ebel, Jürgen:
Technik und Geschichte der Tenderloks BR 65, 82 und 66 / Jürgen Ebel.
Unter Mitarb. von Rüdiger Gänsfuss u. Werner Schimmeyer. –
Stuttgart; Berlin; Köln; Mainz: Kohlhammer, 1984.
(Die Neubau-Dampflokomotiven der Deutschen Bundesbahn / Jürgen Ebel; Bd. 2)
(Kohlhammer-Edition Eisenbahn)
ISBN 3-17-007358-3

2 65012, die beim Bw Letmathe beheimatet werden sollte, während der Abnahmeprobefahrt in München im Mai 1951. Hinter der Lok eine bei Krauss-Maffei aufgearbeitete 50 – das Reparaturprogramm lief noch.

Die Baureihe 65

Vorgeschichte

Schon vor dem Zweiten Weltkrieg hatte bei der DRG die Ablösung verschiedener, in großen Stückzahlen vorhandener Tenderlokomotiven verschiedentlich auf der Tagesordnung gestanden. So hatte es im vorläufigen Typenplan von 1923 auch eine 1'D1' für den Vorortverkehr gegeben. Die Maschine hatte so aussehen sollen:
Zylinderdurchmesser 630 mm, Kolbenhub 660 mm, 14 Atü Dampfdruck, Heizfläche 159 m², Überhitzerheizfläche 56 m², Rostfläche 3,5 m², Wasser/Kohle 10/3 t, Reibungsgewicht 72 t, Gesamtgewicht 93 t.
Weil die BR 93[5] damals noch recht neu gewesen war, zog man im endgültigen Typenplan allerdings die Entwicklung einer leichten 1'D1' für Nebenbahnen vor, die wegen kleiner Vorräte und eines Achsdrucks von 15 t natürlich die 93[5] nicht ersetzen konnte. Der Einsatz der so entstandenen BR 86 beschränkte sich auch noch zu Zeiten der Bundesbahn auf Nebenstrecken.
Beliebt war die preußische T 14[1], die BR 93[5], von Anfang an nicht. Ein sehr leistungsfähiger Kessel, der den Personalen kaum Sorgen machte, thronte auf einem vollkommen mangelhaften Lauf- und Triebwerk. Gewaltige Überhänge vorn und hinten trotz Laufachsen verhalfen ihr zu einem zuckenden Gang, der hintere Wasserkasten mußte stillgelegt werden, weil der Achsdruck auf die Laufachse zu groß war und Undichtigkeiten des Kastens Wasser in die Laufachslager eindringen ließ. Im Leerlauf neigte die Lok dauernd zu Heißläufern, wenn nicht mit ein paar Atü Schmierdampf gefahren wurde. Schon vor dem Krieg war deshalb ein Teil der Baureihe in den Rangierdienst abgewandert, ansonsten waren sie häufig im Nebenbahndienst zu finden, wo sie bei geringen Geschwindigkeiten im gemischten Güter- und Personenzugdienst, vor allem in den Mittelgebirgen, wohl befriedigten.
Ein Ersatz durch die BR 78[0] kam nicht in Frage, weil die 78 als ausgesprochene Personenzuglok mit drei Kuppelachsen im Anzug zu langsam war und für Güterzüge kaum benutzt werden konnte. Bei Wiedergründung des Fachausschusses Lokomotiven in den Westzonen Deutschlands nach dem Krieg war denn auch von Anfang an eine Mehrzweck-Ersatz-93 im Gespräch, die den Vorortpersonen- und Güterverkehr modernisieren sollte. Denn mit Verfügung vom 6.12.1947 hatte die Hauptverwaltung der Eisenbahn in Bielefeld die beiden Generalbetriebsleitungen Süd (in Stuttgart) und West (in Bielefeld) aufgefordert, sich in den Reichsbahndirektionen umzuhören, welche Typen denn nun für ein neues Programm gebraucht würden. Die Hauptverwaltung hatte dieser Anfrage eine Baureihenauswahl beigelegt, die nach Ansicht der Hauptverwaltungs-Techniker weiter beschafft werden könnten. Die 86 war darin wohl enthalten, nicht aber eine Nachfolgerin für die 93[5]. Das korrigierten die beiden Generalbetriebsleitungen umgehend: Übereinstimmend forderten sie eine vierfach gekuppelte Gemischtzug-Tenderlok mit 18 t Achslast und ca. 90 km/h. Diese Bauart wäre im Vorortverkehr auch besser geeignet als die zur Weiterbeschaffung vorgesehene BR 62. Man könne sie auch im Güterschleppdienst im Bereich von Ballungszentren einsetzen, wie es auf der Berliner Ringbahn ursprüngliche Aufgabe der BR 93 gewesen sei. Die Reichsbahndirektion Wuppertal wartete sofort mit einem konkreten Vorschlag auf, den die GBL West weitergab: Die Baureihe 93 Neu sei als 1'D2' auszuführen, sie könne dann auch auf den längeren steigungsreichen Nebenbahnen z. B. im Bereich Wuppertal mit ausreichenden Vorräten fahren. Dieser Vorschlag dürfte auf Abteilungspräsident Alsfasser von der RBD Wuppertal zurückgehen, der danach auch als Mitglied des Fachausschusses die Beratungen über die Neubaudampfloks entscheidend geprägt hat.

Am 27. und 28.7.1948 hatte sich der Fachausschuß Lokomotiven mit den Vorschlägen der Direktionen zu befassen und auch erste Beschlüsse über die neue BR 93 zu treffen. Einleitende Überlegungen über das neue Typenprogramm und die neuartigen Bauelemente sind in Band 1, Seite 6 ff. wiedergegeben. Auf Bauelemente, die dort ausführlich behandelt worden sind, wird deshalb hier nur kurz eingegangen, soweit sie prägend für die ganze Typenreihe sind.
In seinem einleitenden Bericht über die neuen Typen machte sich Alsfasser vor den Ausschußmitgliedern über die neue 93 schon recht genaue Vorstellungen: Aus Ersatzteilgründen könnte sie den Kessel der BR 23 erhalten, der Treibraddurchmesser solle auf 1400 mm vergrößert werden, um 80 km/h zu ermöglichen, Achsdruck 17 t und einen Vorrat von 16 m³ Wasser und 5,5 t Kohle. Die Lok solle, wie die übrigen Typen, einen Barrenrahmen erhalten, einen Naßdampfregler, einen Aschkasten mit verbessertem Luftzutritt und verbesserte Sandstreueinrichtungen.
Ihm pflichtete Reichsbahnrat Müller vom MA Fulda (der später im Versuchsamt Minden tätig war) bei. Man müsse zwar die 86 für Lokalbahnen weiterbauen, aber: »Für den schweren Nebenbahndienst ist die Weiterentwicklung der T 14[1] zu einer 1'D2' h2 Gt 47.18 mit 16 m³ Wasser und 5 t Kohle, D = 1400 mm, V = 80 km/h, D = 550 mm bei s = 660 mm und einer Heizfläche H_v = 145 m² nicht zu umgehen. Der Hauptteil des Wassers ist über dem rückwärtigen Drehgestell unterzubringen, um eine Verminderung des Reibungsgewichtes bei abnehmenden Vorräten zu verhindern.«
Damit hatte er die endgültige 65 schon fast »beisammen«. Müllers weitere Forderungen: Bei der Ausgestaltung des Laufwerks sei besonders auf einen guten Bogenlauf zu achten. Beim Kessel gehe es nicht um die Frage »lange oder breite Feuerbüchse«, sondern darum, eine möglichst große Feuerbüchsheizfläche als wirksamste Verdampfungsfläche zu erhalten bei gleichzeitig sparsam kleinem Rost. Da solle man nicht vor dem Einbau einer in den Langkessel verlängerten Verbrennungskammer zurückschrecken (siehe auch Band 1, Seite 10).

Etwas andere Vorstellungen von der neuen Gemischtzuglok hatte Reichsbahndirektor Lehner vom Zentralamt Göttingen. Er wollte mit einer 1'D1' mit 1600 mm Treibraddurchmesser und umstellbarem Achsdruck von 18 auf 20 t gleichzeitig die geplanten 62, 78 und 93 ersetzen. Er ging dabei aber von »kürzeren Strecken« aus. Insofern »stach« sein Vorschlag auch nicht, denn ein Teil des Einsatzbereiches wäre unbesetzt geblieben. Außerdem bleibt die Frage, was ein verstellbarer Achsdruck bei einer Lok sollte, die dauernden Schwankungen des Reibungsgewichtes wegen des Verbrauchs der Vorräte unterworfen gewesen wäre.
Eine 1'D1' forderte auch Friedrich Witte, wollte aber damit auch die BR 86 ersetzen. Die 93 Neu solle somit von 15 auf 17 t Achsdruck umschaltbar sein. Nur damit könne man dann die zusätzliche Type mit drei Laufachsen vermeiden. Die Unterbringung von 14 m³ Wasser und 5 t Kohle müßte eigentlich auch auf der leichten 1'D1' möglich sein, so Witte.
Dieser Meinung schloß sich vorerst der Ausschuß an. Einig war er sich auch, daß man nach den inzwischen vorliegenden Erfahrungen keine Einwände gegen geschweißte Kessel und Rahmen haben brauchte, sollten diese von den entsprechend ausgerüsteten Lokomotivfabriken angeboten werden. Ausdrücklich zu Protokoll nehmen ließ in dieser Sitzung Reichsbahnrat Müller seine abweichende Meinung zur 93 Neu. Er meinte, daß bei einer Realisierung nach seinem Vorschlag auch die vom Ausschuß vorgeschlagenen Baureihen 24 Neu und 54 Neu überflüssig werden würden, die ja nur wegen der größeren Vorräte gebaut werden sollten.

BR 65 als 1'D1'

Nach dieser Sitzung gingen die Entwicklungsarbeiten an den einzelnen Bauteilen für die Neubauloks weiter. So wurden z.B. geschweißte Kessel durchgezeichnet, ein Steuerbock, der nicht mehr am Kessel befestigt war, wurde entworfen, Dampfpfeife und gewindelose, eingeschweißte Stehbolzen wurden weiterentwickelt. Mischvorwärmer verschiedener Bauarten machten Fortschritte, der Aschkasten Bauart Stühren wurde für die neuen Typen vorgesehen.

Wichtig sei es, darüber redete der Fachausschuß während seiner 3. Sitzung vom 19.–21.10.1948, die Sozialeinrichtungen auf den Loks zu verbessern. Geschlossene Führerhäuser, Essenswärmer, Isolierung des Stehkessels, Lüftung, Steuerungsbock und bequemere Sitze waren Forderungen, die später auf der BR 65, wie auf den anderen ersten Neubauloks realisiert wurden.

Am 8.12.1948 beauftragte die Hauptverwaltung der Eisenbahn das Zentralamt Göttingen, zunächst die Baureihen 23, 78, 93 und 94 zu entwickeln und je drei Loks zu beschaffen. In seiner Sitzung 2a beschäftigte sich der Fachausschuß deshalb am 1.2.1949 (parallel zu den Vorentwicklungsarbeiten) mit der Ausgestaltung dieser Typen.

Unter dem Tagesordnungspunkt »BR 93« konzentrierte sich der Ausschuß in seiner Diskussion vor allem auf die verlangte Höchstgeschwindigkeit und Kesselgröße. Der Werkstättendienst hatte Bedenken, weil die geforderte Höchstgeschwindigkeit von 85 km/h im schweren Vorortdienst sehr häufig gefahren werden müsse. Da würde der Treibraddurchmesser von nur 1400 mm Schwierigkeiten bringen. Gleichzeitig, da war der Ausschuß sich einig, mit einem Übergang auf 1500 mm Treibraddurchmesser müsse man auch auf die Achsfolge 1'D2' übergehen, weil sonst das zusätzliche Gewicht des Triebwerks und die geforderten Vorräte nicht untergebracht werden könnten.

Als Beschluß wurde dann festgehalten, die 93 Neu sei auf eine Hg von 85 km/h auszulegen, solle 8,5 t Dampfleistung pro Stunde bringen, einen Achsdruck von 17 t haben und einen Treibraddurchmesser von 1500 mm. Die BR 86 müsse demnach gesondert ins Typenprogramm übernommen werden, da die 93 als Ersatz-86/93 nunmehr nicht mehr zu gebrauchen sei.

Am 4.3.1949 verfügte die Hauptverwaltung dann die Beschaffung der Baureihen 23, 78, 93 und 94. Am selben Tag noch bestellte das Zentralamt Göttingen bei Henschel, Krauss-Maffei, Krupp, Esslingen und Jung Vorentwürfe für die Baureihen (das Schreiben ist im Wortlaut wiedergegeben in Band 1, Seite 12). Die 78 wurde zunächst (und endgültig) wieder abbestellt, da die anderen Entwicklungsarbeiten dringender seien. Bei der Baureihe 93 Neu wurde den Werken freigestellt, die Achsfolge 2'D2' anzubieten, wenn die Vorräte besser unterzubringen seien. Wichtige Punkte bei der Bestellung waren: Die Verlegung der Instrumente in ein Pult, Steuerwelle auf dem Rahmen, Zusammenfassung der Kesselventile, nichtsaugende Strahlpumpe, Mischvorwärmer, 14 Atü Kesseldruck, 385 °C Überhitzung, Verbrennungskammer freigestellt, Heißdampfregler, Schweißung des Kessels, Barrenrahmen oder geschweißter Blechrahmen freigestellt, Krauss-Helmholtz-Gestell mit verbesserter Rückstellung.

Im Laufe des Mai und Juni 1949 stellten die Fabriken die Zeichnungen fertig, im Juli entschied sich die Hauptverwaltung, den endgültigen Entwurf in Anlehnung an die Heizflächenverteilung des Henschel-Entwurfes aufstellen zu lassen. Das EZA Göttingen schrieb am 10.9.1949 an die Lokfabrik Krauss-Maffei in München-Allach:

»Wir nehmen Bezug auf die auch Ihnen zugegangenen Schreiben 23 Faal 34/2 vom 10.7.1949, 23 Faal 34/3 vom 11.7.1949 und 23 Faal 34/4 vom 10.9.1949 betreffend Entwicklung und Baugrundsätze der Lok 82 und 23. Wir erteilen Ihnen hiermit den Auftrag auf Durchbildung der Lok Reihe 65 unter den Voraussetzungen unserer Anfrage vom 4.3.1949, 23 Faal 34/2 und der oben genannten Schreiben sowie der nachstehenden ergänzenden Hinweise.

Die Lok soll allgemein nur bezüglich der Heizfläche in Anlehnung an den Entwurf P I 1474 von Henschel durchgebildet werden. Wir nehmen an, daß Ihnen durch den Austausch der Entwürfe die genannte Zeichnung P I 1474 zur Verfügung steht, anderenfalls bitten wir Sie, sich mit Henschel in Verbindung zu setzen.

Der Kessel soll in allen Teilen geschweißt werden. Wir bitten sich bezüglich der schweißtechnischen Einzelheiten an die inzwischen fertiggestellten Zeichnungen zum Kessel der Lok 82 zu halten. Das bezieht sich auch auf den gleichmäßig um die Feuerbuchse mit 140 mm einzuhaltenden Wandabstand. Die Feuerbuchse soll eine Verbrennungskammer erhalten. Die Deckenanker sind im Stehkessel und Feuerbuchse gewindelos mit Spiel einzuschweißen, desgleichen die Seitenstehbolzen der Regelausführung, sowie die Gelenkstehbolzen mit Ausgleichring Bauart R.Z.A.

Die Lok soll einen Schüttelrost Bauart Henschel – R.Z.A. erhalten. Die Mischvorwärmeranlage ist im gegenseitigen Benehmen mit Firma Knorr unter Zugrundelegung einer Heißwasser-Kolbenpumpe durchzubilden, dabei ein Mischkasten in einer Nische der Rauchkammer, sowie ein Speicher im rechten Wasserbehälter vorzusehen, damit die Umschaltung auf Kalt- bzw. Speicherwasser unmittelbar mechanisch vom Außenreglergestänge abgeleitet werden kann, je nachdem, ob bei geschlossenem oder offenem Regler gespeist wird. Als zweite Speiseeinrichtung ist eine nichtsaugende Strahlpumpe auf der linken Seite unter dem Heizerstand anzuordnen.

Der Kessel erhält eine vereinfachte Feuertür mit vergrößerter Öffnung und abblendbarer Schauluke zur Beobachtung der Feuerlage. Am Aschkasten sind seitliche Luftklappen ohne Züge anzuordnen. Führerhaus, Dom und Schornstein sind der Fahrzeugumgrenzung nach Anlage F der B O anzupassen. Der Stehkessel muß im Führerhaus sorgfältig isoliert werden, der Armaturstutzen ist außerhalb des Führerhauses anzuordnen. Auf gute Lüftung des Führerhauses wird größter Wert gelegt, und bei Einrichtung des Führerhauses sind alle Erleichterungen des Dienstes für das Personal besonders zu berücksichtigen. Das Abschlammventil Bauart Gestra ist vom Führerstand aus zu steuern.

Der Rahmen ist in allen Teilen zu schweißen, und zwar nach den in der Rahmenzeichnung für Lok 82 festgelegten Grundsätzen. Hierzu gehört auch, daß die Stellmuttern unterhalb des Achsgabelsteges gefaßt werden können.

Bei Durchbildung der Zylinder ist darauf zu achten, daß die Dampfwege geringste Drosselverluste haben.

Steuerung und Steuerbockanordnung, sowie Anordnung der Anzeigeinstrumente in einem Pult nach dem Vorgang bei Lok 82.

Bei Durchbildung der Wasserkästen ist eine kräftemäßig klare Abstützung am Rahmen zu beachten unter Entlastung von Kräften, die aus Triebwerk und Steuerung übertragen werden können.

Die Lok erhält kleine Windleitbleche der Regelausführung. Die Sandkästen sind von den Wasserkästen getrennt möglichst in Einheitsausführung für die verschiedenen Baureihen anzuordnen.

Zur Ausführung des Drehgestells werden wir besonders Stellung nehmen. Für das führende Lenkgestell möchte eine besondere, kleine Schmierpumpe vorgesehen werden, die von den Bewegungen des Gestells angetrieben über Mehrfachverteiler die dem Verschleiß unterliegenden Gelenke mit Öl versorgt.

Wir schlagen vor, mit der Konstruktion zu beginnen, wenn Ihnen demnächst die bereits fertigen Konstruktionsunterlagen zur Reihe 82 vorliegen.

Sollten Sie vorziehen, aus wirtschaftlichen oder anderen Gründen den Entwurf dieser Lok wie diejenigen der Reihe 23 und 82 auch durch das zur Zeit bei Firma Henschel eingerichtete Büro ausarbeiten zu lassen, dann bitten wir uns baldmöglichst zu verständigen.

Falls Sie jedoch den Auftrag annehmen, bitten wir um monatliche Abrechnung der von uns zur Hälfte bis zum Höchstbetrag von 50 000,– DM übernommenen Kosten.

Technisches Gemeinschaftsarchiv und die übrigen Lokfabriken haben Abschrift erhalten.«

Auf Schüttelrost und Mischvorwärmer verzichtete man dann wie bei der BR 23 aber wieder.

Die endgültige Gestalt

Als sich der Fachausschuß in seiner 6. Sitzung am 18. und 19.10.1949 in Wertheim mit der 65 zu befassen hatte, lag ihm nicht nur das Paket der verschiedenen Vorentwürfe vor, die auf verwendbare Details geprüft werden sollten, sondern sogar schon der noch gerade am 12.10.1949 fertiggestellte endgültige Entwurf der BR 65.

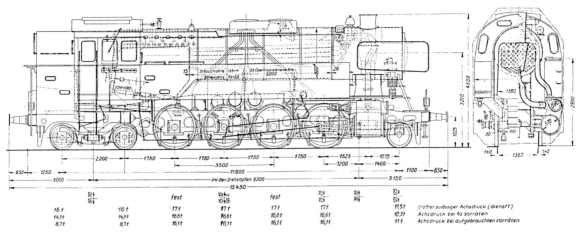

3 Das Projekt L 1936 von Esslingen zeigt noch keine ausgesprochenen »Neubaulok-Eigenschaften«. Das Heizflächenverhältnis des Kessels bewegt sich mit 9,0 im konservativen Bereich. Außer der Schweißung zeigt der Kessel keine Besonderheiten: Er verzichtet auf eine Verbrennungskammer, Sandkasten und Schornstein entsprechen Kriegsvorbildern. Als Vorwärmer kann wahlweise ein Oberflächenvorwärmer und ein Mischvorwärmer Bauart Knorr eingebaut werden. Die Feuerbüchse erweitert sich nach unten, um ein leichtes Aufsteigen der Dampfblasen im Stehkessel zu ermöglichen. Der Mehrfachventil-Heißdampfregler entspricht der geforderten Bauart. Er wird über einen Seitenzughebel betätigt. Dabei ist ein Ausgleichshebel zwischengeschaltet, um Verletzungen des Lokführers bei Reglerstörungen zu vermeiden.
Der Rahmen ist noch als Barrenrahmen ausgeführt. Die Steuerungswelle findet unter dem Führerhaus ihren Platz und ist so vor Beschädigungen durch Sand oder Wasser geschützt. Das Führerhaus ist gegenüber den übrigen Entwürfen sehr eng.

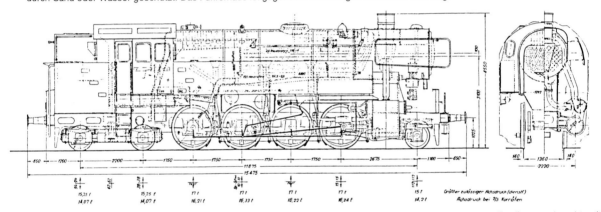

4 Das Henschel-Projekt Pl 1474 bildete die Grundlage für die tatsächliche Ausführung der BR 65. Dazu waren allerdings noch recht weitgehende Änderungen nötig. Der Kessel des Entwurfs ist mit einer großen Verbrennungskammer ausgestattet, die konische Erweiterung des hinteren Kesselschusses ist mit 200 mm recht stark. Auch hier ist der Reglerhebel über ein Zwischenstück geschützt. Als Vorwärmer wird ein Mischvorwärmer MVR benutzt, wie er auch für die 23 angeboten wurde. Der Rahmen ist noch als Barrenrahmen ausgeführt, die Zylinder entsprechen dem 23-Entwurf. Vorne ist der Rahmen wie bei der 23 offen gehalten, die Lampen sind an der Rauchkammer befestigt. Die Steuerungswelle hat direkt vor dem Führerhaus ihren Platz gefunden. Hinter den Wasserkästen sind jeweils drei hohe Sandkästen verborgen. Das hintere Drehgestell ist aus Außenrahmendrehgestell ausgeführt, um Aussparungen im Hauptrahmen zu vermeiden.
Während dieser Entwurf die Zusammenfassung von Vorlaufachse und erster Kuppelachse in einem Krauß-Helmholtz-Gestell vorsah, wurde noch ein Alternativ-Entwurf vorgelegt: Demnach sollten Laufachse und die ersten beiden Kuppelachsen zu einem Eckhard-Gestell zusammengefaßt werden. Die hintere Drehgestellachse sollte in einem Bisselgestell gelagert sein, dessen Deichsel an der vorderen Drehgestellachse angelenkt war. Diese Drehgestellachse sollte wiederum mit der letzten Kuppelachse zu einem Krauß-Gestell mit festem Drehpunkt verbunden sein.

5 Der Jung-Entwurf 2562 verzichtet auf eine Verbrennungskammer. Vielmehr griff man beim geschweißten Kessel auf preußische Konstruktionsmerkmale zurück und sah eine mit 2230 × 1185 mm sehr lange und schmale Rostfläche vor. Stehkessel und Feuerbüchse mußten dafür unten eingezogen werden. Der Heißdampfregler findet auf dem Rauchkammerscheitel seinen Platz. Als Rahmen wird ein Blechrahmen vorgeschlagen. Das hintere Drehgestell erhält 1000 mm große Radsätze, während die Vorlaufachse 850 mm große Räder hat. Die Steuerung erfolgt über eine schräge Stange auf die vorne liegende Welle. Das Führerhaus ist recht geräumig gehalten. Von der gesamten Formgestaltung und Anordnung der Proportionen her präsentierte Jung das wohl ausgeglichenste Projekt.

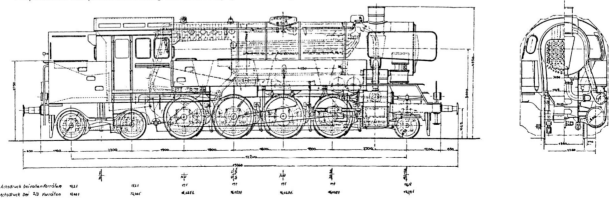

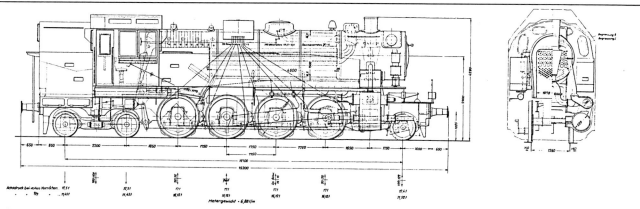

6 Krupp bleibt bei seinem Entwurf Lp 17551 der bei den 23 gefundenen Linie treu. Wie dort realisierte man flache, gestreckte Formen. Der Kessel verfügt über einen »preußischen« Stehkessel mit einer Rostfläche von 2160 × 1078 mm. Trotz der langen Feuerbüchse, die keine Verbrennungskammer hat, wird nur ein ungünstiges Heizflächenverhältnis erreicht. Neben dem Heißdampfregler ist ein Krupp-Mischvorwärmer vorgesehen, wie er auch bei der BR 94 Neu projektiert wurde. Dabei liegt die Mischtrommel wie ein Oberflächenvorwärmer vor dem Schornstein. Es ist ein Blechrahmen vorgesehen, mit 620 mm ist der Zylinderdurchmesser sehr groß, im Verhältnis dazu erscheinen die sehr knapp bemessenen Kesseldimensionen zu klein. Das Steuerungshandrad ist in einem Pult angeordnet, die Steuerungswelle findet unterhalb des Führerhauses ihren Platz.

7 Das Krauss-Maffei-Projekt A 1784 weist eine ebenso ungewöhnliche Form auf wie der 23-Entwurf des Unternehmens. Wie dort ist der Mischvorwärmer in der oval nach oben erweiterten Rauchkammer untergebracht. Trotz der Verbrennungskammer ist der Kessel zylindrisch, hat aber einen Durchmesser von 1800 mm. Die Heizfläche erscheint für den angepeilten Dienst als zu reichlich bemessen. Die Maschine ist mit einem Blechrahmen ausgerüstet. Der Wasservorrat ist hauptsächlich unterhalb des Umlaufes in einem Kasten untergebracht. Auf einen durchgehenden Kasten vor dem Führerhaus konnte verzichtet werden. Der Stehkessel ist dadurch gut zugänglich. Die hinteren Laufachsen besitzen Räder mit 1000 mm Durchmesser. Die Steuerungswelle ist vorne untergebracht, die Übertragungsstange verläuft hinter dem Umlaufblech. Wie das 23-Projekt zeigt auch dieser Entwurf einen Schüttelrost. Der Kesselentwurf sah übrigens um den Dom schon ein eingeschweißtes Verstärkungsblech vor, das später bei allen Neubauloks »der ersten Generation« nachgerüstet werden mußte.

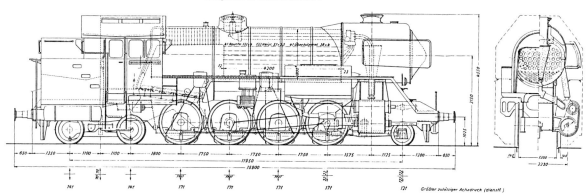

Die Vorentwürfe im Vergleich		Projekte:					
Bezeichnung	Dimension	BR 93[5] Alt	Esslingen L 1936	Henschel Pl 1474	Jung 2562	Krupp Lp 17551	Krauss-Maffei A 1784	BR 65 Neu
Zylinderdurchmesser	mm	600	570	550	600	620	570	570
Kolbenhub	mm	660	660	660	660	660	660	660
Treibraddurchmesser	mm	1350	1500	1500	1500	1500	1500	1500
Laufraddurchmesser	mm	1000	850	850	850/1000	850	850/1000	850
Gesamt-Achsstand	mm	9300	11800	11875	12200	12100	11900	11975
Dampfdruck	kg/cm^2	12	14	14	14	14	14	14
Rostfläche	m^2	2,49	3,1	2,67	2,64	2,32	3,0	2,67
Heizfläche der Feuerbüchse (HF)	m^2	13,89	15,1	15,0	14,7	10,75	16,0	14,8
Heizfläche der Rauchrohre (HR)	m^2	47,99	68,7	63,5	55,5	45,2	67,5	63,58
Heizfläche der Heizrohre (HH)	m^2	64,74	67,7	60,1	72,3	61,4	74,5	61,55
Verdampfungsheizfläche gesamt feuerberührt	m^2	126,62	151,5	138,6	142,5	117,35	158,0	139,93
Heizfläche des Überhitzers	m^2	50,28	60,0	62,9	58,5	46,9	65,0	62,9
Gesamtheizfläche (H)	m^2	176,9	211,5	201,5	201,0	164,25	223,0	202,83
Heizflächenverhältnis	$\frac{HR + HH}{HF}$	8,1	9,0	8,2	8,7	9,9	8,9	8,5
Rohrlänge	mm	4700	5000	4000	4050	4500	4200	4000
Länge über Puffer	mm	14500	15450	15475	15860	15300	15900	15475
Achsstand des Drehgestells	mm	–	2200	2200	2200	2200	2200	2200
Leergewicht	t	79,6	85,5	87,6	80,8	80,0	81,0	81,2
Dienstgewicht	t	104,0	111,5	113,5	107,5	105,4	108,0	107,6
Reibungsgewicht	t	70,0	68,0	68,0	68,0	68,0	68,0	67,6
Wasservorrat	m^3	14,0	14,0	14,0	14,0	15,0	15,0	14,0
Kohlenvorrat	t	4,5	4,5	4,5	4,5	4,5	4,5	4,8
Zul. Höchstgeschwindigkeit	km/h	70	85	85	85	85	85	85

Vom Standpunkt des Betriebsdienstes, stellte Abteilungspräsident Alsfasser während der Sitzung fest, sei keine weitere Vergrößerung der Lok nötig als 15 Prozent Mehrleistung gegenüber der BR 93^5. Damit werde sie alle Aufgaben erfüllen können. Bei den Entwürfen käme es darauf an, daß die Abmessungen sich nach dem häufigsten Betriebszustand richteten und eine gewisse Reserve vorhanden sei. Die günstigste Geschwindigkeit der Lok solle, wenn sie hauptsächlich auf Nebenbahnen eingesetzt würde, bei 60 km/h liegen.

Er kam zu dem Ergebnis, daß Henschel, Jung und Krupp die höchste Dauerleistung richtig ausgewählt hätten, die Werte von Krauss-Maffei und Eßlingen lägen zu hoch. Die gewählte Rostfläche hielt er bei allen Vorschlägen für angemessen. Im Entwurf der Firma Jung werde aber bewiesen, daß eine ausreichende Feuerbüchsheizfläche auch ohne die von Henschel und Krauss-Maffei vorgeschlagene Verbrennungskammer möglich sei. Der konstruktive und betriebliche Mehraufwand einer Verbrennungskammer sei aber nur aufzuwiegen, wenn anders die benötigte Strahlungsheizfläche nicht untergebracht werden könne. Insofern meinte er auch, daß keiner der Entwürfe als ideal anzusprechen sei, am nächsten kämen den betrieblichen Forderungen diejenigen von Henschel und Jung, die Krupp-Lok sei zu klein, die von Eßlingen und Krauss-Maffei seien zu groß.

Reichsbahndirektor Rabus von der ED München, der den neuen Krauss-Maffei-Entwurf schon kannte, nahm hauptsächlich dazu Stellung: Der Rahmen zwischen dem nachlaufenden Drehgestell und der hinteren Kuppelachse sei zu schwach. Seiner Meinung schloß sich der Ausschuß an, der Rahmen müsse in der Höhe verstärkt werden.

Reichsbahnrat Dr. Ing. Müller, inzwischen beim Zentralamt Göttingen, setzte sich für die Verbrennungskammer ein. Eine Verdampfungsleistung von 8,5 t, wie für die 65 gefordert, sei die absolute Obergrenze dessen, was man noch ohne Verbrennungskammer machen könne. Bei der betrieblichen Besonderheit eines nebenbahntypischen Einsatzes mit vielen Zwischenhalten und Pausen käme es aber unbedingt auf eine kleine Rostfläche an. Man müsse deshalb eine Verbrennungskammer einbauen, wolle man einen spezifisch leistungsfähigeren Kessel als die alten Bauarten. Eine solche Verbrennungskammer war ja auch im neuen Krauss-Maffei-Entwurf vorgesehen, den Friedrich Witte abschließend erläuterte. Dabei nahm er auch zu einigen nachträglichen Änderungen Stellung: Die Kesselmitte sollte um 100 mm auf 3250 mm angehoben werden. Das Führerhaus werde noch etwas höher und damit besser entlüftet. Seitlich sollten nur je zwei Sandkästen vorgesehen werden.

Die Zylindermitte sollte auf Achsmitte gelegt werden. Um Arbeiten an den Pumpen zu ermöglichen, sollte die Lok vorne offen gehalten werden und kein Umlaufblech haben. Eine Spurkranzschmierung sollte vorgesehen werden, ebenso die Möglichkeit, einen Mischvorwärmer nachzurüsten. Auch sollte der Kohlenkasten noch verändert werden. Der Werkzeugkasten sollte ins Unterteil hineingebaut werden, die Leitern quer zum Fahrzeug angeordnet werden. Im Gegensatz zur BR 82 wurde nach Fertigstellung der Zeichnungen noch nicht sofort ein Bauauftrag vergeben. Erst im Laufe des Jahres 1950 begannen die Arbeiten in München, ab Februar 1951 wurden die 13 Maschinen der ersten Serie abgeliefert.

8 Am 28.2.1951 wurde 65001 als erste an die DB übergeben. Vor der Lok stellten im Münchner Werksgelände von Krauss-Maffei die an der Entwicklung Beteiligten dem Fotografen. Nicht alle sind heute noch namentlich bekannt. Hier trotzdem die noch bekannten Namen: Links Konstrukteur Steffek († 1981 als stellvertretender Betriebsratsvorsitzender), 2. v. l. Ing. Fritz Zöllner (später Leiter der Diesellokkonstruktion), 6. v. l. Stecher (später zum TÜV), 7. v. l. Dipl.-Ing. Wolf Zickler (Leiter des Technischen Gemeinschaftsbüros), 9. v. l. Lechner, 10. v. l. Dipl.-Ing. Künscher (damals Abt.-Leiter Dampflokbau), 3. v. r. Wieben, 2. v. r. Wedel (Sicherheitsingenieur), r. Baumgartner (Versuch und Inbetriebsetzung), auf der Lok DB-Personal.

Die Baureihe 82

Vorgeschichte

Schon vor dem Krieg hatte sich die Deutsche Reichsbahn mit dem »Ersatz für die Länderbahn-Fünfkuppler« beschäftigt. Die Loks der BR 94[5] als anzahlmäßig größter Vertreter der schweren Rangierlokomotiven waren damals schon durchschnittlich über 20 Jahre alt, für einen Ersatz also durchaus »reif«. Auch war ein Ersatz für die verschiedenen E-Tenderlokomotiven erwünscht, die allesamt im Streckendienst nur unbefriedigende Laufeigenschaften zeigten.

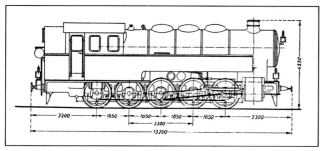

9 94[5]-Ersatztype im vorläufigen DRB-Nummernplan von 1922. Zylinderdurchmesser 700 mm, Kolbenhub 660 mm, Treibraddurchmesser 1400 mm, Heizfläche 150 m^2, Überhitzerheizfläche 50 m^2, Kohle/Wasser 3/8 t, Reibungsgewicht 85 t.

Gerade die BR 94[5] bereitete den Ausbesserungswerken erhebliche Sorgen, weil sich bei einem verhältnismäßig langen Achsstand die Führungskräfte auf einzelne Achsen stark auswirkten. Schwere Rahmenschäden, z.B. Verbiegungen, trieben schon damals die Unterhaltungskosten in die Höhe.

Vor dem Krieg hatte die Deutsche Reichsbahn das Dilemma, einerseits eine schwere laufachslose Tenderlok zu wollen, andererseits aber auch gute Laufeigenschaften im Streckengang zu erzielen, nicht lösen können. In der 30. Sitzung des Fachausschusses war deshalb 1939 entschieden worden, zwei Typen zu schaffen: Eine Streckenlok und eine schwere Rangiermaschine. Gleichzeitig war aber auch beschlossen worden, das Problem der Laufgüte bei Maschinen ohne führende Laufachsen anzupacken. Immerhin wurde ein erheblicher Teil des Nebenbahnpersonenzugdienstes damals von der unruhig marschierenden 94[5] gefahren! Mit ihrer Höchstgeschwindigkeit von 60 km/h war sie für eine solche Aufgabe nur bedingt tauglich.

Schon bei den Firmenvorschlägen für die neu zu planende Eh2t waren neue Wege bei der Laufwerkskonstruktion beschritten worden. Schwartzkopff hatte Lenkhebel zwischen den ersten und letzten beiden Kuppelachsen vorgeschlagen, Krauss-Maffei zwischen den ersten beiden Achsen. Versuchsweise wurde deshalb noch 1939 die 94 1301 mit Beugniothebeln zwischen den ersten und letzten beiden Achsen versehen. Dieses Konstruktionsprinzip bedeutete nach Meinung mancher Fachleute damals einen »Griff in die technische Mottenkiste«. Denn nach dem Prinzip des Baldwin-Gestells, das E. Beugniot weiterentwickelt hatte, waren schon zwischen 1840 und 1850 gekuppelte Lokomotiven kurvengängig gemacht worden. Das »Baldwin-Beugniot-Gestell«, wie es gerechterweise genannt werden müßte, erlebte um die Mitte des letzten Jahrhunderts eine recht weite Verbreitung. Aus ihm wurden alle anderen Drehgestelle entwickelt, bei denen sich mehrere Achsen in Abhängigkeit voneinander verschieben, so z.B. das Krauss-Helmhotz-Gestell oder das Schwartzkopff-Eckhardt-Lenkgestell.

Das einfache Konstruktionsprinzip des Beugniot-Gestells beruht darin, daß zwei im Rahmen verschiebbar gelagerte Radsätze durch einen doppelarmigen Hebel verbunden werden. Der Hebel ist an einem Drehpunkt im Rahmen fest gelagert. Möglich sind auch zwei parallel angeordnete Hebel, die sich gegenseitig verschieben. Bei der Einfahrt in eine Kurve mußten sich die Achsen parallel, aber in entgegengesetzte Richtung seitlich verschieben.

Diesem Hebelgestell lag die theoretische Annahme zugrunde, daß bei einer Lok mit führender Kuppelachse alle mechanischen Kräfte aus Querbeschleunigungen (schlechter Gleislage oder Kurven) voll auf die Lokomotive übertragen werden. Das Beugniotgestell untersetzte diese Kräfte nun durch die Hebelwirkung im Verhältnis der Hebellängen. Durch den Ausgleich der Kräfte mit den Hebeln wurde ein Einstellen der Achsen in Kurven verbessert und der Geradeauslauf wie bei einer führenden Laufachse beeinflußt. Die geführte Länge (zwischen den beiden Zapfen der Beugniotgestelle) entsprach der geführten Länge einer Lok mit fester 1. und 4. Achse, deren 5. Achse als Schubachse ausgebildet war.

Trotz der hervorragenden Laufeigenschaften, die mit den Beugniot-Hebeln erzielt werden konnten, gehörte die Zukunft der führenden Laufachse, Beugniots Idee wurde erst Ende der 20er Jahre wieder aufgegriffen. Erste neuzeitliche Verwirklichungen erlebte das Gestell in einer Eh2t für das 785 mm-Netz der Polnischen Staatsbahn 1928, der Eh2t für die 1000 mm-spurige Brohltalbahn 1931 und dem Umbau einer der Eh2t der Kassel-Naumburger Eisenbahn auf vordere Schwenkhebel. Die D1-Tenderlokomotiven der bayerischen Lokalbahn-AG von 1935 (später BR 98[17]) hatten Beugniothebel vorne und hinten. Diesen Versuchen schloß sich die Deutsche Reichsbahn an, rüstete 1936 drei Maschinen der BR 57[10] mit vorderen Hebeln aus und endlich auch die 94 1301 mit vorderen und hinteren Hebeln. Die Annahme, daß das Beugniot-Hebelwerk in der Wirkung eine Vorlaufachse ersetzen könnte, wurde durch die anschließenden Versuchsfahrten mit 94 1301 voll bestätigt. Die Laufversuche ergaben, daß die Anordnung bis zu 82 km/h allen bogenlauftechnischen Anforderungen voll entsprach. Ebenso verhielt es sich bei rückwärts fahrender Versuchslok.

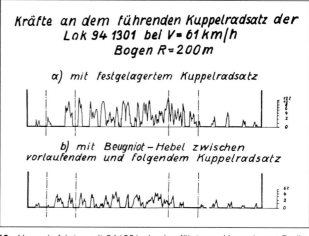

10 Versuchsfahrten mit 94 1301, durchgeführt vom Versuchsamt Berlin-Grunewald 1939. Während in der Normalausführung bei Höchstgeschwindigkeit dauernd starke Seitenkräfte bis zu 12 t gemessen werden, treten beim führenden Beugniotgestell niemals Kräfte über 6 t auf.

Aufgrund dieser Versuchserfahrungen hatte das Reichsverkehrsministerium am 6.11.1940 verfügt, daß **alle** Fünfkuppler ohne Laufachsen auf Beugniotgestelle umgebaut werden sollten. Der Vollzug dieser Verfügung wurde allerdings von den Kriegsgeschehnissen überholt, die eine Konzentration der Ausbesserungswerke auf den bloßen Erhalt eines betriebsfähigen Lokbestandes mit sich brachten. Weitere Maschinen wurden deshalb nicht mehr umgebaut. Lediglich die Versuchsergebnisse überdauerten den Krieg. 94 1301 selbst hatte zwar den Zusammenbruch überlebt, war aber bei der DR in der sowjetisch besetzten Zone verblieben und konnte deshalb nicht zu erneuten Versuchen herangezogen werden.

BR 94 dringend nötig

Trotzdem stand schon zu Beginn der Beratungen über ein neues Dampfloktypenprogramm während der 2. Sitzung des Fachausschusses Lokomotiven im Juli 1948 in Finnentrop fest, daß die Verwendung von Beugniot-Gestellen die Verwendung einer E-gekuppelten Maschine auch im Streckendienst bis 70 km/h erlauben würde. Im Sinne einer möglichst geringen Zahl notwendiger Neubaumaschinen war die Einschränkung natürlich willkommen, erlaubte sie doch, sofort »mehrere Fliegen mit einer Klappe zu schlagen«: Trotzdem verschwand die 1E1, die von manchen Direktionen als Schiebelok für Steilstrecken gefordert worden war, noch nicht in der Schublade, obwohl sie im Rangierdienst eher unwirtschaftlich sein würde. Andererseits erschien damals ein Ersatz für die Splittergattungen 85 und 95 im Schiebedienst noch als erforderlich. Die fünffach gekuppelte Tenderlok gehörte auf jeden Fall von Anfang an zu den als unbedingt notwendig empfundenen Bauarten. Von manchen Ausschußmitgliedern wurde die »94 Neu« sogar als mindestens ebenso dringend angesehen wie die geplante »23 Neu«: Mit der 94 Neu ließen sich noch wesentlich mehr Bauarten wirtschaftlich ersetzen.

Einig war man sich, daß das Haupteinsatzgebiet der neuen Type der Rangierdienst sein würde. Reichsbahndirektor Lehner vom Zentralamt Göttingen plädierte deshalb dafür, daß die 94 Neu einen möglichst kleinen Rost haben müsse, um Stillstandsverluste im Rangierdienst klein zu halten. Nötig sei aber auch ein Kessel mit großer Verdampfungsheizfläche, weil man sonst keine Reserve für Streckendienst und Übergabezüge habe. Andererseits ergebe sich aus dem Zustand der meisten Rangier- und Nebengleise die Forderung nach einer Achslast von nur 16 bis 17 t.

Auch nur eine Annäherung an solche Forderungen bedeutete die radikale Abkehr an bisher gepflegte Konstruktionsprinzipien: Das »natürliche Leistungsprogramm«, früher von Wagner vertreten, hätte bei Anwendung des Langrohrkesselprinzips und der Nietung den Einsatz als Streckenlok mit entsprechender Kesselleistung unmöglich gemacht. Nach den alten Prinzipien würde die geforderte Leistung nur mit wesentlich mehr Gewicht zu realisieren sein.

Für eine neue Kesselkonstruktion plädierte in Finnentrop auch Friedrich Witte: Es käme darauf an, den Anteil hochwertiger Strahlungsheizfläche zu steigern auf ungefähr ein Maß von 1:9 im Verhältnis Feuerbüchs- zu Rohrheizfläche. Dadurch würde die spezifische Verdampfungsleistung steigen (s. auch Band 1, S. 10). Die Forderungen an die 94 Neu verlangten gebieterisch nach einem leichten Kessel mit gesteigerter Verdampfungsleistung.

Witte nannte als weitere Konstruktionsmerkmale auch für die 94 Neu: Schmidt-Überhitzer mit 385 °C, Seitenzugregler, Stahlfeuerbüchse, weitgehende Schweißung, einstufige Mischvorwärmeranlage, zwei Zylinder, Raddurchmesser 1400 mm, Barrenrahmen (!), Windleitbleche.

Erstaunlich an der weiteren Diskussion war, daß Reichsbahnoberrat Dr. Ing. Garbers von der RBD Hamburg die alte Diskussion über die Notwendigkeit eines Überhitzers für die 94 Neu wieder aufwärmte. Schon in den 30er Jahren hatten die Versuche mit den beiden Bauarten der 89^0 eindeutig die Überlegenheit der Überhitzerlokomotiven auch im Rangierdienst bewiesen. Insofern reagierte Friedrich Witte auf Garbers Behauptung, daß im Rangierdienst die Überhitzung nicht wirksam würde, mit verhaltener Ironie: »Die Vorschläge des Herren Berichters sind teilweise sehr einschneidender Natur …« Ernsthaft in Frage gestellt wurde der Überhitzer dann auch nicht mehr.

Mit dem Beugniot-Gestell im Streckendienst konnte sich Friedrich Witte aber noch nicht recht anfreunden. Er redete deshalb einer 94 Neu als 1E1 mit umstellbarem Achsdruck von 18/20 t das Wort. Die Lok solle eine Verdampfungsheizfläche von rund 190 m² erhalten. In der weiteren Aussprache konnten sich die Befürworter einer universellen Eh2t mit Beugniot-Hebeln nicht durchsetzen. Der Ausschuß blieb bei der schon 1939 gefaßten Meinung, nachdem eine Trennung zwischen Strecken- und Verschiebelok zweckmäßig sei. Über die Beugniot-Hebel im Streckeneinsatz könne man weiter reden, wenn man einen Versuch mit 20 Loks der BR 94 abgewartet habe. Der Versuch wurde der Hauptverwaltung allerdings empfohlen.

Zusätzlich sollte eine Eh2t mit 1400 mm Treibraddurchmesser, geschweißtem Rahmen und Kessel, 70 km/h Höchstgeschwindigkeit bei Verwendung Beugniot-Hebeln, 18 t Achsdruck, 135 m² Heizfläche und 11 m³ Wasservorrat gebaut werden. Die Lok sei als Rangierlok zu verwenden.

In der Zeit bis zur 3. Sitzung des Fachausschusses im Oktober 1948 wurden einerseits verschiedene wichtige Einzelteile, die einheitlich auf den neuen Maschinen verwendet werden sollten, durchkonstruiert, Steuerbock, Stehbolzen, Dampfpfeife, Speisepumpe usw. wurden entwickelt. Andererseits stellt die Hauptverwaltung der Reichsbahn Überlegungen an, welche Typen denn im ersten Anlauf die wirklich dringendsten Neubauten wären.

Wichtig ist die Stellungnahme des Ausschusses in dieser Sitzung, der für alle Neubaureihen einen Mischvorwärmer forderte. In Frage käme hauptsächlich der Henschel-Mischvorwärmer MVR, der gerade an den ersten 52-Vorwärmerversuchsloks getestet werden konnte. Eine Schweißung des Kessels wurde als sinnvoll angesehen.

Mit Verfügung vom 8.12.1948 beauftragte die Hauptverwaltung dann das Reichsbahnzentralamt, neben den Baureihen 23, 78 und 93 auch die 94 Neu zu entwickeln. Der Fachausschuß sollte aber vor Beginn der Entwurfsarbeiten – einzeln bei jeder Type – prüfen, ob der Aufwand einer Verbrennungskammer im Kessel gerechtfertigt sei. Neben diesem Wunsch hatte sich der Ausschuß während seiner Sitzung 2 am 1.2.1949 in Niederdollendorf auch mit den Vorstellungen einiger Eisenbahndirektionen auseinanderzusetzen. Dabei war herausgekommen, daß etliche Direktionen für einen gleichen Kessel bei den Baureihen 93 und 94 Neu stimmten. Dem wollte sich der Ausschuß gegenüber der Hauptverwaltung aber nicht anschließen. Die BR 94 käme als Rangierlok mit einer Dampfleistung von 7,5 t pro Stunde aus, die 93 Neu brauche 8,5 t. Mit der kleineren Leistung sei die 94 völlig ausreichend ausgestattet, alles andere sei unwirtschaftlich. Insofern hielt der Ausschuß seinen Beschluß aus der 2. Sitzung voll aufrecht. Über den Kessel der 94 wurde an diesem Tag nicht weiter geredet, einig war man sich allerdings, daß eine Verbrennungskammer nur bei großen Kesseln sinnvoll sei. Die Vorteile aus besserem Verdampfungsverhalten würden bei kleinen Verbrennungskammerkesseln eventuell durch die Erschwernisse bei Reparaturen, z.B. bei Schweißarbeiten an der kleinen Kammer, aufgezehrt. Man solle erst den Versuch mit den umgebauten 01 und 44 abwarten.

Unmittelbar nach dieser Sitzung schon, am 4.3.1949, schrieb das Zentralamt Göttingen an die verschiedenen Lokomotivfabriken und ersuchte sie um Vorentwürfe für die neu zu schaffenden Baureihen. Bei der Baureihe 94 sollte dem Entwurf eine Verdampfungsleistung von 7,5 t pro Stunde, ein Achsdruck von 18 t, ein Treibraddurchmesser von 1400 mm, eine Höchstgeschwindigkeit von 70 km/h und Kohlen- und Wasservorräte von 4/11 t zugrunde liegen. Der Brief ist in Band 1, Seite 12 wiedergegeben. Nach dem damaligen Stand der Entwicklung sollte die neue BR 94 (die endgültige Baureihenbezeichnung sollte erst später festgelegt werden) durch folgende Details geprägt sein:

– Allgemein: ein glattes Äußeres, Anzeigeinstrumente im Führerhaus in einem Pult zusammengefaßt, bequemere Einrichtung des Führerhauses.
– Kessel: Wegfall des Speisedoms, Zusammenfassung der Speiseventile in einem Teil, 14 Atü Druck und 385 °C Überhitzung, Baustoff St 34, wesentlich gesteigerter Anteil an Strahlungsheizfläche und dadurch eine größere Heizflächenbelastbarkeit als die früher festgelegten 57 kg/m². Außerdem sollte ein Aschkasten Bauart Stühren mit verbesserten Liftklappen eingebaut werden, Stehbolzen gewindelos mit Spiel eingeschweißt, eine Verbrennungskammer sei erst bei einer Dampfleistung von 10 t pro Stunde erforderlich, brauchte also für die 94 nicht angeboten zu werden.

Bei kleineren Kesseln, also auch dem Dampferzeuger für die 94 Neu, hielt man es für möglich, durch eine starke Neigung der Feuerbüchsvorderwand die Heizfläche ausreichend zu vergrößern und trotzdem einen kleinen Rost zu behalten (siehe auch Kesselzeichnung BR 82 auf Seite 22). Der Kessel sollte geschweißt sein und einen Heißdampfregler mit Seitenzug haben.
- Rahmen: Als Regelrahmen Barrenrahmen, bei Tenderloks wurde die Verwendung eines geschweißten Blechrahmens freigestellt, wenn dadurch Gewichtsvorteile zu erzielen wären.
- Laufwerk: Die 94 soll vorne und hinten Beugniothebel erhalten.
- Triebwerk: Zwei Zylinder mit Druckausgleich-Kolbenschiebern.
- Die 94 sollte einen Mischvorwärmer erhalten.

BR 82: Erste Neubaulok

In den folgenden Wochen, hauptsächlich im Mai, stellten die Firmen ihre Entwürfe fertig (siehe Seite 14/15).
Als Bedingung für die Entwurfsbearbeitung hatte die Hauptverwaltung der DR den Firmen aufgegeben, daß die 94 Neu als erste Neubaulok Ende August 1949 in der Konstruktion fertiggestellt sein sollte, um Anschlußaufträge für die auslaufenden Ausbesserungsaufträge der Lokindustrie zu haben. In großer Eile gingen deshalb die Arbeiten weiter: Am 17.6.1949 wurden die Vorentwürfe der Firmen Esslingen, Henschel, Krupp und Krauss-Maffei mit dem Bericht des Zentralamtes der Hauptverwaltung vorgelegt. Anhand

---

Deutsche Reichsbahn
Reichsbahn-Zentralamt Göttingen
23 Faal 34/3

Göttingen, den 11. 7. 1949

Firma
Henschel & Sohn
Lokfabrik
Kassel

Betr.: Entwicklung der Lok Reihe 94 Ersatz

»Wir nehmen Bezug auf unser Schreiben 23 Faal 34/2 vom 10.7.1949 an die Lokfabriken des vereinigten Wirtschaftsgebietes, mit dem wir mitteilten, daß die Vergebung von 65 neuen Lokomotiven wohl geplant ist, jedoch im Augenblick noch nicht erfolgen kann. Vorsorglich soll jedoch die technische Entwicklung der Lok-Reihe 94 Ersatz sofort eingeleitet werden. Wir erteilen Ihnen hiermit den vorläufigen Auftrag auf Aufstellung der Entwürfe unter den Voraussetzungen unserer Anfrage vom 4. 3. 1949 und unseres Schreibens 23 Faal 34/2 vom 10.7.1949. Das förmliche Bestellschreiben geht Ihnen noch zu.
Die Lok soll in Anlehnung an Ihren Entwurf PI 1482 durchgebildet werden. Beim Entwurf des Kessels befriedigen die Kesselkennziffern noch nicht. Rohrabmessungen und Rohrteilung bedürfen der nochmaligen Überprüfung. Die Rostfläche soll im Hinblick auf den überwiegenden Einsatz der Lok im Verschiebedienst noch etwas verkleinert werden und zwar auf etwa 2,3 m². Bei Durchbildung des eingeschweißten Bodenringes ist davon auszugehen, daß die Ecken des Ringes aus einem Drehkörper durch Aufschneiden in vier Segmente gewonnen werden, d. h. die Wandabstände sind auf den Feuerbuchsumfang gleich zu halten. Der Abstand der Wände ist möglichst groß zu halten, etwa 140 mm.
Die Deckenanker sind in Stehkessel und Feuerbuchse einzuschweißen. Da die Stehkesselseitenwände durch die Wasserkästen unzugänglich sind, bitten wir bei der Entwurfsbearbeitung auch das ausnahmsweise notwendig werdende Einziehen von Ersatzstehbolzen von der Feuerbuchse aus zu berücksichtigen. Wir sind einverstanden, daß bei den von Ihnen zu bauenden Lok Henschel-Troß-Stehbolzen eingebaut werden. Das bedeutet jedoch keine Bindung der übrigen Lokfirmen an diese Stehbolzenform. Dementsprechend sind Alternativzeichnungen notwendig. Die bisher üblichen vorderen Bügelanker oberhalb der Feuerbuchsrohrwand entfallen. Statt des von Ihnen vorgesehenen Cardo-Wasserstandes soll der Norm-Wasserstand als Regelausführung vorgesehen werden, als Pfeife die verbesserte Ausführung gemäß unserer besonderen Anfrage. Die Lok ist entgegen Ihrem Angebot für eine spätere Ausrüstung mit einer Mischvorwärmeranlage vorzubereiten. Hierfür ist in der Rauchkammer im Scheitel eine Quernische einzubauen nach Art der Ausführung für Oberflächenvorwärmer, die zunächst blind abzudecken ist. Außerdem ist auf der linken Lok-Seite im Wasserbehälter eine Trennwand für einen Speicher vorzusehen. Nähere Angaben werden wir noch machen. Für die Speisung des Kessels sind dementsprechend zunächst zwei nichtsaugende Strahlpumpen links unterhalb des Führerstandes anzuordnen. Für die Vorwärmerpumpe ist der Raum an der Rauchkammer links vorn frei zu halten.
Der Kessel erhält die vereinfachte Feuertür, bei der auf genügend weite Öffnung zu achten ist. Es ist erwünscht, in der Tür oder oberhalb im Geschränk ein abblendbares Schauloch vorzusehen, durch das die Feuerlage beobachtet werden kann. Am Aschkasten sind seitliche Luftklappen ohne Züge anzuordnen. Führerhaus, Dom und Schornstein sind der Fahrzeugumgrenzung nach Anlage F der BO anzupassen. Der Stehkessel muß im Führerhaus sorgfältig isoliert werden, der Armaturstutzen ist außerhalb des Führerstandes anzuordnen. Auf gute Lüftung des Führerhauses wird Wert gelegt, und bei Einrichtung des Führerhauses sind alle Erleichterungen des Dienstes für das Personal besonders zu berücksichtigen. Das Abschlammventil Bauart Gestra ist vom Führerstand aus zu steuern.
Bei Durchbildung des geschweißten Rahmens ist besonders zu beachten, daß die Stellmuttern für die Stellkeile unterhalb des Achsgabelsteges gefaßt werden. Außerdem müssen die Unterkästen herausnehmbar sein, ohne hierzu die Stege lösen zu müssen. Möglichst hohe Bodenfreiheit ist mit Rücksicht auf die Gleis-Bremsenentwicklung anzustreben. Für das Triebwerk bitten wir alternative Ausführung mit Tragkolben durchzubilden. Alle Dampfwege müssen geringste Drosselverluste sicherstellen.
Bei der Steuerung wird die Steuerspindel zweckmäßig nach vorn verlegt. Sie muß völlig gekapselt werden, dabei aber von der Innenseite des Rahmens aus gut zugänglich bleiben. Zur Anordnung der Steuerskala und der Anzeigeinstrumente werden wir eine Skizze nachreichen. Wir streben Instrumente mit grader, ebener Skala an.
Die Regelausführung für die Beugniotgestelle soll in Anlehnung an die beigeführte Skizze durchgebildet werden, die hydraulische Steuerung kommt zunächst nur für eine Versuchsausführung infrage. Ob Federn im Beugniotgestell zweckmäßig sind, bleibt der eingehenden Untersuchung vorbehalten. Wesentlich ist aber für eine Wirksamkeit des Gestelles, daß der Verschleiß im Gestänge, – eventuell durch die genannten Federn auszugleichen –, aber auch zwischen Achsgehäuse und Radsatz so klein wie irgend möglich gehalten wird, da die Wege verhältnismäßig klein sind. Deshalb muß die Anlauffläche an den Bunden groß, außerdem gut, d. h. im Überschuß geschmiert werden. Deshalb ist Vollabdichtung und Tauchschmierung des Bundes vorzusehen.
Bei Durchbildung der Wasserkästen ist eine kräftemäßig klare Abstützung am Rahmen zu beachten unter Entlastung von Kräften, die aus Triebwerk und Steuerung übertragen werden können.
Die Windleitbleche entfallen bei dieser Lok. Vorsorglich weisen wir daraufhin, daß die Lok unter Umständen noch mit Rangierfunk und zwei Suchscheinwerfern rechts und links oberhalb der Führerhausfenster ausgerüstet werden müssen. Die Sandkästen sind von den Wasserkästen zu trennen und etwas überhöht gegenüber Wasserkastenoberkante zwischen diesen und Kessel anzuordnen. Zur Bremse ist in Abweichung von Ihrem Entwurf die Regelanordnung der Bremsklötze auf Radsatzmitte anzuwenden und den Achsstand entsprechend zu vergrößern.
Wir bitten Sie, mit den Entwurfsarbeiten zu beginnen. Erforderlichenfalls stehen wir zur Klärung noch offener Fragen zur Verfügung. Im Zuge der Entwurfsarbeiten halten wir eine laufende Fühlungnahme bzw. Durchsprache der Entwürfe bei Ihnen und bei uns für notwendig.
Techn. Gemeinschaftsarchiv und die übrigen Lokfabriken des Vereinigten Wirtschaftsgebietes haben Abschrift erhalten.«

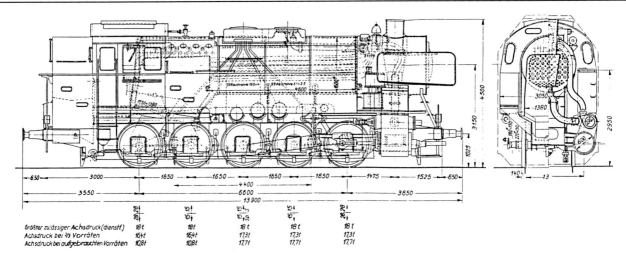

11 Das Projekt Esslingen L 1924 besitzt große Ähnlichkeit mit dem wenig später erstellten 93-Entwurf des Unternehmens. Eine gemeinsame Verkleidung umschließt Dom und Sandkasten, der Schornstein verzichtet wie bei der Kriegslok auf einen Aufsatz, die Windleitbleche sind aerodynamisch ungünstig sehr tief angesetzt. Wie beim 93-Projekt ist keine Verbrennungskammer vorhanden. Die Ausrüstung mit Mehrfachventil-Heißdampfregler entsprach der Forderung für alle Entwürfe. Als Vorwärmer wird ein Knorr-Mischvorwärmer neuster Bauart vorgeschlagen. Als Rahmen wird ein Blechrahmen vorgeschlagen, wie auch bei allen anderen 94-Vorentwürfen. Die Ausführung des Triebwerks entspricht weitgehend der später bei der 82 realisierten Ausführung. Die Steuerungswelle liegt unter dem Führerhaus. Wie bei allen anderen Neubaulokentwürfen wird ein vom Kessel unabhängig gelagerter Steuerbock vorgesehen. Es sind die für den geforderten guten Kurvenlauf geforderten Beugniothebel nicht verwendet worden, vielmehr sucht man das Problem durch Schwenkhebel zwischen den ersten und letzten zwei Achsen zu lösen. Die erste und letzte Achse kann dadurch über Deichseln nach beiden Seiten um 28 mm ausschwenken. Die zweite und vierte Achse sind demgegenüber nur um 17 mm seitenverschieblich. Der Wasserkasten ist vor dem Führerhaus ausgespart, um einerseits einen besseren Luftzutritt zum Rost zu ermöglichen, andererseits zur Wartung besser an den vorgeschlagenen Schüttelrost heranzukommen.

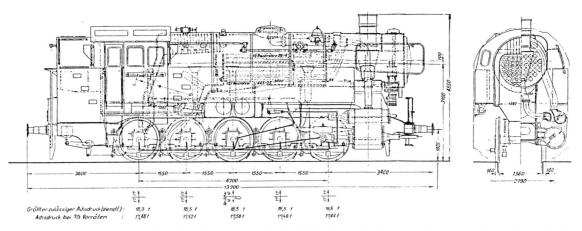

12/13 Das Henschel-Projekt Pl 1475 schlägt als einziges bei der BR 94 Neu eine Verbrennungskammer vor. Dadurch ist eine konische Erweiterung des hinteren Kesselschusses um 200 mm von 1600 auf 1800 mm notwendig. Die Rohrlänge beträgt nur noch 3500 mm. Als Vorwärmer wird ein Henschel-Mischvorwärmer MVR vorgeschlagen, der Schornstein besitzt einen Aufsatz, um die Lok auch auf das kleinere Lichtraumprofil reduzieren zu können. Von allen Entwürfen weist dieser das günstigste Verhältnis der Heizflächen auf. Der Heißdampfregler wird über einen Seitenzug mit Umlenkhebel betätigt. Mit 13200 mm Länge weist der Entwurf die geringste Länge aller Vorschläge auf. Im Triebwerk schlägt Henschel eine komplizierte Lösung vor: Je zwei Achsen sind durch ein System drucköIgesteuerter Zylinder so in Abhängigkeit voneinander gebracht, daß die Wirkung den für die Entwürfe geforderten Beugniot-Hebeln entsprechen soll. Nur die Treibachse soll im Rahmen fest gelagert sein. Der Henschel-Entwurf mit Verbrennungskammer besitzt das höchste Reibungsgewicht, die Vorgabe der Reichsbahn wird um 2,5 t überschritten.
Die Unterschiede des Projektes Pl 1482 zum vorgenannten erstrecken sich fast nur auf den Kessel. Hier ist der Kessel zylindrisch ohne Verbrennungskammer, das Heizflächenverhältnis ist mit 9,6 recht ungünstig. Das vordere Rahmenstück konnte, weil der Zwang zur Gewichtseinsparnis nicht so drückte wie beim Alternativmodell, 200 mm länger ausgeführt werden.
Beide Vorschläge weisen wie die BR 93 Neu je drei hohe Sandkästen hinter den Wasserkästen auf.

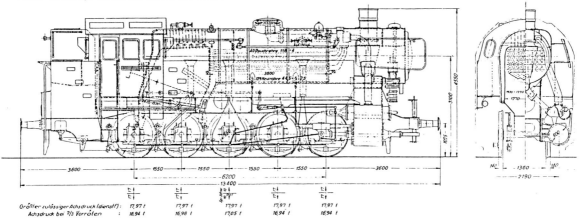

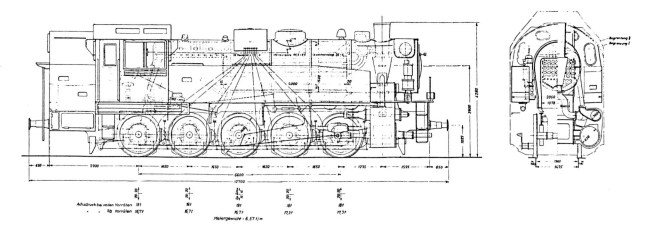

14 Krupp schlägt beim Projekt Lp 17541 den gleichen Stehkessel vor wie beim 93-Entwurf. Gleich ist deshalb die äußerst schmale »preußische« Feuerbüchse. Das Heizflächenverhältnis ist durch diese Ausführung recht günstig gehalten. Als Vorwärmer wird ein Krupp-Mischvorwärmer vorgeschlagen, der eine dem Knorr-Oberflächenvorwärmer entsprechende Mischtrommel vorsieht. 1 m³ des Wasservorrats ist als Inhalt des Mischvorwärmers kalkuliert, ebenso bei der BR 93 Neu. Die Ausführung des Sandkastens entspricht dem 52-Vorbild. Von allen Firmenvorschlägen weist auch hier der Krupp-Entwurf wieder die kleinsten Kesselabmessungen auf. Im Laufwerk sind die geforderten Beugniothebel zwischen den ersten und letzten zwei Achsen vorgesehen. Die Zylinder sind mit der BR 93 Neu austauschbar. Die Steuerwelle liegt unter dem Führerhaus.

15 Krauss-Maffei bleibt mit seinem Entwurf A 1793 bei der Linie der Baureihen 23 und 93 Neu (die gleichzeitig entstanden). Von allen Vorschlagskesseln weist auch dieser wieder die jeweils größten Abmessungen auf. Der Mischvorwärmer findet wieder in der nach oben erweiterten Rauchkammer ihren Platz. Auch dieser Entwurf überschreitet die geforderten 90 t Gesamtgewicht. Die ersten und letzten zwei Achsen sind in einem Beugniotgestell zusammengefaßt. Wie beim 93-Vorschlag ist der Wasservorrat unter dem Kessel angeordnet. Die Steuerwelle ist vorne hinter dem Wasserkasten und genau neben einem der jeweils drei Sandkästen angeordnet, sicherlich an schlechter Stelle. Insgesamt besitzt dieser Entwurf die einerseits ungünstigen Gewichtsverhältnisse, andererseits auch die größten Abmessungen und das ungünstigste Heizflächenverhältnis.

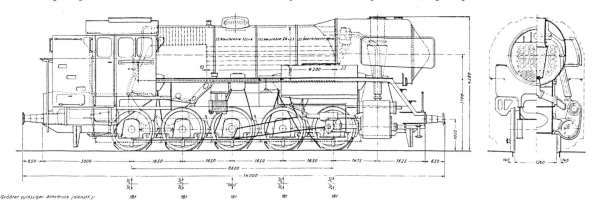

Die Vorentwürfe im Vergleich		Projekte:					
Bezeichnung	Dimension	BR 94[5] Alt	Esslingen L 1924	Henschel Pl 1475	Henschel Pl 1482	Krupp Lp 17541	Krauss-Maffei A 1793	BR 82 Neu
Zylinderdurchmesser	mm	610	600	600	600	620	630	600
Kolbenhub	mm	660	660	660	660	660	660	660
Treibraddurchmesser	mm	1350	1400	1400	1400	1400	1400	1400
Fester Achsstand	mm	4350	4400	0	0	0	0	0
Gesamt-Achsstand	mm	5800	6600	6200	6200	6600	6600	6600
Dampfdruck	kg/cm²	12	14	14	14	14	14	14
Rostfläche	m²	2,24	2,64	2,27	2,44	2,32	2,8	2,39
Heizfläche der Feuerbüchse (HF)	m²	11,61	13,6	12,96	11,7	10,75	13	12,60
Heizfläche der Rauchrohre (HR)	m²	38,88	59,6	55,4	52,5	40,8	57,5	52,53
Heizfläche der Heizrohre (HH)	m²	76,50	61,8	52,8	60,8	54,6	74,5	57,08
Verdampfungsheizfläche gesamt feuerberührt	m²	126,99	135,0	121,2	125,0	106,75	145,0	122,21
Heizfläche des Überhitzers	m²	45,27	55,9	54,2	52,7	42,3	55,0	51,9
Gesamtheizfläche (H)	m²	171,54	195,9	175,4	177,7	148,45	200,0	174,1
Heizflächenverhältnis	$\frac{HR + HH}{HF}$	9,9	8,9	8,3	9,6	8,8	10,2	8,7
Rohrlänge	mm	4500	4600	3500	3800	4000	4200	4000
Länge über Puffer	mm	12660	13900	13200	13400	13700	14000	14080
Leergewicht	t	68,1	67,7	72,0	69,0	68,6	67,0	69,7
Dienstgewicht	t	84,9	90,0	92,5	89,8	90,0	90,0	91,8
Reibungsgewicht	t	84,9	90,0	92,5	89,8	90,0	90,0	91,8
Wasservorrat	m³	8	11	11	11	12	12	11
Kohlenvorrat	t	3	4	4	4	4	4	4
Zul. Höchstgeschwindigkeit	km/h	60	70	70	70	70	70	70

der vorliegenden Angebotsmappen entschied die Hauptverwaltung in Offenbach rasch: Mit Verfügung vom 4.7.1949 wurde die sofortige Entwurfsbearbeitung veranlaßt. Der Entwurf Pl 1482 der Firma Henschel sollte zugrundegelegt werden. Am 11.7.1949 erhielt Henschel den Auftrag zur Aufstellung der Zeichnungen.

Der Entfall des Mischvorwärmers beim endgültigen Entwurf ist nur dadurch zu erklären, daß man bei den Versuchs-52 noch nicht zu eindeutigen Ergebnissen gekommen war. Bemerkenswert erscheint der Wegfall jedes Vorwärmers aber angesichts der Tatsache, daß die 94 auch im Streckendienst eingesetzt werden sollte. Waren die Vorteile der Vorwärmung im Streckendienst auch schon vor dem Krieg unumstritten, so hatten Versuche mit ELNA-Maschinen in den 30er Jahren die Wirtschaftlichkeit der Vorwärmung auch im Rangierdienst nachgewiesen.

Ende August 1949 lag der DB der vorläufige Entwurf für die BR 82, wie sie jetzt genannt wurde, vor. Der Fachausschuß sollte sich in seiner 5. Sitzung am 7. und 8.9.1949 in Volkach hauptsächlich mit Verbesserungen im Detail befassen. Grundlegende Änderungen wären, bei vorliegenden Konstruktionszeichnungen, kaum noch möglich gewesen. Die Eile, unter die Bahn sich bei der Aufstellung der Entwürfe gestellt hatte – die kompletten Entwurfs- und Entscheidungsarbeiten wurden innerhalb von vier Monaten bewältigt –, ist nur aus dem Druck der Fabriken zu erklären, die mit Massenentlassungen bei ausbleibenden Aufträgen drohten.

Insgesamt hatte die durchkonstruierte 82 nach ziemlich einhelliger Meinung der Ausschußmitglieder eher Ähnlichkeit mit dem Esslingen-Vorentwurf als mit dem Henschel-Projekt 1482.
Die Aussprache im Ausschuß ergab sofort erhebliche Vorbehalte gegen die Beugniothebel mit Drucklölsteuerung. Die Konstruktion sei für den rauhen Eisenbahnbetrieb viel zu empfindlich, meinte Abteilungspräsident Alsfasser von der ED Wuppertal. Ihm erschien auch die Blechstärke von 4 mm für Wasser- und Kohlenkästen, wie sie vom Henschel-Vorprojekt übernommen worden war, als zu gering. In der Tat sollten Undichtigkeiten an den Kästen später noch häufig für Ärger sorgen, obwohl man auf 5 mm ging.
Beim Vergleich der Heizflächen plädierte Alsfasser gleichfalls für den Henschel-Entwurf. Esslingen und Krauss-Maffei hätten sicherlich zu große Heizflächen gewählt.
Bedenklich sei die kleine Heizfläche von Krupp, da sie eine hohe Heizflächenbelastung wie bei einer Streckenlok zugrunde lege. Ein Wert von 70 kg/m^2 könne aber im Rangierdienst nicht häufig erreicht werden, somit sei der Krupp-Kessel erheblich zu klein. Insgesamt schloß er sich dem Urteil der Hauptverwaltung an, daß der Henschel-Entwurf ohne Verbrennungskammer bei weiterer Verkleinerung der Rostfläche dem Bedarf am besten entsprechen würde.
Reichsbahndirektor Rabus von der ED München konnte auf schon gute Erfahrungen mit geschweißten Rahmen bei Elektrolokomotiven verweisen. Blechrahmen würden in der Werkstätte kaum den von manchen befürchteten Aufwand machen. Auch er sprach sich unbedingt gegen eine hydraulische Steuerung der Beugniothebel aus.
Reichsbahnrat Müller vom Zentralamt Göttingen stieß sich an der Forderung der Hauptverwaltung in ihrem Auftragsschreiben, der 82-Kessel solle eine »Grenzlast« von 7,5 t Dampf in der Stunde hergeben. Diese Werte würden von der 94^5 auch erreicht. Es käme vielmehr darauf an, die Entwürfe darauf zu prüfen, ob diese Dampfleistung als »gesicherte Dauerleistung« abgegeben werden könne. Dabei solle eine Heizflächenbelastung von 60 kg/m^2 zugrunde gelegt werden. Eine Überlastung auf 75 kg/m^2 müsse möglich sein, da die Lok auch im Streckendienst und als Schiebelok fahren solle. Auch Müller sprach dem Krupp-Kessel die Fähigkeit ab, die behauptete Dampfmenge zu erzeugen. Insgesamt favorisierte er den Esslingen-Entwurf. Der Grund: »Der Esslinger Kessel hat eine gegenüber der 94^5 um 15 Prozent vergrößerte Rostfläche und trägt damit dem größeren Wärmeaufwand für die Überhitzung und der Forderung nach Überlastbarkeit (Brenngeschwindigkeit!) Rechnung. Mit 13,6 m^2 übertrifft seine Feuerbüchsheizfläche sogar die der Henschelschen Verbrennungskammerfeuerbüchse.«
Umstritten blieb in der weiteren Diskussion der Wassereinlauf des endgültigen Entwurfs. Der sollte nämlich nur hinter dem Führerhaus vorhanden sein. Die Nachbarschaft zu Sandkästen und Steuerungswelle vorn am Wasserkasten sei untragbar, meinte Witte. Demgegenüber gab es Bedenken, daß das Wasserfassen mit angehängten Wagen erheblich schwieriger würde.
Keine Bedenken erhoben sich gegen die vorgesehene Art der Kessel- und Rahmenschweißung. Es gäbe nur durchgehende V-Nähte, meinte Witte, keine Kehlnähte. Besonderer Erwähnung wert schien Witte die Schornsteinform »nach süddeutschem Vorbild«. Keine Bedenken hatte er gegen die Wartungsfreundlichkeit der Beugniot-Gestelle. Die Übersicht sei besser als beim Krauss-Helmholtz-Gestell. »Keine umfangreichen Änderungswünsche«, hielt abschließend der Ausschuß fest, er stimme dem Entwurf nach Zeichnung Fld 1.01 Bl 046 zu.

Einige Änderungen wurden schließlich am Entwurf doch noch vorgenommen: Der Überhang, der symmetrisch vorne und hinten 3850 mm betragen sollte, wurde durch Einziehen der hinteren Pufferbohle unter den Wasser/Kohlekasten auf hinten 3610 mm verkürzt. Die Gesamtlänge ging dadurch von 14 300 auf 14 060 mm zurück. Der Wassereinlauf bekam doch auf den vorderen Wasserkästen seinen Platz.
Anfang 1950 begannen die Bauarbeiten an den ersten Baulosen zur BR 82. Eine weitere Änderung gegenüber der Bestellung bleibt festzuhalten: Krupp lieferte seine Serie 82013 bis 022 mit Oberflächenvorwärmer und KSV-Speisepumpe (Kolben-Speisepumpe mit Ventilsteuerung) ab. Für irgendwelche »Vergleichsaufträge« gibt es keinen Nachweis, zumal die DB sich auf den später einzubauenden Mischvorwärmer festgelegt hatte. Ominös wird die Sache durch einen Eintrag in die erste Bauartbeschreibung DV 930.85 von 1950: Demnach hätten die zehn Krupp-Maschinen 82009 bis 018 einen Krupp-Mischvorwärmer. Dessen herausragendes Merkmal war nun eine Mischtrommel, die von außen dem alten Oberflächenvorwärmer aufs Haar glich. Ansonsten zeigte der Krupp-MV keine Besonderheiten, weshalb der Ausschuß auch seine Einführung abgelehnt hatte. Fest steht jedenfalls, daß die Krupp-Loks von Anfang an keinen Krupp-MV hatten. Ob »in letzter Minute« ein Rückzieher gemacht worden war? Auf jeden Fall findet sich im Betriebsbuch der 82 020 unter »besondere Einrichtungen« der Eintrag »Mischvorwärmer Bauart Krupp« durchgestrichen und darunter »Oberflächenvorwärmer«.

Am 13.9.1950 wurde 82 023 von Henschel als erste Neubaudampflok an die DB abgeliefert.

16 Frontansicht der Maschinen 65 001 bis 013.

17 Frontansicht der ab Werk vorwärmerlosen 82-Serien.

Technische Beschreibung der Baureihen 65 und 82

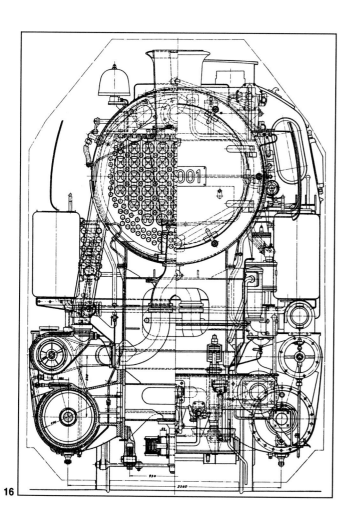

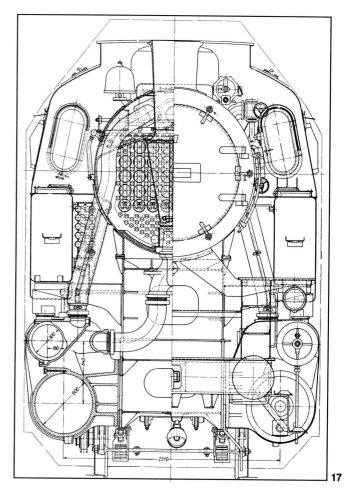

Vorbemerkung

Als Parallel-Entwicklungen zur neuen Reihe 23 sind die Lokomotiven der BR 65 und 82 im technischen Gesamtaufbau ebenso durch die neuen Baugrundsätze geprägt und deshalb mit der BR 23 eng verwandt. Viele Einzelheiten, die schon bei der BR 23 beschrieben worden sind, tauchen hier wieder auf. Trotzdem ist eine ebenso detaillierte Beschreibung notwendig: Auch die jeweils nur zwei Produktionsvergaben der BR unterscheiden sich durch eine Fülle von Bauartänderungen, die in den hier zugrunde gelegten amtlichen Beschreibungen – DV 93083 und 93085 – nur teilweise wiedergegeben worden sind. Einige Angaben in der Beschreibung der BR 82 sind sogar schlicht falsch, weil die Darstellung schon vor Fertigstellung der ersten Maschinen redaktionell abgeschlossen worden war und dann von Bauartänderungen überholt wurde, die erst während des Baues notwendig wurden. Und diese Fehler wurden in den letzten dreißig Jahren in verschiedenen Veröffentlichungen getreulich festgeschrieben.
In der folgenden Beschreibung gilt jeweils die erste Angabe für die BR 65, die Klammer-Angabe für die BR 82.

Allgemeines

Die 1′D2′h2-Personenzugtenderlokomotive BR 65 ist als Ersatz für die BR 93 entwickelt worden. Gegenüber dieser ist sie durch den Treibraddurchmesser von 1500 mm gegenüber 1350 mm freizügiger im Personenzugdienst einzusetzen. Sie erreicht eine Höchstgeschwindigkeit von 85 km/h, kann also nicht nur auf Nebenbahnen eingesetzt werden, sondern auch auf Hauptbahnen übergehen und im Vorortdienst eingesetzt werden, wo bei häufigen Halten eine gute Beschleunigung verlangt wird.
Der Kessel ist im Gegensatz zur BR 23 für einen Höchstdruck von 14 kg/cm^2 ausgelegt (ebenso der Kessel der Reihe 82). An der Kesselgrenze können dauernd 9 t Dampf pro Stunde erzeugt werden, ohne daß die Feuerbüchsrohrwand zu stark belastet wird. Die Leistungssteigerung gegenüber der Reihe 93 wird infolge der neuen Baugrundsätze – vollständige Schweißung von Rahmen und Kessel und neu abgestimmte Heizflächen – bei nur um 10% gesteigertem Betriebsgewicht erreicht. Wie die 23 und 82 kann sie Gleisbögen mit 140 m Halbmesser und Ablaufberge mit 300 m Scheitel- und Talausrundungshalbmesser befahren.

Die Reihe 82 hat im neuen Typenprogramm die Baureihen 87 und 94 zu ersetzen. Sie ist deshalb hauptsächlich für den schweren Verschiebedienst, insbesondere als Abdrücklok am Berg, entwickelt worden. Außerdem soll sie als Güterzuglok auf kürzeren Strecken und bei schwierigen Streckenverhältnissen einsetzbar sein. Gleichzeitig sind große Vorräte erforderlich, um den Betriebsablauf nicht zu häufig zur Vorratnahme unterbrechen zu müssen.
Der Kessel kann dauernd 8,5 t Dampf in der Stunde erzeugen.
Die aufwendige Lösung 1′E1′ konnte vermieden werden, indem die 1. und 2. sowie die 4. und 5. Achse mit Beugniot-Lenkhebeln seitenverschieblich ausgeführt wurden.
Ansonsten zeigt die BR 82 die gleichen Merkmale wie die Reihen 65 und 23. Die BR 82 fällt allerdings leicht aus dem Rahmen, weil bei ihr die Unterbringung einer ausreichend großen Strahlungsheizfläche auch ohne Verbrennungskammer möglich war und deshalb der Kessel in zylindrischer Form gebaut werden konnte. Die Merkmale entsprechen sonst den in Band 1 auf Seite 22 dargestellten.

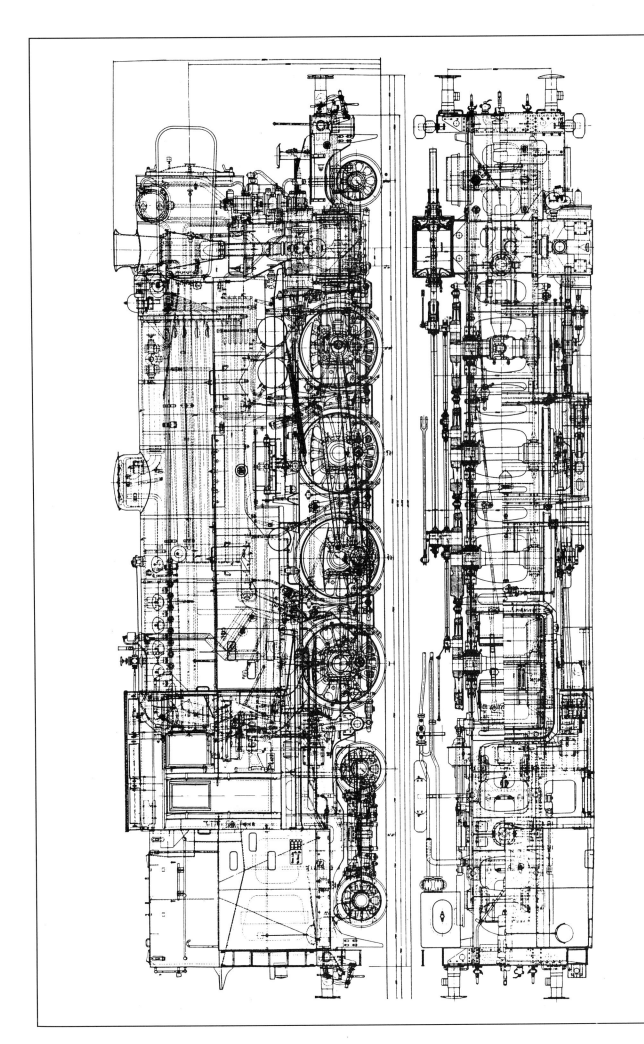

18 Seitenaufriß der 65 001 in Ursprungsausführung.

19 65 001 ist als erste 65 fertiggestellt und präsentiert sich Ende Februar 1951 im Werkshof der Fa. Krauss-Maffei in München-Allach. Die Frontpartie erinnert noch stark an die Kriegslokomotiven. Entsprechend der 65-Ausführung (Lampen auf Zylindern, einzelnes Standblech) waren zunächst auch die Baureihen 23 und 82 projektiert gewesen.

20 65 004 am 3.3.1951 im Abnahme-AW München-Freimann. Gut zu erkennen: Der Dachlüfteraufbau mit nach oben aufschlagenden Klappen, die hinten angebrachte Pfeife, der Reglerzug nach vorne und die Kohlenabdeckklappen. Kohlenkästen sind mit dem Führerhaus verschweißt.

21 Der zweiten Serie gehört 65 018 an, hier aufgenommen noch bei der Fa. Krauss-Maffei am 3.4.1956. Sie hat das verbesserte DB-Führerhaus, das nicht mehr mit Wasser- und Kohlenkasten verschweißt ist. Die Dachlüfter sind eingezogen, die Tritte in Wasser- und Kohlenkästen sind mit Gitterblechen ausgelegt. Die Ausrüstung mit MVT-Mischvorwärmer ist von rechts nur durch die glatte Rauchkammer zu erkennen.

22

23

24

22 82 001 im Fotografieranstrich bei Krupp in Essen im November 1950. Die Vorwärmernische ist durch ein Blech abgedeckt. Lüfteraufbau und Pfeife hinten entsprechen der Ausführung bei der BR 65.

23 82 018, aufgenommen vor der Ablieferung an die DB auf dem Verbindungsgleis von der Lokfabrik Krupp zur DB im Mai 1951, entstammt der Serie mit Oberflächenvorwärmer und Speisepumpe KSV. Nach ziemlich genau 15 Betriebsjahren wurde diese Lok als erste DB-Neubaudampflok 1966 abgestellt.

24 82 035 ist Ende September 1951 in der Maschinenfabrik Esslingen fertiggestellt. Sie besitzt keinen Vorwärmer, sondern zwei unter dem Führerhaus angeordnete Strahlpumpen.

25 65 004 am 3.3.1951 auf der Drehscheibe des AW München-Freimann. Gut sichtbar: Das Hosenrohr und die Dampfzuleitung zum Vorwärmer.

26 82 001 präsentiert sich im November 1951 bei Krupp glatter. Das Nummernschild ist noch ein »Türke«: aufgemalte Ziffern und nur mit zwei Schrauben provisorisch befestigt.

27 82 017 Anfang 1952 vor dem Bw Hamburg-Eidelstedt. Sie hat noch die KSV-Pumpe. Die Dampfzuleitung zum Vorwärmer zweigt unter der Rauchkammer vom Hosenrohr ab. Anscheinend ist die Maschine gerade auf »Falschfahrt« unterwegs, wie die Scheibe andeutet.

25

26

27

Der Kessel

Der Kessel ist in sämtlichen Verbindungen geschweißt. Dabei sind die Schweißverbindungen so entwickelt, daß Kehlschweißungen weitgehend zugunsten von Stumpfschweißnähten vermieden sind, außerdem aber an den Übergängen möglichst gleiche Querschnitte der zu verbindenden Teile eingehalten werden. Die Heizflächenanteile sind so abgestimmt, daß sich ein Verhältnis Feuerbüchsheizfläche zu Rostfläche von 5,56 (bei der BR 82 5,36) ergibt, d.h. der Kessel verfügt über einen hohen Anteil hochwertiger Strahlungsheizfläche.

Bei der 82 ist diese auch ohne den Einbau einer Verbrennungskammer gewährleistet. Die große Strahlungsheizfläche wird hingegen bei der BR 65 durch eine an die Feuerbüchse anschließende Verbrennungskammer erreicht. In dieser Beziehung entspricht der Kessel dem der BR 23. Im Verhältnis zu den Kesseln der früheren Einheitslokomotiven wiegen die Kessel der BR 65 und 82 wesentlich weniger, wenn die gleiche Verdampfungsleistung zugrunde gelegt wird. Weitere typische Konstruktionsmerkmale sind:
– der auf 140 mm verbreiterte Wasserraum im Stehkessel
– gewindelos mit Spiel eingeschweißte Decken- und Seitenstehbolzen

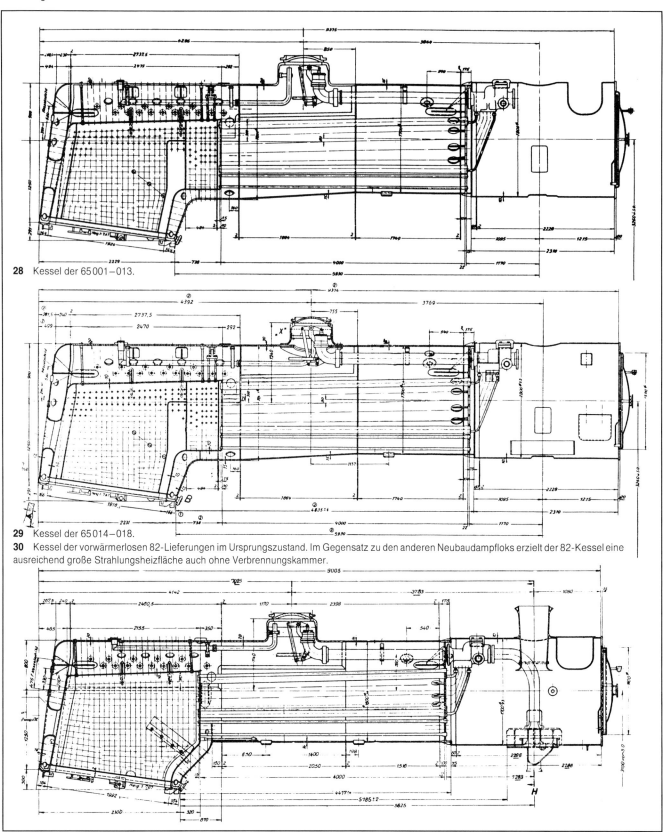

28 Kessel der 65 001–013.
29 Kessel der 65 014–018.
30 Kessel der vorwärmerlosen 82-Lieferungen im Ursprungszustand. Im Gegensatz zu den anderen Neubaudampfloks erzielt der 82-Kessel eine ausreichend große Strahlungsheizfläche auch ohne Verbrennungskammer.

- Gelenkstehbolzen mit Ausgleichsring
- Bodenringqueranker
- gekümpeltes Feuerloch
- gepreßter, U-förmiger Bodenring
- Befestigung des Aschkastens am Rahmen statt am Kessel, Luftzuführung am Umfang des Bodenrings durch reichlich bemessene Luftklappen.

Der Kesseldruck beträgt 14 kg/cm². Die Kesselmitte liegt bei der BR 65 vorn 3250 mm und hinten 3200 mm über der Schienenoberkante. Die Kesselmitte des zylindrischen Kessels der BR 82 liegt 3100 mm über SO.

Die Kesselbauart von 65 und 82 erlaubt gegenüber den Einheitslokomotiven von 1925 eine wesentlich höhere Heizflächenbelastung von 70 kg Dampf pro cm² und Stunde gegenüber 57 kg/cm². Der Kessel der BR 65 erzeugt 9 t Dampf in der Stunde, derjenige der BR 82 erzeugt 8 t ohne Überlastung.

Der **Langkessel** der BR 65 mit 4000 mm langen Rohren hat im vorderen zylindrischen Teil 1700 mm Außendurchmesser, im

31 Fertig verschweißter Kessel mit eingebauter Feuerbüchse der 65 008, aufgenommen 1950 bei Krauss-Maffei. Dei Quernaht des verstärkten, hinteren Kümpelteils des Langkessels ist zu erkennen. Aus dem Kümpelteil war der Domfuß herausgepreßt – was später noch für Ärger sorgen sollte.

32 Die Kessel von 82 033, 034 und 035 (1, 2, 3) während des Zusammenbaus in der Mf Esslingen im Frühjahr 1951. Die Nische vor dem Schornsteinloch wurde zunächst blind abgedeckt, hinter dem Schornsteinloch ist der Ausschnitt für den Regler sichtbar. Der vordere Kessel ist komplett mit Waschlukenpilzen versehen, abgedichtet und zur Wasserdruckprobe vorbereitet.

Bereich der Verbrennungskammer durch konische Erweiterung 1800 mm. Er ist aus zwei Schüssen, einem zylindrischen und einem konischen, von 15 mm Wandstärke zusammengeschweißt.

Der **Langkessel** der BR 82 mit ebenfalls 4000 mm langen Rohren hat 1600 mm Außendurchmesser. Er ist aus zwei Schüssen von 14 mm Wandstärke zusammengesetzt.

Längs- und Rundnähte sind stumpf geschweißt. Der hintere Schuß ist im Scheitel durch besonders eingeschweißte Bleche auf 20 mm (BR 82: 18 mm) verstärkt. Bei den Lokomotiven 65 001 bis 013 und 82 001 bis 037 wurde aus diesem Blech vor dem Zusammenschweißen der Domhals ausgepreßt. Dommantel und Domboden sind wiederum stumpf aneinandergeschweißt. Die Maschinen 65 014 bis 018 und 82 038 bis 041 haben einen aufgenieteten Dom. Der Langkessel enthält 46 (BR 82: 38) Rauchrohre 118 × 4 mm und 124 (BR 82: 115) Heizrohre 44,5 × 2,5 mm.

Die Rauchkammerrohrwand ist als ebene Platte in einem T-Eisenring stumpf eingeschweißt, der mit dem Kesselschuß einerseits und über einen Winkelring mit dem Rauchkammermantel andererseits verschweißt ist. So werden die eigentlichen Schweißverbindungen von unmittelbarer Biegebelastung entlastet. Die ebenen Flächen der Rohrwand sind gegen den Langkessel durch aufgeschweißte Rippen versteift. Zur Vermeidung der Kerbwirkung und zur Erleichterung der Erneuerung ohne Beanspruchung der Kesselschüsse sind bei diesen Versteifungen und allen mit Kehlschweißung gefertigten Untersätzen und Haltern ausgeschärfte und ausgerundete Laschen am Kesselmantel angeschweißt, gegen welche die Halter und Rippen stumpf gegenstoßen.

Es ist nur ein **Dampfdom** vorhanden. Der Dom ist bei den Maschinen 65 001 bis 013 und 82 001 bis 037 eingeschweißt. Er hat bei den Maschinen einen Außendurchmesser von 828 mm (BR 82: 826 mm). Dampfentnahmerohr und Absperrventil sind dabei soweit seitlich angeordnet, daß das Kesselinnere befahrbar ist, ohne Teile ausbauen zu müssen. Die Maschinen 65 014 bis 018 und 82 038 bis 041 haben einen kleineren Dom von 700 mm Außendurchmesser, der aufgenietet ist. Zusätzlich ist ein innenliegendes Verstärkungsblech eingenietet (Bei den übrigen 65 und 82 wurde das Verstärkungsblech nachgerüstet.) Der Domdeckel wird durch einen Winkelring auf seinen Sitz gepreßt. Wartungsarbeiten an Deckel und Sitz werden dadurch erleichtert.

Der **Stehkessel** besteht im Mantelteil aus drei mit Längsnähten zusammengeschweißten Stücken, den beiden Seitenwandteilen von 15 mm (BR 82: 14 mm) Stärke und der runden Decke, die zur Aufnahme der Belastung aus den Deckenstehbolzen auf 20 mm verstärkt ist. An den Übergängen ist das jeweils stärkere Blech zugeschärft. Stehkessel-Vorderwand und -Rückwand sind 15 mm (BR 82: 14 mm) stark. Zur Vorverlegung des Schwerpunktes sind beide schräg nach vorn geneigt.

15 (BR 82: 14) Queranker, in zwei Reihen über der **Feuerbüchse** angeordnet, verhindern ein seitliches Ausweichen der Stehkesseldecke. Außerdem sind beiderseits je zwei T-Versteifungen innen zwischen oberster Stehbolzenreihe und unterer Querankerreihe aufgeschweißt. Ein starkes Rückwandankerblech in Höhe der unteren Querankerreihe leitet bei gleichzeitiger Queraussteifung die Belastung der ebenen Rückwandfläche in die Seitenwände.

33 Anreißen und Vermessen einer vorgebohrten 82-Stehkesselwand, aufgenommen 1950 in der Mf Esslingen. Blickrichtung von vorn. Rechts sind die großen Öffnungen für die Waschluken sichtbar.

34 Einbau der Feuerbüchse mit Verbrennungskammer in einen 65-Kessel, Krauss-Maffei 1950. Der Einbau bei den Neubaudampflokomotiven mußte von oben erfolgen.

35 Stehbolzenlöcher werden in der Stehkesselvorderwand nachgebohrt. Die Feuerbüchse ist schon eingesetzt, Bohrung an Feuerbüchse und Stehkessel erfolgen in einem Arbeitsgang. Foto an einem 82-Kessel in der Mf Esslingen 1950.

Der höchste Punkt der Feuerbüchse, der Umbug der Rohrwand, liegt 350 mm (BR 82: 310 mm) über Stehkesselmitte. Der niedrigste Wasserstand liegt 473 mm (BR 82: 435 mm) über Stehkesselmitte, 123 mm (BR 82: 125 mm) über dem höchsten Punkt der Feuerbüchsdecke und 427 mm (BR 82: 345 mm) unter dem Scheitel der Stehkesseldecke. Die Feuerbüchse mit angeschweißtem Bodenring wird von unten eingebaut, die Feuerlochkrempe sodann mit der Rückwandkrempe des Stehkessels und der äußere Bodenringansatz mit dem Stehkesselmantel verschweißt.

Bei der BR 65 stehen die Seitenwände der Feuerbüchse senkrecht. Der große Wandabstand von 140 mm fördert die gute Abführung der Dampfblasen. Durch die konische Erweiterung des Langkessels im hinteren Schuß wird auch im Bereich der Verbrennungskammer ein reichlicher Querschnitt für den Zustrom des Wassers zur Feuerbüchse erreicht.

Bei der BR 82 stehen die Seitenwände der Feuerbüchse ebenfalls senkrecht, während der Stehkesselmantel nach unten schwach eingezogen ist. Der große Wandabstand von ebenfalls 140 mm erweitert sich damit nach oben fortlaufend. In Verbindung mit der starken Abrundung der Ecken der Feuerbüchse können die Dampfblasen hierdurch gut abströmen. So wird eine ähnlich gute Verdampfung im Bereich der Feuerbüchse erreicht wie durch den Einbau einer Verbrennungskammer.

Die große Stehbolzenlänge kommt der Lebensdauer zugute, weil die Bolzen bei der gegenseitigen Verschiebung der Einspannstellen im Betrieb geringer beansprucht werden.

Die Feuerbüchse ist aus IZ-II-Stahl geschweißt und durchgehend 10 mm, die Rohrwand 15 mm stark. Die Feuerbüchsrückwand ist 12 mm stark. Die Rohre werden nach dem Einwalzen durch eine Schweißraupe zusätzlich gegen die Rohrwand abgedichtet.

Der Bodenring ist aus 35 mm starken Blechstreifen U-förmig mit schräg nach außen stehenden Schenkeln gepreßt. Die Ausschrägungen werden abgearbeitet, so daß der für die Schweißung erforderliche Übergang in die Stärke von Feuerbüchs- und Mantelblechen erreicht wird. Der Bodenring ist aus einzelnen Teilen zusammengeschweißt. Am Bodenring sind angeschweißt:
– der Anschluß für das Abschlammventil
– die Anschlüsse beiderseits für Aufheizventile (blind geflanscht)
– der Bodenringqueranker
– die Halter für den Kipprost
– die Rostbalkenträger
– die vorderen Stehkesselgleitstützen
– der hinten liegende Steg für das Stehkesselpendelblech zur Abstützung am Rahmen.

Die Feuerbüchsdecke wird durch 26 mm starke Deckenstehbolzen getragen. Die Bolzen sind in die Stehkesseldecke und in die Feuerbüchsdecke gewindelos mit Spiel eingeschweißt. Die in gleicher Weise eingeschweißten Seitenstehbolzen und die Gelenkstehbolzen sind mit Ausgleichsring in den Bewegungszonen eingeschweißt. Die vorderen zwei Reihen von Deckenstehbolzen sind paarweise durch Hängeeisen beweglich mit der Stehkesseldecke verbunden und in die Feuerbüchse eingeschweißt.

Bei der 82, die keine Verbrennungskammer hat, ist die Rohrwand durch Bodenanker gegen den Langkessel versteift. Die Anker sind ebenfalls mit der Rohrwand verschweißt. Im Langkessel sind sie in Augen an angeschweißten Untersätzen eingeschweißt. Beim Auswechseln bleiben die Untersätze im Langkessel sitzen.

Der Rost ist bei beiden Baureihen im Verhältnis 1 : 7,67 geneigt. Bei einer Breite von 1392 mm (BR 82: 1200 mm) und einer Tiefe von 1920 mm (BR 82: 1992 mm) beträgt seine Fläche 2,67 m^2 (BR 82: 2,35 m^2). Es sind drei Rostfelder vorhanden mit 600 mm (BR 82: 550 mm) hinten und 800 mm (BR 82: 900 mm) vorn sowie 450 mm Länge des Kipprostfeldes, das nach unten aufschlägt.

Der **Aschkasten Bauart Stühren** ist unabhängig vom Kessel in den Rahmen gelagert. Er liegt über der vierten Kuppelachse und besitzt beiderseits der Achswelle je eine Tasche, die nach der Achse zu über Schieber entleert wird. Er ruht mit Flanschen in einem Ausschnitt des Längsversteifungsbleches auf Oberkante Rahmen. Stumpf stößt er gegen den Bodenring, soweit nicht im Bereich der

36 Stehkessel mit eingesetzter Feuerbüchse bei der BR 82, Esslingen 1950. Vorne am Bodenring: Anschluß für das Gestra-Ventil.

37 Die Domdeckel-Stiftschrauben werden eingesetzt, aufgenommen an einer Lok der Mf Esslingen – Serie 82 033 bis 037. Der Domfluß ist aus dem Kesselblech ausgepreßt, der Domhals aufgeschweißt.

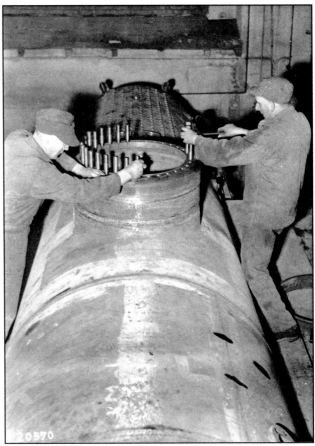

38 Einbau des Mehrfachventil-Heißdampfreglers, aufgenommen in der Rauchkammer einer 82, Esslingen 1950. Rechts in der Rauchkammerwand der Anschluß des vorderen Dampfentnahmestutzens, links der Anschluß für die Luftpumpe, darüber die Durchführung für das Reglergestänge. Die Überhitzerelemente sind noch nicht montiert.

Bodenring-Luftklappen ein größerer Spalt freigelassen ist. Der Kessel kann sich hinten gegenüber dem Aschkasten frei ausdehnen. Die Verbrennungsluft tritt durch Klappen an Stirn- und Rückseite sowie Seitenklappen unter dem Bodenring unter den Rost. Die Klappen können vom Führerstand aus bedient werden. Die an den Längsseiten des Aschkastens entlangführenden Spritzrohre sind so hoch gelegt, daß die Asche sich nicht festsetzen kann. Der Aschkasten besteht aus neun miteinander verbundenen Teilen und gestattet deshalb den Ausbau, ohne daß der Kessel abgenommen werden muß.

Der für die Lokomotiven ab Betriebsnummer 65014 und 82038 geänderte Aschkasten erhielt vergrößerte, vom Führerhaus zu bedienende Seitenluftklappen.

Jeder Bodenschieber wird an Lenkern so geführt, daß er sich unter dem Eigengewicht schließt. Beim Öffnen hebt er sich vom Sitz ab. Beim Entschlacken wird der Schieber durch Hochziehen vor Glut und Asche geschützt.

Die Feuerbüchse besitzt einen **Feuerschirm** der Regelbauart aus kleinen Steinen, die durch die Feuertür eingebracht werden können. Der Schirm ist an den Feuerbüchsseitenwänden auf gußeiserne Trageisten abgestützt, die mit je drei Bolzen (BR 82: vier) gehalten werden. Diese Bolzen sind durch Hohlstehbolzen gesteckt und können leicht ausgewechselt werden.

Der **Rauchkammermantel** von 10 mm Stärke ist stumpf an den Winkelring am Langkessel angeschweißt. Die Rauchkammer hat 1800 mm (BR 82: 1700 mm) Außendurchmesser und ist 2385 mm (BR 82: 2500 mm) lang. Im vorderen Teil ist bei den Maschinen 65001 bis 013 und 82001 bis 037 eine Quernische zur Aufnahme des Oberflächenvorwärmers angeordnet. Bei den Maschinen 65014 bis 018 und 82038 bis 041 mit Mischvorwärmeranlage ist keine Nische vorhanden. Hinter dem Schornstein ist im Scheitel ein großer Ausschnitt vorgesehen, durch den die Heißdampfreglerventile zugänglich sind.

Die Rauchkammer ist nach vorne durch eine gekümpelte Tür mit innerem Schutzblech durch Vorreiber verschlossen. Die Rauchkammer trägt beiderseits bei den Lokomotiven 65001 bis 013 und 82001 bis 037 angeschweißte und bei den Maschinen ab 65014 und 82038 angeschraubte Konsolen mit breiten Stützflächen, über die der Kessel unter Zwischenlage von Paßblechen mit dem Rahmen verbunden wird.

Die Kesselausrüstung

Der Kessel ist mit einer einfachen, nach dem Feuerraum aufschlagenden **Kipptür** ausgerüstet. Die Tür ist doppelwandig aus Blech hergestellt. Bei den Maschinen ab 65014 und 82038 ist rechts an der Tür ein Schutzblech angebracht, das den Lokführer vor zu starker Wärmestrahlung bei geöffneter Tür schützen soll. Oberhalb der Tür ist bei 65001 bis 013 und 82001 bis 037 eine kleine Schauluke angeordnet, deren Glas von innen durch eine Blende geschützt wird.

Die Hauptabmessungen der **Saugzuganlage** sind so gewählt, daß mit niedriger Feuerschicht und geringem Gegendruck wirtschaftlich gefahren werden kann. Der weite Schornstein ermöglicht eine möglichst geringe Geschwindigkeit des Dampf-Rauchgas-Gemisches. Das Blasrohr liegt dementsprechend tief und ist so weit ausgebildet, daß der Gegendruck im Zylinder niedrig bleibt. Um eine gute Führungshöhe für den Gemischkegel zu erreichen, ist der Schornstein tief in die Rauchkammer eingelassen. Der Abdampf für den Vorwärmer wird unmittelbar an der Zusammenführung der von den beiden Zylindern kommenden Abdampfrohre entnommen, also tief unterhalb des Blasrohrkopfes. An der Rückseite des Schornsteins ist ein Kanal für den Abdampf der Lichtmaschine eingegossen. Der Abdampf der Speisepumpe und Luftpumpe wird bei den Maschinen 65 001 bis 013 und 82 013 bis 022 im Oberflächenvorwärmer ausgenutzt. Bei den vorwärmerlosen 82 001 bis 012 und 023 bis 037 wird der Abdampf der Luftpumpe frei in den Schornstein geleitet.

Der **Funkenfänger** ist zweiteilig und aufklappbar. Er ist leicht pendelnd am Schornstein aufgehängt und reinigt sich durch die Erschütterungen dauernd selbst.

In der Rauchkammer sitzt hinter dem Schornstein der **Mehrfachventil-Heißdampfregler**, mit dem Dampfsammelkasten in einem Stück zusammengefaßt. Die den Dampfzylindern zuzuführende Dampfmenge wird durch nacheinander zu öffnende Tellerventile geregelt. Die Ventile werden unter dem Druck des aus dem Überhitzer kommenden Dampfes geschlossen gehalten. Jedes Ventil trägt oben und unten eine Spindel. Die obere Spindel läuft in einer Führung im Deckel. Die untere Spindel trägt einen Entlastungskolben und ist unter diesem an der Reglerwelle angelenkt, so daß das Ventil den Ausschlägen der Wellennocken kraftschlüssig folgen muß. Den Hauptventilen ist ein kleines Entlastungsventil vorgeschaltet, das sich als erstes öffnet und Druck unter die Entlastungskolben gibt. Damit lassen sich die Hauptventile sehr leicht bewegen. Die Reglerwelle ist auf der rechten Lokomotivseite seitlich durch eine Stopfbüchse aus dem Dampfsammelkasten und aus der Rauchkammer herausgeführt. Die Vorkammer vor der Stopfbüchse ist durch eine Entwässerungsbohrung mit der Rauchkammer verbunden, so daß Leckwasser und Schwaden abgesaugt werden. Das Reglergehäuse ist mit einer Leitung nach außen entwässert. Aus der Heißdampfkammer wird vor den Hauptventilen durch einen Anschluß auf der linken Seite der Heißdampf für den an der Rauchkammer angebrachten vorderen Dampfentnahmestutzen für Lichtmaschine, Bläser und Speisepumpe entnommen. Auf der rechten Seite wird unter Benutzung eines an der Naßdampfkammer blind verflanschten Heißdampfelement-Anschlusses bei beiden BR der Dampf für die Luftpumpe abgezweigt.

Die Überhitzereinheiten sind über lose Flansche, Druckringe, konische Bundbuchsen und aus Blech gepreßte Doppelkonusbuchsen mit Vierkantschrauben gegen die Anschlüsse am Dampfsammelkasten angezogen.

39 Gegossener Mehrfachventil-Heißdampfregler. Zwischen den Einströmrohranschlüssen der Flansch für den Dampf zum vorderen Dampfentnahmestutzen, links die Reglerwelle, die an das zum Führerhaus führende Reglergestänge angeschlossen wird.

40 Aschkasten Bauart Stühren der BR 65. In der Mitte der Ausschnitt für die letzte Kuppelachse, seitlich die großen Luftklappen.

Vom Dampfsammelkasten führt das Dampfentnahmerohr im Kesselscheitel mit anschließendem Krümmer bis zum Dom. Dort ist ein **Absperrventil** mit Entlastungsventil eingebaut, das über ein Gestänge vom Führerstand aus bedient werden kann. Das Ventil wird nur bei Arbeiten am Regler und Überhitzer sowie bei abgestellter Lokomotive benutzt. Normalerweise wird in Abschlußstellung der Ventilteller durch den Kesseldruck geschlossen gehalten. Sind Ventil und Regler geschlossen, so gleicht sich im Überhitzer etwa infolge Nachverdampfung auftretender Überdruck durch Anlüften des Entlastungsventiles im Dom nach dem Kesselraum hin aus. Hierzu ist ein entsprechendes Spiel zwischen Ventil und Gestänge vorhanden. Ein besonderes Sicherheitsventil auf dem Überhitzer ist deshalb nicht notwendig.

Das **Reglergestänge** ist auf der rechten Lokomotivseite nach hinten zum Führerstand geführt. Der Reglerhandhebel, der in Fahrtrichtung und sinnfällig bewegt wird – nach vorne wird geöffnet, nach hinten geschlossen –, ist an einem Bock an der Führerhausvorderwand gelagert und kann in jeder Stellung durch eine Raste gehalten werden. Die Bewegung des Kessels überträgt sich nicht auf das Gestänge, da sich der Kessel unabhängig vom Führerhaus ausdehnen kann. Der Reglerhebel liegt für den Lokführer bequem und erleichtert ihm die Streckenbeobachtung. Mit dem Mehrfachventil-Heißdampfregler läßt sich die Dampfentnahme leicht und feinfühlig regulieren. Beim Öffnen des Reglers steht sofort Heißdampf zur Verfügung. Beim Schließen und besonders bei Wasserüberreißen ist der entstehende Dampf sofort von der Hauptmaschine abgesperrt. Die Hilfsmaschinen arbeiten mit Heißdampf entsprechend wirtschaftlicher.

Der **Schmidt-Überhitzer** hat eine Heizfläche von 62,86 m^2 (BR 82: 51,9 m^2).

Zur Kesselspeisung dienen bei den Maschinen 65001 bis 013 und 82013 bis 022 eine liegende, **nichtsaugende Strahlpumpe** mit 125 l/min Förderleistung und eine **Kolbenspeisepumpe KSV 15/25** mit 250 l/min, da diese Maschinen mit einem Oberflächenvorwärmer ausgerüstet sind. Die Kolbenspeisepumpe liegt links vorn unterhalb des Oberflächenvorwärmers. Sie drückt das Wasser durch den Vorwärmer in die vorn gelegenen Kesselspeiseventile.

82001 bis 012 und 023 bis 037 sind ab Lieferung nicht mit einem Vorwärmer ausgerüstet. Sie besitzen zur Speisung **zwei liegende, nichtsaugende Strahlpumpen** mit 125 l/min Wasserförderleistung. Diese Pumpen entsprechen der Bauart der bei den 65 und 82 mit Oberflächenvorwärmer verwendeten Strahlpumpe. Diese Pumpe wurde neu aus einer saugenden Strahlpumpe entwickelt.

Die Maschinen 65014 bis 018 und 82038 bis 041 haben eine Mischvorwärmeranlage MVT. Sie haben zur Speisung über den Vorwärmer eine **Henschel-Turbospeisepumpe TP-BB 180** mit einer Förderleistung von 180 l/min. Diese Pumpe wird auch bei 23024 und 025 verwendet.

Die **Henschel-Mischvorwärmeranlage Bauart MVT** wurde aus dem 1951 für zwei Lokomotiven BR 82 entwickelten Versuchsmischvorwärmer MVT entwickelt (siehe hierzu auch Seite 87). Grundsätzlich ist die Anlage MVT eine Übertragung der auf der BR 52 erprobten Mischvorwärmeranlage auf die Tenderlokbauart. Ihre wesentlichen Merkmale sind die einstufige, drucklose Vorwärmung, der große Wasserspeicher sowie die Förderung des Speisewassers durch einen Abdampfstrahlheber und eine Turbopumpe.

Der große Wasserspeicher ist vorne im linken Wasserkasten untergebracht (Zeichnung Seite 29). Er ist unterteilt in die Heißwasserkammer (1), die Speicherkammer (2) und die Kaltwasserkammer (3). In die Heißwasserkammer wird über die Mischdüse (4) ein Teil des Zylinderabdampfes (6) eingespritzt. Über das Verbindungsrohr (5) zieht die Mischdüse gleichzeitig Kaltwasser aus der Kaltwasserkammer und spritzt es zusammen mit dem Abdampf unter Wasser in die Heißwasserkammer. Das in dieser Kammer auf fast 100°C erhitzte Wasser wird mit der einstufigen Turbospeisepumpe TP-BB 180 (8) zu den Kesselspeiseventilen (10) hochbefördert. Die Turbospeisepumpe ist vorne unterhalb des Vorwärmers am Lokomotivrahmen angebracht, so daß sie einerseits gut zu warten ist und ihr andererseits das Speisewasser aus dem Vorwärmer durch natürliches Gefälle zuläuft.

Die Turbospeisepumpe ist das einzige Regelorgan für Vorwärmung und Kesselspeisung. Wird sie vom Führerhaus durch einen Anlaßschieber mit Frischdampf vom hinteren Dampfentnahmestutzen betätigt, wird mit dem Abdampf der Turbopumpe (18) automatisch auch der Abdampfstrahlheber (14) in Tätigkeit gesetzt, der damit Kaltwasser aus dem Wasserkasten in die Kaltwasserkammer hochbefördert. Er hat eine Förderleistung von 210 l Wasser pro Minute, so daß immer eine größere Wassermenge in den Vorwärmer nachgefördert wird, als mit der schwächer fördernden Turbopumpe entnommen werden kann. Überschüssiges Kaltwasser läuft durch

41 Gesamtansicht der 65014 bis 018.

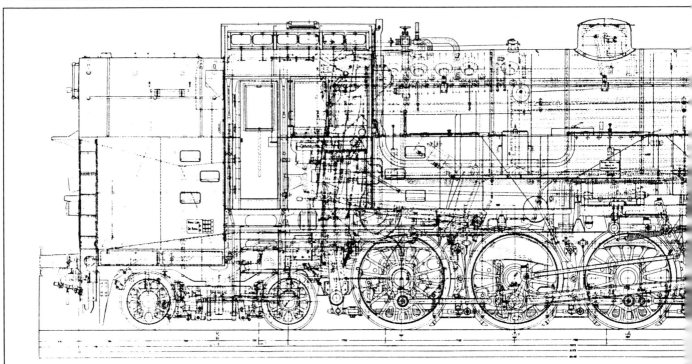

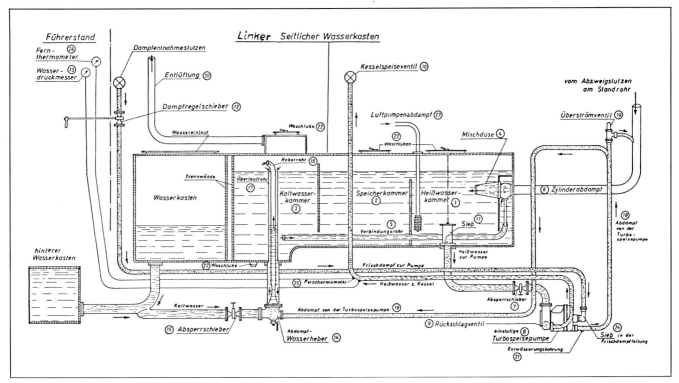

42 Mischvorwärmeranlage Henschel MVT, die in 65 014 bis 018, 66 001 und 002, 82 038 bis 041 eingebaut war. Rechts in das Zylinderabdampfrohr wurde später noch ein Ölabscheider eingebaut.

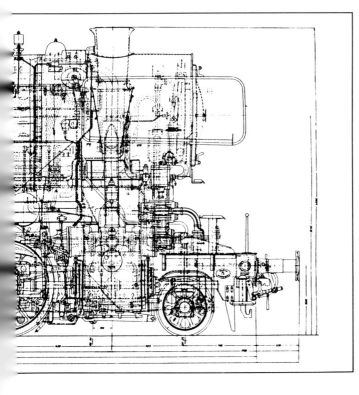

das Überlaufrohr (17) wieder dem Heber zu, der Vorwärmer kann so nicht überfüllt werden. Die Abteilung der Kaltwasserkammer stellt das einwandfreie Arbeiten des Strahlhebers sicher.
Entstehende Dampfschwaden können durch die Entlüftung (20) abziehen. Da aus dem Wasser infolge der offenen Erhitzung Schlamm und Schwebstoffe ausgeschieden werden, ist eine regelmäßige Reinigung des Vorwärmers durch die Waschluken (22) notwendig, damit die empfindliche Turbopumpe nicht beschädigt wird. Sie ist zusätzlich durch ein vorgeschaltetes Sieb (11) gesichert.

Durch die Bauart des Vorwärmers ist sichergestellt, daß auch bei rollender oder stehender Lok noch längere Zeit aus dem Speicher heiß weitergespeist werden kann. Steht wieder Abdampf zur Verfügung, sorgt die intensive Verwirbelung in der Heißwasserkammer für ein schnelles Erreichen der Temperatur von ca. 100°C.
Als zweite (Strahl-)Pumpe ist bei den 65 014 bis 018 und 82 038 bis 041 eine liegende, nichtsaugende **Strahlpumpe Bauart Friedmann ASZ 9** mit 210 l/min Förderleistung eingebaut (mit der Friedmann-Pumpe ASZ 9 wurden alle übrigen 65 und 82 nachgerüstet). Die Dampfstrahlpumpe (bei 82 001 bis 012 und 023 bis 037 beide Strahlpumpen) liegt unterhalb des Heizerstandes und erhält Frischdampf aus dem vor dem Führerhaus auf dem Kesselscheitel sitzenden hinteren Dampfentnahmestutzen. Die Gestänge für Schlabberventil und Wasserregulierhahn sind in den Heizerstand hochgezogen. Von der Strahlpumpe (den Strahlpumpen, s.o.) führt eine Druckleitung linksseitig zu den **Kesselspeiseventilen**.
Die Zusammenlegung der beiden Speiseventile bedeutet Materialeinsparung, außerdem wird nur ein Durchbruch in der Kesselwandung benötigt. Auf der Druckleitung sind Feuerlöschstutzen angeschweißt. Die Speiseventile liegen oberhalb des Kesselwasserstandes. Im Kessel wird das eingespeiste Wasser deshalb über einen kurzen Krümmer so weit heruntergeführt, daß erst bei Unterschreiten des niedrigsten zulässigen Wasserstandes der Krümmer austaucht. Damit kann bei etwa undichten Kesselspeiseventilen nur Dampf austreten, so daß sich der Kessel nicht in gefährlicher Weise entleeren kann.
Der Dampf für die vorderen Hilfsmaschinen wird für die vorn liegende Lichtmaschine, den Bläser und die Kolbenspeisepumpe auf der linken Seite dem vorderen Dampfentnahmestutzen entnommen, der über Absperrventil und Leitung bei den Maschinen mit der Heißdampfsammelkammer verbunden ist. Der Dampf für die Luftpumpe wird rechtsseitig vorn am Sammelkasten entnommen. Für die hinten liegenden Bedarfsstellen liegt der Entnahmestutzen außerhalb des Führerhauses im Kesselscheitel und entnimmt Naßdampf über eine innen verlegte Leitung dem Dom. An den hinteren Stutzen sind angeschlossen: die Strahlpumpe (bei 82 001 bis 012 und 023 bis 037 beide Strahlpumpen), die Heizung, bei 65 001 bis 013 und 82 001 bis 037 der Anschluß zur Pfeife und bei 65 014 bis 018 und 82 038 bis 041 die Turbospeisepumpe für den Mischvorwärmer.

Die **Dampfpfeife** ist bei den Maschinen 65 001 bis 013 und 82 001 bis 037 rechts unmittelbar vor dem Führerhaus am hinteren Dampfent-nahmestutzen so angeordnet, daß sich ein kurzer Pfeifenzug ergibt. Die Pfeife besitzt zur Entwässerung einen Kondensomaten. Bei den Maschinen 65 014 bis 018 und 82 038 bis 041 ist die Pfeife unmittelbar auf dem Dampfraum des Kessels rechts in der Nähe der Rauchkammer angeordnet. Diese Dampfpfeife besitzt ein Absperrventil innerhalb ihres Gehäuses und entwässert unmittelbar in den Kessel. Die Betätigung erfolgt durch Zug vom Führerstand aus (auch die übrigen 65 und 82 wurden nachträglich mit einer Pfeife nach Vorbild der 65 014 ff. ausgerüstet). Alle 65 und 82 haben als zweite Warneinrichtung eine Druckluftglocke, die rechts oben auf der Rauchkammer angeordnet ist.

Zur Überwachung des Wasserstandes ist auf Heizer- und Führerseite je ein sichtbarer **Wasserstandsanzeiger** mit Selbstschluß angeordnet. Die unteren Stutzen sitzen auf einem Zwischenflansch, durch den der Raum im Kessel vor der Bohrung freigelegt und von Kesselsteinansätzen gereinigt werden kann. Hinter dem Wasserstand ist ein schräg schwarz und weiß gestreiftes Schild angebracht. Durch Lichtbrechung im Wasser ist der Wasserstand zu erkennen.

Die beiden normalen Ackermann-Sicherheitsventile mit 45 mm lichtem Durchgang sind vor dem Deckenstehbolzenfeld oberhalb der Feuerbüchsrohrwand angebaut.

Zum Reinigen des Kessels sind bei den Maschinen 65 001 bis 013 insgesamt 32 **Waschluken** vorhanden: 17 kleine mit einem Durchmesser von 65/50 mm, davon 9 Luken an der Stehkesselrückwand, 4 an der Stehkesselvorderwand, 2 in den Seitenwänden, 2 in der

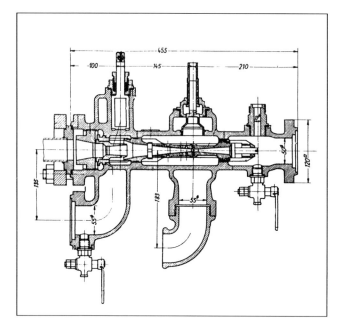

43 Henschel-Turbospeisepumpe, fotografiert an 65 017 am 21.5.1956. Die Pumpe fand ihren Platz vor dem linken Zylinderblock.

44 Ursprüngliche Strahlpumpe Bauart Henschel für 125 l Förderung pro Minute, angebaut an die BR 65 und 82. Diese Pumpe wurde wegen Nichtbewährung bald gegen Friedmann-Strahlpumpen ausgewechselt.

45 Anordnung der beiden Speisepumpen an den vorwärmerlosen 82-Serien.

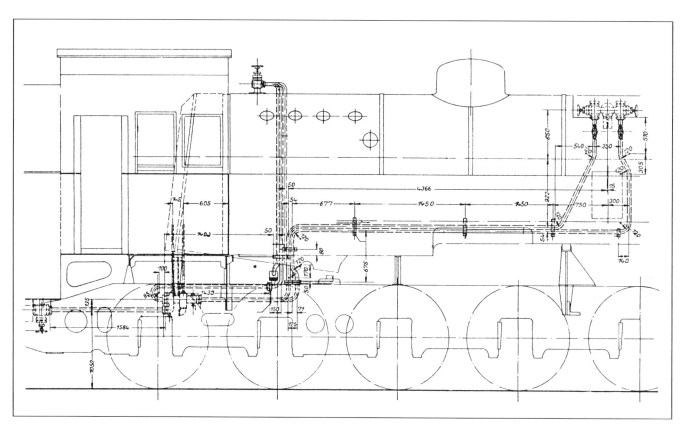

46 Probeheizen eines 82-Kessels im Werkshof von Esslingen, Anfang 1951. Deutlich zu sehen: der zylindrische Kessel, im Gegensatz zum konischen der Neubaudampfloks mit Verbrennungskammer.

Rauchkammerrohrwand, und 15 große mit einem Durchmesser von 110/85 mm, davon 12 im oberen Teil des Stehkessels und 3 am Bauch der Kesselschüsse.

Die Reinigungsöffnungen in den Kesseln bei der BR 82 sind wegen der fehlenden Verbrennungskammer anders verteilt. Es sind insgesamt 19 kleine Luken vorhanden, davon 9 Luken an der Stehkesselrückwand, 4 an der Stehkesselvorderwand, 2 in den Seitenwänden, 2 unter dem Bodenring, 2 in der Rauchkammerrohrwand, und außerdem 12 große Luken, davon 10 im oberen Teil des Stehkesselmantels und 2 am Bauch der Kesselschüsse.

65014 bis 018 und 82038 bis 041 haben zwei weitere, große Waschluken oberhalb der Kesselspeiseventile auf dem Kessel. (Alle übrigen 65 und 82 wurden ebenfalls mit diesen zusätzlichen Luken ausgerüstet.)

Am tiefsten Punkt des Kessels vorn über dem Bodenring ist ein **Abschlammventil Bauart Gestra** mit Druckluftbetätigung von der Heizerseite des Führerstandes aus angeordnet.

Über ein Dreiwegeventil werden Rauchkammer- und Aschkastenspritze sowie Kohlenspritze und Kohlenbrause betätigt. Das Ventil ist an die Druckleitungen beider Speisepumpen angeschlossen.

Der **Hilfsbläser** besteht aus einem um den Blasrohrkopf gelegten Ringrohr mit Löchern. Der Bläser ist an den vorderen Dampfentnahmestutzen angeschlossen.

Die Temperatur des Heißdampfes wird im rechten Schieberkasten durch eine **Heißdampftemperatur-Meßanlage** mit Quecksilberfüllung gemessen. Die Anlage besteht aus einer Quecksilberkapillare, die in den Kolbenschieberraum eintaucht und die Drucksteigerung durch die Ausdehnung des Quecksilbers bis zum Anzeigegerät im Instrumentenpult überträgt.

Bei den Maschinen ab 65014 und ab 82038 ist der Kessel einschließlich der Dampfeinströmrohre mit **Blauasbestmatratzen** isoliert. Die Matratzen sind so ausgebildet, daß sie leicht an- und abgebaut werden können. Die zusätzliche Wärmeisolierung verhindert Wärmeverluste – besonders bei abgestellter Lokomotive – und setzt die Temperaturen im Führerstand herab.

47 Dieselbe Szene von hinten: Das Hilfsabsperrventil wird geöffnet, der Dampf strömt über Knierohr, Überhitzer und Heißdampfregler ins Freie.

48 Ende 1950 bei Krauss-Maffei: Der Rahmen der 65007 ist fertig verschweißt, die Zylinder sind angeschraubt.

49 Ein 82-Rahmen wird 1950 in der Mf Esslingen verschweißt. Blickrichtung: von hinten.

Der Rahmen

Der Rahmen ist mit sämtlichen Quer- und Längsverbindungen einschließlich der Rahmenverbindung zwischen den Zylindern und Pumpenträgern in einem Stück geschweißt. Die Rahmenwangen sind durch oben und unten gegengeschweißte Gurte verstärkt. Die Füße für Achsgabelstegbefestigung und Achslagerführungen sind als Schmiedestücke mit Rückensteg, dem Ausschnitt entsprechend gebogen, eingeschweißt, so daß der Untergurt durch die Ausschnitte ununterbrochen weiterläuft. Etwa in Höhe der Achslagermitte läuft ein waagerechtes Längsversteifungsblech von vorn

50 In Handarbeit ging es bei Krupp zu, als 1950 der Rahmen der 82013 entstand.

51 Nach dem Schweißen kam das Drücken: Auch bei Einhaltung des genauen Schweißplans war ein Verzug bei den einseitig erhitzten Rahmenblechen nicht zu vermeiden. Bevor Gleitplatten oder Zylinder angebracht werden konnten, war das Richten des Rahmens notwendig. Foto in der Mf Esslingen 1951.

52 Endmontage einer 65 bei Krauss-Maffei, Anfang 1951.

nach hinten durch. Zur Austauschbarkeit der Zylinder sind bearbeitete Unterlagen am Rahmen angeschweißt.

Zwischen erster und zweiter Kuppelachse ist der Gleitbahnträger aufgesetzt, zwischen zweiter und dritter Achse ein Querträger, der durch Längsträger mit dem Gleitbahnträger verbunden ist. Diese Längsverbindungen tragen oben die Steuerschraube, unten die abnehmbaren Steuerwellen- und Schwingenlager. Teile, die zum exakten Arbeiten von Steuerung, Trieb- und Laufwerk an Verschleißstellen aufgearbeitet werden müssen, sind mit dem Rahmen verschraubt, Lagerböcke für Ausgleichshebel, bei denen der Verschleiß durch Auswechseln von Buchsen ausgeglichen werden kann, sind dagegen mit dem Rahmen verschweißt.

Bei der BR 65 ist der vordere Lagerbock für den Ausgleichshebel zwischen Laufachse und vorderer Kuppelachse mit den Zylinderbefestigungsschrauben angeschraubt.

Um die Stellkeile beim Aufarbeiten und speziell beim Schleifen im Rahmen halten zu können, ohne die Achsgabelstege einsetzen zu müssen, sind hinter den Ausschnitten Löcher im Rahmen vorgesehen, in denen Klammern zum Halten der Keile angebracht werden können. Die Stellkeile für die Achslager sind hinten angeordnet, so daß sie bei Vorwärtsfahrt entlastet sind. Die Achslagerführungsplatten sind angeschweißt.

Die **Pufferträger** vorn und hinten sind auswechselbar. Sie sind beiderseits mit Ausschnitten zum Einhängen von Spillhaken beim Kaltverfahren versehen. Unterhalb der Pufferbohlen sind Konsolen zum Ansetzen des Aufgleisungsgerätes angebracht, so daß Rohrleitungen hierfür nicht abgebaut werden müssen und geschützt werden.

Bei beiden BR ist der Rahmen hinter der dritten Kuppelachse über Klammern mit dem Kessel verbunden, die ein Abheben des Kessels verhindern.

Die Achsgabelstege sind von unten gegen den Untergurt gegengesetzt und umklammern beiderseits die Rahmenansätze. Die Stege umfassen das Federgehänge, brauchen jedoch zum Auswechseln von Federn nicht ausgebaut zu werden.

Die Rahmenwangen sind 25 mm stark, ihr lichter Abstand beträgt 1055 mm, die Rahmenoberkante, die vom Zylinderbock bis zur Führerhausrückwand geradlinig verläuft, liegt 700 mm (BR 82: 685 mm) über Achsmitte. Die Rahmenblechhöhe beträgt 911 mm (BR 82: 900 mm). Die Gesamtkontur der Rahmenwangen ist so gehalten, daß nur geringer Verschnitt entsteht.

Das Laufwerk der BR 65

Entsprechend dem Einsatz der Lokomotive im gemischten Dienst haben die gekuppelten Radsätze einen Durchmesser von 1500 mm erhalten. Die erste Laufachse und die erste Kuppelachse sind in einem Krauß-Helmholtz-Lenkgestell zusammengefaßt. Die Laufachse hat beiderseits 121 mm Seitenausschlag, die Kuppelachse 23 mm Seitenverschiebung. Die zweite Kuppelachse, die Triebachse und die vierte Kuppelachse sind im Rahmen fest gelagert. Der feste Achsstand beträgt demnach 3500 mm. Der Spurkranz des zweiten Kuppelradsatzes hat 5 mm Stirnschwächung, derjenige des Triebradsatzes 10 mm Stirn- und 5 mm Rückenschwächung. Das nachlaufende zweiachsige Drehgestell kann beiderseits 60 mm ausschlagen. Die Radreifen sind aus Stahl mit 80 bis 92 kg/mm² Festigkeit.

Die Lokomotiven sind auf dem Laufwerk in sechs Punkten abgestützt. Die ersten vier Stützpunkte bilden die für jede Seite getrennt ausgebildeten Lastausgleiche der beiden vorderen Achsen einerseits sowie der zweiten und vierten Kuppelachse und der Triebachse andererseits. Die beiden anderen Stützpunkte werden von den ebenfalls für jede Seite getrennten Stützflächen des Drehgestells gebildet. Die Maschinen ab Nr. 65014 gestatten die wahlweise Einstellung von Vier- oder Sechspunktabstützung. Die Federn liegen mit Ausnahme der vorderen Laufachse unter den Achslagern. Die Mitten der Federn und der Längsausgleichshebel der festen Kuppelachsen liegen in Rahmenplattenebene in 1080 mm Abstand, an der ersten verschiebbaren Achse beträgt der Federmittenabstand 1034 mm, bei der Laufachse 815 mm. Laufwerk, Federung und Ausgleich gestatten ein Befahren von Ablaufbergen mit 300 m Ausrundungshalbmesser oben und unten.

Alle Radsätze haben Anlaufbunde an der Innenseite der Lager, welche die axialen Kräfte aufnehmen. Die Bundhöhe ist so bemessen, daß Achsschenkel und Hohlkehlen prägepoliert werden können. Treib- und Kuppelachslager sind im grundsätzlichen Aufbau gleich (nur Gleitlager). Durch Verwendung runder Lagerschalen wird einerseits eine einfache Bearbeitung von Schale und Innenkontur erreicht, andererseits ist aber der höchstbeanspruchte Oberteil des Gehäuses auch sehr kräftig. Sämtliche Lager haben Dünnausguß WM 80, die Lagerschale wird gegen Verdrehen durch Dübel gesichert. Die Lager haben nur Unterschmierung. Die Achslagerkästen sind tief heruntergezogen, so daß ein reichlicher Ölvorrat entsteht. Der Unterkasten wird durch einen Filzring gegen die Schenkel abgedichtet. Auf diese Weise wird eine Zeitschmierung erreicht, die geringe Ölverluste sichert, Schmutz fernhält und nur in größeren Zeitabständen ein Nachfüllen erforderlich macht. Die Füllstutzen der Unterkästen laufen schräg aus, so daß die tiefste Auslaufkante gleichzeitig die höchste Ölfüllung festlegt. Damit sollen Ölverluste durch Überfüllung vermieden werden. Durch Führungszapfen im Gehäuse wird der Unterkasten gegen seitliches Verschieben gehalten. Von unten wird der Kasten über einen geteilten Drucksteg mit zwei Druckschrauben gegen die Lagerschale festgehalten. Die Unterkästen können herausgenommen werden, ohne das Federgehänge ausbinden zu müssen. Das Federgehänge legt sich auf Druckschalen, die den Verschleiß aufnehmen. Die ganze Konstruktion ist so abgestimmt, daß Verschleiß am schweren Gehäuse geringgehalten und an den Einzelteilen ausgeglichen wird. Die Achslagergleitplatten legen sich zur Entlastung mit Knaggen um das Gehäuse.

Das Treibachslager bestimmt mit seinem Verschleiß, besonders an den Achslagerführungen, die Haltbarkeit der übrigen Lager. Um diesen Verschleiß zu bekämpfen, sind die Führungen des Treibachslagers an die Zentralschmierung angeschlossen. Darüber hinaus haben die Lokomotiven ab Nr. 65014 Achslager mit aufgeschweißten Mangan-Hartstahl-Gleitplatten.

Die Treib- und Kuppelachslager haben 230 mm Durchmesser und 230 bzw. 284 mm Länge.

Alle Lager der 65 haben hintenliegende **Stellkeile**, die Stellkeilschrauben stützen sich auf die Achsgabelstege. Sie sind durch den Steg hindurchgeführt und von unten für das Nachstellen gut zugänglich. Mit Spannbügeln können die Keile auch nach dem Ausbau der Achsgabelstege im Ausschnitt zum Nachschleifen gehalten werden. Die Federn sind aus Stahl 51 Si 7 mit einer Festigkeit von 140 kg/mm² gehärtet hergestellt. Sie haben acht Lagen Federblätter von 16 × 120 mm² Querschnitt bei 1000 mm Stützweite der Federspannschrauben, welche die Last über Sattelscheiben und Federdruckplatten übertragen.

Im **vorderen Lenkgestell** wird die Laufachse an einer Deichsel geführt, die an einem festen Drehzapfen am Rahmen drehbar und seitenverschiebbar gelagert ist. Die Führungsbuchse am Drehzapfen stützt sich über beiderseitige Druckbolzen gegen die Rückstellfedern ab. In die Führungsbuchse ist oben ein Filzring eingelegt, der als Ölreservoir dient und gleichzeitig die Verschmutzung der Gleitflächen geringhält. In der Mittellage liegen die Federbunde sowohl an der Deichsel als auch über die Druckbolzen am Zapfen an. Bei seitlichem Ausschlag wird die eine Feder an der Deichsel mitgenommen, während die andere sich über die Druckbolzen gegen den Zapfen abstützt. Da die Federn unter sich an den Enden durch Spannschrauben verbunden sind, gleichen sich die Kräfte zwischen beiden aus. Entsprechend der Durchbiegung der Federn durch den Ausschlag der Deichsel wird die Richtkraft auf den Fahrzeugrahmen ausgeübt. Die Deichsel ist vorne auf dem Laufradsatz mit einem die Achswelle umfassenden Gehäuse gelagert,

53 Auf den fertig bearbeiteten Rahmen wird der Kessel aufgesetzt. Der Kessel ist schon fertig verkleidet, sogar die Glocke hat schon ihren Platz. Foto in der Mf Esslingen 1951.

das die seitlichen Anlaufkräfte des Radsatzes an der Schiene annimmt.

Am ersten Kuppelradsatz ist die Deichsel mit einem Universalgelenk am Lagergehäuse angehängt. Der Zapfen an der Deichsel kann hier nach Lösen seiner Halteschrauben abgenommen werden, so daß der Kuppelradsatz abgesenkt werden kann, ohne die Deichsel ausbinden zu müssen.

Die Last wird von den obenliegenden Federn auf den Laufradsatz durch im Rahmen geführte Stützen auf die Lager übertragen. Die Stützen gleiten mit besonderen, den Verschleiß aufnehmenden Druckstäben auf gehärteten Gleitplatten in einem Ölraum auf dem Lagergehäuse. Die Führung ist nach außen durch Verschiebebleche gegen Verschmutzungen geschützt.

Die **Rückstellblattfedern** von 1200 mm Länge und vier Lagen 90×16 mm^2 sind in Mittellage je auf 1500 kg vorgespannt. Die Lokomotiven 65001 bis 013 besitzen nur Rückstellfedern am Drehzapfen des Krauß-Helmholtz-Gestells. Bei den Maschinen 65014 bis 018 wurde eine zusätzliche Rückstellfeder vor der Laufachse vorgesehen, um der Neigung zu einseitigem Anlauf entgegenzuwirken. Die Druckstößel dieser Rückstellfedern sind im Rahmen abgestützt. Durch ihre Hohlbohrungen wird den Reibungsflächen das Öl zugeführt.

Das nachlaufende **zweiachsige Drehgestell** entspricht der Regelbauart mit Innenlagerung. Sein Rahmen ist vollständig geschweißt. Die Last wird in der Ebene der Achslager über Gleitplatten auf die Längstragfedern in den die Achslager verbindenden Ausgleichshebeln übertragen. Zwischen Tragfedern und Ausgleichshebeln sind Schraubenfedern eingeschaltet, um keine zu große Dämpfung in der Federung zu haben. Die Führung am festen Drehzapfen des Lokomotivrahmens entspricht in allen Teilen der Ausführung am führenden Krauß-Gestell. Die Rückstellfedern haben bei 1200 mm Stützlänge vier Lagen 90×16 mm^2 und je 3050 kg Vorspannung sowie 6634 kg Endspannung. Ab Nr. 65014 sind die Drehgestelle durch zusätzliche Gurtbleche verstärkt.

Die gute Wirkung der Laufgestelle auf ruhigen Lauf der Lokomotive im Gleisbogen sowie bei hoher Geschwindigkeit im geraden Gleis wird nur erreicht, wenn die Laufachslager zur Übertragung der seitlichen Führungskräfte ständig fest anliegen, d. h. der Verschleiß begrenzt wird und entstehendes Spiel frühzeitig ausgeglichen wird. Gelenke und Lagerstellen der Lenkgestelle sind deshalb an eine zentrale Schmierung vom Führerstand aus angeschlossen.

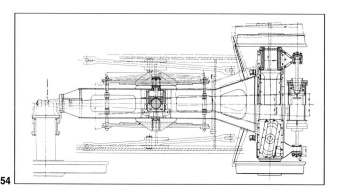

Das Laufwerk der BR 82

Nur die Treibachse ist im Rahmen fest gelagert, alle übrigen Radsätze sind seitenverschieblich, der erste und fünfte um 26 mm, der zweite und vierte um 18 mm. Die beiden Endradsätze sind jeweils

56 Beugniot-Gestell einer 82, von oben gesehen, Esslingen 1951.

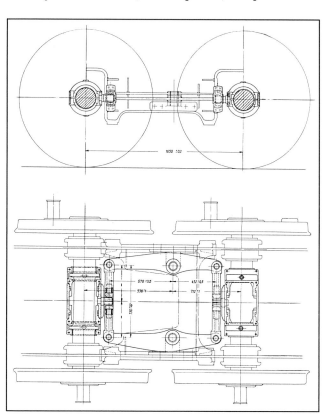

57 Aufriß des 82-Beugniot-Gestells mit Lenkhebeln.

54 Vorderes Lenkgestell der 65014 bis 018 mit vorn liegender, zusätzlicher Rückstellvorrichtung.

55 Geschweißtes, hinteres Drehgestell der Serie 65001 bis 013. Das Gestell ist zum Einbau fertig.

58 Aufachsen einer 82, Esslingen 1951. Oben ist ein weiterer Teil des vorderen Beugniot-Gestelles zwischen den Rahmenwangen zu erkennen.

unter sich durch **Lenkhebel** verbunden, so daß sie sich gegenseitig verstellen. Die Lokomotive wird dadurch anstelle durch einen festen Achsstand durch den Drehzapfenabstand der Lenkgestelle mit 4724 mm geführt. Der Gesamtachsstand beträgt 6600 mm. Entsprechend dem Hauptverwendungszweck als Verschiebe- und Güterzuglok haben die Räder 1400 mm Durchmesser.

Die Lokomotive ist auf dem Laufwerk in vier Punkten abgestützt. Die ersten beiden bilden die für jede Seite getrennt ausgebildeten Lastausgleiche der drei vorderen Kuppelachsen, die beiden anderen die ebenfalls für jede Seite getrennten **Lastenausgleiche** der beiden letzten Kuppelachsen. Alle Federn liegen unter den Achslagern. Die Mitten der Federn und der Längsausgleichshebel der Kuppelachsen liegen in Rahmenplattenebene in 1080 mm Abstand. Laufwerk, Federung und Ausgleich gestatten ein Befahren von Ablaufbergen mit 300 m Ausrundungshalbmesser.

Treib- und Kuppelachslager sind im grundsätzlichen Aufbau gleich gehalten und unterscheiden sich nur durch die Abmessungen sowie durch den Fortfall des Stirnaufgusses des Lagermetalls auf der Innenseite, da ja die Kuppelradsätze durchschiebbar gelagert sind und die Führungskräfte durch die Lenkgestellgehäuse vom Radsatz auf den Rahmen übertragen werden. Ansonsten entspricht der Aufbau der Lager dem bei der BR 65.

Die **Lenkgestelle** sind vorne und hinten gleich gehalten. Ein Gestell besteht aus einem Lenkerparallelogramm mit festen Drehpunkten der Lenkhebel zwischen Kuppelradsatzlagern unmittelbar an den Rahmenwangen. Diese Lager übertragen die von den Radsätzen in das Gestell eingeleiteten Führungskräfte auf kürzestem Wege in die Rahmenwangen, ohne die Rahmen-Querverbindungen zu belasten.

Die in Fahrzeuglängsrichtung liegenden Lenkhebel beider Rahmenwangen sind an ihren Enden parallel zu den Kuppelachsen durch Mitnehmerstangen verbunden. Auf Fahrzeugmitte greifen sie mit einem Gelenk in die Lenkachslagergehäuse, die ihrerseits die Achswellenbunde umfassen. Verschiebt sich ein Radsatz axial seitlich, so nimmt er das Lenkgestänge mit und überträgt die Bewegung auf den nächsten Radsatz. Auf diese Weise übertragen sich

die Führungskräfte auf zwei Radsätze, und der Verschleiß an den Spurkränzen wird vermindert.
Die Lenkgestänge sind zweiteilig und durch Paßschrauben und Zwischenlagen verbunden. Bronzelagerschalen mit großen Bundanlaufflächen zur Übertragung der Führungskräfte führen die Gehäuse auf den Achslagerschenkeln. Innerhalb der Achsbunde sind die Gehäuse durch Bunaringe mit Schlauchfedern abgedichtet, die Lager sind an die Zentralschmierung angeschlossen. Außerdem ist ein Füllstutzen vorhanden. Die beiden Lager jedes Lenkgestellradsatzes sind unter sich durch eine Querverbindung verschraubt, an der der Mitnehmerzapfen sitzt. Da der Stirnanlaufverschleiß den Abstand der Lager bestimmt, sind zwischen Lagergehäusen und Querverbindung Stellkeile eingeschaltet. Nach Lösen der Schrauben in den Querverbindungen können durch Nachziehen der Stellkeile die Lager wieder zur Anlage gebracht werden, wenn trotz der Zentralschmierung nach längerer Betriebszeit Verschleiß auftreten sollte. Der Verschleiß wird bei stehendem Fahrzeug, da von außen nicht erkennbar, durch Verschieben des Lenkerparallelogramms mit einer Stange bis zur rechten und linken Endlage festgestellt und gemessen, dementsprechend werden die Keile nachgezogen.
Die Mitnehmerzapfen greifen in ein Lagerauge, das seinerseits um eine Achse parallel zu den Radsätzen drehbar im Lenkgestänge gelagert ist. Dadurch kann der Radsatz dem Federspiel folgen und sich schräg einstellen, wie es sich aus der Gleislage ergibt, während das Lenkgestänge im Rahmen gelagert zum abgefederten Teil gehört. Durch diese Anordnung ist es auch möglich, die Radsätze absenken zu können, ohne das Lenkgestänge lösen oder ausbauen zu müssen. Beim Absenken kippen die Mitnehmerlager um die Längsachse, und der Mitnehmerzapfen gleitet aus seiner Lagerstelle im Lenkgestänge heraus.
Diese Anordnung hat den großen Vorteil, daß der Doppelhebel im Rahmen unabhängig von den Radsätzen montiert werden kann, während die Radsätze mit Lagern außerhalb der Lok zusammengebaut werden. Gleichmäßiges Anliegen der Stirnanlaufflächen an den Bunden der Radsätze eines Gestelles wird über die Stellkeile erreicht. Die gute Wirkung dieser Gestelle auf ruhigen Lauf der Lokomotive wird aber nur erreicht, wenn die Lenkachslager satt anliegen, d. h. entstehendes Spiel frühzeitig ausgeglichen wird. Die Gelenke der Gestelle sind deshalb zentral geschmiert, um den Verschleiß klein zu halten, umsomehr, als das hintere Gestell notgedrungen im Bereich des Aschkastens liegt, damit Staub ausgesetzt und schwer zugänglich ist. Andererseits konnte durch die Doppelhebelanordnung ein ausreichender Durchgang für den Aschkasten geschaffen werden.

Die Zylinder

Die beiden außenliegenden Zylinder arbeiten mit einfacher Dampfdehnung. Die Kolben treiben die mittlere Kuppelachse an. Die Zylinder sind links und rechts austauschbar. Sie sind mit Paßschrauben auf einem Untersatz mit dem Rahmen verschraubt. Die Verbindung wird durch außen am Rahmen angeschweißte Leisten entlastet. Keile vorn und hinten zwischen Leisten und senkrechten Zylinderflanschen sichern den Kraftschluß und erleichtern das genaue Ausrichten der Zylinder.
Die **Zylinderblöcke** der BR 23 und 65 sind gleich. Sie bestehen aus Stahlguß mit eingepreßten Laufbuchsen.

Die – größeren – Blöcke der BR 82 sind ebenfalls aus Stahlguß, besitzen aber keine Laufbuchsen. Allerdings ist die Wandung so dick ausgeführt, daß bei Verschleiß Laufbuchsen eingezogen werden können.

Die Ausströmkästen sind angegossen. Die Zylinderbohrung beträgt bei der BR 65 570 mm (BR 82: 600 mm), der Hub bei beiden 660 mm. Die schädlichen Räume betragen vorn 10,37% (BR 82: 9,9%) und hinten 9,54% (BR 82: 8,8%).
Abstände zwischen Kolben und Deckel sind im Neuzustand vorn 16 mm und hinten 12 mm. An den tiefsten Stellen werden die Zylinder mit Zug vom Führerstand aus entwässert. Die Ausströmräume entwässern über Drosselbohrungen und nach unten geführte Leitungen.
Der Frischdampf strömt den Mitten der **Schieberkästen** zu. Die Schieber haben den Einheitsdurchmesser von 300 mm, Inneneinströmung und durch große Kanalquerschnitte kleine Einlaßdrosselung. Die Ausströmräume führen den Abdampf über seitliche Umführungskanäle von vorn und hinten dem auf der Längsmitte sitzenden Anschlußflansch des Ausströmrohres zu. Der hintere Schieberkastendeckel trägt die Führung für den Schieberstangenkreuzkopf. Die hinteren Buchsen lassen sich zum Ausgleich von Verschleiß um 180° drehen. Vorn werden die Stangen in geschlossenen Büchsen im Deckel geführt. Neben dem Flansch zum Anschluß der Frischdampfleitung liegen die Anschlüsse für Schieberkastendruck- und Temperaturmesser.
Die Zylinder haben für Leerfahrt **Druckausgleichkolbenschieber** ohne Federn, außerdem Luftsaugventile. Die Schieberkörper mit ihren steuernden Kanten sind auf den Schieberstangen fest. Auf den Schieberstangen gleitet auf besonderen Laufbüchsen ein Ventilkörper, der einen Ringkanal im Schieberkörper abdeckt. Das Ventil schließt sich unter Frischdampfdruck, öffnet sich unter Gegendruck und verbindet dann die beiden Zylinderseiten über den Einströmraum hinweg. Um bei höheren Leergeschwindigkeiten ein für Schmierung und Stopfbuchsen zu hohes Ansteigen der Temperatur im Zylinder zu vermeiden, ist ein vom Führerstand aus druckluftgesteuertes Luftsaugeventil vorhanden. Die Zylinder haben vorne und hinten Zylindersicherheitsventile der normalen Bauart.
Die **Dampfkolben** sind aus Stahl geschmiedet, auf die Kolbenstangen aufgepreßt und durch Muttern gehalten. Die fünf gußeisernen Kolbenringe haben 16×8 mm^2 Querschnitt. Die geraden Stoßfugen mit Sicherungsblechen der Regelausführung sind gegeneinander versetzt. Die Kolbenstange ist mit einem Kegel 1 : 15 in den Kreuzkopfkörper eingepreßt und mit Keil befestigt. Die Stangen sind vorn und hinten mit 100 mm Durchmesser durchgeführt. Großer Durchmesser und große Länge der Tragbüchsen sichern mäßigen Verschleiß. Die mit WM 80 ausgegossenen vorderen Tragbuchsen sind in den Haltern fest gelagert. Die Stopfbüchsen sind vorne und hinten gleich. Sie bestehen aus zusammengeschraubten Halbschalengehäusen mit drei Kammern. Die Gehäuse werden dampfdicht auf den Zylinderdeckel aufgeschliffen. Die drei Kammern nehmen die genormten Dicht- und Deckringe auf. Die Zylinder, Dampfeinströmrohre und Flansche sind mit Asbestmatten verkleidet.

Das Triebwerk

Treibradsatz ist die dritte Kuppelachse, die im Rahmen fest gelagert ist. Die Treibstange ist mit einem Buchsenlager im Kreuzkopf geführt. Das hintere Treibstangenlager ist über einen Keil nachstellbar. Sämtliche Kuppelstangenlager sind Buchsenlager, die Zapfen der seitenverschieblichen Radsätze sind durchschiebbar, so daß das Kuppelgestänge durch Treibzapfen und Kuppelzapfen geführt wird und in sich gestreckt bleibt.
Die Treibstange hat zwischen den Lagermitten eine Länge von 3550 mm (BR 82: 3175 mm).

Der **Kreuzkopf** wird einschienig geführt. Der Körper ist von oben offen, wird von unten auf die Gleitbahn geschoben und dann nach oben durch ein Zwischenstück mit Paßschrauben geschlossen. Die Gleitplatten werden durch Knaggen an den Enden entlastet.
Der Kreuzkopfbolzen trägt einen Gewindeansatz, über den er mit Mutter und Scheibe und einem innen zylindrischen Konusspaltring in die konischen Augen des Kreuzkopfes gezogen wird. Gegen Drehen ist der Bolzen mit einem Keil gesichert. Das Lager wird durch eine axiale Bohrung im Bolzen von innen geschmiert, von

der aus über zwei schräg von vorn und hinten oben führende Bohrungen das Öl den Rändern der Hauptdruckzonen des Buchsenlagers zuläuft. Durch angearbeitete Ölkeile wird das Öl bei der Schwingbewegung des Lagers und den Druckwechseln in die Druckzonen gezogen. Für die untere Gleitplatte und das Bolzenlager kommt das Öl aus einem Nadelschmiergefäß, das außen gegen den Kreuzkopf geschraubt ist. Die obere Gleitplatte wird von einem Nadelschmiergefäß im Oberteil mit Öl versorgt.

Die **Gleitbahn** ist am hinteren Zylinderdeckel durch einen Paßdübel ausgerichtet und entlastet. Sie wird durch ein übergelegtes Druckstück mit zwei Schrauben gehalten und am Gleitbahnträger mit zwei Paßschrauben befestigt. Die Gleitflächen sind wahlweise im Einsatz oder flammengehärtet und geschliffen.

Sämtliche Stangenköpfe sind geschlossen. Im Bereich der Stangenköpfe geht der I-förmige Stangenschaft in einen U-Querschnitt über, der zur Ausbildung der Schmiergefäße benutzt wird. Mit der gleichen Fräse, mit der auch der U-Querschnitt herausgearbeitet worden ist, wird auch der Boden der Schmiergefäße herausgefräst. Hierauf werden in Längsachse U-förmige, von einer Profilstange geschnittene Stücke, an den Stirnflächen durch Paßstücke geschlossen, gegengeschweißt.

Die Tülle zur Aufnahme der Schmiernadel ist in den Stangenkopf eingeschweißt. Über der Tülle sitzt eine Stegverschlußschraube, die zum Prüfen der Nadel dient und den Hub der Nadel fixiert. Das Öl wird über die Stegverschlußschrauben eingebracht. Nach Ausbau der Stegverschlußschrauben wird eine große Öffnung frei, so daß das von Zeit zu Zeit notwendige Auswaschen des Ölraumes leicht möglich ist.

Die Kuppelstangen sind über Gelenkbolzen in Gabelaugen untereinander verbunden. Besondere Distanzbolzen schließen die offenen Stangenenden durch Bohrungen in der Gegenstange hindurch. Breite Führungsflächen verhindern seitliches Ausknicken des Gestänges. Sämtliche eingepreßten Lagerbuchsen werden durch gesicherte Radialschrauben gehalten. Die mit WM-80-Dünnausguß versehenen Buchsenlager haben Nuten mit Schmierfilzen außerhalb der Druckzonen, die das Öl an der Schmierfläche halten und besonders beim Anfahren und bei niedrigen Geschwindigkeiten, bei denen die Nadel noch wenig Öl fördert, die Gleitflächen schmieren. Die geteilten Schalen des hinteren Treibstangenlagers werden durch den Stellkeil über ein verschleißfestes Druckstück und austauschbare Zwischenlager an den Stoßfugen fest in den Stangenkopf gepreßt und gleichzeitig gegen seitliches Herausschieben gehalten. Der Stellkeil ist durch eine Gegenmutter am Gewindeansatz und durch ein besonders geschlitztes Einsatzstück im Stangenfenster gesichert. Das während der Stangenbewegung im Schmiergefäß herumgeschleuderte Öl gelangt auf die schalenartige Ausfräsung der Nadelführung und damit der Tüllenbohrung, die zur Schmierstelle führt. Durch Einsetzen von Schmiernadeln in die Bohrung wird der Durchgang so verengt, daß nur die unbedingt notwendige Ölmenge abfließt. Die Nadel muß frei spielen können, damit sie das Öl nach unten fördert und zugleich die Bohrung von kleinen Verunreinigungen selbsttätig reinigt. Je nach Sommer- oder Winterbetrieb werden entsprechende Nadeln eingesetzt.

Alle Kuppelradsätze werden **gesandet**. Die je zwei seitlichen Sandkästen (BR 82: drei) sind hinter den seitlichen Wasserkästen angeordnet. An jedem Sandkasten sind drei oder vier Sandtreppen angebaut, bei denen je eine Preßluftdüse den Sand aufwirbelt und eine zweite ihn durch weite Rohre vor die Radreifen bläst. Die Fallrohre sind so kurz und einfach in der Führung. Bei den Maschinen 65014 bis 018 werden für den Anschluß der Sandtreppen zur Sandstreuvorrichtung statt der starren Anschlußrohre bewegliche Schlauchverbindungen vorgesehen.

Die Endradsätze der Maschinen 82001 bis 037 haben eine **Näßvorrichtung** erhalten, durch die auf kurvenreichen Strecken der Verschleiß der Spurkränze vermindert werden soll.

65014 bis 018 und 82038 bis 041 haben ab Lieferung eine **Spurkranzschmiereinrichtung Bauart De Limon**. In gleichen Wegabständen wird mit Spritzdüsen auf den Spurkranz der ersten und letzten Achse und der ersten und letzten Kuppelachse (BR 82: erste und letzte Kuppelachse) Fett gespritzt, das wegen seiner Konsistenz als Film haften bleibt, so daß eine Verbreitung des Schmierstoffes auf der Lauffläche vermieden wird. Die Fett-

59 Leichtbautriebwerk der 65018: Die Kolbenstange ist hohl ausgeführt, Treibstange, Kreuzkopf und Kolben sind »abgemagert«.

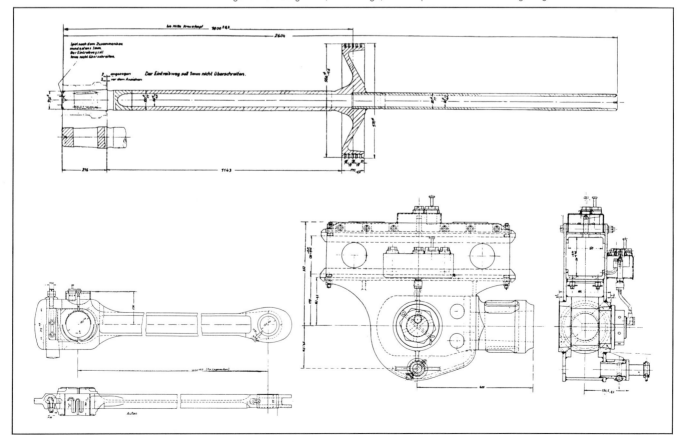

schmierpumpe wird über Schwinghebel von der letzten Kuppelachse angetrieben. Die Pumpe ist links hinter dem Führerhaus unterhalb des hinteren Wasserkastens angebracht. (Die übrigen 65 und 82 wurden ebenfalls mit Spurkranzschmierung ausgerüstet). Die BR 65 besitzt zwei Schmierpumpen.

65018 wurde versuchsweise mit einem **Leichtbau-Triebwerk** geliefert. Die Hauptunterschiede zum Regeltriebwerk sind:

1. Kolben mit hinterem hohlen Stangenteil, in einem Teil aus C 45 geschmiedet.
2. Vorderer hohler Stangenteil 80 mm Durchmesser im Kolben eingeschweißt.
3. Kreuzkopf aus Blech (St 52) geschweißt.
4. Der vordere Treibstangenkopf wurde als U-Profil ausgebildet.

Damit wird eine Gewichtsverminderung der hin- und hergehenden Massen erreicht, wobei sich der ausgeglichene Gewichtsanteil erhöht. (Andere 65 wurden ebenfalls mit Leichtkolbenstange und Kreuzkopf nachgerüstet.)

Die Steuerung

Die **Steuerwelle** liegt hinter der Schwinge und greift mit dem Aufwerfhebel in eine Schleife der Schieberschubstange. Über der Steuerwelle liegt die Steuerspindel. Die Steuermutter wird vom Steuerwellenhebel beiderseits umfaßt und überträgt die Bewegung über Steine in Schleifenführungen. Die aus der Steuerung kommenden Kräfte werden so auf kürzestem Wege abgefangen. Die von der Steuerspindel zum Steuerungshandrad führende Welle überträgt nur noch die Drehbewegung. Steuerspindellagerung und Steinführung sind an die Zentralschmierung angeschlossen.

Die Steuerung ist als Heusingersteuerung für Inneneinströmung durchgebildet. Dementsprechend eilen die Gegenkurbeln nach, der Schwingenstein liegt in der Hauptfahrtrichtung im unteren Teil der Schwinge, und die Schwinge selbst ist entlastet. Die Schieberschubstangen greifen am Voreilhebel oberhalb der Schieberstange an und werden in einer Kreuzkopfgeradführung am hinteren Schieberkastendeckel getragen.

Die Steuerung ergibt im Mittel Füllungen von vorn 80% bei Vorwärts- und Rückwärtsfahrt und von hinten 78% bei Vorwärts- und Rückwärtsfahrt. Die Steuerung wird sinnfällig betätigt, d. h. bei Vorwärtsfahrt läuft die Steuermutter nach vorn.

Die Steuerspindel führt bis in den Führerstand und endet in einer **Steuersäule,** die am Rahmen befestigt ist. Um Längenänderungen und kleine Maßabweichungen auszugleichen, sind elastische Kupplungen eingeschaltet. In der Steuersäule wird die Drehbewegung über Kette und Kettenräder mit Spannrolle übertragen. Durch eine Übersetzung wird die Stellkraft für den Führer herabgesetzt. Durch diese Anordnung wird der Kessel, der bisher den Steuerbock trug, entlastet und gut zugänglich, während bisher die Stehbolzen im Bereich des Steuerbocks recht schwer zu erneuern waren. Außerdem beeinflußt die Kesseldehnung die Steuerung nicht mehr. Die Steuerung kann unabhängig vom Kessel fertigmontiert werden. In einem an der Steuersäule sitzenden Pult ist neben den für den Lokführer wichtigen Anzeigeinstrumenten für Kessel, Lokomotive und Bremse eine verkürzte Steuerskala angeordnet, die durch die Schräge des Pultes direkt in der Blickrichtung des Führers gut beleuchtet liegt. Die Verriegelung der Steuerung an einer vorgewählten Stellung erfolgte bei den Maschinen 65001 bis 013 und 82001 bis 037 zunächst über einen tief angeordneten Handhebel.

65014 bis 018 und 82038 bis 041 haben eine verbesserte Steuersäule erhalten. Das Pult ist noch schräger angeordnet und deshalb übersichtlicher, die Verriegelung der Steuerung erfolgt durch einen Fußrast. (Die übrigen 65 und 82 wurden ebenfalls mit dem Fußrast nachgerüstet.)

Das verbesserte Pult ist mit dem ab der Nr. 23026 verwendeten baugleich. Die Anzeigevorrichtung kann als Ganzes aus dem Pult herausgenommen werden.

Die **Schwinge** ist dreiteilig ausgebildet, ihr Mittelteil ist die Steinführung. Die beiderseits aufgesetzten Schilde tragen mit angeschmiedeten Zapfen die Schwinge.

Zwischen Schilden und Mittelteil greift die gabelförmige **Schieberschubstange** um den Stein. Die Bolzen sind im Stangenauge gegen Verdrehen gehalten. Die mit I-Querschnitt ausgeführte Stange umfaßt mit ihrem vorderen Gabelende den Voreilhebel.

Die Schieberstange trägt am hinteren Ende über Gewinde mit zwei Stellmuttern den Schieberkreuzkopf mit seitlichen Zapfen, an denen der Voreilhebel angelenkt ist. Die Stellmuttern, mit denen der Schieber nach Stichmaß, das jeder Lokomotive beigegeben ist, genau einreguliert wird, sind am Außenrand zum Eingriff einer Bügelsicherung verzahnt. Die Verzahnung ist so fein gehalten, daß die Stellmuttern um kleinste Winkel verdreht werden können. Der Kreuzkopf wird mit auswechselbaren Schuhen in einer Parallelführung am Schieberkastendeckel geführt. Am Ende läuft die Stange in einer Parallelflächenführung gegen Verdrehen. Durch eine Körnerschraube an dieser Führung kann der Schieber beim Totlegen der Steuerung in der Mittelstellung festgelegt werden.

Die **Schieberstangen** werden über Tragbüchsen im vorderen Schieberkastendeckel und hinten durch den Kreuzkopf getragen. Sie sind aus dickwandigem Rohr hergestellt, am hinteren Ende zur Aufnahme des Kreuzkopfes eingezogen und im Bereich der Führungsflächen seitlich zusammengedrückt.

Die Lokomotiven sind mit federlosen **Druckausgleichkolbenschiebern** ausgerüstet, die fest auf der Stange sitzen. Je zwei Kolben-

60 Die Steuersäule der BR 65. Die fast vollkommen vergessene Verriegelung per Handhebel ist hier besonders gut zu sehen.

61 Triebwerk der 65001. Direkt über dem Kreuzkopf schwach zu erkennen: Spritzdüse der Spurkranzschmierung.

ringe dichten die Ein- und Ausströmkanten gegen den Kanal ab. Die Ringe sind gerade gestoßen. Gegen Verdrehen und zur Vermeidung einer Überdeckung der Stöße werden sie durch Bleche am Stoß gehalten. Die Schieber sind auf ein lineares Voröffnen von 5 mm eingestellt. Die Einströmüberdeckung beträgt 38 mm, die Auslaßüberdeckung 2 mm. Die Dampfkanäle sind 52 mm breit.
Die Lager der zur Steuerung gehörenden Stangen haben eingepreßte Buchsen. Sämtliche Bolzen sind gehärtet und geschliffen. Alle Bolzen und Gleitflächen werden von Schmiergefäßen mit Öl versorgt. Die wichtigsten Lager haben Nadelschmierung. Die Steuerspindellager und Steinführungen sind an die Zentralschmierung angeschlossen.
Der **Geschwindigkeitsanzeiger** mit gerader Skala, der bei beiden Fahrtrichtungen im gleichen Sinne anzeigt, ist im Instrumentenpult an der Steuersäule angeordnet. Er wird über eine Gliederkette vom hinteren Laufrad angetrieben. Teilstriche und Zeiger sind mit Leuchtmasse belegt.

Die Bremse

Die Lokomotiven sind mit einer selbsttätig wirkenden Einkammerdruckluftbremse, Bauart Knorr mit Zusatzbremse, außerdem mit einer Wurfhebelhandbremse ausgerüstet.
Die Lokomotivbremse wirkt einseitig von vorn auf sämtliche Kuppelräder. Die Bremsklötze mit unterteilten Sohlen sind auf Achsmitte angeordnet. Die Bremsklotzgehängeeisen für die seitenverschieblichen Kuppelradsätze sind an einem Kreuzgelenkstück aufgehängt, damit die Bremsklötze der Seitenbewegung des Radsatzes folgen können.
Die Bremse wird durch zwei außen am Rahmen hinter der letzten Kuppelachse angebrachte 14″-Bremszylinder betätigt, die auf eine gemeinsame Bremswelle wirken. Die Bremswellenlager sind in eine Ausfräsung des Rahmens eingepaßt und angeschraubt. Ein Bremsausgleichsbalken gewährleistet die gleichmäßige Kraftübertragung auf beide Gestängeseiten. Spannschlösser in den dem Ausgleichsbalken zunächst liegenden Hauptzugstangen gestatten das Nachstellen des Gestänges. Das gleichmäßige Abheben des Gehänges beim Lösen wird durch nachstellbare Anschläge gesichert.
Bei der BR 65 ist für die hintere Drehgestellbremse ein auf der Mitte des Gestellrahmens angeordneter 8″-Bremszylinder vorgesehen, der über einen Übersetzungshebel auf einen Querausgleichsbalken und beidseitig auf die der zugekehrten Seite vorgesehenen Bremsklötze der Drehgestellaufachsen wirkt. Spannschlösser ermöglichen das Nachstellen des Gestänges. Die Drehgestellbremse ist nicht an die Zusatzbremse angeschlossen. Der vordere Laufradsatz ist nicht abgebremst.
Das Lokomotivdienstgewicht wird bei Betriebsbremsung durch die selbsttätige Bremse zu 57% (BR 82: 64,7%), durch die Zusatzbremse zu 63% (BR 82: 81,3%), durch die Wurfhebelhandbremse, die auf die Treibräder wirkt, zu 21% abgebremst (bei vollen Vorräten). Die zweistufige Luftpumpe Bauart Tolkien fördert die Druckluft über einen Kühler in zwei quer auf dem Hauptrahmen eingebaute Hauptluftbehälter von je 400 l Inhalt und 8 kg/cm² Höchstdruck.

82040 und 041 sind ab Lieferung mit einer zusätzlichen **Riggenbach-Gegendruckbremse** für den Steilstreckeneinsatz ausgerüstet. Durch Benutzung dieser Bremse wird ein starker Bremsklotzverschleiß bei langen

62 *Fotomontage:
Führerstand der 82 040*
Die Bedienungselemente der Riggenbach-Gegendruckbremse sind gut zu erkennen:
1. Links unten druckluftbetätigter Abstellhahn für den *Abstellschieber* im Blasrohr.
2. Handrad für *Drosselventil* (rechts mitte unter dem Luftpumpenhandrad).
3. *Steuerungshandrad.*
4. Handrad für *Zylindereinspritzung.*
5. *Hinweisschild,* Aufschrift:

Anstellen:
1) Drosselventil öffnen (½ Umdrehung).
2) Drehschieber umstellen (Blasrohr schließen).
3) Steuerung entgegen der Fahrtrichtung auslegen.
4) Einspritzventil öffnen und so regulieren, daß die Temperatur 300° C nicht übersteigt.
5) Bremsdruck mit Drosselventil so regeln, daß er im Regelfall 5 kg/cm² nicht übersteigt.

Abstellen:
1) Einspritzventil schließen.
2) Drosselventil ganz öffnen.
3) Steuerung langsam in Fahrtrichtung legen.
4) Drosselventil schließen.
5) Drehschieber umstellen (Blasrohr öffnen).
6) Zylinderventile öffnen.
7) Schmierpumpe durchkurbeln.

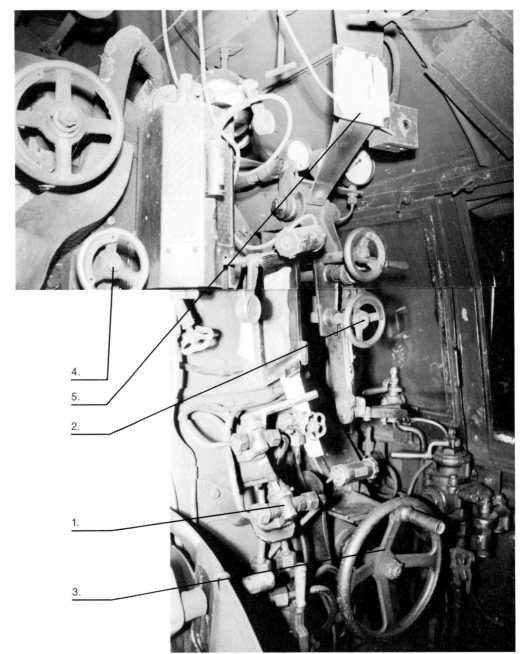

Gefällefahrten vermieden und ein Losewerden der Radreifen durch zu starke Erwärmung verhindert.
Bei der Bremse wird über einen Absperrschieber bei leer rollender Maschine das Blasrohr zur Rauchkammer geschlossen, durch diese Schieberstellung wird gleichzeitig ein Kanal zur Außenluft freigegeben. Wird nun die Steuerung entgegen der Fahrtrichtung umgelegt, saugen die Zylinder Frischluft an. Über ein Drosselventil, das mit einem Handrad vom Führerstand aus gesteuert wird, kann das Wiederentweichen der Luft aus den Zylindern nach Bedarf gesteuert und gedrosselt werden. Die Bremswirkung der komprimierten Luft auf die Kolben kann so vergrößert oder verkleinert werden.
Das Luftaustrittsrohr ist hinter dem Schornstein angeordnet und besitzt einen Schalldämpfer.
Damit die Temperatur in den Zylindern nicht so stark steigt, kann heißes Kesselwasser über die Ausströmkästen in die Zylinder gepreßt werden, wo es verdampft und die hocherhitzte, komprimierte Luft abkühlt. Durch Steuerung der Wassergabe kann die Temperatur stets auf ca. 300 bis 350°C gehalten werden, so daß auch die Zylinderwandungen nicht übermäßig beansprucht werden.

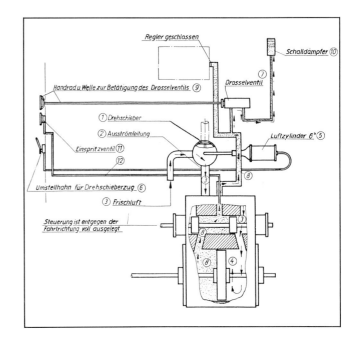

63 Gegendruckbremse während des Arbeitens.

Die mit der Gegendruckbremse erzielbare größte Bremsleistung beträgt im mittleren Geschwindigkeitsbereich bei 5 kg/cm^2 Schieberkastendruck etwa 25%, bei 10 kg/cm^2 Schieberkastendruck 70% der am Zughaken entwickelten effektiven Leistung der Lokomotive, wenn sie unter Dampf ist.

Alle 65 und 82 sind ab Lieferung mit einem Druckluftläutewerk ausgerüstet, das auf der Rauchkammer neben dem Regler sitzt.

Die Dampfheizung

Für die Beförderung von Reisezügen sind die Lokomotiven mit Dampfheizung versehen. Der Dampf für die Zugheizung wird dem Naßdampf-Entnahmestutzen vor dem Führerhaus entnommen. Mit dem Anstellventil im Führerhaus wird der Heizdampf gedrosselt. Die wärmeisolierten Dampfleitungen führen vorne und hinten zu den Anschlußstellen an den Pfuffertägern. Links unter dem Umlauf vor dem Führerhaus befindet sich das Umschaltventil, mit dem Heizdampf nach vorne oder hinten geleitet werden kann.

Die Schmierung

Eine Hochdruckpumpe Bauart Bosch mit 14 Anschlüssen dient zur Schmierung der hauptsächlich unter Dampf gehenden Teile. Es sind je zwei Leitungen vorhanden für: Schieber hinten, Schieber vorn, Schieberstange hinten, Schieberstange vorn, Kolbenstange hinten, Kolbenstange vorn, Zylinder. Die Pumpe ist auf dem Führerstand auf der Heizerseite vor dem Stehkessel angeordnet. So wird die Pumpe ausreichend durch Strahlungswärme beheizt.

Die Achslager haben Zeitschmierung.

Vor jeder unter Dampf gehenden Schmierstelle ist eine Membran-Ölsperre angeordnet, die das Leerlaufen der Leitung verhindert. Für die Kolbenstangenführung sind Stutzen vorgesehen, an welche die Leitungen über Kugelrückschlagventile angeschlossen sind. Dochtschmierung findet nur bei den fest im Rahmen sitzenden oder wenig bewegten Schmiergefäßen des Triebwerkes und der Steuerung Verwendung, alle übrigen Gefäße haben Nadelschmierung.

Luft- und Speisepumpe sind mit einer selbsttätigen Hochdruckschmierung versehen.

Zur Verminderung des Verschleißes und zur Erleichterung der Pflege, namentlich an den schwer zugänglichen Schmierstellen, sind die Lokomotiven mit einer zweiten, kleinen Schmierpumpe Bauart Bosch für eine beschränkte Zentralschmierung ausgerüstet. Die von der Pumpe ausgehenden Leitungen werden im Schwerpunkt der Schmierstellen über Kolbenverteiler, die bei jedem Pumpenhub in bestimmtem Takt nacheinander Öl in die verschiedenen Anschlüsse steuern, verzweigt. Es werden zentral geschmiert

1. das Steuerspindellager
2. die Steuermutter
3. die Treibachslagergleitplatten
4. die Gleitsteine im Aufwerfhebel der Steuerspindel,

außerdem bei der BR 65:

5. die Drehzapfenlager des Krauß-Helmholtz-Gestells

64 82040 mit Gegendruckbremse am 12.6.1967 im Bw Koblenz-Mosel. Neben der Rauchkammer ist das Drosselventil samt Betätigungsstange zu erkennen. Vom Drosselventil aus führt hinter den Schornstein das Abluftrohr mit Schalldämpfer. Die Lok gehört der zweiten Serie an: Kleinerer, aufgenieteter Dom, rundes Führerhausdach mit eingezogenen Lüftern, Henschel-Mischvorwärmer und Gitterrost-Tritte in den Wasser- und Kohlenkästen. Die Kästen sind nicht mehr mit dem Führerhaus verschweißt.

66 Führerstand der 65 002 im Neuzustand 1951. Über der Feuertür die Schauluke, darüber der Essenswärmer, darüber das Handrad des Hilfsabsperrventils. Unten der »federnde Fußrost«.

65 Blick auf die Heizerseite im Führerhaus der 65.0C2, aufgenommen vor der Ablieferung bei Krauss-Maffei.

6. die Kreuzgelenkzapfen des Krauß-Helmholtz-Gestells
7. die Zapfenlager des hinteren Drehgestells
und nur bei 65014 bis 018 die Druckstößel des Krauß-Helmholtz-Gestells,

bei der BR 82:
5. die Lager am Lenkachsgehäuse
6. die Kreuzgelenkzapfen des Lenkgestells
7. sämtliche Gelenkbolzen des Lenkgestell-Gestänges.

Die Beleuchtungsanlage

Die Maschinen besitzen eine Beleuchtungsanlage der üblichen Bauart. Der Turbogenerator mit einer Leistung von 500 Watt bei 24 Volt sitzt linksseitig hinter dem Schornstein auf der Rauchkammer. Er wird mit Dampf aus dem vorderen Dampfentnahmestutzen betrieben. Der Abdampf wird in einen Kanal auf der Rückseite des Schornsteins abgeleitet. An Lampen sind vorhanden: Die Signallaternen vorne und hinten, Triebwerkslampen, Führerhausdeckenbeleuchtung, Wasserstandslampen, Steuerpult- und Fahrplanbuchleuchte. Die vorderen Signallaternen sind weit außen angeordnet und leicht gegen die Gleisachse schräg nach außen gestellt, damit die Signalbaken gut angestrahlt werden. Die Lampen sind mit 60-Watt-Birnen bestückt, die übrigen Lampen haben 25-Watt-Birnen, die Fahrplanbuch- und Pultleuchten sind mit kleinen 5-Watt-Birnen bestückt.

Das Führerhaus

Das Führerhaus ist allseits geschlossen. Auf jeder Seite ist ein großes Schiebefenster und ein festes Fenster vorhanden. Die vier Fenster in den Stirnwänden können geöffnet und drei davon durchgedreht werden.
In beide Fahrtrichtungen sind Windschutzfenster angebracht. Außerdem sind an der Stirnwand oberhalb des Stehkessels zwei große Lüftungsklappen vorgesehen. Bei den Maschinen 65001 bis 013 und 82001 bis 037 sind in einem Dachaufbau um waagerechte Achsen drehbare Klappen angeordnet, die schräg nach oben innen aufschlagen, so daß Regen zurückgehalten wird. Zur Bequemlichkeit ist bei diesen Lokomotiven ein Wärmebehälter für Speisen vorhanden. Dieser ist bei den Maschinen ab Nr. 65014 und 82038 entfallen.
Außerdem ist ein aufklappbarer und verschließbarer Kasten für Ölkannen vorhanden. Im Führerhaus sind Sitze mit abnehmbarer Rückenlehne vorhanden.
Für den Winter ist eine einfache Rippenrohr-Fußbodenheizung eingebaut. Außerdem sind federnde Fußroste und in der Rückwand Kleiderbehälter eingebaut.
Die Maschinen 65014 bis 018 und 82038 bis 041 haben ein verbessertes Führerhaus erhalten. Zur wirkungsvolleren Entlüftung ist der ursprüngliche Lüftungsaufsatz entfallen und durch seitliche Lüftungsklappen ersetzt. Im Führerhausdach wurde ein festes Oberlichtfenster eingebaut. Um das Führerhaus geräumiger zu machen, sind die Führerhaustüren nicht mehr gerade, sondern abgewinkelt und dem Profil angepaßt – sie stehen nicht mehr ins Führerhaus hinein. Außerdem wurde das Führerhaus nicht mehr mit dem Kohlenkasten verschraubt. Ein mit Formeisen abgedeckter Luftspalt zwischen Führerhausrück- und Kohlenkastenvorderwand gestattet ein durch die Rahmenelastizität beim Lauf der Lokomotiven bedingtes freies Bewegen der verhältnismäßig großen Masse des hinteren Kohlen- und Wasserkastens.

67/68 Die Führerstände der Baureihen 65 (links) und 82 jeweils der ersten Lieferung. Bei der 82 sind unter dem Führerstand die beiden nebeneinander angeordneten Strahlpumpen zu sehen.

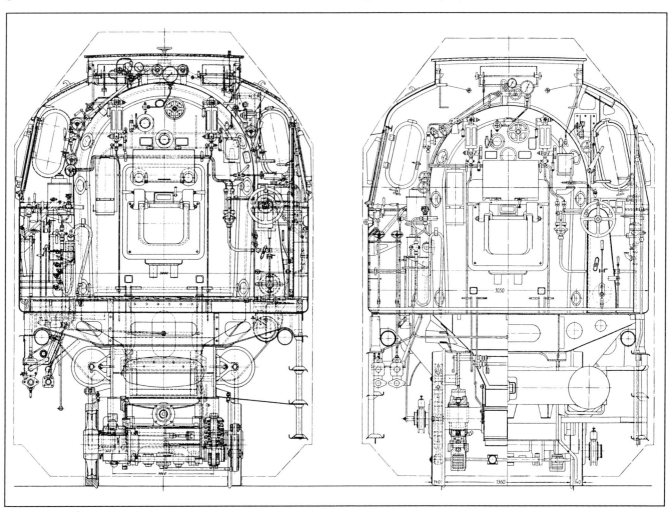

69 Blick auf das Armaturenpult der 65008, aufgenommen im Bw Dillenburg am 15.9.1969. Die Auswaschluken sind unverkleidet. Oben ist schwach das Mikrofon der Rangierfunkanlage zu erkennen: Die Lok war zeitweise zum »Teckel« degradiert.

70/71 Blick in den Führerstand der 82005, aufgenommen im Bw Koblenz-Mosel am 20.9.1969. Auf der Heizerseite über dem Ölkannenwärmer liegt der Anstellhebel für die Mischvorwärmer-Turbopumpe. Sie ist auf verschiedene Förderleistungen einzustellen.

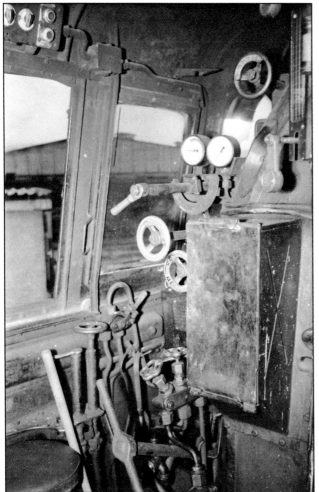
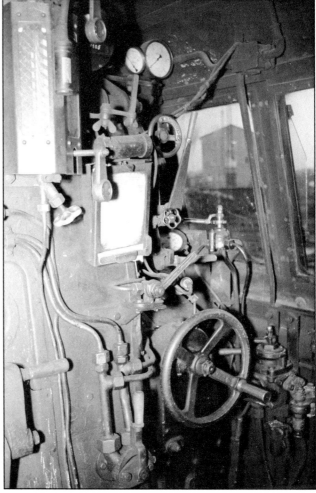

Die Kohlen- und Wasserkästen

Die Vorratsbehälter für Kohle und Wasser sind vollständig geschweißt und abnehmbar auf dem Rahmen angebaut. In den Seitenkästen sind 5,85 m³ (BR 82: 6 m³) Wasser untergebracht, im hinteren Behälter 8,45 m³ (BR 82: 5 m³) und 4,8 t (BR 82: 4 t) Kohle. Die Einlauföffnungen der Wasserbehälter können vom Führerstand aus geöffnet und geschlossen werden.
Die Wasserkasten-Verbindungsrohre zwischen den seitlichen und hinteren Wasserkästen wurden bei den Maschinen ab Nr. 65 014 und 82 038 auf 200 mm Nennweite vergrößert. Die Wasserkastenbleche wurden bei diesen Maschinen auf 6 mm verstärkt. In die Einpolterungen für Fußtritte in den Vorratsbehältern sind bei den 65 014 bis 018 und 82 038 bis 041 zusätzliche Gitterroste eingeschweißt, die die Rutschfestigkeit erhöhen. Ebenfalls bei diesen Maschinen werden die beiden Wassereinlaufdeckel mit Druckluft betätigt. Auf der Führer- und Heizerseite ist im Führerhaus je ein Umsteuerhahn angeordnet, der das Öffnen und Schließen der Deckel gestattet.
Die hinteren Vorratsbehälter sind bei allen Loks im hinteren Viertel seitlich eingezogen und nehmen Aufstiegsleitern auf. Der Kohlekasten ist durch Klappdeckel von oben verschließbar.

Die Lokomotiven der BR 65 sind mit kleinen, an der Rauchkammer befestigten **Windleitblechen** Bauart Degenkolb/Witte ausgerüstet. Da die Maschinen kein Umlaufblech besitzen, konnte auf den eingezogenen Handlauf an der Unterkante der Windleitbleche verzichtet werden.
Alle Schilder an den Maschinen 65 001 bis 013 und 82 001 bis 037 haben ab Lieferung Messingziffern und -buchstaben. Als Eigentumskennzeichen dienen Schilder mit der Aufschrift »Deutsche Bundesbahn«. Diese Maschinen besitzen auch Gattungsschilder mit der Aufschrift Pt 47.17 bzw. Gt 55.18.
Die Schilder der Maschinen 65 014 bis 018 und 82 038 bis 041 haben wieder Aluziffern. Das Gattungsschild ist entfallen.

72 Hinterer Vorratsbehälter der Serie 65 001 bis 013 im Bau. Über die vorderen Konsolen wurde der Kasten mit dem Führerhaus verschweißt – die Folge waren Ermüdungsrisse.

73 Die Abmessungen der BR 65, 93, 94 und 82 im Vergleich.

Baureihe			65	93⁵⁻¹²	94⁵⁻¹⁸	82
Bauart	Abk	Dim	Einheitslok 1950	T 14¹ (pr)	T 16¹ (pr)	Einheitslok 1950
Abgekürzte Bezeichnung	—	—	1'D2'h2	1'D 1'h 2	E h 2	E h 2
Betriebsnummer ab			65 001	93 501	94 501	82 001
Trieb- und Laufwerk:						
Fahrgeschwindigkeit vw/rw	V	km/h	85/85	70/70	60/60	70/70
Zylinderdurchmesser	d	mm	570	600	610	600
Kolbenhub	s	mm	660	660	660	660
Treib- u Kuppelraddurchmesser	D	mm	1500	1350	1350	1400
Laufraddurchmesser, vorn	D_v	mm	850	1000	—	—
Laufraddurchmesser, hinten	D_h	mm	850	1000	—	—
Steuerung:						
Art und Lage			Ha	Ha	Ha	Ha
Kolbenschieberdurchmesser	d_S	mm	300	220	220	300
Kessel:						
Kesselüberdruck	pK	kg/cm²	14	12	12	14
Wasserraum des Kessels	W_K	m³	7,20	5,55	5,41	6,30
Dampfraum des Kessels	D_K	m³	2,92	2,83	2,20	1,70
Verdampfungswasseroberfläche	O_W	m²	9,78	9,53	8,08	8,30
Feuerrauminhalt v Feuerbüchse u Verbrennungskammer	$F_{Fb}+F_{Vk}$	m³	4,930	3,960	3,460	4,260
Länge der Verbrennungskammer	l_{Vk}	mm	543 1670/	—	—	—
Größter Kesselnenndurchmesser	d_K	mm	1770	1500	1500	1572
Kesselleergew.	G_{Klo}	t	17,5	17,9	16,8	15,7
Kesselleergew. mit Ausrüstung	G_{Klm}	t	20,1	22,0	20,8	18,2
Rohre:						
Anzahl der Heizrohre	n_{Hr}	Stck	124	111	137	115
Heizrohrdurchmesser	d_{Hr}	mm	44,5 × 2,5	44,5 × 2,5	44,5 × 2,5	44,5 × 2,5
Anzahl der Rauchrohre	n_{Rr}	Stck	46	26	22	38
Rauchrohrdurchmesser	d_{Rr}	mm	118 × 4	133 × 4	133 × 4	118 × 4
Rohrlänge zw den Rohrwänden	l_r	mm	4000	4700	4500	4000
Überhitzerrohrdurchmesser	d_{Ur}	mm	30 × 3,5	38 × 4	38 × 4	30 × 3,5
Rost:						
Rostfläche	R	m²	2,67	2,49	2,24	2,39
Länge × Breite	R_{lb}	m × m	1,920 × 1,392	2,621 × 0,950	2,316 × 0,968	1,992 × 1,200
Heizflächen:						
Strahlungsheizfläche = Feuerbüchs- + Verbrennungskammer- Heizfläche = $H_{Fb}+H_{Vk}$	H_{vs}	m²	14,80	13,89	11,61	12,60
Rauchrohrheizfläche	H_{Rr}	m²	63,58	47,99	38,88	52,53
Heizrohrheizfläche	H_{Hr}	m²	61,55	64,74	76,50	57,08
Rohrheizfläche = $H_{Rr}+H_{Hr}$	H_{vb}	m²	125,13	112,73	115,38	109,61
Verdampfungsheizfläche $H_V=H_{vs}+H_{vb}=H_{Fb}+H_{Vk}+H_{Rr}+H_{Hr}$	H_V	m²	139,93	126,62	126,99	122,21
Überhitzerheizfläche	$H_{ü}$	m²	62,90	50,28	45,27	51,90
Heizflächen-Verhältn = $H_{vb}:H_{vs}$	φH		8,46	8,12	9,94	8,70

Baureihe			65	93⁵⁻¹²	94⁵⁻¹⁸	82
Bauart	Abk	Dim	Einheitslok 1950	T 14¹ (pr)	T 16¹ (pr)	Einheitslok 1950
Strahlungsflächen-Verhältnis $\varphi S=H_{Vs}:R$	φS	—	5,54	5,58	5,18	5,27
Überhitzerheizfläche je t Dampf	$H_{ü}:D$	m²/t	6,00	6,97	6,25	5,67
Feuerrauminhalt v Feuerbüchse u Verbrennungskammer : Rostfläche = $(F_{Fb}+F_{Vk}):R$		m³/m²	1,85	1,59	1,54	1,78
Achsstände:						
fester Achsstand	a_f	mm	3500	4500	4350	0
gesamter Achsstand	a_g	mm	11 975	9300	5800	6600
gesamter Achsstand v L + T	$a(L+T)g$	mm	—	—	—	—
Länge der Lok	l_L	mm	15 475	14 500	12 660	14 060
Länge über Puffer (L + T)	$L_{ü}P$	mm	—	—	—	—
Gewichte:						
Lokleergewicht	G_{Ll}	t	81,2	79,6	68,1	69,7
Lokreibungsgewicht	G_{Lr}	t	67,6	70,0	84,9	91,8
Lokdienstgewicht ohne Vorräte	$G_{Ld(o)}$	t	88,5	85,5	73,9	76,8
Vorräte	(W+B)	t	19,1	18,5	11,0	15,0
Lokgesamtgewicht	G_{Lv}	t	107,6	104,0	84,9	91,8
Lokdienstgewicht mit vollen Vorräten	G_{Ld}	t	101,0	97,8	81,2	86,8
Metergewicht $G_{Lv}:L_{ü}P$	q	t/m	6,96	7,17	6,71	6,53
Achslast: 1. Achse	2 Q	t	12,0 ¹²¹⟷	14,9 ⁸⁰⟷	16,7 ²⁵⟷	18,2 ²⁶⟷
2. Achse	2 Q	t	16,9 ²³⟷	15,7	16,6	18,0 ¹⁸⟷
3. Achse	2 Q	t	16,9 ⁵ ₀	17,5 ¹⁵ ₀ ₁₅	17,2 ¹⁰ ₀	18,3 ¹⁰ ₀
4. Achse	2 Q	t	16,9 ⁻⁴⁵	18,4	17,2 ²⁵⟷	18,9 ¹⁸⟷
5. Achse	2 Q	t	16,9	18,4	17,2	18,4 ²⁶⟷
6. Achse	2 Q	t	14,0			
7. Achse	2 Q	t	14,0 ⁸⁰⟷	19,1 ⁸⁰⟷	—	—
Lokdienstgewicht : ind Leistung	$G_{Ld(o)}:N_i$	kg/PS	60,0	85,5	69,1	61,0
Verdampfungsheizfl : Lokdienstgewicht	$H_V:G_{Ld(o)}$		1,58	1,48	1,72	1,59
Wasserkasteninhalt	W	m³	14,0	14,0	8,0	11
Kohlenkasteninhalt	B	t	4,8	4,5	3,0	4
Indizierte Leistung	N_i	PS	V 1430	R 1000	V 1070	R 1290
Indizierte Zugkraft (bei 0,8 pK)	Z_i	kg	16 010	16 900	17 460	19 000
Befahrb Bogenlaufhalbmesser	R	m	140	140	140	140
Befahrb Ablaufberghalbmesser		m	300	300	300	300
Vorwärmer			OV	OV	OV	(OV)
Heizung			Hrv	Hrv	Hrv	**Hrv**
Läutewerk			Druckluft-L	Druckluft-L	L	L
Bremse			K mit Z	K mit Z	K mit Z	K mit Z

Die Baureihe 65 im Betrieb

Loknummer, Hersteller, Abnahme, erstes Bw, letztes Bw, Z-Stellung und Ausmusterung (von links nach rechts)							
65001	Krauss-Maffei	17661/51	02.03.51	Darmstadt	Aschaffenburg	05.10.71	15.12.71
65002	Krauss-Maffei	17662/51	02.03.51	Darmstadt	Darmstadt	16.03.70	23.02.71
65003	Krauss-Maffei	17663/51	02.03.51	Darmstadt	Darmstadt	02.12.69	04.03.70
65004	Krauss-Maffei	17664/51	09.03.51	Darmstadt	Aschaffenburg	08.02.71	02.06.71
65005	Krauss-Maffei	17665/51	09.03.51	Darmstadt	Darmstadt	01.06.69	19.09.69
65006	Krauss-Maffei	17666/51	09.03.51	Darmstadt	Darmstadt	16.07.68	11.12.68
65007	Krauss-Maffei	17667/51	17.03.51	Darmstadt	Darmstadt	05.08.66	22.11.66
65008	Krauss-Maffei	17668/51	22.03.51	Düsseldorf-Abhf	Aschaffenburg	12.04.72	15.08.72
65009	Krauss-Maffei	17669/51	06.04.51	Düsseldorf-Abhf	Limburg	10.11.67	12.03.68
65010	Krauss-Maffei	17670/51	11.04.51	Düsseldorf-Abhf	Dillenburg	26.07.68	11.12.68
65011	Krauss-Maffei	17671/51	07.05.51	Lethmathe	Dillenburg	04.04.68	02.10.68
65012	Krauss-Maffei	17672/51	17.05.51	Lethmathe	Limburg	03.04.68	02.10.68
65013	Krauss-Maffei	17673/51	08.06.51	Lethmathe	Aschaffenburg	26.02.72	18.04.72
65014	Krauss-Maffei	17893/55	12.12.55	Essen Hbf	Aschaffenburg	15.03.72	15.08.72
65015	Krauss-Maffei	17894/55	11.01.56	Essen Hbf	Limburg	04.12.68	03.03.69
65016	Krauss-Maffei	17895/56	08.02.56	Essen Hbf	Aschaffenburg	28.12.70	02.06.71
65017	Krauss-Maffei	17896/56	06.03.56	Essen Hbf	Darmstadt	20.11.67	12.03.68
65018	Krauss-Maffei	17897/56	07.04.56	LVA Minden/W/Essen Hbf	Aschaffenburg	28.12.72	12.04.73

74 Leistungstafel von BR 93 und 65.

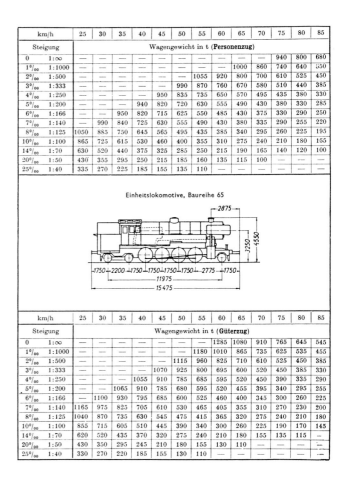

T 14¹ (pr), Baureihe 93^{5-12}

km/h	20	25	30	35	40	45	50	55	60	65	70
Steigung	Wagengewicht in t (Personenzug) *)										
0 1:∞	—	—	—	—	1880	1550	1270	1035	820	620	
1‰ 1:1000	—	—	—	1945	1630	1360	1140	950	780	635	515
2‰ 1:500	—	—	1775	1490	1255	1060	895	745	620	505	410
3‰ 1:333	—	1700	1425	1200	1015	860	730	610	505	415	335
4‰ 1:250	1700	1410	1185	1000	850	720	610	510	425	350	285
5‰ 1:200	1445	1200	1010	855	725	615	520	440	365	295	235
6‰ 1:166	1260	1050	880	740	630	535	455	380	315	255	200
7‰ 1:140	1110	925	785	655	555	470	400	335	275	220	170
8‰ 1:125	985	825	690	580	490	415	355	295	240	195	150
10‰ 1:100	810	675	560	475	400	335	285	235	190	150	115
14‰ 1:70	585	485	400	335	280	230	195	155	125	95	—
20‰ 1:50	400	325	265	220	180	145	115	—	—	—	—
25‰ 1:40	310	250	200	160	130	105	—	—	—	—	—

km/h	15	20	25	30	35	40	45	50	55	60	65	70
Steigung	Wagengewicht in t (Güterzug) *)											
0 1:∞	—	—	—	—	—	2070	1675	1375	1085	875	695	550
1‰ 1:1000	—	—	—	—	1850	1520	1250	1040	835	685	545	460
2‰ 1:500	—	—	2080	1715	1425	1190	990	820	675	555	445	365
3‰ 1:333	—	2015	1670	1395	1160	970	810	685	560	460	370	300
4‰ 1:250	1985	1680	1400	1160	975	815	685	580	475	390	315	260
5‰ 1:200	1695	1435	1190	995	835	700	590	495	405	335	270	220
6‰ 1:166	1470	1245	1030	865	725	605	515	435	355	295	235	190
7‰ 1:140	1300	1100	915	765	640	540	455	385	310	260	205	160
8‰ 1:125	1160	985	815	680	580	480	405	340	280	230	180	140
10‰ 1:100	950	805	670	555	465	390	330	275	220	185	140	105
14‰ 1:70	690	585	480	395	330	275	230	190	150	120	—	—
20‰ 1:50	475	395	325	265	215	180	145	—	—	—	—	—
25‰ 1:40	370	305	250	200	160	130	—	—	—	—	—	—

*) Leistungstafel auf Grund von Versuchsfahrten aufgestellt.

Einheitslokomotive, Baureihe 65

km/h	25	30	35	40	45	50	55	60	65	70	75	80	85
Steigung	Wagengewicht in t (Personenzug)												
0 1:∞	—	—	—	—	—	—	—	—	940	800	680		
1‰ 1:1000	—	—	—	—	—	—	—	1000	860	740	640	550	
2‰ 1:500	—	—	—	—	—	1055	920	800	700	610	525	450	
3‰ 1:333	—	—	—	—	990	870	760	670	580	510	440	385	
4‰ 1:250	—	—	—	950	835	735	650	570	495	435	380	330	
5‰ 1:200	—	—	940	820	720	630	555	490	430	380	330	285	
6‰ 1:166	—	950	820	715	625	550	485	430	375	330	290	250	
7‰ 1:140	—	990	840	725	630	555	490	430	380	335	290	255	220
8‰ 1:125	1050	885	750	645	565	495	435	385	340	295	260	225	195
10‰ 1:100	865	725	615	530	460	400	355	310	275	240	210	180	155
14‰ 1:70	630	520	440	375	325	285	250	215	190	165	140	120	100
20‰ 1:50	430	355	295	250	215	185	160	135	115	100	—	—	—
25‰ 1:40	335	270	225	185	155	135	110	—	—	—	—	—	—

km/h	25	30	35	40	45	50	55	60	65	70	75	80	85
Steigung	Wagengewicht in t (Güterzug)												
0 1:∞	—	—	—	—	—	—	1285	1080	910	765	645	545	
1‰ 1:1000	—	—	—	—	—	1180	1010	865	735	625	535	455	
2‰ 1:500	—	—	—	—	1115	960	825	710	610	525	450	385	
3‰ 1:333	—	—	—	1070	925	800	695	600	520	450	385	330	
4‰ 1:250	—	—	1055	910	785	680	595	520	450	390	335	290	
5‰ 1:200	—	1065	910	785	680	595	520	455	395	340	295	255	
6‰ 1:166	1100	930	795	685	600	525	460	400	345	300	260	225	
7‰ 1:140	1165	975	825	705	610	530	465	405	355	310	270	230	200
8‰ 1:125	1040	870	735	630	545	475	415	365	320	275	240	210	180
10‰ 1:100	855	715	605	510	445	390	340	300	260	225	190	170	145
14‰ 1:70	620	520	435	370	320	275	240	210	180	155	135	115	—
20‰ 1:50	430	350	295	245	210	180	155	130	110	—	—	—	—
25‰ 1:40	330	270	220	185	155	130	110	—	—	—	—	—	—

75 65006 verläßt mit dem P 2728 den Bahnhof Darmstadt Hbf, 1953. Der Zug ist aus preußischen Dreiachsern und einem Postwagen des Baujahres 1949 mit Dachfenstern gebildet. Im Hintergrund steht ein SVT 04 zur Abfahrt bereit – Alltag.

Erprobung und Bewährung

Bei den Versuchsfahrten in Minden im Frühjahr 1951 machte 65009 vor allem wegen ihrer Anfahrbeschleunigung Eindruck. Was auch später immer wieder Lokführer meinten: Mit der 65 ließ sich ein Personenzug ähnlich flott beschleunigen wie mit einer Elektrolok. Das wurde sogar in den letzten Einsatzjahren ausdrücklich bestätigt. Insofern hatte sich das Konstruktionsprinzip, eine geringe Endgeschwindigkeit durch hohe Anfahrbeschleunigung auszugleichen und so im schnellen Nahverkehr mit einer recht kleinen Lok auszukommen, bewährt. Weniger zufrieden war man mit der Laufruhe, die sich später als Hauptmangel der 65 darstellen sollte. Beim Neuzustand war allerdings keine besonders auffällige Unruhe festzustellen (die durch Abnutzung auch immer erst nach rund 20000 km auftreten sollte).

Die Verdampfungsleistung des neuen Kessels war gut. Versuchsberichte sprechen von einer vollen Bewährung des Bauteils Verbrennungskammer. Die geforderte Dampfleistung lieferte der Kessel ohne Anstände in jeder Betriebssituation, erhebliche Überlastungen vertrug der Kessel ohne Schäden. So wurden Verdampfungsleistungen von 11,89 t/h (Spitzenbelastung 85 kg/m^2) gemessen. Auf weitere Steigerungen verzichtete man, da bei noch höherer Anstrengung die BR 23 stark zu Wasserüberreißen geneigt hatte.

Insgesamt wurde diese Tendenz bei der 65009 aber nicht beobachtet. Man führte das (gegenüber der BR 23 und anderen Großkesseln mit Heißdampfregler, die später gebaut wurden) auf den bei der BR 65 eher großzügig bemessenen Dampfraum zurück.

Von der Anfahrzugleistung stellte die BR 65 die abzulösende BR 93^5 weit in den Schatten, die Zuglast konnte bei gleicher Geschwindigkeit durchweg um 50 Prozent höher als bei der BR 93 angesetzt werden. Möglich wurde sogar ein Ersatzverkehr für die BR 50, der die 65 in der Lasttabelle sehr nahe kam. Vom Einsatzprogramm sollte sie natürlich keinen Ersatz für die BR 50 darstellen, solche Ersatzfahrten kamen aber später immer wieder vor.

Im Kohlenverbrauch stellten die 65 sich in der ersten Zeit recht gut dar. Für einen Bewährungsbericht wurde der Verbrauch für Oktober 1951 festgehalten:

		t/1000 km	t/10^6 Lltkm
Bw Düsseldorf Abstellbahnhof	65	11,78	42,96
Vergleichslok	78	12,51	49,35
Bw Letmathe	65	13,36	48,76
Vergleichslok	93	14,25	50,93

Sowohl vom absoluten Verbrauch als auch vom Verbrauch pro Kilometer plus gefahrene Tonne lagen sie günstiger als die im gleichen Plan laufenden Vergleichslok.

Sorgen machte aber 1951 ein einseitiges Anlaufen der führenden Laufachse, genauso wie es gleichzeitig bei der BR 23 beobachtet wurde (s. Band 1, S. 51). Diese Charakteristik des führenden Krauss-Helmholtz-Gestells war vorher bekannt gewesen und man hatte deshalb starke Rückstellvorrichtungen vorgesehen. Diese erwiesen sich aber im Betriebseinsatz als immer noch zu schwach. Genauso wie bei der BR 23 mußten schon nach kurzer Zeit Loks wegen scharfgelaufener Spurkränze abgestellt und ins AW Jülich geschickt werden. Vorerst behalf man sich mit regelmäßigen Wenden der Achsen, damit der Verschleiß wenigstens verteilt würde.

Bei der Untersuchung im AW Jülich stellte sich bei mehreren Maschinen heraus, daß die Rückstellfedern unterschiedlich vorgespannt waren und daß außerdem das Lenkgestell um mehrere Millimeter schief eingebaut war. Zusätzlich waren alle Achslagergleitplatten einheitlich gefräst worden, ohne Rücksicht auf vorhandene Ungenauigkeiten des Rahmens zu nehmen, wie das AW Jülich 1951 bei Nachvermessungen feststellte. Dadurch liefen auch einige Achsen schief in den Gestellen.

Der Reihe nach wurden die Loks dem AW Jülich zugeführt, das

76 In der Anfangszeit kamen die Darmstädter 65 bis nach Aschaffenburg. 65 001 wurde 1953 mit dem P 2815 in ihrer späteren letzten Heimat aufgenommen. Gerade war sie nach Reparatur des Domschadens wieder in Dienst gekommen.

jeweils eine Vollvermessung von Rahmen und Laufwerk vornahm, alle Federn prüfte und die Maße berichtigte. Die Ausbesserung dauerte pro Lok durchschnittlich drei Monate. In den Betriebsbüchern taucht diese Ausbesserung meist nicht auf, weil die Firma Krauss-Maffei mit den Kosten belastet wurde. Ganz zufrieden war man dann mit dem Geradeauslauf trotzdem noch nicht. Die zweite 65-Serie erhielt deshalb zusätzliche Rückstellfedern (siehe Seite 35).

Ein weiterer, sofort abzustellender Mangel war das Losewerden und Verdrehen der Schieberbuchsen, das auch bei der 23 beobachtet wurde (die BR 23 hatte die gleichen Zylinder wie die BR 65). Erst zusätzliche Sicherungsringe, die im Rahmen von Bauartänderungen bis 1954 eingebaut wurden, brachten hier Abhilfe.

Außer mit den schon genannten Schwierigkeiten beschäftigte sich der Fachausschuß in seiner 8. Sitzung vom 18. bis 21.12.1951 in Maulbronn insgesamt mit den aufgetretenen Mängeln der Neubauloks. Am 5.2.1952 traf man sich erneut im Bw Siegen, wo je eine Vertreterin der drei neuen Typen zur Besichtigung bereitgestellt war. Dabei ergab sich, daß auch bei der BR 65 schon ein Teil der Mängel bei Untersuchungen oder im Bw beseitigt worden war. Es blieben aber einige Themen, die für weitere Diskussionen sorgten: Wie bei den beiden anderen Baureihen wurde die flache Lage des Instrumentenpultes bemängelt. Bei weiteren Serien sei das Pult steiler zu stellen.

Die schiefe und ungleichmäßige Einstellung von Tragfedern könne geändert werden, wenn man die Lok durch Festlegung von Ausgleichshebeln von Vierpunkt- auf Sechspunkt-Abstützung umbaue. Insgesamt seien die Federn aber zu schwach und hätten sich schon zu weit durchgebogen.

Die Luftrohre der Sandkästen brachen an der Lötstelle. Sie sollten deshalb angeschraubt werden.

Die Feuertür wurde zu heiß und zerfiel gelegentlich wie auch bei den 23 und 82. Deshalb sollte die Ausführung verstärkt werden.

Bei vollem Kesseldruck ließ sich das Hilfsabsperrventil nicht öffnen. Die Konstruktion sollte deshalb wie bei den anderen Baureihen vom EZA überprüft werden. Heißdampfventilkasten für die vorderen Hilfsmaschinen und Kesselspeiseventil vibrierten stark und wurden in den Flanschen undicht. Die Anordnung verschiedener Verschraubungen wurde auch bemängelt, im Bw sei bei manchen wichtigen Teilen eine Reparatur nicht möglich, weil vorher Großteile ausgebaut werden müßten.

An den Wasserkästen wurde bemängelt, daß die Wassereinläufe zu schmal seien, und daß die Kästen an der vorderen Auflage reißen würden – nach einem halben Jahr... Ein Flicken innen sollte helfen, später sei eine Verstärkung nötig.

Der Bremszylinder im Drehgestell sei schlecht zugänglich. Die Stellung sollte geändert werden.

In seinen Berichten über die Mängel der neuen Maschinen vertrat der Ausschuß aber insgesamt die Meinung, man solle nichts dramatisieren. Die vielen Mängel beruhten hauptsächlich auf der neuen Technologie, mit der man kaum Erfahrungen hätte. Trotz der Mängel, die man alle innerhalb kurzer Zeit beseitigen könne, seien die Loks von ihrer Konzeption her ein voller Erfolg. Schon 1951 erbrächten sie teilweise sehr gute Leistungen im angestrengten Betrieb.

Alle 65 auf »Z«

Zunächst einmal wurden aber alle 65 abgestellt, weil die Domaushalsungen Ausbeulungen zeigten. Am 22.1.1952 war eine Verfügung ergangen, nach der die Baureihen 23 und 65 sofort außer Dienst zu setzen waren und die BR 82 nur noch mit einem Kesseldruck von 11 Atü betrieben werden durfte.

Als Schadensursache erkannte man Materialschwächen, weil die Domaushalsung aus dem Kesselblech herausgepreßt worden war. Mangels Erfahrungen mit dieser Fertigungsart war wohl das Kesselblech beim Biegen stellenweise zu dünn geworden. Über ein Jahr standen alle 13 Loks danach in den Heimatbetriebswerken und später auch im AW Jülich abgestellt. Erst nachdem die Reparaturarbeiten bei der BR 23 begonnen hatten, wurde auch für die BR 65 ein Verstärkungsring entworfen, der, unter den Domausschnitt genietet, für die nötige Festigkeit sorgen sollte. Am 20.2.1953 wurde dieser Verstärkungsring bei Krauss-Maffei (KM) durchgezeichnet, am 13.3.1953 gab das Zentralamt den Einbau frei. Zu dieser Zeit warteten schon fast alle 65 im Werksgelände von Krauss-Maffei in München auf die Reparatur. Im Mai waren die ersten fertiggestellt, im Juli 1953 kehrten die letzten (bis auf 65 008) nach einer weiteren Untersuchung im AW Jülich (65 013 AW Ingolstadt) zu ihren Heimat-Betriebswerken zurück.

Lok	Z ab	bei Krauss-Maffei von/bis		Ausgang AW Jülich
65 001	24. 1.1952	2. 3.1953	3. 5.1953	15. 5.1953
65 002	6. 2.1952			5.1953
65 003	12. 7.1952	3. 3.1953	13. 5.1953	30. 5.1953
65 004	6. 2.1952	29. 1.1953	13. 5.1953	5.1953
65 005	6. 2.1952			5.1953
65 006	24. 1.1952			6.1953
65 007	12. 7.1952			5.1952
65 008	5. 7.1952	15. 1.1953	9. 7.1953	7.1953
65 009	2.1952			5.1953
65 010	2.1952			5.1953
65 011	2.1952	13. 2.1953	16. 7.1953	7.1953
65 012	2.1952	13. 2.1953	18. 7.1953	7.1953
65 013	13. 2.1952	16. 2.1953	22. 6.1953	24. 7.1953 (Ing)

Immer wieder wurden Verschmutzungen aus dem Kessel durch den Überhitzer in den Dampfsammelkasten (und den Heißdampfregler) mitgerissen. Aus dem Dampfsammelkasten gelangten die Partikel auch wiederholt in die vorne mit Heißdampf betriebenen Hilfsmaschinen. Die durch den Heißdampf erhoffte größere Wirtschaftlichkeit ging verloren, weil Pumpen, Lichtmaschine und Bläser immer wieder gereinigt werden mußten (oder ausfielen). Als Sonderarbeit verfügte das BZA Minden deshalb am 23.1.1953 den Anschluß auch der vorne liegenden Hilfsmaschinen an den hinteren Naßdampfentnahmestutzen. Ab 1955 zeigen deshalb, nachdem der Umbau abgeschlossen war, alle 65 (und alle 82, die

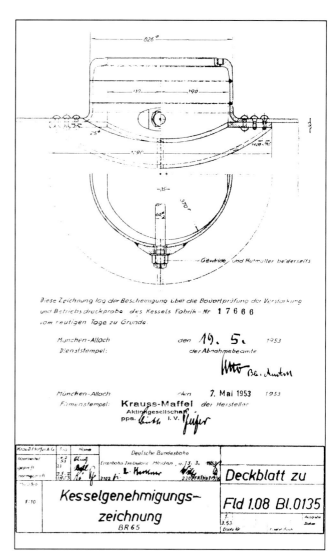

77 Ausführung der Domlochverstärkung. Genehmigungszeichnung aus dem Betriebsbuch der 65 006.

78 Für die BR 65 gab es, ebenso wie für die anderen Maschinen mit Heißdampfregler, einen speziell angepaßten Reparaturstand, um gefahrlos Arbeiten am Regler ausführen zu können. Die 65 004, die hier am 12.7.1968 im AW Trier »in die Kur genommen« wird, hat einen verbesserten Dachlüfter, in den es nicht mehr hineinregnen kann.

79 Nach einem offensichtlich deformierenden Aufstoß fährt die Darmstädter 65 004 zusammen mit 91 972 (Bw Oberlahnstein) auf der linken Rheinstrecke zum AW Jülich. Foto am 31.3.1958 im Bahnhof Bonn.

80 Mit diesem Schreiben setzte 1953 die BD Hamburg zwei Ausbesserungswerke von neuen »Zuständigkeiten« in Kenntnis.

81 Das Leichtbautriebwerk der 65 018. Treibstange, Kreuzkopf und Kolbenstange waren »abgemagert«.

ebenso umgebaut wurden) eine zusätzliche Leitung links auf dem Kessel von hinten zum vorderen Entnahmestutzen – auch eine »Entfeinerung«.

Auch bei der BR 65 traten nach kurzer Zeit die bei 23 und 82 beobachteten Mängel an Dampfpfeife und nichtsaugender Speisepumpe in Erscheinung. Der Flansch der Pfeife wurde undicht, außerdem wurde Wasser angesaugt, so daß sie keinen Ton gab. Erst die Verlegung nach vorne direkt auf den Dampfraum brachte Abhilfe (siehe auch Band 1, Seite 55). Ebenso verhielt es sich bei der nichtsaugenden Strahlpumpe. Diese ließ dauernd beim An- und Abstellen viel Wasser fallen. Abhilfe brachte erst Übergang auf nichtsaugende Friedmann-Strahlpumpen. Diese Änderungen wurden bei 65 014 bis 018 schon ab Werk berücksichtigt.

Die Grundmängel der 65 waren so schon nach kurzer Einsatzzeit erkannt. Bis auf das Problem der Laufruhe hatte man schon 1953 »alles im Griff«, das BZA verfügte im Januar und Dezember die als nötig erkannten Bauartänderungen. Nach diesen Umbauten, die sich allerdings bis ca. 1957 hinzogen, weil sie im AW Jülich z. B. nur bei einer Hauptuntersuchung ausgeführt werden konnten, änderte man an der 65 fast nichts wesentliches mehr, sieht man von den laufend für alle Dampflokomotiven verfügten Verbesserungen (Speisewasser-Innenaufbereitung, Dampfbläser Bauart Gärtner) einmal ab.

Das Leichtbautriebwerk

Auffällig war schon nach kurzer Zeit, daß die 65 recht unruhig liefen. Beginnend bei Geschwindigkeiten um 60 km/h bis zur Höchstgeschwindigkeit traten Schüttelschwingungen in Richtung der Gleisachse auf, in der Frequenz der Treibachsdrehzahl entsprechend. Das Schütteln maß man sowohl bei Fahrt unter Dampf als auch bei rollender Lok.

Trotz dieser mäßigen Laufruhe der 65 tendierte der Betriebsdienst nach der Wiederinbetriebnahme dazu, die 65 immer stärker als 78-Ersatz anzusehen. Der Fachausschuß stellte in seiner 10. Sitzung fest, daß darunter die Maschinen augenscheinlich sehr leiden würden. Denn bei der geringeren Höchstgeschwindigkeit müßte das Personal dauernd im obersten Geschwindigkeitsbereich fahren. Der Ausschuß forderte den Betriebsmaschinendienst auf, solche Einsätze zu unterbinden. Gleichzeitig machte sich das Zentralamt Minden 1953 daran, ein Leichtbautriebwerk für die BR 65 zu entwickeln, durch das die hin- und hergehenden Massen verringert werden sollten. Unter Verwendung von härterem Stahl, der Schwächung von Treibstangen und Kreuzköpfen sowie durch Ausbohren der Kolbenstangen konnte das Gewicht der hin- und hergehenden Massen von 846,62 kg auf 627,61 kg reduziert werden, ein Ausgleich von 28,4 Prozent gegenüber bisher 19,9. Da schon in einer früheren Fachausschußsitzung die Laufruhe der 65 als »ausgesprochen schlecht« und »unmöglich für einen Weiterbau« bezeichnet worden war, kam einer schnellen Verwirklichung für die vorhandenen Loks und für die geplante zweite Serie große Bedeutung zu. Die Zeichnungen für das Triebwerk wurden im Februar 1953 bei Krauss-Maffei angefertigt, wo auch die neue Serie gebaut werden sollte.

Die zweite Serie

Die fünf nachgebauten 65 der zweiten Vergebung von 1952/53 unterschieden sich durch viele Einzelteile von der bisherigen Bauart. Wie auch bei den übrigen Neubaudampfloks hatte man die inzwischen gewonnenen Erfahrungen berücksichtigt. Von einem Bedarf an weiteren Maschinen der Baureihe war man damals durchaus überzeugt. Speziell die Direktionen Essen und Wuppertal hatten den Weiterbau gefordert, weil man außer der BR 93 keine anzugstarken Maschinen für Personenzüge besäße.
Nach den guten Ergebnissen mit den ersten beiden Mischvorwärmer-82 (siehe Seite 87) entschied sich die DB, insgesamt für alle Tenderlokomotiven, die noch neu gebaut würden, den Vorwärmer Henschel MVT vorzusehen. Eine Nachrüstung kam bei der 65 nicht in Frage, weil die Baureihe schon einen Vorwärmer besaß (im Gegensatz zum Großteil der 82). Man griff auf den MVT-Vorwärmer zurück, weil er kein kompliziertes Drucksystem darstellte wie der zweistufige Heinl-Mischvorwärmer, den man nur bei hochbelasteten Schnellzuglok für wirtschaftlich hielt. Der Henschel-MVT konnte wesentlich einfacher gehalten werden (siehe Seite 28), sein anfälliges Bauteil war lediglich die Turbospeisepumpe. Deren Auswechseln war aber durch die geringe Größe und die günstige Lage links über der Laufachse sehr einfach. Schäden an der Pumpe waren nach Personalmeinung recht selten, wenn der Filter vor der Pumpe sauber gehalten wurde. Nach Abzug aller Nebenkosten stellte der Henschel-MVT für Tenderloks den günstigsten Vorwärmer dar, weil der Oberflächenvorwärmer immer nur kurz nach Reinigung ausreichende Vorwärmtemperaturen brachte. Die Vorwärmung ging an 100°C heran, gleichbleibend auch bei schlechtem Unterhaltungszustand.
Der nachträgliche Einbau eines Ölabscheiders vor den Vorwärmer gegen mitgerissenes Öl aus den Zylindern brachte weitere Sicherheit gegen das gefürchtete Wasserüberreißen.
Die 65 014 bis 018 besitzen außerdem einen geänderten Dom, ein verbessertes Steuerpult, ein neu gestaltetes Führerhaus mit verbesserten Lüftern, Wasser- und Kohlenkästen aus verstärkten Konstruktionen, zusätzliche Rückstellfedern am Lenkgestell, Achslagerführungen mit Hartstahl-Gleitplatten, gehärtete Bolzen und Führungen in den Ausgleichshebeln, Tritte mit Gitterrosten in den Aufstiegen zu Wasser- und Kohlenkästen (weitere Details in der technischen Beschreibung erwähnt).
65 018 erhielt das geforderte Leichtbautriebwerk. Als Vertreterin der zweiten Serie unterzog man sie beim LVA Minden vom 27.4.1956 bis zum 16.10.1956 ausgiebigen Versuchen. Durch das Leichtbautriebwerk lief sie auch bei Höchstgeschwindigkeit noch ruhig, Anstände ergaben sich durch die »abgemagerten« Treibstangen, Kolbenstangen und Kreuzköpfe nicht. Die Einsatzmöglichkeiten vor schnelleren Zügen waren entscheidend erweitert, abgesehen vom geringeren Verschleiß von Lauf- und Triebwerk und der vorher »durchgerüttelten« Aufbauten. Denn immer wieder waren Schwingungsrisse an den Wasserkästen beobachtet worden, Risse, die nur teilweise auf zu dünne Bleche oder zu schwache Auflieger zurückgeführt werden konnten.

82 065 014 (Bw Aschaffenburg) mit einem Personenzug in Klingenberg/Main am 3.7.1971.

Die Meinung des Ausschusses über die Notwendigkeit besseren Massenausgleichs und einer »Selbstbeschränkung« bei der Einsatzplanung wurde nochmals in den Jahren 1956/57 deutlich, als erneut die Wirtschaftlichkeit der Neubauloks untersucht wurde. Der Fachausschuß hatte sich in seiner Sitzung Nr. 16 am 12. und 13.2.1958 in Freudenstadt mit den Ergebnissen zu befassen. Dabei kam die 65 zunächst »gut weg«. Insgesamt ergab sich im Verhältnis zu den anderen Baureihen ein erfreuliches Bild, was Leistung und Unterhaltungskosten des Kessels betraf. Auch wurde festgestellt, daß man mit der 65 im Gegensatz zu 23 und 82 keine Probleme mit dem Heißdampfregler und auch nicht mit Wasserüberreißen habe. Während der Meßzeit (Januar 1956–Dezember 1957) traten bei den 65 eine Störung an Regler oder Hilfsabsperrventilen auf, vier Störungen durch Überhitzerschäden und keine Störung durch Wasserüberreißen – bei allen Lok zusammen!

Als Änderung des Reglers ist nur das Auswechseln der gegossenen Reglerkästen gegen geschweißte wie bei den übrigen Neubauloks der ersten Serien zu nennen.

Mit geschobenem Zug

Gerade im Nahverkehr auf Strecken mit hoher Zugdichte und zwischen Bahnhöfen mit dichter Belegung bedeutete das Umsetzen der Lokomotiven eine deutliche Behinderung des Betriebsablaufes. Seit Ende der 40er Jahre waren deshalb Diesellokomotiven der Baureihen V 20 und V 36 mit einer Wendezugsteuerung ausgerüstet worden, die aus der RZM-Steuerung der Dieseltriebwagen entwickelt worden war. Bei den Diesellokomotiven war es möglich, aus dem Steuerwagen die Lokomotive zu fahren und zu bremsen, ohne daß ein Bediener auf dem Lokomotiv-Führerstand anwesend war. Mit diesem Verfahren ließ sich der Vorortverkehr beschleunigen, da im Endbahnhof der Lokomotivführer nur vom Führerstand zum Steuerwagen an der entgegengesetzten Zugseite wechseln mußte. Ein Teil des Vorortverkehrs einiger Städte (z.B. Wuppertal, Frankfurt oder Bremen) wurde so mit dieselbespannten Wendezügen durchgeführt – mit zufriedenstellendem Erfolg.

Der Einführung der Wendezugsteuerung auch für Dampflokomotiven standen nun bauartbedingte Schwierigkeiten gegenüber:
- Weiterhin mußte die Feuerung von Hand bedient werden. Den Einsatz eines (ferngesteuerten) Stokers verhinderten Platzprobleme auf den besonders für Rückwärtsfahrt geeigneten Tenderlokomotiven. Die Entwicklung der Ölfeuerung stand erst in ihren Anfängen.
- Wasserstände, Pyrometer usw. konnten nur vom Führerstand aus überwacht werden.
- Die Fernbedienung von Steuerung und Regler hätten erheblichen technischen Aufwand an den Geräten bedeutet und hätte gleichzeitig die »Normal-Bedienung« unmöglich gemacht.
- Die Überwachung des Triebwerks war ohne einen aufwendigen Drehzahlmesser nur vom Führerstand aus möglich.

Trotzdem blieb die Möglichkeit eines beschleunigten Einsatzes von Tenderlokomotiven im Ruhrgebiet weiterhin interessant. Aus Sicherheitserwägungen und auch aus Kostengründen ging man bei der Entwicklung einer Wendezugsteuerung aber davon aus, daß der Heizer weiterhin auf dem Führerstand bleiben müßte.

Die 1954/55 vom Zentralamt München für die Baureihen 65 und 78 entwickelte Wendezugsteuerung stellt insoweit einen Kompromiß dar, da sie nur »indirekt« funktioniert. Man orientierte sich bei der Entwicklung am Schiffstelegrafen mit seinem Prinzip von Befehl und Antwort. Übernommen von der direkten Wendezugsteuerung ist eigentlich alles außer der Einrichtung auf dem Dampflokomotiv-Führerstand. Steuerwagen, 15polige Steuerleitung, Steuersteckdosen- und Stecker und Bremsleitungen entsprechen der normalen Bauart für dieselbeförderte Wendezüge. Aber wie funktionierte die indirekte Steuerung?

Im Führerstand des Steuerwagens ist ein normales Führerbremsventil mit allen nötigen Anzeigeinstrumenten angeordnet. Zur Lokomotive führt von diesem Bremsventil eine zweite Hauptluftbehälterleitung, über die der Lokführer vom Steuerstand aus Bremsungen oder das Lösen der Bremse in üblicher Weise einleitet. Außerdem wird vom Steuerstand aus die Sicherheitsfahrschaltung bedient. Geschwindigkeitsmesser, Typhon und Läutewerk, Scheibenwischer, Schalter für das Zuglichtspitzensignal und Befehlsgerät vervollständigen die »Einrichtung« des Steuerstandes.

Die Befehlsgeräte Bauart Hagenuk in Lokomotive und Steuerwagen sind baugleich. Über eine 15polige Steuerleitung durch alle Wagen hindurch sind die beiden Befehlsgeräte miteinander verbunden. Die Steckdosen für das Steuerkabel sind an der Lokomotive jeweils unter dem linken Puffer (in Fahrtrichtung gesehen) angebracht.

Die Stromversorgung der beiden Befehlsgeräte geschieht durch die 24-Volt-Gleichstromanlage der Lokomotive. Für die Stromversorgung des Befehlsgerätes im Steuerwagen führt von der Lokomotive ein zweites, zweipoliges Kabel über Steckerverbindungen bis zum Steuerwagen.

Bei schiebender Lokomotive hat der Heizer neben seinen normalen Aufgaben auch den Anweisungen des Befehlsgerätes zu folgen. Zur Bedienung der Anlage muß er »reglerberechtigt« sein. Bringt nun der Lokführer im Steuerwagen die Handkurbel des Steuergerätes in die Stellung »Achtung«, die Vorstufe zum Anfahren, geht im Lokführerstand der Zeiger des »Maschinentelegrafen« gleichzeitig auf dieselbe Stellung, und in beiden Führerständen wird über eine Hupe akustisch Signal gegeben. Die Hupe verstummt erst, wenn der Heizer seinerseits den Handhebel seines Befehlsgerätes auf die Zeigerstellung nachgeführt und den Befehl somit quittiert hat.

Genauso verfuhr man bei den anderen Befehlen. Ging im Führerstand der Zeiger auf »Beschleunigen«, fuhr der Heizer den Zug an, nachdem er über die Handkurbel den Befehl bestätigt hatte. War die gewünschte Geschwindigkeit erreicht, gab der Lokführer das Signal »Gut«, und der Heizer konnte den Regler soweit zurücknehmen, daß die Geschwindigkeit gehalten wurde. »Triebkraft abschalten« befahl, den Regler zu schließen, für den Fall einer Störung in seiner Bremsleitung konnte der Lokführer dem Heizer auch noch »Verzögern« befehlen.

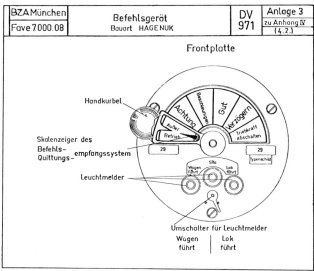

83

Als erste 65 wurde 65013 am 3.10.1955 im AW Jülich mit der Wendezugsteuerung Bauart Hagenuk ausgerüstet. Mit der Verfügung BZA 2302 Fldw/k 169 vom 4.11.1955 wurde dann die Ausrüstung weiterer sechs 65 des Bw Essen angeordnet. Vorerst konnte nur 65012 umgerüstet werden, weil die übrigen fünf 65 des geplanten Essener Bestandes überhaupt erst ab Ende November 1955 von Krauss-Maffei ausgeliefert wurden.

Gleichzeitig wurden einige 78 des Essener Bestandes ebenso wie die 65 umgebaut. In der Folge wanderten die gerade neu angelieferten 65014 bis 018 jeweils sofort nach der Abnahme ins 65-AW

84 Spitzenleistung der BR 65: Wendezug P 2163 mit 65014 auf der Ruhrbrücke von Kettwig im Sommer 1956. Die Strecke gehört heute zum S-Bahn-Netz.

Jülich und wurden mit der Wendezugsteuerung ausgerüstet. Die Umbautermine:
65014 29.12.1955
65015 31. 1.1956
65016 28. 2.1956
65017 25. 3.1956
65018 26. 4.1956

Ab dem Sommerfahrplan 1956 konnte das Bw Essen Hbf deshalb einen Laufplan mit Wendezugleistungen aufmachen. Während der gleichzeitige Essener 78-Laufplan 287 Tageskilometer zählte, fuhren die 65 damals laut Umlaufplan eine Durchschnittleistung von 390 km pro Tag. Ein Jahr später verschoben sich die Leistungen noch weiter: Die 65 leisteten 408 Laufplankilometer am Tag, die 78 durchschnittlich 291 km.

Unbefriedigend blieb zunächst die Betätigung des Reglers: Leitete der Lokführer die Bremsung ein, mußte er vorher das Kommando »Triebkraft abschalten« geben, wollte er nicht trotz Bremsung eine nachschiebende Lok hinter sich haben. Und dieses Verfahren konnte in Notsituationen gerade die Sekunden kosten, die einen Zusammenstoß noch vermieden hätten.

Im Laufe der Monate April bis Juni 1957 wurden deshalb die Essener 65 und 78 mit einer zusätzlichen druckluftbetätigten Reglerschließvorrichtung ausgerüstet. Beim Bremsen wurde automatisch ein Druckluftzylinder am Regler betätigt, der über einen Kolben den Regler fast völlig schloß. Das völlige Schließen sollte vermieden werden, falls der Heizer gerade bei der Feuerbedienung war. In diesem Falle – bei plötzlich geschlossenem Regler – wären mangels Saugzug die Flammen in den Führerstand geschlagen, der Heizer hätte verletzt werden können. Die Reglerschließvorrichtung war unter den Heizern berüchtigt: Gerade bei den preußischen Maschinen mit ihrem Reglerdiagramm vor dem Stehkessel bezogen etliche Feuermänner unfreiwillig Prügel vom »Heizerschlaggerät«, wenn sich der Regler plötzlich schloß. Diese Gefahr war bei den 65 geringer, da der Seitenzugregler nicht im Arbeitsbereich des Heizers lag.

Die Essener 65 fuhren immer mit »der Nase am Zug«, eigenartigerweise, denn bei führender Maschine stand der Lokführer auf der falschen Seite.

Zweifellos hat die Wendezugsteuerung für die Zugförderung erhebliche Vorteile gehabt, genau zehn Jahre dauerte der 65-Wendezugdienst beim Bw Essen. Für diesen Dienst erschien die Lok wie geschaffen zu sein, hohe Beschleunigung bei den vielen Zwischenhalten machte sie den 78 (und ihrer Nachfolgerin V 100) überlegen.

Für den Heizer bedeutete diese Art der Zugförderung aber eine rechte Plackerei. Er hatte nicht nur seine üblichen Arbeiten zu erledigen, sondern mußte zwischendurch immer wieder zum rechten Stand herüber, um die Anweisungen »von vorne« auszuführen. Und unproblematisch waren die Einsatzstrecken der Essener 65 nicht: Am Essener Stadtwaldtunnel blieben die reibungsschwächeren 78 bei schlechtem Wetter schon einmal liegen ... Insofern mußte der Heizer auf der 65 eigentlich schon ein recht guter Lokführer sein, der gefühlvoll mit Regler, Steuerung und Sandhahn umgehen konnte. Häufig stand hinten deshalb auch ein Lokführer, der diese Stufe seiner Karriere bis zum Selbstfahren »durchmachen« mußte.

Die Leistungen der Essener 65 waren enorm hoch. Wegen der fehlenden Wendezeiten und der großen Vorräte lagen sie in ihrer Tagesleistung rund 30% über einer vergleichbaren, normal eingesetzten Maschine. Leistungen von 9000 km/Monat waren die Regel für die Essener 65! Sie lagen damit etwa genauso hoch wie die damals hauptsächlich im Langstreckendienst eingesetzten 23. Als Höchstleistungen sind bekannt:
65013 im 12.1955 12622 km bei 29 Einsatztagen
65014 im 1.1958 14821 km bei 29 Einsatztagen
65015 im 4.1956 13448 km bei 28 Einsatztagen
65018 im 1.1957 13107 km bei 30 Einsatztagen

Auch als die Maschinen nicht mehr neu waren, schlugen sie noch Kilometer-Rekorde. Die Laufleistungen in Essen blieben über die Jahre gleichmäßig hoch, der Einsatzbereich änderte sich kaum. Noch im Frühjahr 1966, wenige Wochen vor dem »Aus« in Essen, fuhren die Maschinen monatlich durchschnittlich 6 bis 8000 km. Während ihrer Essener Einsatzzeit dürften die 65 die höchsten

85 Fotogen waren die Essener Einsätze nicht – mit der »Schnauze« hingen die 65 am Zug. Hier sieht man aber deutlich: die 65 018 schiebt tatsächlich. Wendezug Düsseldorf–Essen Hbf verläßt Essen-Hügel, Juni 1964.

86 Eine imposante Erscheinung – 65 017 im September 1965 im Bw Essen Hbf, flankiert symmetrisch exakt von zwei 78-Maschinen. Von der Wendezugsteuerung ist rechts unter dem Puffer die Steckdose des Steuerkabels zu erkennen, links die Stromleitung.

87 In den ersten Monaten beim Bw Essen hatten die 65 noch keine Wendezugsteuerung. 65013 wartet hier zusammen mit mehreren 78 in Essen Hbf auf ihren Zug, 29.8.1955. Der Einsatz inmitten der 78 spricht für sich – der Werkstättendienst befürchtete eine Überforderung in den schnellen Diensten.

monatlichen Kilometerleistungen gefahren haben, die irgendwann im Plandienst von DB-Tenderlokomotiven erbracht wurden. Die Laufleistung der 65014 im Januar 1958 mit 14821 Kilometern hat gute Chancen, als höchste Monatsleistung einer Tenderlok im Nachkriegsdeutschland in die Geschichte einzugehen. Vor dem Krieg wurden höhere Laufleistungen nur achtmal von der 61001 erreicht, die zweimal am Tag mit dem Henschel-Wegmann-Zug auf der 180 km langen Strecke zwischen Berlin und Dresden pendelte. Auch sie kam – wegen Schäden – im Monat nur selten über 15000 km.

Seit der Umbeheimatung der Essener 65 nach Limburg wurde die Wendezugsteuerung nicht mehr benutzt. Überhaupt kam man dort mit der 65 nicht besonders gut zurecht, zwischen 2000 und 4000 km pendelten die Monatsleistungen. Zwischen 1968 und 1970 wurden die Steuerkabelanschlüsse entfernt.

Der Hauptmangel

Das gute Bild wurde aber stark relativiert durch die Feststellung, es sei immer noch keine dauerhafte Verbindung zwischen Rahmen und Kessel erreicht. Oberrat Teichert von der Zentralstelle für Betriebswirtschaft stellte in seinem Bericht fest, immer wieder würden die Kessel auf dem Rahmen lose. Die Ursache könne nur in dem schlechten Massenausgleich liegen, denn die BD Essen sei mit der besser ausgeglichenen 65018 ausgesprochen zufrieden. Die störungsfreien Laufleistungen beim Bw Essen Hbf (das zu dieser Zeit schon die 65012 bis 018 einsetzte) seien geradezu untragbar niedrig. Bessere Ergebnisse beim Bw Darmstadt würden nur durch übertriebenen Erhaltungsaufwand bei Vernachlässigung der übrigen Darmstädter Lokomotiven erkauft.

Als Schäden durch die schlechten Laufeigenschaften seien schon meist nach 20000 km die Paßschrauben am Pendelblech des Kessels ausgeschlagen, der Kessel würde dann ab 50 km/h zu hüpfen beginnen. Die Folge seien Brüche mannigfaltiger Art von Leitungen im Führerhaus, des Kohlekastens, der Wasserkästen bis zum Losreißen des Führerhauses selbst. Dazu müsse man auch sagen, daß die 65 in Essen überfordert würden, was auch die festgestellten Kilometerleistungen bewiesen. Bei den hohen Laufleistungen habe das Bw Essen dauernd großen Aufwand in der Werkstatt zu treiben. Der Umbau aller 65 nach dem Vorbild der

Störungsfreie Laufleistung – Jahresmittelwerte der BR 65, 78 und 93

BD	BR	1956	1957
		Störungsfreie Laufleistung in 1000 km	
Esn	65	31	28
	78	59	109
Ffm	65	32	98
	93	65	131
		km/Betriebstag	
Esn	65	390	408
	78	287	291
Ffm	65	245	226
	93	201	163
		km/Fahrzeugtag	
Esn	65	303	263
	78	208	214
Ffm	65	175	181
	93	123	113
		Lastwert in t	
Esn	65	285	293
	78	244	252
Ffm	65	264	276
	93	292	296

65018 sei unbedingt nötig. Dieser Meinung schloß sich der Ausschuß an.

Nachdem alle Loks bis ca. 1961 umgebaut waren, gingen die Schäden tatsächlich drastisch zurück. Auch die Laufruhe wurde seit der Zeit als zufriedenstellend bezeichnet. Ohne diesen Umbau hätte das Bw Essen Hbf wohl nicht dauernd hohe Kilometerleistungen mehr fahren können, denn die »Entspannung« der 65-Umlaufpläne, die der Ausschuß gefordert hatte, lehnte man ab, weil man in Essen keine zusätzliche 65 aus Darmstadt bekommen konnte. Und die 78 war für die Dienste zu schwach.

Lokführer-Meinungen

Als wesentliche Einsatzstelle der BR 65 bleibt neben dem Bw Essen nur das Bw Darmstadt zu nennen. Eine umfassende Befragung ehemaliger 65-Lokführer ergab auch in Darmstadt ein gänzlich anderes als das bisher in der Literatur häufig gezeichnete Bild der »überflüssigen Bauart«.

Übereinstimmend kamen die Lokführer zu dem Ergebnis, daß für das Einsatzgebiet um Darmstadt (lange Nebenbahnen mit Steigungen) die BR 65 eine ideale Maschine und keineswegs überflüssig gewesen sei. Bemängelt wurden eigentlich nur Details, so z.B., daß in den Führerhäusern keine Kästen für die Taschen des Personals vorhanden waren (wie bei den Vorkriegsloks), ferner die Lage der Schürhaken, die an der Rückwand des Führerhauses quer gelagert waren (bei der zweiten Serie wurden die Schürgeräte im hinteren Wasserkasten untergebracht). Die Höhe der Feuertür, die Höhe des Schaufelstichblechs und der Abstand zwischen beiden wurde von Heizern als gut hervorgehoben. Insgesamt habe man sich bei der BR 65 – aufgrund ihres recht sparsamen Kohleverbrauchs – aber nicht weh getan.

Nach dem Einbau des Leichtbautriebwerks seien die Laufeigenschaften der 65 »überaus gut« gewesen, so die Lokführer in der Gesprächsrunde. Praktisch seien die 65 ebenso ruhig gefahren wie die BR 78. Kein Vergleich sei mit der in Darmstadt früher gefahrenen T 14[1] möglich gewesen: »Dagegen blieben die 93er praktisch stehen.«

Auch mit dem Kessel habe man keine Probleme gehabt. Nach einer gewissen Eingewöhnungszeit 1951 von den preußischen Loktypen auf die BR 65, die bei knapper Rostbemessung mit niedrigem Feuer gefahren werden mußte, war man mit der Verdampfungsleistung des Kessels zufrieden. Sehr gut Dampf hätten die Maschinen gemacht, wenn man (nach Vorschrift) mit hohem Schieberkastendruck und kurzer Füllung (25–28%) gefahren sei.

Ärger habe es nur in der Anfangszeit mit den 65014 und 016 bis 018 gegeben, als diese 1969 von Limburg gekommen seien. Denn die Mischvorwärmeranlagen dieser Maschinen seien auf kurzen Haltestellenabstand eingestellt gewesen, so daß bei langen Streckendiensten durch zuviel Abdampf die Vorwärmung zu hoch war. Abgesehen vom Dampf- und Wasserverlust durch die Vorwärmer-Entlüftung hätten dann auch gelegentlich die Pumpen versagt. Nach Einsetzen eines Reduzierstücks in die Abdampfleitung sei die Dampfzufuhr aber soweit gedrosselt gewesen, daß es keine Probleme gegeben hätte.

Die Zuteilung der Mischvorwärmerloks machte erstmals einen Durchlauf von Darmstadt bis Eberbach möglich, da bei den MVT-Loks ein ausreichender Teil des Speisewassers zurückgewonnen wurde. Nur ein Darmstädter Personal habe aber ein so »sparsames Händchen« gehabt, daß es regelmäßig mit den MVT-Loks nach Eberbach gefahren sei. Andere Personale hätten sich das nicht zugetraut, mit den OV-Loks sei der Durchlauf ohnehin nicht möglich gewesen. Gegenüber den MVT-65 mit Turbopumpen, die sehr sicher funktioniert hätten, wären an der Kolbenspeisepumpe der übrigen 65 immer wieder Schäden aufgetreten, so daß man häufig mit dem Injektor hätte fahren müssen. Die Schäden hätten sich aber nicht auf die BR 65 beschränkt.

Ein Konstruktionsfehler sei die Lage der Steuerwelle gewesen. Wegen des zu schmalen Wassereinlaufs sei regelmäßig Wasser vorbeigeflossen und auf die Steuerwelle gelaufen. Im Winter gab es dann Probleme, da über Nacht in Wendebahnhöfen die Steuerung festfrieren konnte. Deshalb haben manche Lokführer in Erbach oder Hetzbach, wo die Loks über Nacht im Freien standen, verbotenerweise die Maschinen mit ausgelegter Steuerung in die Richtung abgestellt, in die man zuerst fahren mußte.

Insgesamt beurteilte das Personal die Maschinen gut. Auf den Strecken im Odenwald habe es zur 65 keine Alternative bei Personenzügen gegeben. Man sei froh gewesen, die 93 durch die neue Baureihe loszuwerden. Nur die BR 50 war in Darmstadt noch beliebter. Für den Personenzugdienst sei die aber zu groß gewesen. Eine überflüssige Bauart, da waren sich alle Lokführer einig, sei die 65 keineswegs gewesen; mancher meinte, er würde sie heute der 211/12 vorziehen.

88 Zu einer Parade stellen sich im Bw Darmstadt die Mischvorwärmerlok 65017 (mit Wendezugsteckern), 65006 und 002, aufgenommen am 29.7.1967.

89 Mit gemächlichem Auspuffschlag geht es los – 65 003 (Bw Darmstadt) mit Nahgüterzug in Mörlenbach am 12.2.1968.

Bewertung

Eine abschließende Wertung der BR 65 kann nicht gegeben werden, weil die Stückzahl zu klein war, um zu breiten Erfahrungen zu kommen. Während in der ersten Zeit die Ergebnisse zu unterschiedlich waren, um gültig zu sein (man hatte ja noch keine Erfahrungen), blieben später nur noch zwei wesentliche Einsatzstellen übrig. Dort waren die Erfahrungen dann aber, wie aufgezeigt, recht zufriedenstellend. Brauchbarer als die 93^5 war die 65 im »Mittelgebirgsdienst« allemal, bei einem langsameren Strukturwandel hätte sie wohl noch weitere Auflagen erlebt. Der »Verriß«, den die BR 65 an anderer Stelle (aus einem Bericht über die einjährige Beheimatung von drei Loks bei einem Bw und über den Rangierdienst (!) in Dillenburg resultierend) über sich hat ergehen lassen müssen, ist sicher nicht gerechtfertigt. Festzuhalten bleibt: Da, wo die 65 lange fuhr, brachte sie gute Leistungen, teilweise beeindruckende Leistungen, und die Zufriedenheit überwog.

Daß sie nicht schlecht waren, bewiesen die 65 noch in ihren letzten zwei Einsatzjahren beim Bw Aschaffenburg. Streckenmäßig ähnlich gegliedert wie der Darmstädter Bereich wurde dort häufig eine hohe Endgeschwindigkeit gefordert. Mit der BR 64 mußten auf der Strecke nach Miltenberg häufig 100 km/h ausgefahren werden, wie Personale berichten. Lauf- und Triebwerk der 64 vertrugen das »spielend«. Diese Gewohnheit behielt man auch nach Zuteilung der 65 bei. Dabei war die Laufruhe der 65 auch noch bei 100 km/h gut, wie der Autor als Mitfahrer 1971 selbst feststellte. Der Rahmen der 65 scheint aber die Überforderung nicht ausgehalten zu haben, denn 65 004 und 014 mußten mit Rahmenrissen abgestellt werden.

Bauartänderungen

der 65 001 bis 013. Aufgenommen sind Umbauten, die nach Betriebsbucheintragungen bei den Maschinen ausgeführt wurden. Die Umbauten sind jeweils mit Umbauverfügung oder Sonderarbeitsnummer festgehalten. In den ersten zwei Betriebsjahren wurden noch weitere Umbauten, teilweise in den Bw oder beim Herstellerwerk, durchgeführt. Dabei handelte es sich hauptsächlich um kleine Korrekturen, die erst im Betrieb erkannt worden waren. Als Umbaujahr wurde aufgeführt, wann der Großteil der Maschinen umgebaut wurde.

Nr.	Art des Umbaus	Verfügung oder SA-Nummer	Umbaujahr
1	Steuerungshandrast durch Fußraste ersetzt		1952
2	Ausgleichshebel zwischen 1. und 2. Kuppelachse festgelegt, gemäß Skizze Fld 11.16 SK 4	EZA Minden 2312 Fklfed 26 vom 22.11.51	1953
3	Verstärkung der Domaushalsung durch eingenieteten Ring	BZA Fld. 1.08 Bl. 0135	1953
4	Sicherung der eingepreßten Schieberbuchsen	BZA 2303 Fklzl 20/2 vom 23.1.53	1954
5	Vereinheitlichung der Stemm-Muttern	BZA 2303 Fklzl 20/2 vom 23.1.53	1954
6	Sicherung der Schieberstangen-Führungsbüchsen	BZA 2303 Fklzl 20/2 vom 23.1.53	1954
7	Einbau geschmiedeter Deichselzapfen	BZA 2303 Fklzl 20/2 vom 23.1.53	1954
8	Anbringen von Kondensomaten an der Dampfpfeife	BZA 2303 Fklzl 20/2 vom 23.1.53	1954
9	Anbau der Kolbenspeisepumpe KT 1	BZA 2303 Fklzl 20/2 vom 23.1.53	1954
10	Spurkranzschmierung verbessern	BZA 2303 Fklzl 20/2 vom 23.1.53	1954

Nr.	Art des Umbaus	Verfügung oder SA-Nummer	Umbaujahr
11	Verbesserung der Zugänglichkeit zur Stell- und Sicherungsmutter	BZA 2303 Fklzl 20/2 vom 23.1.53	1954
12	Durchgänge zum Einbau der Zugstangen des Hilfsabsperrventils ausbrennen und Deckbleche anbringen	BZA 2303 Fklzl 20/2 vom 23.1.53	1954
13	Verstärkung der Auflagen an den seitlichen Wasserkästen	BZA 2303 Fklzl 20/2 vom 23.1.53	1954
14	Einsetzbare Tragbuchsen eingebaut	BZA 2303 Fklzl 20/2 vom 23.1.53	1954
15	Stegverschlußschrauben an Stangenschmiergefäßen angebracht	BZA 2303 Fklzl 20/2 vom 23.1.53	1954
16	Berichtigung des Schieberkörperdurchmessers	BZA 2303 Fklzl 20/2 vom 23.1.53	1954
17	Abstand zwischen Dampfheizhahn und Pufferträger vergrößert	BZA 2303 Fklzl 20/2 vom 23.1.53	1954
18	Drehgestelle um 180 Grad gedreht	BZA 2303 Fklzl 20/2 vom 23.1.53	1955
19	Anschluß der Hilfsmaschinen an den Naßdampfentnahmestutzen	BZA 2303 Fklzl 20/2 vom 23.1.53	1955
20	Ausrüstung mit Wendezugsteuerung Bauart Hagenuk (nur 65012–013)	SA 186	1955
21	Kathodischer Rostschutz in Wasserkästen angebracht	BZA 2304 Fldrk/K 12 vom 23.7.55	1956
22	Gegossenen Mehrfachventilregler gegen geschweißte Bauart ausgewechselt	–	1956
23	Steuerpultleuchte angebracht	BZA 2304 Fel vom 19.12.53	1956
24	Verbesserung der Ausbaumöglichkeit für die Drehgestell-Rückstellfedern	BZA 2304 Fel vom 19.12.53	1956
25	Entwässerungsschrauben für Achslagerunterkästen angebracht	BZA 2304 Fel vom 19.12.53	1956
26	Spülstutzen am Einströmrohr angeschweißt	BZA 2302 Fldk vom 18.8.55	1957
27	Lok mit Reglerschließvorrichtung versehen (nur 65012–013)	BZA 2303 Fldr/K 40 vom 5.10.56	1957
28	Zug zum Hilfsabsperrventil: Ganglöcher im Gestänge vorgesehen	BZA 2303 Fklzl 20/2 vom 23.1.53	1957
29	Ersatz der bisherigen Strahlpumpe durch Friedmann-Strahlpumpe	BZA 2303 Fklzl 20/2 vom 23.1.53	1957
30	Abstand zwischen Ventilsitz und Ventileinsatz am hinteren Dampfentnahmestutzen verringert	BZA 2303 Fklzl 20/2 vom 23.1.53	1957
31	Fernthermometer gegen verbesserte Geräte der Fa. Stein ausgetauscht	BZA 2303 Fklzl 20/2 vom 23.1.53	1957
32	Zusätzliches Waschluken über den Kesselspeiseventilen angebracht	BZA 2302 Fld/K 35 vom 19.12.53	1957
33	Änderung des oberen Untersatzes für den Wasserstandsanzeiger	BZA 2302 Fld/K 35 vom 19.12.53	1957
34	Feuertür mit verbesserter Raste für Zwischenlufteinstellung ausgerüstet	BZA 2302 Fld/K 35 vom 19.12.53	1957
35	Anbringen von abdeckbaren Durchbrüchen in der Führerhausrückwand und in den Kohlekastenwänden zum Ausbau der Zugstange des Hilfsabsperrventils	BZA 2302 Fld/K 35 vom 19.12.53	1957
36	Lok mit vorderem Stehkesselträger und Schlingerstück ausgerüstet	BZA 2302 Fld/K 35 vom 19.12.53	1957
37	Deichselrahmen durch aufgeschweißte Gurtbleche verstärkt	BZA 2302 Fld/K 35 vom 19.12.53	1957
38	Zusätzliche Spurkranzschmierung für vorderes Lenkgestell und hintere Achse des Drehgestells angebaut	BZA 2302 Fld/K 35 vom 19.12.53	1957
39	Änderung der Schmierpumpenanordnung	BZA 2302 Fld/K 35 vom 19.12.53	1957
40	Nachträgliche Ausrüstung mit Geschwindigkeitsmesser Deuta-Rundgerät	BZA 2302 Fld/K 35 vom 19.12.53	1957
41	Rohrleitungen von Stahl auf Kupfer umgestellt	BZA 2302 Fld/K 35 vom 19.12.53	1957
42	Verstärkung der Deichsellageranlenkung	BZA 2302 Fld/K 35 vom 19.12.53	1957
43	Sicherung der Deichsel gegen Herabfallen, Deichselanlenkung durch Spannbaken	BZA 2302 Fld/K 35 vom 19.12.53	1957
44	Deckleiste an Führerhausseitentür gegen Zugluft angebracht	BZA 2302 Fld/K 35 vom 19.12.53	1957
	Versetzen der Dampfpfeife nach vorne unter gleichzeitigem Anschluß an die Dampfleitung des Luftpumpendampfventils	BZA 2302 Fld/K 35 vom 19.12.53	1957
45	Fußbodenheizung verbessert	BZA 2302 Fld/K 35 vom 19.12.53	1957
46	Drittes Zugspitzenlicht angebaut	BZA 4503 Fhbl K6/1 vom 10.4.58 (SA 197)	1958
47	Speisewasser-Enthärteeinrichtung eingebaut	SA 196	1959
48	Druckluftbetätigung der Feuertür angebaut	SA 256	1961
49	Dampfbläser Bauart Gärtner angebaut	SA 215	1961
50	Einbau eines Leichtbautriebwerkes (Kolben und Kreuzkopf)	SA 255	1961
51	Halter für Verbandskasten angebracht	SA 270	1961
52	Dampfbläsereinrichtung umgebaut	SA 285	1962
53	Einbau eines Pendelbleches	SA 259	1962

Die Liste der Bauartänderungen bei den Maschinen der zweiten Lieferung (65014–018) ist um einiges kürzer:

Nr.	Art des Umbaus	Verfügung oder Sonderarbeits-Nr.	Umbaujahr (hauptsächl.)
1	Ausrüstung mit Wendezugsteuerung	SA 196	1956
2	Spülstutzen am Einströmrohr angeschweißt	BZA 2302 Fldk/K vom 4.11.55	1956
3	Reglerstopfbüchse von Weich- auf Hartpackung umgestellt	BZA 2302 Fldk/K vom 4.11.55	1956
4	Anschluß der Hilfsmaschinen an Naßdampfentnahmestutzen	BZA 2302 Fldk/K vom 4.11.55	1957
5	Ausrüstung mit Stehkesselträger und Schlingerstück	BZA 2303 Fldr K 40 vom 5.10.56	1957
6	Lok mit Reglerschließeinrichtung ausgestattet	BZA 2303 Fldr K 40 vom 5.10.56	1957
7	Einbau eines Henschel-Abdampfentölers in die Mischvorwärmeranlage	SA 130	1958
8	Speisewasserenthärtevorrichtung angebaut	SA 196	1959
9	Nachträgliche Ausrüstung mit Geschwindigkeitsmesser Deuta-rund	BZA 2302 Fld/K 35 vom 19.12.53	1959
10	Drittes Zugspitzenlicht angebaut	SA 197	1959
11	Dampfbläser Bauart Gärtner angebaut	SA 215	1961
12	Leichtbautriebwerk (Kolben und Kreuzkopf) angebaut	SA 255	1961
13	Rohrleitungen von Stahl auf Kupfer umgestellt	SA 168	1961
14	Verstärkung der Deichsellageranlenkung	SA 250	1961
15	Druckluftbetätigung der Feuertür angebaut	SA 256	1961
16	Einbau eines Pendelbleches	SA 259	1962
17	Halter für Verbandskasten angebracht	SA 270	1962
18	Dampfbläsereinrichtung umgebaut	SA 285	1963

90 065008, die an einem klaren Frühlingstag des Jahres 1970 mit dem P 3322 nach Weinheim unterwegs ist, nimmt gerade an einem Bahnübergang zwischen Lörzenbach und Rimbach den Dampf weg.

91 065018 (Bw Aschaffenburg) verläßt mit einem Güterzug nach Aschaffenburg den Miltenberger Hauptbahnhof, sichtlich in Bayern gelegen. Am Aufnahmetag 30.3.1972 war sonst nur noch 065008 betriebsfähig.

Beheimatungen und Einsätze der Baureihe 65

Unterhaltung

Alle 65 der ersten Lieferung (bis 65013) wurden in München-Freimann abgenommen, die Loks der zweiten Lieferung (ab 65014) hingegen im AW Ingolstadt, da München-Freimann inzwischen nicht mehr für Dampfloks zuständig war. Unterhalten wurden die 65er bis zum 1.5.1960 im AW Jülich, wo auch die BR 66 und einige andere Tenderloks (u.a. BR 78) ausgebessert wurden. Danach war bis Sommer 1966 das AW Frankfurt-Nied Unterhaltungs-AW, zuletzt wurden die 65 im AW Trier ausgebessert. Einige L0-Bedarfsausbesserungen wurden auch von anderen AW (u.a. Mülheim-Speldorf) bzw. Bw (z.B. Darmstadt) ausgeführt.

Die Laufleistungsgrenze für die Baureihe 65 lag zunächst bei 120000 Kilometern. Ab. 1.12.1959 wurde sie auf 180000 km angehoben, 1967/68 auf 200000 km + 10%. Der 65er leisteten während ihrer gesamten Einsatzzeit in der Regel zwischen 900000 und 1400000 Kilometer. Bereits ab Sommer 1961 durfte die Baureihe nur noch Auslauf-L3-Untersuchungen erhalten, ab Sommer 1966 waren dann lediglich noch L2 zugelassen.

Zuletzt 1968 wurden bei Loks der BR 65 solche Untersuchungen ausgeführt. Von 1969 bis zur Abstellung der letzten 65 im Jahr 1972 wurde im Einzelfall über eine Untersuchung entschieden und der schrumpfende Restbestand mit Bedarfsuntersuchungen »am Leben« gehalten.

BD Essen

Bw Essen Hbf

Bereits im Sommer 1950 hatte man geplant, die BR 65 im Ruhrschnellverkehr zusammen mit der 78 einzusetzen. Drei Loks sollten beim Bw Remscheid-Lennep stationiert werden und u.a. auf der Strecke Remscheid–Wuppertal–Essen eingesetzt werden. Die drei Loks kamen dann jedoch zum Bw Düsseldorf-Abstellbahnhof. Vier Wochen, nachdem die letzte der drei Loks 65008 bis 010 Düsseldorf verlassen hatte, bekam das Bw Essen Hbf am 8.5.1954 die 65012 des Bw Fröndenberg zugeteilt, der am 22.5.1954 von dort noch 65013 folgte.

Essen Hbf beheimatete vor Erscheinen der 65 für den Personenzugdienst vor allem 38[10] und 78, daneben ein paar Tenderloks der Reihe 93[5]. Die 65 liefen zunächst wohl in Plänen aller drei Baureihen. Die Loks bewährten sich dabei recht gut, so daß man sich entschloß, die zweite Bauserie (65014 bis 018) ebenfalls in Essen Hbf zu stationieren. Die 65014 kam im Dezember 1955 nach Essen, 65015 und 016 im Februar 1956, 65017 im März 1956. 65018 dagegen kam nach der Ablieferung zunächst für ein halbes Jahr nach Minden zur Lok-Versuchs-Anstalt und traf daher erst am 17.10.1956 in Essen ein.

Die 65 wurden u.a. auf folgenden Strecken eingesetzt: Essen Hbf–Bottrop Hbf, Essen Hbf–Kettwig–Ratingen Ost–Düsseldorf Hbf, Essen Hbf–Hattingen–Wuppertal–Remscheid Hbf. Viele der Züge waren Wendezüge, so z.B. die Züge nach Düsseldorf und nach Remscheid. Diese Wendezüge wurden aus Umbau-Dreiachsern und einem vierachsigen Steuerwagen gebildet. Essen Hbf war das einzige Bw, das die 65 im Wendezugdienst einsetzte. Auch die 78 liefen hier mit Wendezügen.

Die Einsätze der Essener 65 waren sehr kilometerintensiv, weil die Züge meist nur kurze Wendezeiten hatten und ständig hin- und herpendelten. 65014 lief im Januar 1958 z.B. 14821 Kilometer bei 29 Einsatztagen (umgerechnet 511 Kilometer je Einsatztag). Ab 1957 pendelten sich die Kilometerleistungen auf konstant 350 bis

92 65016 (Bw Essen Hbf) mit Personenzug aus Düsseldorf in Essen-Hügel, September 1962. Hier zieht die Lok. Viele haben sich schon den Kopf zerbrochen über den seltsamen »Topf« auf der Rückseite der Lok. Daran könne man die Mischvorwärmer-65 erkennen, stand in einem ganz schlauen Buch. Die Erklärung ist einfach: Bei 65014–018 waren die Schürgeräte in einem Rohr untergebracht – und das war eben ein wenig zu lang für die Lok!

93 65 018 verläßt mit Personenzug nach Düsseldorf den Essener Hauptbahnhof, September 1965.

400 Kilometer je Einsatztag ein. Allerdings lagen die beiden 65 der ersten Serie (012 und 013) meist etwas niedriger.

Am 2.6.1957 wurde die Strecke Hamm–Dortmund–Essen–Düsseldorf für den elektrischen Verkehr freigegeben. Da es sich um einen Inselbetrieb handelte, wurde nur im Nahverkehr mit E 41 und ET 30 elektrisch gefahren. Auf den Einsatz der 65 hatte das wenig Einfluß, da für sie genügend nicht elektrifizierte Strecken blieben; auf der erwähnten Strecke dürften sie ohnehin nur selten gelaufen sein. Langsam kristallisierte sich auch die Überlegenheit der 65 gegenüber der BR 78 auf der Strecke Essen Hbf–Kettwig–Düsseldorf Hbf heraus. Besonders auf der Steigung Essen-Werden–Essen-Hügel–Essen-Stadtwald hatten die 78 häufiger Schwierigkeiten. Daher verdrängte die BR 65 die 78 hier bald völlig. 78 und auch 38[10] blieben jedoch weiterhin in größerer Anzahl in Essen Hbf beheimatet (Bestand am 31.12.1962: elf BR 38[10] und 17 BR 78).

Die Anfang der 60er Jahre einsetzende Elektrifizierung im Ruhrgebiet betraf zunächst vor allem die Hauptstrecken und konnte den 65ern nicht viel anhaben. Dennoch wurden sie mehr und mehr auf ihre Stammstrecke nach Düsseldorf zurückgezogen, während ihre Leistungen auf den anderen Einsatzstrecken bis zum Ende der ersten Hälfte der 60er Jahre auf andere Baureihen übergingen. Hier sind in erster Linie die V 100[10] und V 100[20] der Bw Hagen-Eckesey und Wuppertal-Steinbeck zu nennen. Dennoch gingen die Kilometerleistungen nicht spürbar zurück. Noch in ihrer letzten Einsatzperiode im Winterfahrplan 1965/66 wurden vier Loks täglich benötigt mit einer durchschnittlichen Tagesleistung von 355 Kilometern. Dieser Laufplan enthielt außer zwei Wendezügen nach

Bottrop nur noch Wendezüge auf der Strecke Essen–Kettwig–Düsseldorf.

Zum Sommerfahrplan 1966 wurde diese Strecke verdieselt. Die Umstellung auf V 100 machte die 65 überflüssig, und sie wurden nach Limburg abgegeben, wo ihre Leistungen schlagartig um rund 200 Kilometer je Einsatztag abfielen. Das Bw Essen Hbf wurde zum selben Zeitpunkt völlig dampffrei, wobei ein Teil der 78 nach Paderborn kam. Elektrifiziert wurde die Strecke Essen–Kettwig–Düsseldorf am 26.5.1968, so daß die V 100 die 65 nur für zwei Jahre ablösten, um dann ihrerseits den Elloks zu weichen. Heute gehört die Strecke zum Rhein-Ruhr-S-Bahn-Netz.

Beheimatungen:
65012 08.05.54–20.05.66
65013 22.05.54–26.05.66
65014 30.12.55–18.05.66
65015 01.02.56–18.05.66
65016 29.02.56–26.05.66
65017 08.03.56–23.05.66
65018 17.10.56–26.05.66

BD Wuppertal
Bw Düsseldorf-Abstellbahnhof

Zunächst war 1950 geplant, dem Bw Remscheid-Lennep drei 65er neu zuzuteilen, um sie zusammen mit dort stationierten 78ern im Ruhrschnellverkehr und übrigen Personenzugdienst einzusetzen, weil die 78 bei diesen Leistungen gut ausgenutzt waren. Später sollten sie dann zum Bw Düsseldorf-Abstellbahnhof kommen und dort zusammen mit 78ern im Flachlandverkehr getestet werden. Als die Anlieferung der Maschinen bevorstand, entschloß man sich jedoch dazu, die Loks gleich diesem Bw zuzuteilen.

Im März und April 1951 erhielt Düsseldorf-Abstellbahnhof dann die fabrikneuen 65008 bis 010. Das Bw beheimatete außerdem noch Loks der Baureihen 38^{10} (knapp 30 Stück), 74^4 (5) und 78 (knapp 15). Die 65 liefen in Plänen der 78 und auch der 38^{10}. Dadurch war das Einsatzgebiet der Loks recht groß; man konnte die Maschinen mit etwas Glück u.a. in Duisburg, Essen, Dortmund, Wuppertal, Köln, Bonn und Linz/Rhein wenden sehen.

Genau wie die Darmstädter und Letmather 65 wurden auch die Düsseldorfer Ende Januar 1952 wegen Schäden an der Domaushalsung aus dem Betrieb gezogen. Alle drei Loks wurden Z-gestellt. 65008 war bereits Anfang Oktober 1951 zum letzten Mal eingesetzt. Sie erhielt zwischen dem 3.10.1951 und dem 6.6.1952 im AW Jülich gleich drei L0-Bedarfsausbesserungen hintereinander ohne zwischenzeitlich zu laufen (mit Ausnahme von drei Tagen im Januar 1952). Vom 15.1.1953 bis 9.7.1953 weilte sie bei der Firma Krauss-Maffei in München, aber offenbar war in der Lok irgendwie »der Wurm drin«: Sie wurde erst Mitte März 1954 wieder eingesetzt und brachte es somit auf eine Rekord-Abstellzeit von 29½ Monaten!

Im März und April 1954 verließen die drei 65 Düsseldorf, um in Darmstadt (teilweise nach einem AW-Aufenthalt) ein neues Einsatzgebiet zu finden. Auch die Fröndenberger 65 quittierten zu dieser Zeit ihren Dienst, so daß die BD Wuppertal keine 65 mehr beheimatete.

Beheimatungen:
65008 23.03.51–04.07.52 (z)
       13.01.53–11.04.54
65009 07.04.51– . .52 (z)
       . .53–22.03.54
65010 12.04.51– . .52 (z)
       . .53–05.04.54

95 65010 (Bw Düsseldorf-Abstellbahnhof) war kurz nach der Inbetriebnahme im Mai 1951 mit dem N 3358 bei Mehlem auf der linken Rheinstrecke unterwegs. Hinter dem Zug auf der anderen Seite des Rheins der Drachenfels, weit links das Hotel Petersberg.

Bw Fröndenberg

Als die drei Letmather Loks 65011 bis 013 im Juli 1953 nach eineinhalbjähriger Abstellzeit wieder dem Betrieb übergeben wurden, teilte man sie dem Bw Fröndenberg zu, denn Letmathe hatte inzwischen als Ersatz die sechs Siegener 82 erhalten (siehe S. 107). Fröndenberg verfügte lediglich über Loks der Reihe 93^5, mit denen zusammen die 65 eingesetzt wurden. Dabei fuhren sie wiederum gemischten Dienst mit etlichen Güterzügen. Bedient wurden die Strecken Fröndenberg–Menden–Neuenrade, Fröndenberg–Menden–Iserlohn–Letmathe, weitere Wendebahnhöfe waren Schwerte und der Dortmunder Raum. Neben vielen Nahgüterzügen, bei denen sich eine Schwerfälligkeit der 65 im Rangierdienst unangenehm bemerkbar machte, waren auch schwere Kalkzüge nach Menden zu fahren.

Die 65 befriedigten in Fröndenberg nicht. Ihr Kohlenverbrauch lag nach Meinung von Personalen erheblich über dem der 93^5. Auch die Kilometerleistungen waren eher mager. Tagesleistungen um 200 Kilometer pro Einsatztag waren die Regel, womit sie gegenüber ihrer Letmather Zeit etwa ein Fünftel weniger Kilometer pro Tag fuhren. Bereits zum Sommerfahrplan 1954 gab Fröndenberg seine 65 wieder ab. 65011 erhielt das Bw Darmstadt, 65012 und 013 das Bw Essen Hbf. 65012 hatte Fröndenberg wegen eines längeren AW-Aufenthaltes jedoch schon im Januar 1954 verlassen.

Beheimatungen:
65011   17.07.53–22.05.54
65012   19.07.53–20.01.54
65013   25.07.53–21.05.54

Bw Letmathe

Die letzten drei Loks der ersten 65er-Lieferung (65011 bis 013) wurden im Mai und Juni 1951 dem kleinen Bw Letmathe zugeteilt, das seinen Verkehr bis dahin im wesentlichen mit 57^{10} und 93^5 abwickelte. Mit letzteren wurden die drei 65 dann auch in einem gemeinsamen Plan eingesetzt. Dabei wurden die 65 im gemischten Dienst in hügeliger Landschaft erprobt. In erster Linie wurden sie dabei auf den Strecken Letmathe–Iserlohn–Menden–Fröndenberg und Iserlohn–Hohensyburg–Hagen eingesetzt.

Die Loks waren auf den langen Steigungen nicht besonders erfolgreich, auch das Personal hatte an den neuen Maschinen keine Freude. Am 22.8.1951 wurde die 65013 als erste Neubaulok der DB nach etwa zweieinhalb Monaten Einsatz bereits von der Ausbesserung zurückgestellt. Der Grund für diese Z-Stellung ist unbekannt, liegt aber höchstwahrscheinlich an Schäden, die im Rahmen der Gewährleistungspflicht der Herstellerfirma angelastet wurden. Ob von dieser Z-Stellung noch weitere Letmather 65 betroffen waren, ist unbekannt. Am 8.10.1951 wurde die Z-Stellung wieder aufgehoben. Die Maschine wurde den Oktober 1951 über auf der Ausstellung »Schiene und Straße« in Essen neben der 05003 ausgestellt. Danach war sie wieder bei ihrem Heimat-Bw eingesetzt. Doch der Einsatz währte nicht lange. Das bereits mehrfach genannte Fernschreiben der HVB vom 22.1.1952 betraf auch die Letmather 65, die wegen der Schäden an der Domaushalsung sofort aus dem Betrieb gezogen wurden. Am 13.2.1952 wurden alle drei Loks für rund ein Jahr Z-gestellt. Im Februar 1953 kamen sie dann zur Ausführung der Gewährleistungsarbeiten für mehrere Monate zur Firma Krauss-Maffei nach München, anschließend erhielten sie noch eine Bedarfsausbesserung im AW Jülich. Erst im Juli 1953, also rund eineinhalb Jahre nach ihrer Abstellung, kamen die drei 65 wieder zum Einsatz, jedoch wurden sie jetzt dem nicht weit entfernten, nord-östlich gelegenen Bw Fröndenburg zugeteilt, von wo man aber die Maschinen bereits im nächsten Jahr abziehen sollte.

Die Erfahrungen beim Bw Letmathe mit den 65 im gemischten Dienst waren recht negativ. Schwierigkeiten mit dem Heißdampfregler, hoher Kohlenverbrauch, große Empfindlichkeit und Schadanfälligkeit sowie Unbeliebtheit beim Personal wurden als Gründe genannt. Allerdings muß man auch festhalten, daß mit nur drei Loks kein wirtschaftlicher Einsatz möglich war, und daß die 65 in Letmathe wegen der Gewährleistungsschäden ohnehin nur etwa ein halbes Jahr im Einsatz standen. Immerhin fuhren die Letmather 65 rund 250 Kilometer je Einsatztag, womit sie etwa gleich gut ausgelastet waren wie die 65 des Bw Darmstadt, das zu dieser Zeit immerhin sieben 65 beheimatete und einen rationellen Einsatz für die 65 bieten konnte.

Beheimatungen:
65011   11.05.51–12.02.52 (z)
        16.02.53–16.07.53
65012   18.05.51–12.02.52 (z)
        16.02.53–18.07.53
65013   09.06.51–21.08.51 (z)
        08.10.51–12.02.52 (z)
        16.02.53–24.07.53

BD Frankfurt/M
Bw Dillenburg

Am 20.1.1967 erhielt das Bw Dillenburg mit 65008 seine erste Lok dieser Baureihe zugeteilt. Zu diesem Zeitpunkt beheimatete das Bw Dillenburg für den Streckendienst noch 44, 50 und 94^5, während für den Rangierdienst sechs Loks der Baureihe 55^{25} zur Verfügung standen. Genau die sollten die 65 nun ablösen. Nach 65008, die vorher zum Bw Darmstadt gehört hatte, bekam Dillenburg auch noch drei 65 aus Limburg: 65010 Anfang März 1967 sowie 65009 und 011 im Mai.

Die 65 wurden ausschließlich im Rangierdienst eingesetzt, Streckendienste auf den von Dillenburg ausgehenden Linien gab es nicht. Planmäßig wurden drei Loks benötigt. Je Einsatztag fuhren die 65 im Schnitt nur 100 Kilometer, womit Dillenburg für die Baureihe 65 eindeutig den allerschlechtesten Dienst anzubieten hatte.

Die vier 65 »ersetzten« die Dillenburger 55^{25} völlig. Die G 8^1 wurden deshalb 1967 ausgemustert oder an das Bw Gießen abgegeben. Bereits am 10.11.1967 schied aber die 65009 wegen eines Rahmenbruchs aus. Am 4.4.1968 wanderte nach einem Unfall die 065011 in den Z-Park hinüber, am 26.7.1968 wurde schließlich als vorletzte Dillenburger 065010 Z-gestellt. Zum Winterfahrplan 1968/69 gab man dann die übriggebliebene 065008 an das Bw Darmstadt ab.

Abgelöst wurden die 065 wiederum durch die 055! Die meisten Maschinen kamen aus Gießen zurück. Erst 1969 konnten die 055 völlig ersetzt werden. Anfang Mai erhielt das Bw Gießen zwei weitere 290 aus Hamburg zugeteilt und setzte diese Baureihe sofort im Verschub in Dillenburg ein, so daß 055345 und 816 nach Duisburg-Wedau abgegeben werden konnten. Am 28.7.1969 schließlich wurde 055528 als letzte Dillenburger 055 Z-gestellt.

Mehrere Gründe gibt es dafür, daß die 65 sich in Dillenburg nicht bewährten. So war die Lok natürlich nicht für den Rangierdienst konstruiert. Dadurch war ihre Handhabung beim Rangieren recht schwierig. Vor allem die Tatsache, daß die Loks laut Anweisung nicht mit der Zusatzbremse, sondern nur mit der träge arbeitenden Zugbremse beim Verschieben bremsen durften, bereitete dem Personal große Unannehmlichkeiten. Schließlich wäre auch noch zu erwähnen, daß der Kohleverbrauch unerträglich hoch war (ungefähr ein Drittel über dem Durchschnittswert für die Baureihe 65 bei anderen Bw).

Beheimatungen:
65008   20.01.67–30.09.68
65009   30.05.67–09.11.67 (z)
65010   02.03.67–25.07.68 (z)
65011   18.05.67–03.04.68 (z)

96 65010 war beim Bw Dillenburg, wo sie im August 1967 auf der Drehscheibe aufgenommen wurde, im Rangierdienst eingesetzt. Sie hatte deshalb eine Rangierfunkanlage.

97 Laufplan der Triebfahrzeuge, BD Frankfurt (M), MA Gießen, Heimat-Bw Dillenburg, gültig vom 26.5.68, Laufplan Nr. 45.31, Triebfahrzeuge 3 BR 65, Laufkm/Tag 111,16.

Bw Limburg

Zu Beginn der 60er Jahre wickelte das Bw Limburg die schweren Reisezugleistungen mit der Baureihe 39 ab, für die leichten Reise- und Güterzüge standen Loks der Baureihen 38^{10} und 93^5 zur Verfügung, im Güterzugdienst wurden Maschinen der BR 50 eingesetzt. Im Laufe der 60er Jahre wurden die 39 zunächst durch 41, dann durch V 200^0 und schließlich durch V 160 ersetzt, während für die 38^{10} und vor allem für die 93^5 zunächst 86 kamen, die ihrerseits dann wieder durch 65 und V 100^{20} ersetzt wurden. Die BR 50 konnte sich bis 1973 behaupten.

Als zum Sommerfahrplan 1966 die Loks 65012 bis 018 in Essen frei wurden, entschloß man sich, in Limburg einen neuen Stützpunkt für die 65 zu schaffen, weil man die zusätzlichen Maschinen in Darmstadt nicht gebrauchen konnte; dort herrschte eh schon ein Überhang an solchen Loks. Alle sieben Essener Maschinen kamen deshalb im Mai 1966 nach Limburg, von Darmstadt gab man auch noch 65008 bis 011 ab, von denen 65011 bereits am 20.4.1966 in Limburg als erste Lok eintraf. Mit diesen elf Maschinen konnten alle 38^{10} und 86 ersetzt werden, nachdem die letzten drei 93^5 (93737, 846, 1160) bereits im Januar 1966 z-gestellt worden waren.

Bereits am 26.8.1966 gab man jedoch 65008 nach Darmstadt zurück. Nach einem Jahr war der 65-Bestand schon stark reduziert: im März 1967 wurde 65010 nach Dillenburg abgegeben, im Mai 65009 und 011 ebenfalls nach Dillenburg und 65017 und 018 nach Darmstadt, so daß ab Sommerfahrplan 1967 nur noch die fünf Loks 65012 bis 016 zur Verfügung standen. Diese Halbierung des 65-Bestandes war u. a. durch eine leichte Erhöhung des Limburger V 100^{20}-Bestandes und dem Aufbau einer V 160-Gruppe zu erklären. Aber auch die Gießener V 100^{10} und V 100^{20} konnten einige 65-Leistungen übernehmen.

Besonders stark wurden die Limburger 65 auf der Strecke Limburg–Weilburg–Wetzlar–Gießen eingesetzt. Im Winterfahrplan 1966/67 wurde sogar bis Koblenz im Westen und Marburg im Nordosten weitergefahren. Aus dem Raum Gießen ist außerdem ein Zugpaar Gießen–Lollar–Londorf bekannt, von Limburg aus wurden die 65 auch nach Westerburg und Montabaur eingesetzt sowie auf der Aartalbahn mindestens bis Hahn-Wehen, zeitweise auch weiter bis Wiesbaden.

Die Loks wurden laut Einsatzplan hauptsächlich im Personenzugdienst eingesetzt, dazu gab es aber auch immer einige Güterzugpaare zu fahren, so daß man insgesamt von gemischtem Dienst sprechen kann. Während der »Blütezeit« der 65 in Limburg mit einem Bestand von zehn Loks wurden bei wesentlich niedrigerem Bedarf laut Laufplan die Maschinen auch im Rangierdienst und vor Arbeitszügen verwendet. Die Laufleistung der 65 war recht dürftig und lag bei 150 Kilometern je Einsatztag.

Vom 2.11.1967 bis 9.12.1967 war die 65014 kurzzeitig beim Bw Darmstadt. Am 3.4.1968 wurde 065012 Z-gestellt. Im Mai 1968 reduzierte man mit der Abgabe der 065016 nach Darmstadt den Bestand auf die drei Loks 065013 bis 015. Für diese drei Loks wurde noch im Winterfahrplan 1968/69 ein dreitägiger Umlaufplan mit 173 km durchschnittlicher Tagesleistung aufgestellt. Bereits ab 4.12.1968 war die Einhaltung des Plans durch die Z-Stellung der 065015 nicht mehr möglich, so daß Limburger 050 aushelfen mußten. Im April 1969 schließlich gab man die letzten beiden (065013

98 65 009 (Bw Limburg) am 25.8.1966 mit einem Personenzug im Bahnhof Limburg. Auch sie trägt, Hinweis auf gelegentliche Dienste »unter Wert«, vor dem Führerhaus eine Rangierfunkantenne.

99 1967/68 befuhren die Limburger 65 über Gießen hinaus auch die Stichstrecke 196 f nach Londorf. 65 014 mit dem P 3706 im Unterwegshaltepunkt Allendorf/Lumda am 21.6.1968.

und 014) nach knapp drei Jahren an das Bw Darmstadt weiter. Den letzten Einsatz der Limburger 65 hatte 065 013 am 5.4.1969 mit einem Sonderzug des Freundeskreises Eisenbahn Köln auf der Fahrtstrecke Olpe–Betzdorf–Wetzlar–Limburg–Altenkirchen –Köln Hbf (E 23188/23189) und anschließender Leerfahrt erbracht.

Beheimatungen:
65 008   01.06.66–26.08.66
65 009   22.05.66–29.05.67
65 010   22.05.66–01.03.67
65 011   20.04.66–17.05.67
65 012   21.05.66–02.04.68 (z)
65 013   27.05.66–11.04.69
65 014   19.05.66–01.11.67
         09.12.67–03.04.69
65 015   19.05.66–03.12.68 (z)
65 016   27.05.66–19.05.68
65 017   24.05.66–24.05.67
65 018   27.05.66–24.05.67

Bw Darmstadt

Darmstadt war fast während der ganzen Einsatzzeit der BR 65 das Bw mit dem größten Bestand. Bis auf 65 012 und 015 waren alle 65 einmal im Bw Darmstadt beheimatet.
Im März 1951 erhielt Darmstadt die ersten sieben 65 der DB (65 001 bis 007) zugeteilt. Nach nicht einmal einem Jahr wurden alle Loks aus dem Betrieb gezogen. Die meisten wurden wegen den Schäden an der Domaushalsung im Januar und Februar 1952 Z-gestellt, 65 003 und 007 dagegen angeblich erst im Juli 1952; diese Angaben sind jedoch *nicht* sicher. Zwischen Januar und Mai 1953 kamen alle Loks wieder in den Einsatzbestand zurück. Im April 1954 trafen vom Bw Düsseldorf-Abstellbahnhof 65 008 und 009 ein; 65 010 kam nach einem etwa zweimonatigem AW-Aufenthalt am 11.6.1954 ebenfalls von dort. Am 23.5.1954 kam außerdem noch 65 011 aus Fröndenberg, während die anderen beiden Fröndenberger Loks den Grundstein für den neuen Essener Bestand legten.
Zwölf Jahre lang änderte sich jetzt der 65-Bestand überhaupt nicht

mehr in Darmstadt, wo 65 001 bis 011 waren. Nach Ablieferung der Loks der zweiten Serie (65 014 bis 018) blieb auch der Bestand in Essen Hbf mit den Loks 65 012 bis 018 konstant. Die erste Bewegung im 65-Bestand trat erst wieder am 19./20. 4. 1966 auf, als 65 011 von Darmstadt nach Limburg versetzt wurde. Ihr folgten im Mai 65 008, 009 und 010. Am 5. 8. 1966 schied 65 007 wegen Z-Stellung als zweite Neubaudampflok überhaupt (nach 82 018 im Juli) aus. Am 27. 8. 1966 kehrte 65 008 bereits wieder aus Limburg zurück. Doch bereits nach eineinhalb Monaten verließ sie Darmstadt wieder. Nach zwei Monaten im AW Trier wurde sie dann dem Bw Dillenburg zugeteilt. Damit waren am Jahresende 1966 nur noch die sechs Maschinen 65 001 bis 006 in Darmstadt.

Zum Fahrplanwechsel im Mai 1967 bekam Darmstadt die beiden Limburger Loks 65 017 und 018 zugewiesen, 65 017 wurde jedoch am 20. 11. 1967 schon Z-gestellt. Von Anfang November bis Anfang Dezember 1967 gab 65 014 aus Limburg ein kurzes (eventuell leihweises) Gastspiel in Darmstadt. Für über ein halbes Jahr blieb der Bestand in Darmstadt mit den Loks 65 bzw. 065 001 bis 006 und 018 konstant, bis 065 006 Mitte Juli 1968 Z-gestellt wurde. Als Ersatz kam am 31. 7. 1968 die Limburger 065 016 nach einem längeren AW-Aufenthalt nach Darmstadt. Am 1. 10. 1968 wurde zum dritten Mal 065 008 in Darmstadt beheimatet, diesmal kam sie als letzte 65 aus Dillenburg.

Im April 1969 wurden alle noch vorhandenen 065 in Darmstadt zusammengezogen. Das betraf aber nur noch die Limburger 065 013 und 014. Damit lag der Bestand des Bw Darmstadt immerhin wieder bei zehn Loks, also nur knapp unter dem Bestand der Jahre 1954 bis 1966. Im einzelnen waren jetzt 065 001, 002, 003, 004, 005, 008, 013, 014, 016 und 018 in Darmstadt. Drei Loks wurden davon noch beim Bw Darmstadt abgestellt: 065 005 am 1. 6. 1969, 065 003 am 2. 12. 1969 und 065 002 am 16. 3. 1970. Die übrigen sieben Maschinen wurden mit Aufgabe der Dampflokgruppe des Bw Darmstadt im Dezember 1970 dem nahegelegenen Bw Aschaffenburg zugeteilt.

Das Bw Darmstadt war in den 50er Jahren ein bedeutendes Bw für Reisezugloks. Im Jahr 1950 sah der Bestand etwa so aus: BR 18^5 17 Loks, BR 38^{10} 26 Loks, BR 56^2 6 Loks, BR 74^4 9 Loks, BR 78 12 Loks, BR 91^3 7 Loks und BR 93^5 20 Loks, außerdem noch Dieselloks (V 36), Kleinloks und Dieseltriebwagen. Trotz des großen Bestandes an Maschinen für den Nahverkehr herrschte ein gewisser Lokmangel, vor allem bei den BR 78 und 93^5. Daher erhielt das Bw Darmstadt die ersten sieben »Ersatz-93« zugeteilt, weil sie hier am dringendsten benötigt wurden. Außerdem ergab sich in Darmstadt die Möglichkeit, die 65 sowohl mit der 78, als auch mit der 93^5 zu vergleichen, was in den anderen beiden 65-Bw (Düsseldorf-Abstellbahnhof und Letmathe) nicht möglich war.

Ob die 65 zunächst in anderen Plänen mitliefen oder sofort einen eigenen Umlaufplan erhielten, ist nicht mehr genau bekannt. In der Erprobungsphase wurden sie jedoch auch gelegentlich im Güterzugdienst eingesetzt, für den an sich das Bw Darmstadt-Kranichstein mit seinen 50, 56^2 und 94^5 zuständig war. Wie bereits erwähnt, wurden alle 65 Ende Januar 1952 aus dem Betrieb gezogen. Erst im Mai 1953 traten sie in Darmstadt wieder in Erscheinung, voll eingesetzt wurden sie ab Sommerfahrplan 1953.

Haupteinsatzstrecken der 65 waren die Linien Darmstadt–Frankfurt, Darmstadt–Aschaffenburg, Darmstadt–Erbach–Eberbach, Darmstadt–Weinheim (Bergstraße)–Heidelberg, Darmstadt–Biblis–Worms und Frankfurt–Biblis–Mannheim. Der weitaus größte Anteil der Leistungen bestand aus Personen- und Nahverkehrszügen. Sowohl Güterzüge als auch Eilzüge waren seltene Ausnahmen. Auch Wendezüge fuhren die 65 nicht, denn dafür hatte das Bw Darmstadt ab ca. 1955 einen eigenen Wendezugplan für Loks der Reihe 38^{10}.

Als die 65 008 bis 011 zugegangen waren, wurden die 65 in zwei Plänen eingesetzt, die zusammen mitunter bis zu zehn Loks benötigten (bei einem Bestand von elf Maschinen). Ein Beispiel hierfür sind die beiden Pläne vom Winterfahrplan 1956/57, in denen sechs Loks mit durchschnittlich 272 Kilometern Tagesleistung und vier 65 mit 294 km/Tag eingesetzt wurden. Diese beiden Pläne gehörten zu den Höchstleistungen der Darmstädter 65, die in den 50er Jahren meistens um 250 Kilometer je Einsatztag fuhren und damit ganz erheblich unter den Leistungen der Essener 65 lagen (siehe Seite 63). Tagesleistungen über 300 Kilometern waren selbst in den 50er Jahren für die Darmstädter 65 selten.

101 65 003 (Bw Darmstadt) mit dem Personenzug Worms–Darmstadt im Bahnhof Wolfskehlen, 15.1.1965. Die Verbindungsstrecke Goddelau–Griesheim–Darmstadt ist heute schon lange stillgelegt.

Ende 1957 drang die Elektrifizierung bis Darmstadt vor und brach damit in das Einsatzgebiet der 65 ein. Am 1.10.1957 wurde die Strecke Mannheim–Weinheim–Bensheim–Darmstadt dem elektrischen Betrieb übergeben, am 19.11.1957 auch die Strecke Darmstadt–Frankfurt. Von diesen Strecken wurden die 65 dann weitgehend zurückgezogen. Frankfurt und Mannheim wurden nur noch über Goddelau-Erfelden–Biblis erreicht. Der eindeutige Einsatzschwerpunkt wurde die Odenwaldstrecke Darmstadt–Wieselbach–Heubach–Erbach–Eberbach.

Die Zahl der eingesetzten 65 ging zunächst nicht zurück (im Sommer 1961 wurden planmäßig elf Loks benötigt!), wohl aber die tägliche Laufleistung der 65. Sie sank ab Anfang der 60er Jahre auf unter 200 Kilometer ab, seit etwa 1962/63 lag sie bei nur noch rund 150 Kilometer je Einsatztag und damit über 200 Kilometer unter der durchschnittlichen Tagesleistung der Essener 65. Die Minderwertigkeit der Einsätze bestätigt sich bei Betrachtung der Laufpläne aus der ersten Hälfte der 60er Jahre: die Loks wurden fast nur morgens und abends zu den Hauptverkehrszeiten benötigt.

Ebenfalls Anfang der 60er Jahre verschwanden die 74.4 und 78 aus Darmstadt, auch der 38^{10}-Bestand wurde drastisch reduziert und etwa 1965/66 aufgelassen, so daß in Darmstadt nur noch Dampfloks der Reihen 50, 65 und 94^5 beheimatet waren. Als am 30.9.1964 auch die Strecke Mannheim–Biblis–Goddelau-Erfelden–Frankfurt an die Elloks abgetreten werden mußten, blieb für die 65 eigentlich nur noch die Strecke nach Eberbach übrig, wo sie die Gleise zusammen mit der Reihe 50 beherrschte. Neben wenigen Leistungen nach Worms hatte man den 65 inzwischen auch zwei neue Einsatzstrecken besorgt: die beiden Nebenbahnen in den Odenwald von Weinheim (Bergstraße) über Mörlenbach nach Fürth (Odenwald) und nach Wahlen. An diesem Einsatzgebiet änderte sich bis zur Aufgabe der Dampflokunterhaltung in Darmstadt nicht mehr viel, auch die Laufleistungen blieben bei durchschnittlich 150 Kilometern je Einsatztag.

Erst 1966 zog man jedoch Konsequenzen aus der Tatsache, daß in Darmstadt ein Überhangbestand an 65 herrschte. Nach Abgabe von vier Loks an das Bw Limburg und einer Z-Stellung lag der Bestand an 65 nun bei durchschnittlich sechs bis acht Loks, die fast ausschließlich nach Eberbach und auf der Strecke Weinheim–Fürth fuhren. Gegen Ende der 60er Jahre erhöhte sich der Bestand dann aber wieder auf bis zu zehn Maschinen, so daß die Darmstädter 065 ihre Einsätze etwas erweitern konnten, hauptsächlich auf Kosten der Darmstädter 050.

Die letzten planmäßigen Züge fuhren die 065 auf den Strecken Darmstadt–Erbach–Eberbach und Weinheim–Fürth, also auf ihren Stammstrecken. Im März 1970 erhielt Darmstadt seine erste Streckendiesellok: 212 039 aus Gießen. Ihr folgten bis Dezember 14 weitere aus Hanau und Gießen, so daß Darmstadt seine Dampflokunterhaltung aufgab. Die 050 wurden bis September auf ver-

102 065 018 (Bw Darmstadt) legt am 26.9.1969 in Nieder-Ramstadt eine rasante Anfahrt hin.

schiedene Bw aufgeteilt, vor allem Limburg und Dillenburg. Die sieben einsatzfähigen 065 kamen im Dezember zum nur etwa 40 Kilometer östlich gelegenen Bw Aschaffenburg. Nur 065002 blieb buchmäßig beim Bw Darmstadt, da sie bereits seit dem 16.3.1970 auf Z stand. Sie wurde am 23.2.1971 ausgemustert.

Beheimatungen:

65001	02.03.51–23.01.52 (z)	65008	12.04.54–31.05.66
	02.03.53–30.12.70		27.08.66–09.10.66
65002	03.03.51–05.02.52 (z)		01.10.68–06.12.70
	. .53–15.03.70 (z)	65009	24.04.54–21.05.66
65003	03.03.51–11.07.52 (z)	65010	11.06.54–21.05.66
	02.03.53–01.12.69 (z)	65011	23.05.54–19.04.66
65004	10.03.51–05.02.52 (z)	65013	12.04.69–30.12.70
	28.01.53–18.12.70	65014	02.11.67–08.12.67
65005	10.03.51–05.02.52 (z)		04.04.69–06.12.70
	. .53–31.05.69 (z)	65016	31.07.68–06.12.70
65006	10.03.51–24.01.52 (z)	65017	25.05.67–19.11.67 (z)
	30.05.53–15.07.68 (z)	65018	25.05.67–06.12.70
65007	18.03.51–11.07.52 (z)		
	. .53–04.08.66 (z)		

BD Nürnberg
Bw Aschaffenburg

Als das Bw Darmstadt seine letzten Dampfloks durch die BR 212 ersetzt hatte, suchte man nach einem Auslauf-Bw für die BR 065. Man wählte das nahegelegene Bw Aschaffenburg, wo die Darmstädter 65 in den 50er Jahren ja schon gelegentlich gewendet hatten. Am 7.12.1970 wurden dem Bw die ersten vier 065 zugeteilt (065008, 014, 016, 018), am 19.12. folgte 065008, und und am 31.12. kamen 065001 und 013 als letzte. Bereits am 28.12. war jedoch 065016 Z-gestellt worden, so daß am 1.1.1971 sechs 065 zur Verfügung standen.

Das Bw Aschaffenburg verfügte vor Eintreffen der 065 nur über sieben Dampfloks der Baureihe 064, die ausschließlich auf der Strecke Aschaffenburg–Miltenberg liefen. Nach dem Zugang der 065 wurden am 14.12.1970 die 064031, 241 und 389 nach Weiden abgegeben, während 064019, 106, 247 und 305 in Aschaffenburg blieben. Die 064 und 065 wurden jetzt gemeinsam vor den Nahverkehrszügen nach Miltenberg eingesetzt. Andere Leistungen waren sehr selten, zu erwähnen ist vor allem ein Nahgüterzug von Miltenberg nach Rippberg. Gelegentlich waren auch Sonderleistungen nach Buchen oder Wertheim zu bringen.

Bereits am 9.2.1971 wurde 065004 abgestellt, am 4.10.1971 folgte 065001. Damit standen für den Winterfahrplan je vier 065 und 064 zur Verfügung, die in einem viertägigen Umlauf auf der Strecke Aschaffenburg–Miltenberg eingesetzt wurden. Die durchschnittliche Tagesleistung je Laufplantag lag immerhin noch bei 193 Kilometern. Auf der Strecke liefen außerdem noch 050 des Bw Schweinfurt im Güterzugdienst.

Im Februar, März und April 1972 mußten gleich drei 065 abgestellt werden (013, 014, 008), so daß als einzige Lok die 065018 übrig blieb. Der Aschaffenburger 064-Bestand lag dagegen immer noch bei vier Loks, die zusammen mit der 065018 eingesetzt wurden. Die nächste Veränderung gab es dann erst wieder im Dezember 1972. Mitte dieses Monats wurde 064019 bis Anfang April 1973 als Winterreserve dem Bw Kirchenlaibach zur Verfügung gestellt. Bedeutsamer aber war die Z-Stellung der letzten 065 der DB am 28.12.1972. Die Lok war letztmalig am 19./20.12.1972 vor dem Nahverkehrszugpaar N 3335/3307 Aschaffenburg–Miltenberg und zurück im Einsatz.

Während 065018 zusammen mit 051677 noch in Aschaffenburg als Heizlok weiterverwendet wurde, liefen die 064 weiterhin auf der Strecke nach Miltenberg. Am 11.1.1973 wurde 064247 Z-gestellt, am 3.2.1973 064106. Da 064019 noch in Kirchenlaibach war, wurde nur 064305 in einem Umlauf mit zwei Zugpaaren eingesetzt. Nach der Rückkehr der 064019 blieben die beiden 064 noch bis zum 10.7.1973 in Aschaffenburg und gingen dann an das Bw Weiden, womit Aschaffenburg keine Dampflok mehr beheimatete. Abgestellt blieb hier jedoch noch bis Anfang 1975 die 065018, bevor sie ins Deutsche Dampflok-Museum in Neuenmarkt-Wirsberg überstellt wurde. Bis Mitte Juni 1973 hatten auch noch 065008, 013 und 014 im Bw Aschaffenburg abgestellt herumgestanden. Sie wurden dann nach Karthaus zum Verschrotten gebracht, das brachte man im September 1973 dann hinter sich.

Beheimatungen:

65001	31.12.70–04.10.71 (z)
65004	19.12.70–08.02.71 (z)
65008	07.12.70–11.04.72 (z)
65013	31.12.70–25.02.72 (z)
65014	07.12.70–14.03.72 (z)
65016	07.12.70–27.12.70 (z)
65018	07.12.70–27.12.72 (z)

Stoom Stichting Nederland (SSN), Rotterdam

Seit Anfang 1975 befand sich die 65018 im Deutschen Dampflok-Museum (DDM) in Neuenmarkt-Wirsberg. Äußerlich hergerichtet präsentierte sie sich dem Publikum. Am 11./12.10.1981 jedoch wurde sie nach Kaldenkirchen überführt, wo sie am Abend des 12.10.1981 eintraf, um dann in der Nacht 13./14.10.1981 nach Rotterdam geschleppt zu werden. Dort kam sie in die Obhut der Stoom Stichting Nederland (SSN). Diese Eisenbahnfreunde-Vereinigung übernahm die Lok mit einem Dauerleihvertrag für zunächst zehn Jahre vom DDM. Seit dem Herbst 1984 steht sie betriebsfähig für Sonderzüge zur Verfügung, einzige »lebende« Neubau-Tenderlok (siehe Seite 156).

104 Personenzug mit 065014 am 3.7.1971 bei Sulzbach/Main. Alle vier Wagen gehören unterschiedlichen Bauarten an. Wer einmal dort war, weiß die Weinlage im Hintergrund zu schätzen.

105 065008 (Bw Aschaffenburg) führt mit ihrem Personenzug am 3.4.1971 bei Miltenberg direkt am Main entlang. Sie hat noch als Überbleibsel unrühmlicher Dillenburg-Einsätze die Rangierfunkantenne vor dem Führerhaus.

106 Nach umfangreichen Stillegungen werden solche »Bahnhofslandschaften« rar: 65 004 in Erbach beim Wassernehmen, aufgenommen im März 1968.

107 065 018 am 1.4.1972 im Lokbahnhof Miltenberg; rechts der bekannte Turm der Miltenberger Stadtmauer.

108 Mit dem P 3706 nach Gießen traf der Fotograf die 65015 am 9.1.1968 im verschneiten Bahnhof Londorf an.

109 Kurz vor dem Ende: 065018 steht am 1.4.1972 mit einem nächtlichen Personenzug in Miltenberg Hbf bereit.

110 Mit dem N 3518 nach Erbach war 065 016 am 13.8.1969 unterwegs, aufgenommen bei Darmstadt-Ost.

111 Zu einer Bedarfsuntersuchung war 082 008 am 30.4.1970 im AW Lingen. Die Arbeiten beschränkten sich anscheinend ziemlich auf das Lauf- und Triebwerk.

112 Mit einem Personenzug war 082 035 Ende Mai 1969 im Bahnhof Emden-Außenhafen. Gerade vorher war sie für den BdEF-Verbandstag in Münster neu lackiert worden.

113 Freie Fahrt für Schiffe? 82 036 mit einem Erzzug auf der Klappbrücke vor dem Innenhafen nahe dem Bw Emden, aufgenommen im Mai 1969.

Die Baureihe 82 im Betrieb

Loknummer, Hersteller, Abnahmedatum, erstes Bw, letztes Bw, Z-Stellung und Ausmusterung (von links nach rechts)							
82 001	Krupp	2877/50	07.12.50	Soest	Emden	27.07.67	12.03.68
82 002	Krupp	2878/50	06.12.50	Soest	Hamburg-Roth.	01.02.68	21.06.68
82 003	Krupp	2879/50	19.12.50	Hamm	Hamburg-Roth.	09.08.68	27.11.70
82 004	Krupp	2880/50	05.12.50	Hamm	Koblenz	22.12.70	02.06.71
82 005	Krupp	2881/50	28.12.50	Hamm	Koblenz	20.09.68	11.12.68
82 006	Krupp	2882/50	30.12.50	Hamm	Hamburg-Wilh.	20.09.67	12.03.68
82 007	Krupp	2883/50	17.01.51	Hamm	Hamburg-Roth.	01.08.68	11.12.68
82 008	Krupp	2884/50	06.01.51	Hamm	Koblenz	12.11.71	18.04.72
82 009	Krupp	2895/50	10.01.51	Hamburg-Wilh.	Hamburg-Roth.	01.11.67	21.06.68
82 010	Krupp	2896/50	15.01.51	Hamburg-Wilh.	Hamburg-Roth.	10.09.68	27.11.70
82 011	Krupp	2897/50	24.01.51	Hamburg-Wilh.	Emden	01.03.67	05.07.67
82 012	Krupp	2898/50	02.02.51	Hamburg-Wilh.	Koblenz	13.10.67	12.03.68
82 013	Krupp	2885/51	16.06.51	Hamburg-Wilh.	Hamburg-Roth.	30.09.68	11.12.68
82 014	Krupp	2886/51	05.05.51	Hamburg-Wilh.	Hamburg-Roth.	07.06.68	02.10.68
82 015	Krupp	2887/51	09.05.51	Hamburg-Wilh.	Hamburg-Roth.	03.08.68	11.12.68
82 016	Krupp	2888/51	16.05.51	Hamburg-Wilh.	Hamburg-Roth.	01.09.68	02.10.68
82 017	Krupp	2889/51	16.05.51	Hamburg-Wilh.	Hamburg-Roth.	21.09.68	27.11.70
82 018	Krupp	2890/51	21.05.51	Hamburg-Wilh.	Hamburg-Wilh.	22.07.66	22.11.66
82 019	Krupp	2891/51	12.06.51	Hamburg-Wilh.	Hamburg-Roth.	12.11.68	03.03.69
82 020	Krupp	2892/51	16.06.51	Hamburg-Wilh.	Koblenz	10.09.70	02.06.71
82 021	Krupp	2893/51	22.06.51	Hamburg-Wilh.	Koblenz	15.01.72	18.04.72
82 022	Krupp	2894/51	03.09.51	Hamburg-Wilh.	Hamburg-Roth.	01.11.67	21.06.68
82 023	Henschel	28601/50	04.10.50	Siegen	Emden	03.04.68	21.06.68
82 024	Henschel	28602/50	10.10.50	Siegen	Emden	01.07.70	23.02.71
82 025	Henschel	28603/50	13.10.50	Siegen	Emden	30.05.70	22.09.70
82 026	Henschel	28604/50	20.10.50	Ratingen-West	Emden	27.07.67	12.03.68
82 027	Henschel	28605/50	26.10.50	Ratingen-West	Emden	05.04.68	21.06.68
82 028	Henschel	28606/50	31.10.50	Ratingen-West	Emden	15.09.69	03.12.69
82 029	Henschel	28607/50	10.11.50	Bremen-Walle	Hamburg-Roth.	20.09.67	12.03.68
82 030	Henschel	28608/50	24.11.50	Bremen-Walle	Hamburg-Roth.	01.06.68	02.10.68
82 031	Henschel	28609/50	17.11.50	Bremen-Walle	Hamburg-Roth.	24.05.68	02.10.68
82 032	Henschel	28610/50	04.12.50	Bremen-Walle	Hamburg-Roth.	04.10.67	02.10.68
82 033	Esslingen	4969/51	29.08.51	Emden	Emden	01.03.70	23.02.71
82 034	Esslingen	4970/51	02.09.51	Emden	Emden	20.04.67	05.07.67
82 035	Esslingen	4971/51	27.09.51	Emden	Koblenz	01.05.72	24.08.72
82 036	Esslingen	4972/51	10.05.51	Emden	Emden	16.02.70	24.06.70
82 037	Esslingen	4973/51	04.12.51	Emden	Emden	01.12.66	24.02.67
82 038	Esslingen	5125/55	01.08.55	Altenkirchen	Koblenz	05.05.71	15.12.71
82 039	Esslingen	5126/55	06.08.55	Altenkirchen	Koblenz	10.10.69	23.02.71
82 040	Esslingen	5127/55	22.08.55	Freudenstadt	Koblenz	11.08.71	15.12.71
82 041	Esslingen	5128/55	31.08.55	Freudenstadt	Koblenz	19.09.67	12.03.68

Erprobung und Bewährung

Schon in seinem »Vorstellungsartikel« für die neue BR 82 in »Glasers Annalen« Juli 1951, bezeichnet Friedrich Witte den gewählten Zylinderdurchmesser von 600 mm als einen Kompromiß: Einerseits sei mit diesem Durchmesser beim Normalhub von 660 mm das Reibungsgewicht nur vorsichtig ausgenutzt, die Lok würde also wenig zum Schleudern neigen, andererseits erwartete er dafür im Streckendienst, zumal im schweren Einsatz, einen größeren Kohlenverbrauch, weil man dann bei den relativ kleinen Zylindern mit größerer Füllung fahren müsse. Diese Annahme bestätigte sich bei Versuchsfahrten und im Alltagseinsatz: Höhere Kosten durch die zusätzliche Beschaffung einer weiteren Type konnte der größere Verbrauch aber sicherlich nicht aufwiegen.

Nach der Anlieferung wurde die erste Neubaudampflok 82 023 sofort an das Versuchsamt in Minden überstellt, wo sie nicht nur Aufschluß über die bei der BR 82 gewählte Konstruktion geben sollte, sondern generell Fragen nach der Brauchbarkeit des neuen Typenprogramms beantworten sollte. Vom 5.10.1950 bis zum 6.3.1951 war sie in Minden. Die übrigen Maschinen wurden sofort nach Abnahme an den Betrieb übergeben, weil sie dringend benötigt wurden. Einen Vertreter der 82 mit Oberflächenvorwärmer, die 82 022, holte sich das Versuchsamt zunächst nicht; erst als die Unzulänglichkeit der vorwärmerlosen 82 feststand und die Planungen für einen Mischvorwärmer vorangingen, wurden mit 82 022 vom 14.12.1951 bis zum 24.9.1952 Vergleichsfahrten durchgeführt.

Die Verteilung der 37 nach den ersten Verträgen gelieferten 82 ermöglichte eine gute Übersicht über die Gewährung in dem sehr unterschiedlichen Betriebsprogramm der neuen Tenderlokomotiven:

- 23 Loks im Hafenbahn- und Übergabedienst (14 in Hamburg-Wilhelmsburg, 4 in Bremen-Walle, 5 in Emden),
- 8 Loks im schweren Abdrück- und Übergabedienst (2 in Soest, 6 in Hamm),
- 3 Loks im kombinierten Strecken- und Rangierdienst (Ratingen-West),
- 3 Loks im Nahverkehrs- (auch Reisezugdienst) und Schiebedienst (Siegen).

Zunächst war vorgesehen gewesen, die Siegener 82 in Altenhundem zu beheimaten, da sie auf dem Streckenstück Altenhundem–Welschenennest nachschieben sollten. Aus Ersatzteilgründen kamen sie aber nach Siegen, wo auch die 23 beheimatet werden sollten. Altenhundem war trotzdem Einsatz-Bw.

Erstaunlich bei der Erstverteilung ist, daß alle Maschinen mit Vorwärmer (82013–022) beim Bw Hamburg-Wilhelmsburg beheimatet wurden, wo überhaupt keine Streckenleistungen zu erbringen waren. Nach offizieller Lesart war der Vorwärmer in Rangierdienst eigentlich eher entbehrlich als im Streckendienst. Oder war ein »programmierter Fehlschlag« mit den vorwärmerlosen Streckenloks vorgesehen, um möglichst schnell den von den Fachleuten favorisierten Henschel-Mischvorwärmer zu bekommen?

Die 82 waren auf Anhieb in der Lage, die BR 87 im Hamburger Hafen zu ersetzen. In der Laufeigenschaft übertrafen sie sogar die Maschinen mit den zahnradgekuppelten Endachsen, weil diese nur auf 45 km/h ausgelegt waren. Nur in der Laufgüte (Beanspruchung von Oberbau und Maschine) traten sie hinter die 87 zurück, weil deren Endachsen sich nicht parallel verschoben wie bei der 82, sondern achsial und damit eine »echte« Kurvengängigkeit brachten. Die Beugniot-Hebel der 82 bestätigten voll die in sie gesetzten Hoffnungen. Diese Konstruktion wurde sogar unmittelbar richtungsweisend: Die tausendfach verbreiteten Diesellokomotiven mit Stangenantrieb, die in den 50er und 60er Jahren gebaut wurden, wären ohne ein Beugniot-Laufwerk zum Mißerfolg geworden. Ebenso bewährte sich ein weiteres Detail des 82-Triebwerks, die »fliegende« Lagerung der Kuppelstangen. Dabei wurden die Kuppelstangen durch ein breites Lager am Kuppelzapfen geführt. Beim Ausschlagen der Räder schob sich der Kuppelzapfen einfach durch die breiten Lager hindurch. Die so gewonnene Konstruktion kam der Einfachheit der Konstruktion zugute.

Die Steuerung war mit der BR 50 tauschbar.

Gewöhnungsbedürftig waren für manche Personale die federlosen Druckausgleich-Kolbenschieber Bauart Müller, die auch bei den anderen Neubaulok verwendet wurden. Aus Gründen der Einfachheit wurden nämlich die hergebrachten Karl-Schulz-Schieber nicht mehr verwendet. Da diese »neuen« Schieber aber einen kleineren Umlaufquerschnitt besaßen, mußte gleichzeitig ein Luftsaugeventil normaler Bauart vorgesehen werden, damit die Temperatur in den Zylindern bei Leerfahrt nicht zu stark stieg. Das Luftsaugeventil, angeordnet auf den Einströmrohren oberhalb der Zylinder, ließ Erinnerungen wachwerden: Ein geradezu klassisches preußisches Bauteil.

Bei den Probefahrten mit 82023 erwies sich, daß die Baureihe durch die neue Kesselabstimmung in der Lage war, über einen längeren Zeitraum eine Verdampfungsleistung von 8,5 bis 9 t Dampf pro Stunde zu erbringen, ohne daß eine übermäßige Erwärmung der Feuerbüchsrohrwand als empfindlichstem Teil des Kessels eintrat. Mit dieser Leistungsreserve gegenüber den projektierten 7,5 t/h, für die der Kessel konstruiert war, war die Lok nicht nur den BR 87 und 94 (die beide ebenfalls 7,5 t liefern konnten) weit überlegen, sondern der Einsatz im schweren Schiebedienst, der ebenfalls zum Leistungsprogramm der 82 gehören sollte, war gut möglich.

Die These, durch eine neue Abstimmung der Heizflächen und durch neue Fertigungsverfahren zu einerseits spezifisch leistungsfähigeren und andererseits universell einsetzbaren Typen zu kommen, wurde deshalb schon durch die erste Neubaulok im Versuchseinsatz bestätigt.

Als gut wurde die Luftzuführung zum Feuer durch die großen Klappen des Aschkastens Bauart Stühren bezeichnet. Skeptiker hatten vorher auf die Probleme einer guten Luftführung hingewiesen, die bei den alten Einheitslokomotiven nicht gelöst worden war und bei der Verwendung des hohen Blechrahmens tatsächlich neue Wege verlangt hatte (siehe auch Seite 25).

Als außerordentlich wirkungsvoll wurde die Wirkung der Blasrohranlage bezeichnet. In Verbindung mit dem neuen Aschkasten ließ sie die Vorteile des neuabgestimmten Kessels noch stärker zur Geltung kommen.

War vor den ersten Probefahrten das vorläufige s-V-Diagramm, das zur Festlegung von Zuglasten dienen sollte, noch »sehr vorsichtig« – nämlich für eine Dampferzeugung von 7,5 t/h – ausgelegt worden, so trug die später erschienene »Dienstvorschrift 939 c« der Leistungscharakteristik der Neubaulok Rechnung: Da war die spezifische Belastbarkeit der Kessel nicht mehr mit 57 kg/m^2 Dampf pro Stunde angegeben, sondern mit 70 kg/m^2. Der Leistungsgewinn gegenüber der 94[5] wird besonders deutlich.

Kinderkrankheiten

Am 4.10.1951 übersandte die DB-Hauptverwaltung an den Fachausschuß Lokomotiven und an das Zentralamt Minden eine Zusammenstellung über Mängel an den Neubaulokomotiven, die aus Unterlagen der verschiedenen Erprobungs-Bw und der Unterhaltungs-AW erstellt worden war. Daraus ergab sich für die BR 82 folgendes (Gutachten des Ausschusses zur Mängelaufstellung jeweils angefügt):

1. Rahmen:

Das Füllen der Sandkästen bereitet Schwierigkeiten: Die neue Anordnung der Sandkästen ist zweckmäßig. Das EZA Minden möge beauftragt werden, die maschinellen Anlagen so einzurichten, daß kurze Rüstzeiten erreicht werden können.

Bei höherer Geschwindigkeit zuckt die Lok, außerdem schlägt die Steuerung: Da die Meinungen der Dienststellen über unzulässige Zuckbewegungen bei BR 82 auseinandergehen, möchte der Ausschuß die Ergebnisse der Untersuchungen des EZA abwarten. Bei Neubau ist zu berücksichtigen, an Stelle der Kulissenführung Zugstangen vorzusehen, um etwaigen Störungsquellen zu begegnen.

Achslagerkästen sind ohne Entwässerungsschrauben ausgeführt. Entleeren besonders nach Abspritzen der Lok ist notwendig: Der Ausschuß hält die Anbringung von Entwässerungsschrauben für notwendig. Das Lagerversuchsamt möge beauftragt werden, die Anbringung eines Einfüllstutzens am Achslagerunterkasten nochmals grundsätzlich zu überprüfen.

Ausgleichshebel schlagen am Rahmen an: Die Verstärkung der Federn durch das EZA Minden bleibt abzuwarten.

Die Ausgleichshebel der Beugniotgestelle sind um einen 60–70 mm starken Bolzen drehbar gelagert. Da diese Bolzen eine von oben eingeführte Zentralschmierung haben, ist es vorgekommen, daß sich die Bolzen drehten und die Ölleitungen brachen. Es fehlt eine Sicherung gegen Verdrehen: Sicherungen sind anzubringen.

2. Kessel:

Es fehlt der Aufstieg zum Dom und zu den Sicherheitsventilen: Für derartige Arbeiten sind im Bw entsprechende unfallsichere Einrichtungen zu schaffen.

3. Kesselausrüstung:

Das freitragende Ende der Reglerwelle wird einseitig auf Biegung beansprucht. Hierdurch tritt ein erhöhter Verschleiß der Stopfbüchsenpackung ein: Da eine Besserung eingetreten ist, wird zunächst weitere Beobachtung empfohlen.

Das Hilfsabsperrventil kann bei vollem Kesseldruck nicht geöffnet werden: Die Konstruktion wird vom EZA überprüft.

Kipprostspindel liegt hinter Wasserkasten sehr ungünstig. Arbeiten können nur nach Abbau des seitlichen Wasserkastens ausgeführt werden. Bei R 82 ist Öffnen bei geöffneten Seitenklappen nicht möglich: Das EZA möge prüfen, ob die Kipprostspindel um etwa 130° waagerecht nach hinten verlegt werden kann.

114 82 025 (Bw Siegen) im Herbst 1950 mit einem Personenzug Siegen–Betzdorf im Bahnhof Niederschelden, im Hintergrund die Niederscheldener Hütte.

115 82 031 (Bw Hamburg-Wilhelmsburg) war noch fast neu, als sie sich 1952 im Heimat-Bw auf der Drehscheibe präsentierte. Rechts steht noch 87 001 als Vertreter der bisherigen Hamburger Hafenlok. Außerdem sind noch mehrere 82, 93^5 und 94^5 zu erkennen.

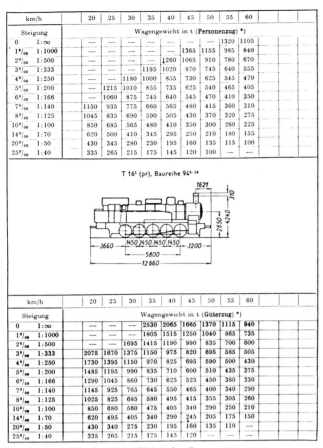

km/h		20	25	30	35	40	45	50	55	60		
Steigung		Wagengewicht in t (Personenzug) *)										
0	1:∞	—	—	—	—	—	—	—	1320	1105		
1‰	1:1000	—	—	—	—	—	1365	1155	985	840		
2‰	1:500	—	—	—	—	1260	1065	910	780	670		
3‰	1:333	—	—	—	1195	1020	870	745	640	555		
4‰	1:250	—	—	1180	1000	855	730	625	545	470		
5‰	1:200	—	1215	1010	855	735	625	540	465	405		
6‰	1:166	—	1060	875	745	640	545	470	410	350		
7‰	1:140	1150	935	775	660	565	480	415	360	310		
8‰	1:125	1045	835	690	590	505	430	370	320	275		
10‰	1:100	850	685	565	480	410	350	300	260	225		
14‰	1:70	620	500	410	345	295	250	210	180	155		
20‰	1:50	430	345	280	230	195	160	135	115	100		
25‰	1:40	335	265	215	175	145	120	100	—	—		

T 16¹ (pr), Baureihe 94⁵⁻¹⁸

km/h		20	25	30	35	40	45	50	55	60		
Steigung		Wagengewicht in t (Güterzug) *)										
0	1:∞	—	—	—	2530	2065	1665	1370	1115	940		
1‰	1:1000	—	—	—	1805	1515	1250	1040	865	735		
2‰	1:500	—	—	1695	1415	1190	990	835	700	600		
3‰	1:333	2075	1670	1390	1150	975	820	695	585	505		
4‰	1:250	1730	1395	1150	970	825	695	590	500	430		
5‰	1:200	1485	1195	990	835	710	600	510	435	375		
6‰	1:166	1290	1045	860	730	625	525	450	380	330		
7‰	1:140	1145	925	765	645	550	465	400	340	290		
8‰	1:125	1025	825	685	580	495	415	355	305	260		
10‰	1:100	850	680	560	475	405	340	290	250	210		
14‰	1:70	620	495	405	340	290	245	205	175	150		
20‰	1:50	430	345	275	230	195	160	135	110	—		
25‰	1:40	335	265	215	175	145	120	—	—	—		

*) Leistungstafel auf Grund von Versuchsfahrten aufgestellt.

116 Leistungstafel von BR 94 und 82.

km/h		20	25	30	35	40	45	50	55	60	65	70
Steigung		Wagengewicht in t (Personenzug)										
0	1:∞	—	—	—	—	—	—	—	1765	1485	1240	1040
1‰	1:1000	—	—	—	—	—	1820	1545	1325	1130	960	810
2‰	1:500	—	—	—	1970	—	1425	1220	1055	905	775	660
3‰	1:333	—	—	1885	1590	1355	1165	1000	870	750	645	555
4‰	1:250	—	1880	1575	1335	1140	980	845	735	640	550	475
5‰	1:200	1950	1610	1345	1145	980	845	730	640	555	480	410
6‰	1:166	1700	1405	1175	1000	855	740	640	555	485	420	360
7‰	1:140	1505	1240	1040	885	760	655	565	495	430	370	320
8‰	1:125	1345	1115	935	795	685	585	510	445	385	335	285
10‰	1:100	1110	915	770	650	550	480	415	360	315	270	230
14‰	1:70	815	670	560	475	405	345	295	260	225	190	160
20‰	1:50	570	465	385	325	275	230	195	170	145	120	100
25‰	1:40	450	360	300	250	205	170	145	125	105	—	—

Einheitslokomotive, Baureihe 82

km/h		20	25	30	35	40	45	50	55	60	65	70
Steigung		Wagengewicht in t (Güterzug)										
0	1:∞	—	—	—	—	—	—	1825	1515	1260	1040	860
1‰	1:1000	—	—	—	—	2000	1665	1395	1175	995	830	695
2‰	1:500	—	—	—	1880	1580	1325	1120	955	815	690	580
3‰	1:333	—	—	1835	1535	1295	1095	935	800	685	585	495
4‰	1:250	—	1845	1540	1290	1095	930	795	685	590	505	430
5‰	1:200	1930	1580	1325	1115	945	805	690	595	515	440	375
6‰	1:166	1680	1385	1160	975	820	710	610	525	455	390	335
7‰	1:140	1490	1225	1030	865	740	630	540	470	405	350	290
8‰	1:125	1340	1180	920	775	660	565	485	420	365	315	265
10‰	1:100	1105	910	760	640	545	465	400	350	300	260	220
14‰	1:70	810	665	555	465	395	340	290	250	215	185	155
20‰	1:50	570	465	385	320	270	230	195	165	140	115	—
25‰	1:40	450	365	300	245	205	170	145	120	100	—	—

Der Heißdampfventilkasten an der linken Lokseite (Ventile für Lichtmaschine, Speisepumpe und Bläser) vibriert stark, so daß der Anschlußflansch nach dem Kessel häufig undicht wird.
Träger für Kesselspeiseventil vibriert, Grundflansche werden undicht. Untere Mutter des Trägers nicht zugänglich. Ausbesserungen an Kesselspeiseventilen können nur an der Lok vorgenommen werden, da beide Ventile in einem Gußstück untergebracht sind: Änderung der Träger wird empfohlen. Bewährung der neuen Kesselspeiseventile bleibt abzuwarten.
Die Arbeitsweise der Dampfpfeife befriedigt schon, ist aber im Heulton entschieden zu stark. Die Dampfpfeife ist kurz vor dem Führerhaus angebracht. Der starke Ton wirkt schädigend auf das Gehör. Gefahr für Pferdegespanne besteht ebenfalls: Muß überprüft werden, Dampfpfeife nach vorne legen.

4. Führerhaus:
Wärmekasten über Feuertür für Ölkannen könnte entfallen: Wärmekasten könnte entfallen.

5. Armaturen:
Das Ablesen der Meßinstrumente auf dem Pult, insbesondere der Instrumente für die Bremsarmaturen ist durch die flache Lage des Pultes nicht genau möglich. Es wird vorgeschlagen, das Pult selbst und die Einzelinstrumente im Pult steiler zu stellen: Die Steilerstellung des Pultes ist zu empfehlen, soweit diese baulich durchführbar ist.
Die Anzeigeinstrumente befriedigen nicht. Keine gute Übersicht. Besser sichtbare Zahlen, vielleicht weiße auf schwarzem Grund. Der früher übliche Doppeldruckmesser (Leitung plus Hauptluftbehälter) von Westinghouse war wesentlich übersichtlicher: Das EZA möchte zuvor den Mitgliedern des Ausschusses die Unterlagen über die Sichtbarkeit der Instrumentenlage und Skaleneinteilung mit verschiedenen Farben (schwarz und weiß) vorlegen. Auf der nächsten Sitzung soll diese Frage und die Frage der Anordnung der Skalenteilung (lotrechte Ablesung) weiter besprochen werden. Der Meßbereich ist inzwischen nach der Norm verkleinert worden.
Leitungen von Boschpumpe, Näßvorrichtung und Abschlammvorrichtung sind schlecht zugänglich angebracht. Arbeiten können nur ausgeführt werden, wenn der Wasserkasten abgebaut ist: EZA möchte für eine bessere Zugänglichkeit der Rohre sorgen.

Signallaternen sind nicht ausbesserungsfähig, weil die einzelnen Teile zusammengelötet sind. Soweit Schrauben vorhanden, sind diese nicht zugänglich: EZA möge zur Ausbesserung der Signallaternen Stellung nehmen.
Schwere Zugänglichkeit der Instrumente: Bei den vorhandenen Neubaulok müssen Klappen in der Seitenwand der Führerhäuser angebracht werden. Für den Weiterbau hat das EZA eine neue Anordnung mit guter Zugänglichkeit geschaffen, die Anordnung ist zweckmäßig.
Vorratsbehälter:
Die Wasserkästen reißen an den vorderen Auflagen und an Einführungen der Wasserausgleichs- und der Saugrohre: Bei vorhandenen Lok sind die Risse durch Einschweißen eines runden, 4 mm starken Bleches innen abzudichten. Für den Neubau wird eine Zeichnung mit einer verstärkten Wasserkastenanlage erstellt.
Die Rohrleitungen von den Wasserkästen zu den Pumpen weisen nach der kurzen Lebensdauer von einem Jahr starke Korrosionen auf. Die sehr dünnwandigen Rohre (3 mm) sind porös geworden und mußten zum Teil schon ersetzt werden.

Ein »Konstruktionsfehler«

Von allen Neubaudampflokomotiven machte die BR 82 am meisten durch Risse an Rahmen und Aufbau unrühmlich von sich reden. Schon nach wenigen Betriebsmonaten meldete das Bw Siegen am 8.8.1951 bei 82 023 einen 130 mm langen Riß des Rahmens über dem Ausschnitt des Lagerkastens der linken vorderen Kuppelachse an das Zentralamt. Ähnliche Schäden traten auch an anderen Maschinen auf. Als Erklärung gab Friedrich Witte Spannungsermüdungen infolge unterschiedlicher Werkstoffe an. In einem Schreiben an die Hauptverwaltung forderte er deshalb am 18.9.1951, man solle die einjährige Gewährleistungspflicht für die BR 82 verlängern, da Rahmenbleche und Achslagerführungen aus unterschiedlich hartem Stahl gefertigt seien und man die zu erwartenden Schäden erst beobachten müsse.

Weitere Schäden traten an den Kohlenkästen auf. Die ziemlich freitragenden Schweißkonstruktionen bekamen Schwingungsrisse, die wegen der recht dünnen Bleche immer wieder zu Undichtigkeiten des Wasserraums führten. Ab ca. 1953 wurden deshalb die Kästen durch eingeschweißte Streben verstärkt, auf Dauer aber nur mit höchstens durchschnittlichem Erfolg.

Gelegentlich wurde auch das Losewerden des Führerhauses von Personalen beklagt! Dann waren die Schweißnähte, mit denen das Haus am Kohlenkasten festgeschweißt war, gerissen, der Aufbau fing, wie Berichte sagen, laut zu klappern an.

Ursache war ein »echter Konstruktionsfehler«, denn man hatte die große Elastizität des überhängenden hinteren Rahmenteils zu wenig beachtet. Von den Rangierlokomotiven mit Barrenrahmen hatte man diese Bewegung nicht gekannt, weil diese Rahmenbauart sehr starr war. Das Federn des 82-Blechrahmens wurde voll an den Aufbau weitergegeben, die Quelle der Schäden war schnell erkannt. Bei der zweiten 82-Serie wurden die Aufbauten deshalb getrennt und nur über Deckleisten winddicht aneinander angeschlossen.

Rahmenrisse waren aber teilweise auch durch den Unterhaltungszustand der Beugniotgestelle bedingt. Waren diese infolge nachlässiger Unterhaltung (unzureichende Schmierung) ausgeschlagen, liefen die 82 sehr unruhig, die Zuckschwingungen wurden an den Rahmen weitergegeben und führten vor allem um die Achslagerführungen zu Anrissen. Vor allem in den letzten Jahren waren das fast »klassische« 82-Schäden. Waren die Hebel ohne Spiel, liefen die 82 tadellos auch bei der Höchstgeschwindigkeit.

Wie bei den ersten Maschinen der Baureihen 65 und 23 traten auch bei der 82 Probleme mit den Mehrfachventil-Heißdampfreglern auf.

Die Gußkörper der ersten Lieferung neigten wegen der hohen Dampftemperaturen zu Rissen und Brüchen, ein Auswechseln gegen geschweißte Reglergehäuse war deshalb schon 1952/53 unumgänglich.

Ein weiterer Schaden, der ebenso bei den 23 und 65 bemängelt wurde, passierte mit den Feuertüren: Die angeschweißten Innenbleche der Türen brachen ab und fielen ins Feuer, kurze Zeit später folgte meist das seines Halts beraubte äußere Blech. Nicht nur ein »Abspanner« wurde auch bei der 82 dadurch notwendig. Eine Lösung brachte erst die Verstärkung der Türenverbindungen (siehe auch Band 1, Seite 48).

Die als dramatisch empfundenen Schäden an den Domaushalsungen bei den Baureihen 23 und 65 sorgten bei der 82 nicht für den völligen Stillstand einer Baureihe. War in einer Verfügung vom 22.1.1952 die sofortige Stillegung aller 23 und 65 angeordnet worden, so blieb die BR 82 davon verschont. Bei ihr hatten Untersuchungen schon vorab ergeben, daß die aus einem Stück gepreßte Domaushalsung in wesentlich besserem Zustand war als bei den beiden anderen Baureihen. Als Vorsichtsmaßnahme wurden bei allen 82 nur die Sicherheitsventile auf 11 Atü eingestellt und plombiert. Nach dem Einbau genieteter Verstärkungsringe unter den Dampfdom wurden sie, jede für sich, einzeln wieder für einen Druck von 14 Atü freigegeben. Der Einbau erfolgte, wie bei den 23 und 65, im Laufe der Jahre 1952 und 1953. Die gute Verdampfungswilligkeit des Neubaukessels ermöglichte im Rangierdienst auch noch mit 11 Atü zufriedenstellende Leistungen. Aus dem Streckendienst wurden die 82 allerdings während der Druckreduzierung zurückgezogen. Schiebeinsätze in Altenhundem oder der Einsatz in Ratingen-West gehörten deshalb der Vergangenheit an.

117 Risse überall: 82040 während ihrer letzten L 3-Untersuchung im AW Lingen im Juni 1966. Die Risse am Kohlenkasten sind schon geschweißt, am Rahmen markieren die Kreidezeichen weitere Schäden.

120 82007 (Bw Hamburg-Wilhelmsburg) stellt im Hamburger Hafen Züge mit Pkws für den Export bereit, 1956. Im linken Zug: VW 1200, rechts daneben Lloyd-Hansa und Borgward Isabella, rechts ein Zug mit dem gerade vorgestellten VW-Ghia-Coupe.

◀ **118** 82005 (Bw Koblenz-Mosel) mit Ng 8075 nach Siershahn bei Ransbach, 18.6.1968.

◀ **119** Auch Personenzüge gehörten zum Einsatzprogramm der Emdener 82. In Emden-Außenhafen steht 82033 am 13.8.1967 mit dem Pendel-Personenzug bereit.

121 82002 (Bw Soest) auf der Drehscheibe des Heimat-Bw am 10.10.1959. Bei ihr sitzt die Pfeife noch hinten, die Rangierfunkantenne mußte deshalb weiter vorne direkt hinter dem Dom angeordnet werden.

122 Funkversuch: Die Aufnahme vom 9.10.1953 zeigt das unförmige Mikrofon in einer Hamburger 82.

Gleichzeitig erhielten aber ab ca. 1959 alle 82 der Bw Emden und Soest Rangierfunkanlagen. Die notwendige Trennung zu benachbarten Rangierbahnhöfen war dort gegeben. Mit der Abgabe der Soester 82 verloren diese ihre Anlagen wieder, nur in Emden wurden die 82 bis zum Schluß »drahtlos geführt«.

Als schon kurze Zeit nach Einführung der BR 82 von den Einsatzstellen unfallsichere Mitfahrmöglichkeiten für Rangierer auf der Lok gefordert wurden, glaubte man dem mit zusätzlichen Griffstangen seitlich an den vorderen Aufstiegsleitern Genüge getan zu haben.
Das reichte dem Bw Hamburg-Wilhelmsburg aber nicht. In Eigeninitiative wurden deshalb in Hamburg zusätzliche Haltebögen wie bei den alten Einheitsloks auf der vorderen Pufferbohle angebracht. Außerdem wurde der untere Fußtritt an beiden Seiten vergrößert und an die Zylinder angeschraubt. So umgebaut wurden alle Hamburger 82, die 82032 erhielt allerdings Griffstangen anstelle der Bögen. Bei fast allen Hamburger Loks wurden in den folgenden Jahren auch die vorderen Signallaternen auf die Pufferbohle verlegt. So umgebaut wurden 82004, 006–013, 015, 016, 018, 019, 022, 029–031. Nur bei 82014, 017 und 032 blieben die Lampen an angestammter »Neubaulok-Stelle«. Manche so umgebaute 82 kamen später auch zu anderen Bw, der Umbau gehörte deshalb auch dort zum gewohnten Bild. »Offiziell« war er aber nicht. Die vorne vergrößerten Rangiertritte wurden Anfang der 60er Jahre wieder entfernt, weil sie Arbeiten an den Zylindern erschwerten. Dafür erhielten alle 82, die damals in Hamburg waren, von 1957 bis 1960 an der Rückfront stärker eingezogene, profilfreie Aufstiegsleitern mit einem vergrößerten Rangiertritt. Die unteren Lampen wanderten weiter in die Mitte an die Kohlenkastenrückwand. Umgebaut wurden 82004, 006, 007, 009, 010, 012–019, 022, 029–032. Von diesen kamen 82004 und 012 später nach Koblenz. Die umgebauten Maschinen zeigten von hinten ein recht unausgeglichenes, kopflastiges Bild, boten dem mitfahrenden Rangierer aber entschieden mehr Sicherheit.

Der gesamte Emdener 82-Bestand (82033 bis 037) wurde 1952 im AW Lingen versuchsweise mit einer Spurkranzschmierung Bauart »de Limon« ausgerüstet, weil die bislang verwendete Radreifennäßvorrichtung nicht zufriedenstellende Wirkung hatte. Wie schon bei den 65 und 23 zeigte die Schmiereinrichtung gerade bei der kurvenreich eingesetzten 82 einen guten Erfolg. Nach Bewährung wurden deshalb alle 82 mit der Spurkranzschmierung nachgerüstet. Die erheblichen Unterhaltungskosten durch scharfgelaufene Radreifen gehörten damit der Vergangenheit an.

Ab Anfang der 50er Jahre begannen beim Bw Hamburg-Wilhelmsburg – wie auch bei anderen Dienststellen – Versuche mit Rangierfunknetzen. In die Versuche wurde auch die BR 82 einbezogen. Durch die Installation von drahtlosen Gegensprechanlagen auf Loks und Stellwerken hoffte man, von mißverständlichen Lautsprecherdurchsagen und optischen Rangierzeichen wegzukommen. Letztendlich führten die Versuche zum Erfolg, ohne Rangierfunk ist heute ein Verschiebebetrieb nicht mehr denkbar.
In Hamburg kam man, nachdem etliche 82 jahrelang mit Funkanlagen gefahren waren, Mitte der 50er Jahre aber wieder vom Funk ab, wahrscheinlich, weil man bei den vielen Rangierbahnhöfen einen »Wellensalat« in den Funkfrequenzen befürchtete. Damals waren die Geräte noch wenig trennungsscharf, klobig und schadanfällig. Einheitliche Frequenzen für den Rangierfunk gab es nicht, jede Einsatzstelle arbeitete auf »Hausfrequenz«. Bis Ende der 50er Jahre waren die Funkantennen von den 82 verschwunden.

Henschel-Mischvorwärmer

Für steten Ärger sorgten bei der BR 82 seit der Lieferung die nichtsaugenden Strahlpumpen mit 125 l/min Förderleistung. Von Anfang an ließen diese Pumpen beim An- und Abstellen viel Wasser fallen (15 bis 18 l), schlossen nicht dicht, waren zu schwer oder zu leicht zu öffnen und zu schließen. Bereits in seiner 7. Sitzung im Juli 1951 in Marburg/Lahn mußte sich der Lok-Ausschuß deshalb mit diesem Dilemma der Neubaudampfloks beschäftigen. Stellte Witte noch entschuldigend fest, bei dem Bauteil »Nichtsaugende Strahlpumpe« sei man durch die Anweisung der HV gebunden gewesen und habe die Pumpen durch Angleichung an die saugenden Strube-Pumpen normen müssen, so war das Urteil der beiden Betriebsmaschinenkontrolleure Schmidt und Henkel vom Zentralamt Minden vernichtend: Von Anfang an hätten die Pumpen unzuverlässig gearbeitet, berichteten beide nach Dienstreisen. Dabei hatten sie sich in Hamm, Wilhelmsburg und Soest ausgiebig mit der BR 82 beschäftigt. Henkel ging sogar noch weiter: »Schon bei der Inbetriebnahme der ersten Neubaulok der R 82 wurde darauf hingewiesen, daß die bei dieser Lokreihe zur Verwendung gekommenen nichtsaugenden Strahlpumpen nicht den betrieblichen Anforderungen genügten.«
Bei den vorwärmerlosen 82001 bis 012 und 023 bis 037 hatten die

123 82 017 geriet während der Sturmflutkatastrophe in Hamburg am 17.2.1962 »auf Abwege« und stürzte von einem unterspülten Damm. Im März 1962 stand sie zum Abtransport im AW Lingen bereit, aufgenommen im Bw Hamburg-Eidelstedt. Die Lok hat vorne übrigens die vergrößerten Rangiertritte und Haltebögen auf der Pufferbohle.

124 So gingen die Einsätze der Hamburger 82 zu Ende: 82 019 (Bw Hamb.-Rothenburgsort) mit Bauzug zur Elektrifizierung der Strecke Osnabrück–Hamburg, aufgenommen am 14.11.1967 in Buchholz/Nordheide. Die Lok zeigt hinten die engeren Leiteraufstiege mit vergrößerter Standfläche sowie die nach innen gerückten Lampen.

Mängel der Strahlpumpen nun wesentlich schlimmere Auswirkungen als bei denjenigen Lokomotiven, die die Strahlpumpe nur als zweite Speiseeinrichtung besaßen: Die Heizer hatten bei diesen 82 schließlich mit zwei solchen Strahlpumpen zu tun. Der große Wasserverlust bei Betätigung führte auch dazu, daß im Winter die Pumpen einfroren und die 82 nicht mehr gespeist werden konnten. Eine Beobachtung der arbeitenden Pumpe war schwierig: Da die Strahlpumpen weit innen unter dem Führerhaus saßen, mußte sich der Heizer zur Kontrolle aus dem Fenster hängen – lebensgefährlich.

Ein zweiter Mangel der Pumpen war die geringe Förderleistung: Wenn eine 82 angestrengt arbeitete, kam sie in der Dampferzeugung an eine 65 heran, und die Strahlpumpen schafften nicht genug Wasser nach. Als Folge konnten die vorwärmerlosen 82 trotz theoretisch guter Kesselleistung nicht im schweren Strecken- oder Schiebeeinsatz bewegt werden. Denn nach einiger Zeit wurde das Wasser regelmäßig knapp, wie Berichte aus der Siegener Zeit besagen.

Offensichtlich waren die schlechten Einwirkungen des Kaltspeisens mangels Vorwärmer auf die Kesselleistung – und Erhaltung. Jedes Speisen ließ den Kesseldruck schnell absinken, weil das nicht vorgewärmte Wasser zunächst Temperatur schluckte.

Insofern war die BR 82 sicherlich die am wenigsten »serienreife« Baureihe gegenüber den 65 oder 23, nachdem 1951 erste Erfahrungen ausgewertet werden konnten.

Was überhaupt die Hauptverwaltung bewogen haben mag, die 82 teilweise ohne Vorwärmer zu fordern, kann heute nicht mehr festgestellt werden. Fest steht aber, daß zur Zeit der Auftragserteilung

125 Einer der ersten Einsätze der neuen 82 024 (Bw Siegen): Mit einem Eilzug in Weidenau, Ende 1950. Erkennbar läßt die Strahlpumpe unter dem Führerhaus Wasser fallen. Die Lok hat noch keinen Vorwärmer.

126 Henschel-Projekt PIV 3855 vom 15.6.1951. Eine nichtsaugende Strahlpumpe bleibt als zweites Speiseorgan, Hauptpumpe wird die Turbinenpumpe VTP B 18.000 mit 180 l Förderung pro Minute. Sie speist den Kessel. Mit dem Abdampf der Turbopumpe wird ein Strahlheber betrieben, der Wasser aus dem Wasserkasten in die Mischkammer befördert. Dort vermischt es sich mit dem Heißwasser aus dem von vorne herangeführten und unter Wasser abgeblasenem Abdampf der Maschine. Aus dem Heißwassermischkasten, der sich direkt vor dem Führerhaus befindet, fördert wiederum die Turbopumpe Heißwasser in den Kessel. Sie ist alleiniges Regelorgan auch für die Vorwärmung.

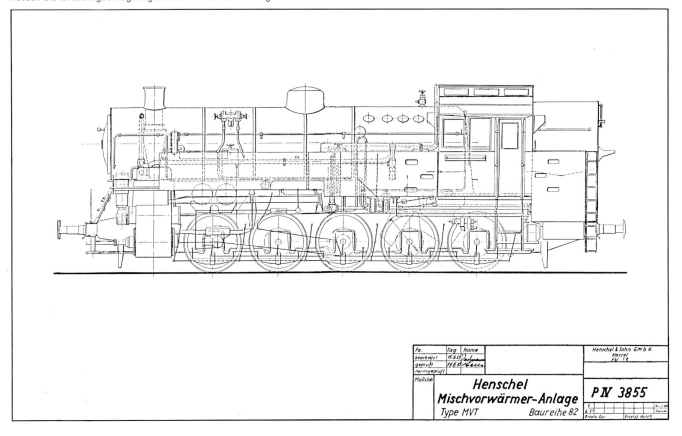

die Frage »Vorwärmer oder nicht für die Verschiebelok« zugunsten des »Heißwasserbereiters« beantwortet war. Schon im Frühjahr 1951 erging deshalb auch an die Firma Henschel der Auftrag, eine Mischvorwärmeranlage für Tenderlokomotiven, speziell für die BR 82, durchzukonstruieren. Denn einstweilen hatte sich die wirtschaftliche Überlegenheit des Henschel-Mischvorwärmers MVR bei der BR 52 deutlich ergeben, vor der ebenfalls günstigen, aber mit Lizenzen belasteten Heinl-Anlage. Die komplizierte, zweistufige Heinl-Anlage meinte man auch auf einer Tenderlokomotive nicht unterbringen zu können.

Schon am 15.6.1951 stellte Henschel seinen Entwurf fertig: Eine fast genaue Übertragung des 52-Vorwärmers MVR für die BR 82. Nach diesem Muster verfügte die Hauptverwaltung den Umbau von zwei bisher vorwärmerlosen 82: Die beiden Wilhelmsburger 82 029 und 030 wurden im Frühjahr 1952 nach Kassel zu Henschel gebracht, da der Umbau in der Urheberfirma vorgenommen werden sollte. Beide Betriebsbücher halten den 30.7.1952 als Umbaudatum fest.

In der Folge wurden beide Maschinen im angestrengten Hamburger Betriebseinsatz gründlich beobachtet. Sie zeichneten sich vor den übrigen 82 durch einen sparsameren Kohlenverbrauch bei gleichzeitig besserer Verdampfungswilligkeit aus. Die Mischvorwärmerspeisepumpe vom neuentwickelten Typ TP BB 180 arbeitete wesentlich wirtschaftlicher als die Turbopumpe VTP B 18000, die bei der 52 verwendet worden war. Bei dieser war Unzuverlässigkeit und hoher Dampfverbrauch bemängelt worden. Auch war die Förderleistung der neuen Turbinenpumpe dem Bedarf des 82-Kessels besser angepaßt.

Die beiden Maschinen erzielten Einsparungen von 4,0 und 6,1 Prozent Brennstoff, sie lagen damit auf der gleichen Ebene wie die 52 mit MVR. Der Warmwasservorrat auch nach längeren Standzeiten schien den MVT für Rangierloks geradezu ideal zu machen. Denn beim Oberflächenvorwärmer konnte im Stand nur kalt gespeist werden.

Einige Schwachpunkte zeigte die gewählte Anordnung aber auch: Die Turbopumpe lag unter dem Wasserkasten über den Kuppelachsen recht ungünstig: Schmutz sorgte für Störungen. Die Trennung der drei Wasserkammern des Vorwärmers stellte sich als ungenügend heraus, bei starker Vorwärmung wurde auch das Wasser in der Kaltwasserkammer zu warm, der Wasserheber versagte den Dienst. Auch heizte die direkt vor dem Heizer angeordnete Heißwasserkammer den Führerstand stark auf.

Aus diesen Erfahrungen wurde der Vorwärmer umkonstruiert: Die Turbopumpe kam nach vorne, die Heißwasserkammer ebenfalls, der Maschinenabdampf wurde waagerecht von vorn eingeblasen, die Unterteilung der Kammern wurde verbessert. Im Frühjahr 1953 wurden beide 82 auf diese Ausführung umgebaut. Eine genaue Beschreibung der Anlage findet sich auf Seite 28.

Nachdem die »Kinderkrankheiten« ausgemerzt worden waren, wurde der Umbau aller vorwärmerlosen 82 auf diese Ausführung des MVT verfügt. Daß die Loks im alten Zustand ihren Aufgaben nicht gewachsen waren, stand mittlerweile fest. Gleichzeitig mit

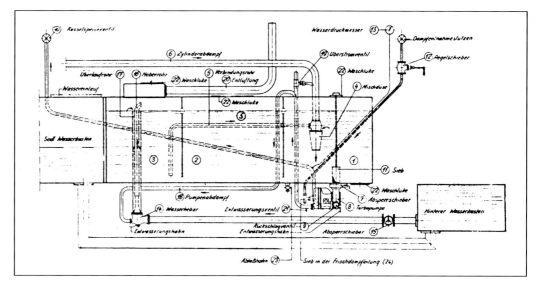

127 Schaltschema der MVT-Prototyp-Anlage
1) Heißwasserkammer
2) Mischkammer
3) Kaltwasserkammer

128 82 029 mit der zweiten Form des Henschel-Mischvorwärmers. Turbopumpe und Mischkasten liegen schon vorne. Die Abdampfführung geht noch direkt von der Rauchkammer (ohne Ölabscheider) zum Vorwärmer. Dahinter steht 82 010 mit dem Tolkien-Mischvorwärmer. Auffällig bei ihr ist besonders der klobige Strahlapparat auf dem Wasserkasten. Beide Loks haben die Lampen auf der Pufferbohle. Bei beiden sind außerdem die Antennen vom Rangierfunk zu erkennen. Foto in Hamburg-Wilhelmsburg am 16.7.1956.

129 82 008 (Bw Koblenz-Mosel) rangiert im Bahnhof Siershahn, 13.4.1968. Bei ihr ist der Ölabscheider des MVT besonders gut zu erkennen.

diesem Umbau wurden auch die unzulänglichen Strahlpumpen gegen solche der schon aus Bayern bewährten Bauart Friedmann ausgewechselt (siehe Band 1, Seite 54). Die Umbauten der Maschinen:

Lok	Umbau bei	bei Untersuchung	Datum	Heimat-Bw
82 006	Henschel	L 3	21. 4.1954	Hmb.-Wilhelmsburg
82 001	Henschel	L 3	1. 9.1954	Soest
82 023	Henschel	L 3	1. 9.1954	Emden
82 032	Henschel	L 0	15. 9.1954	Hmb.-Wilhelmsburg
82 028	Henschel	L 0	9.1954	Emden
82 005	Henschel	L 3	9.12.1954	Altenkirchen
82 004	Henschel	L 0	21. 1.1955	Hmb.-Wilhelmsburg
82 008	Henschel	L 0	2.1955	Hmb.-Wilhelmsburg
82 037	Henschel	L 3	9. 2.1955	Emden
82 012	AW Lingen	L 0	3. 3.1955	Hmb.-Wilhelmsburg
82 002	AW Lingen	L 0	11. 3.1955	Soest
82 031	AW Lingen	L 2	24. 5.1955	Hmb.-Wilhelmsburg
82 026	AW Lingen	L 0	27. 5.1955	Emden
82 024	AW Lingen	L 0	10. 6.1955	Emden
82 025	AW Lingen	L 0	24. 6.1955	Emden
82 007	AW Lingen	L 2	22. 7.1955	Hmb.-Wilhelmsburg
82 034	AW Lingen	L 3	29. 7.1955	Emden
82 027	AW Lingen	L 0	9. 8.1955	Emden
82 033	AW Lingen	L 0	28.10.1955	Emden
82 035	AW Lingen	L 0	18.11.1955	Emden
82 011	AW Lingen	L 2	31. 1.1956	Hmb.-Wilhelmsburg
82 003	AW Lingen	L 3	15. 2.1956	Soest
82 009	AW Lingen	L 2	7. 3.1956	Hmb.-Wilhelmsburg
82 036	AW Lingen	L 0	26. 4.1956	Emden
82 010	AW Lingen	L 3	13.11.1956 (gleichzeitig Ausbau des Tolkien-Mischvorwärmers)	Hmb.-Wilhelmsburg

Die letztgenannte Lok hatte am 13.2.1955 im AW Hannover einen Mischvorwärmer Bauart Tolkien erhalten. Hannover hatte man gewählt, weil dort die Urheberfirma am Umbau mitwirken konnte. Über diesen Mischvorwärmer ist fast nichts bekannt. Bei ihm wurde über einen großen, auf dem linken Wasserkasten liegenden Strahlapparat der Abdampf in eine Mischkammer vorne im linken Wasserkasten gedrückt. Die Kesselspeisung übernahm eine normale Kolbenspeisepumpe Bauart KT 1 (Knorr-Tolkien). Ein Abdampfrohr mit großem Schalldämpfer vor dem Führerhaus sorgte für die nötige Entlüftung des Mischkastens. Bekannt ist über die Bewährung lediglich, daß die DB nach ersten Anfangserfahrungen Versuchseinsätze in Minden absagte. Eine Zeichnung scheint noch erstellt worden zu sein: Fld sp/K4. Im Fachausschuß verlautete lediglich, der Vorwärmer habe Mängel bei der funktionellen Prüfung gehabt, die vorgesehene Vorwärmung sei nicht erreicht worden. Trotz des Einbaus von Saugwindkesseln an die KT 1-Pumpe bestand derselbe Mangel wie schon vorher bei der mit KT 1-Pumpe bestückten Mischvorwärmer-52 133: Bei Temperaturen über 100°C gab es Nachverdampfungen infolge Druckabfalls, in der Saugleitung bildeten sich Dampfblasen und die Pumpe ging durch. Nach rund 20 Monaten wurde die Lok dann im November 1956 von ihrem Tolkien-Vorwärmer »befreit« und als letzte 82 mit dem Henschel MVT ausgerüstet.

Von Umbauten blieb die MVT-Anlage danach nicht verschont. Zunächst wurde der Abdampf über eine links unten in einer Rauchkammernische abzweigende Rohrleitung zum Mischvorwärmer geleitet. Ab ca. 1958 wurden die Anlagen mit einem zusätzlichen Ölabscheider ausgerüstet, weil der Abdampf aus den Zylindern immer Ölteilchen mitriß. Das Öl im Speisewasser begünstigte stark die bei den Neubaudampfloks ohnehin vorhandene Neigung zum Wasserüberreißen. Nach dem Umbau zweigte das Abdampfrohr oben an der Rauchkammer ab, direkt dahinter wurde der Ölabscheider angeordnet. Bei fast allen Loks wurde die Konstruktion später noch mit verschiedenartigen Blechverkleidungen versehen. Der Umbau auf den MVT-Vorwärmer schlug für die DB übrigens mit je 5965 Mark zu Buche, gemessen am Erfolg eine sehr lohnende Investition.

Schäden waren danach gelegentlich an den Wasserkästen zu beobachten. So wurde in der 16. Sitzung des Fachausschusses am 12.2.1958 berichtet, daß die Wasserkästen bei den Maschinen mit Mischvorwärmer durch das Arbeiten der Mischdüse dauernd vibrieren würden und deshalb Risse bekämen. Zusätzliche Verstrebungen beseitigten das Problem nicht völlig.

Mit dem Mehrfachventil-Heißdampfregler gab es bei der 82 zwar nicht die großen Probleme wie bei der 23, doch fehlerfrei funktionierte er auch nicht. Er sorgte zwar für die im Rangierdienst erwünschte feinfühlige Dampfgabe, wurde aber immer wieder undicht. Ein Schlaglicht: Das Bw Koblenz-Mosel hatte sich beim AW Lingen im Laufe der Jahre 1969 und 1970 wiederholt beschwert, daß der Regler immer undicht sei, wenn die Loks ausgebessert aus Lingen zurückkämen. Darauf die lapidare Antwort des AW Lingen vom 14.9.1970: »Der Ventilregler war bei Übergabe an den Bema-Dienst dicht. Außerdem ist ja bekannt, daß ein Ventilregler, der eben noch dicht war, beim nächsten Öffnen des Reglers undicht sein kann, dann wieder beim nächsten Öffnen dicht ist.«

Wesentlich weniger Schwierigkeiten als bei den übrigen Neubauloks gab es mit dem Wasserüberreißen. Zwar mußte der Lokführer auch bei den 82 mit einem recht niedrigen Wasserstand fahren, wollte er nicht bei scharfer Fahrt ein Mitreißen von Wasser in den Regler riskieren, doch hielten die Schäden sich sehr in Grenzen. Überdies konnte das Personal im Rangierdienst »unauffälliger reagieren«, da nicht der Fahrplandruck dahinterstand.

Wenig Ärger machte auch der Mischvorwärmer im Rangierdienst, obwohl das in den Kessel mitgerissene Wasser ein Aufschäumen begünstigte. Während der 16. Sitzung des Fachausschusses, als die Mängel der Neubauloks besprochen wurden, hieß es sogar, es gäbe keine Probleme mit der 82, auch ohne Speisewasseraufbereitung (ganz im Gegensatz zur 23 ...).

Der Einbau eines Ölabscheiders vor den Mischvorwärmer (wie auch bei den 65 und 66) brachte weitere Sicherheit gegen Öl im Speisewasser, wenn er regelmäßig (alle zehn Tage) gereinigt wurde.

Mehr Ärger gab es bei der BR 82 eigentlich nur in Freudenstadt (siehe auch Seite 92), weil dort ein »problematischer Streckendienst« gefahren wurde. Die nachhaltigen Erinnerungen an den gefürchteten »Regen« bewahrten sich denn auch die Lokleute der 23 (oder der 03^{10}), nicht aber der 82.

Von den Betriebs- und Unterhaltungskosten stellten sich die 82 als etwas aufwendiger dar als die 94^5. Während der 16. Sitzung des Fachausschusses am 12. Februar 1958 berichtete Abteilungspräsident Dormann von der BD Mainz ausführlich über die Schadanfälligkeit der verschiedenen Neubauloks. Er kam zu dem Ergebnis, daß die höheren Betriebs- und Unterhaltungskosten zumindest teilweise auf der rund 30% höheren Leistung gegenüber der 94^5 beruhten. Überdies, so Alsfaßer, sei der Henschel-Mischvorwärmer die fast alleinige Ursache für die Mehrkosten. Das werde man noch in den Griff bekommen.

130/131 82 002 (Bw Soest) wurde im März 1955 im AW Lingen mit dem Mischvorwärmer ausgerüstet. Im Bild 130 wird sie, noch ohne den Mischvorwärmer-Wasserkasten, in der Richthalle aufgeachst; im Bild 131 steht sie, mit dem Indiziergerät versehen, zur Probefahrt bereit. Außer der 82 in der Halle: rechts eine 24, hinter der 82 eine 94^5 und dahinter eine 81.

132 82 031 (Bw Hamburg-Wilhelmsburg) erhielt im Jahr 1966 im AW Lingen eine Untersuchung. Der Fotograf erwischte die Lok gerade beim Zusammenbau. Bei dieser 82 fällt die ungewöhnliche Lage der Mischvorwärmer-Entlüftung hinter dem Dom auf.

Jahreswerte der Lokomotiven BR 82 und 94

BD	BR	1956	1957
		km/Betriebstag	
Hmb	82	120	123
	94	125	115
Mst	82	123	135
	94	126	122
		km/Fahrzeugtag	
Hmb	82	96	101
	94	95	95
Mst	82	93	90
	94	98	90
		Lastwert in t	
Hmb	82	589	591
	94	521	517
Mst	82	613	576
	94	545	540

Spezifische Unterhaltungskosten für je 12 Lokomotiven der BR 82 und 94 Zeitraum Jan–März–Mai–Juli–September 1957

Bw Hmb.-Wilhelmsburg	BR 82	BR 94
Leistung im Monat (1957)	2920 km	2330 km
Bw-Kosten je Lokomotive und Monat	955,– DM	738,– DM
Bw-Kosten je 1000 Lok-km	325,– DM	297,– DM
AW-Kosten je 1000 Lok-km bei etwa gleichem Schadgruppenanfall	473,– DM	540,– DM

Dem Betrieb erschien es nach einiger Zeit praktisch, die beiden untersten Heizrohre im Kessel zu entfernen, da sie ein Auswaschen des Kessels behinderten. Alle 82 wurden so umgebaut (1957/58).

Mitte der 50er Jahre wurde vom Versuchsamt Minden ein druckluftbetriebener Servomotor entwickelt, der die Umsteuerung bei Rangierlokomotiven erleichtern sollte. Der dreizylindrige Kleinmotor, der unterhalb des Steuerungshandrades im Führerhaus angebracht wurde, konnte von der Lehrlingswerkstatt des AW Lingen äußerst einfach unter Verwendung von Altteilen hergestellt werden. Lediglich 20 Mark an Stoffkosten seien pro Umbau aufzuwenden, hieß es während der 18. Fachausschußsitzung am 4.6.1959. Dieser Motor, der den Rangierbetrieb deutlich hätte vereinfachen können, wurde am 11.5.1956 in die Mindener Versuchsträgerlok 50 975 eingebaut, am 15.3.1957 in 82 039 und am 12.12.1958 in 82 038. Die drei Anlagen funktionierten dauernd zufriedenstellend. Der Ausschuß lehnte aber eine allgemeine Einführung ab, da die Rangierloks durch die V 60 ersetzt würden. Die Ausgabe sei nicht zu verantworten. Erst zehn Jahre nach dieser Entscheidung schied der Großteil der im Rangierdienst eingesetzten 82 tatsächlich aus. Bei 20 Mark Umbaukosten eine glaubwürdige Entscheidung?

Diejenigen 82, die im Abdrückdienst eingesetzt wurden, waren dabei jeweils länger mit besonders geringer Geschwindigkeit eingesetzt. Zwar empfahl sich die BR 82 zunächst mit dem Heißdampfregler, der ein sehr feinfühliges und langsames Fahren ermöglichte, für diesen Dienst, doch war die Kontrolle über die Geschwindigkeit nur unzureichend. Auch bei anderen Baureihen wurde von Lokführern geklagt, weil bei geringer Geschwindigkeit die Tachometer schon auf »0« standen, wenn noch mit Fußgängertempo gefahren wurde. Da Gefühl auch bei Lokpersonalen »nicht alles war«, kam es im Rangierdienst verhältnismäßig häufig zu größeren Sachschäden, weil unsanft abgestoßen und die Geschwindigkeit zu gering eingeschätzt wurde. Ab ca. 1960 wurde deshalb bei manchen 82-Maschinen ein Geschwindigkeitsmesser mit gedehnter Anfangsteilung eingebaut. Im Betriebsbuch der 82 004 ist ein solcher Einbau festgehalten.

Bei der zweiten Serie (82 038–041) wurden die Erfahrungen mit allen Neubaudampflokomotiven berücksichtigt. Sie besaßen deshalb, wie alle Maschinen der »Vergabe 1953« von Anfang an Friedmann-Strahlpumpen, einen aufgenieteten Dom mit kleinerem Durchmesser, die Glocke vorn, verschleißarme Achslagergleitplatten aus Hartmanganstahl, Tritte aus Gitterrosten, eine verbesserte Führerhauslüftung in einem wieder runden Dach, verbesserte Sozialeinrichtungen im Führerhaus, wie die 65 014–018 den Henschel Mischvorwärmer MVT und als Zugeständnis an die Form eine Verkleidung im Wasserkastenausschnitt oberhalb der Steuerwelle.

133 Dampflok im Mittelpunkt: Reges Interesse bei der Bevölkerung fand 82 028 (Bw Emden) beim Tag der offenen Tür im AW Lingen am 23.6.1956 anläßlich des 100jährigen Bestehens des Werkes. Einen Tag vorher (am 22.6.1956) hatte die Lok eine L 2 erhalten.

134 82 020, gerade nach Koblenz-Mosel umbeheimatet, befördert einen Personalzug von Koblenz Hbf nach Moselweiß, 8.8.1966. Im Hintergrund Befestigungsanlagen aus napoleonischer Zeit.

Die Änderungen sind einzeln in der Beschreibung ab Seite 17 festgehalten.

Aus der zweiten Serie wurde 82038 direkt nach der Abnahme vom 4.8.–18.11.1955 beim Versuchsamt Minden erprobt, um die Bewährung der veränderten Bauteile festzustellen.

Im Steilstreckendienst

82040 und 041 wurden mit der Riggenbach-Gegendruckbremse ausgerüstet, da sie auf der steigungsreichen Murgtalbahn von Freudenstadt aus den mit der 94[5] betriebenen Reisezugverkehr beschleunigen sollten.

Zunächst war an eine Beheimatung auch der 82040 und 041 in Altenkirchen gedacht worden, die Gegendruckbremse wurde deshalb beim Technischen Gemeinschaftsbüro (TGB) erst während des Baues am 30.8.1954 durchgezeichnet.

Nur mit der neuen 82 meinte man den Reisezugverkehr von Freudenstadt nach Baiersbronn (Rastatt) bei Steigungen bis 1:20 verbessern zu können. Denn bei schweren Eilzügen mußte schon die BR 94[5] mit je einer Maschine vorne und hinten am Zug arbeiten.

Eine gründliche Vorbereitung auf den Steilstreckendienst gab es für 82040 und 041 nicht, sieht man vom Einbau der notwendigen Gegendruckbremse ab. So stellten sich erst im Einsatz beim Bw Freudenstadt einige notwendige Verbesserungen heraus, die bei den »normalen« 82 unnötig waren.

Wegen der Gegendruckbremse hatte man bei den beiden 82 nicht die für die Neubauloks normalen Müller-Schieber einbauen können, sondern mußte mit gewöhnlichen Kolbenschiebern mit Luftsaugeventilen auskommen. Im Leerlauf zuckten die Maschinen deshalb sehr stark. Nach einer Prüfung durch den Betriebsmaschinenkontrolleur Schmidt (Bmktr 1) vom BZA Minden im Herbst 1955 wurde dann veranlaßt, daß die Maschinen im Leerlauf mit 3–4 Atü Schmierdampf zu fahren seien. Außerdem wurde der versuchsweise Anbau einer preßluftgesteuerten Druckausgleichung verfügt.

Die Dampfpfeife gab bei Talfahrt mit Rauchkammer voraus nur ein zischendes Geräusch von sich, da sie »überschwemmt« wurde. Sie wurde deshalb so umgebaut, daß sie mit Heißdampf aus der Luftpumpenzuleitung versorgt wurde.

Die normalen Wasserstände zeigten nicht richtig an. Es wurden deshalb Gebirgswasserstände mit einem Wasserstandsglas von 480 mm Höhe eingebaut. Diese Arbeiten führte 1956 das AW Esslingen aus.

Im täglichen Einsatz stellte sich auch heraus, daß die Mischvorwärmeranlage bei scharfer Bergfahrt (Füllung 60%) viel zu viel Abdampf in dem Mischkasten beförderte. Das zeigte sich unterschiedlich, weil die Maschinen regelmäßig gewendet wurden, um den Spurkranzverschleiß gering zu halten. Fuhr man mit der Rauchkammer bergwärts, trat sehr viel Dampf über die Vorwärmerentlüftung ins Freie, denn dann wurde der Abdampf oberhalb der Wasseroberfläche in den MVT gespritzt. Bei Bergfahrt mit dem Kohlenkasten voran regnete es auf das Führerhaus, weil aus der vollen Mischkammer Wasser hinausgedrückt wurde. Eine Verengung der Abdampfleitung zum Mischvorwärmer brachte schnell die gewünschte Reduzierung, und der Vorwärmer arbeitete zufriedenstellend.

Das für Freudenstadt zuständige Maschinenamt Tübingen regte Ende 1955 an, die beiden 82 mit einer Ölzusatzfeuerung ausrüsten zu lassen, da auf der Steilstrecke das Spitzhalten des Kesseldruckes dann sehr erleichtert werden würde. Im Juli 1957 stellte die BD Stuttgart einen förmlichen Antrag, nach dem die beiden Loks umgebaut werden sollten. Das BZA Minden antwortete darauf, man wisse nicht, wo man den zusätzlichen Ölbehälter unterbringen solle, außerdem neige die Zusatzfeuerung zum Qualmen. Qualm sei aber in der Kurstadt Freudenstadt unerwünscht. Man habe aber einen Antrag an die DB-Hauptverwaltung gestellt, die beiden Loks mit einer Ölhauptfeuerung ausrüsten zu lassen. In Frankfurt wurde dieser Antrag dann aber abgelehnt, weil die Neuentwicklung für nur

135 82041 (Bw Freudenstadt) nimmt vor anstrengender Bergtour in Schönmünzach Wasser, 1.6.1958. Die Aufstiege zum Führerhaus wurden beim Bw Freudenstadt auf drei Trittstufen umgebaut (nur bei 82040 und 041).

136 Gebremst bergab: 82 041 rollt mit dem E 769, der noch aus alten Wagen besteht, bei Freudenstadt abwärts, Winter 1955/56. Gerade vier Jahre alt waren damals die am Bahnübergang wartenden »Brezelkäfer«.

zwei Maschinen unwirtschaftlich sei und sich die zusätzliche Betankungsanlage in Freudenstadt nicht rentieren würde.

Aus dem Rahmen fielen die Unterhaltungskosten der 82 040 und 041. Bei ihnen traten immer wieder Risse in den Bodenringecken der Kessel auf. Ursache waren, da war man sich im Fachausschuß schnell einig, die streckenbedingten Eigenheiten. Aus einer Steigung 1:20 geht es auf der Freudenstädter Steilstrecke fast übergangslos in ein 1:22-Gefälle über. Die sehr großen Temperaturschwankungen in der Feuerbüchse wirkten sich ungünstig auf die Haltbarkeit der Kessel aus. Einig war man sich im Fachausschuß, daß die Freudenstädter 82 bis an die Grenze ihrer Belastungsfähigkeit beansprucht würden und daß darauf die Schäden beruhen. Rückschlüsse aus den hohen Ausbesserungskosten müsse man für die übrigen 82 nicht ziehen.

In den ersten Jahren war das Bw Freudenstadt mit den beiden 82 sehr zufrieden, wie man in einem Bericht schon am 14.12.1955 feststellte: »Die auf der Murgtalsteilstrecke seit September 1955 eingesetzten Neubaulok 82 040 und 041 eignen sich gut für diese Strecke. Nach Beseitigung der bei den Überprüfungsfahrten festgestellten Mängel kann diese Lokreihe wegen der Laufeigenschaften und Lastförderung äußerst befriedigen.«

Eine Neigung zum Wasserüberreißen konnte man damals auch nicht beobachten. Das mag auch an dem hervorragenden Freudenstädter Speisewasser gelegen haben, das aus einer Quelle im Wald oberhalb des Bw sprudelte. Bei 0 Grad Härte (Crailsheim 20–30°) konnte man die 82 rund 40 Tage bis zum Auswaschen laufen lassen, ohne daß die Kessel verschlammten.

Anders wurde das erst Anfang der 60er Jahre. Ab 1962 mußte man die 82 mit chemischen Aufbereitungsmitteln betreiben, weil die Kessel um die Feuerbüchse herum Anbackungen zeigten. Gleichzeitig verstärkte sich auch die Neigung zum Wasserüberreißen bei beiden Lok, wie sich der frühere Vorstand des Bw Freudenstadt H. Weizenhöfer erinnert. Als Ursache fand man den Mischvorwärmer (wie auch bei anderen Baureihen), konnte aber nicht feststellen, wieso die Neigung erst 1962 aufgetreten war. Denn damals waren die 82 schon sieben Jahre im angestrengten Einsatz. Das Problem: In der Serienbauart des MVT wurde trotz des Ölabscheiders dauernd etwas Öl aus den Zylindern mit dem Abdampf in den Vorwär-

137 1956 wurden Wasserstände und Pfeife umgebaut.

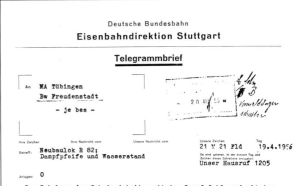

138 Güterzugeinsätze auf der Murgtalbahn waren recht selten. 82041 stellt eine malerische Garnitur in Freudenstadt Hbf bereit, 6.6.1958.

139 82041 (hinten 82040) mit Eilzug Karlsruhe–Freudenstadt in der Steigung vor Freudenstadt-Stadt, 30.4.1966, vor dem Ende des Dampfbetriebes.

mer gerissen. Von dort gelangte es mit dem Speisewasser in den Kessel. Das Öl im Kessel – leichter als Wasser – begünstigte ein Aufschäumen beim Verdampfen. Der Schaum wurde über den Heißdampfregler, wo ein Teil des Öls festbackte, bis in die Zylinder gerissen. Schäden waren dann nur zu vermeiden, wenn sofort der Regler geschlossen wurde. Über Zylinderventile (und wenn der Wasserdruck schon zu groß geworden war, über Zylindersicherheitsventile) wurde zwar das Öl-Wasser-Gemisch auf die Gleise befördert, doch mußte der Heizer schleunigst für einen neuen Schmierfilm in den Zylindern sorgen. Denn durch das Wasserüberreißen wurde regelmäßig der ganze Schmierstoff mitgerissen.

Die Ölpumpe erlaubte aber nur ein so ungenaues Dosieren, daß der Heizer meist vorsichtshalber noch ein paarmal mehr durchkurbelte, damit auf jeden Fall genug Öl in den Zylindern war. Das überschüssige Öl ging dann über den Vorwärmer in den Kessel, wo es die Emulsion weiter anreicherte...

Bewertung

Insgesamt machte die BR 82 dem Betrieb keinen übermäßigen Ärger. Von den Unterhaltungskosten lag sie trotz wesentlich größerer Leistung kaum über der Vorgängertype 94^5, ganz zu schweigen von der im Hafeneinsatz abgelösten 87.

Bei einer Bewertung dieser Baureihe muß man davon ausgehen, daß die 82 einen gewollten Kompromiß darstellte, anders als die »Ersatz-P8« BR 23 oder die »Ersatz-93« BR 65. Die 82 sollte ja nicht nur im schweren Rangier- und Abdrückdienst eingesetzt werden, sondern auf der Strecke auch noch mit guter Laufruhe schnell bewegt werden können.

Gemessen daran hat die Baureihe sich bewährt. Das Besondere an der 82 war ja nicht der Kessel, der durchaus konservative und wenig originelle Konstruktionsmerkmale zeigte. Der Kessel erfüllte seine Arbeit und lieferte auch die erwartete Reserve bei anstrengendem Dienst.

Interessant ist vielmehr die Laufwerksanordnung, denn sie war zukunftweisend. Mit der BR 82 wurde bewiesen, daß eine laufachslose Maschine sicher auch bei hohen Geschwindigkeiten eingesetzt werden kann. Die 82 bleibt deshalb einmal in Erinnerung als schnellste deutsche laufachslose Dampflok, zum anderen als Wegbereiter der Verdieselung von Privat- und Industriebahnen fast auf der ganzen Welt. Denn kaum stand die Bewährung des Beugniot-Prinzips bei der 82 fest, entstanden bei inländischen und ausländischen Lokomotivfabriken die Entwürfe für D- oder C-gekuppelte Streckendiesellocks mit Beugniotgestellen. Diese einfachen Maschinen haben innerhalb von wenigen Jahren die Zugförderung speziell auf Privatbahnen vollkommen verändert. Noch heute sind die verschiedenen Vertreter der »V 65-Familie« der Maschinenbauanstalt Kiel zu hunderten auf bundesdeutschen Schienensträngen anzutreffen.

Daß die BR 82 so zum Wegbereiter einer umfassenden Verdieselung geworden ist, wird von den Freunden der Eisenbahn sicherlich mit Wehmut gesehen. Wo aber wären die Privatbahnen heute, wenn sie nicht rechtzeitig den »Zug der Zeit« erkannt hätten?

Der Abgang der BR 82 war dagegen wenig erfreulich. Die Laufleistungen waren im Rangierdienst von Hamburg und Emden uninteressant, etliche Loks standen, weil man die Bestände konzentriert hatte, ab Mitte der 60er Jahre auf Reserve.

Bei einem untergeordneten Dienst fielen den Personalen deshalb auch hauptsächlich die Schäden ins Auge, schließlich reichte für den Einsatz die 94^5 auch meist aus, und mancher erkannte gar nicht, welche Reserven in der Neubaulok steckten.

Die letzten Jahre waren deshalb auch von einem grundsätzlichen Mangel der 82 geprägt: dem zu schwach ausgelegten Rahmen. Die Bewegung des Rahmens führte immer wieder zu Undichtigkeiten an Wasser- und Kohlenkasten, am Rahmen traten dauernd Risse auf, vor allem um die Achslagerausschnitte.

Auch bei den verbesserten 82 038 bis 041 lösten sich Führerhäuser und Kohlenkasten häufig vom Rahmen. Wie bei den übrigen 82 schlossen dann die Türen nicht mehr, Fensterscheiben zerbrachen durch die Vibration.

Das war dann auch die Haupterinnerung der Personale an die letzten Jahre der BR 82. Vor allem im angestrengten Streckendienst des Bw Koblenz-Mosel konnte eine Fahrt mit einer so vernachlässigten 82 zur Tortur werden. Bei höherer Geschwindigkeit fing das ganze Führerhaus laut an zu klappern und zu wackeln. Das entnervende Geräusch führte zu einem Gefühl des »Gleich-Auseinanderfallens«, obwohl die Lok eigentlich ruhig lief. In Koblenz-Mosel trauerte deshalb niemand den »Blechkisten« nach, als 82 035 am 24.3.1972 unter Dampf zum AW Lingen fuhr, wo man dem Einsatz der BR 82 dann ein Ende setzte.

140 Ein Auftragszettel wurde für die letzte 82 im März 1972 im AW Lingen noch erstellt, ausgeführt wurden die Arbeiten aber nicht mehr.

141 Bezeichnend für die letzten Einsatzjahre in Hamburg und Emden – die betriebsfähige 82 003 in Wilhelmsburg auf dem Abstellgleis, 21.1.1967. Das Schild an der Lok soll Mißverständnissen vorbeugen: »Betriebslokomotiven – Beschädigungen oder Abbau von Teilen, wird strafrechtlich verfolgt. Der Bw-Vorstand«, heißt es dort so drohend wie sprachlich krumm.

Bauartänderungen an 82 001 bis 037. Die Betriebsbücher, die ausgewertet werden konnten, enthielten nur sehr unvollständige Eintragungen, Aufzeichnungen des AW Lingen dienen als Vervollständigung.

		Sonderarbeit	Umbaujahr
1	Ausgleichshebel verstärkt	–	1952
2	Werkstoffumstellung des Reglerknierohrs auf Stahlguß	–	1952
3	Domlochaushalsung mit zusätzlichem Verstärkungsring versehen	–	1953
4	Zwei zusätzliche Waschluken im Kessel oberhalb der Kesselspeiseventile eingebaut	131	1954
5	Wasserstandsanzeigeeinrichtung geändert	131	1954
6	Hilfsmaschinen an Naßdampfsammelkammer des Reglers angeschlossen	131	1954
7	Mehrfachventilregler-Entwässerungsrohr auf Kupfer umgestellt	131	1954
8	Anbringen von abdeckbaren Durchbrüchen in der Führerhaus- und Kohlenkastenrückwand zum Ausbau der Zugstange des Hilfsabsperrventils	131	1954
9	Schutzblech am Lager für die Kipprostspindel angebracht	131	1954
10	Dehnungsbogen für außen an der Rauchkammer liegende Zuleitung zum Hilfsbläser vorgesehen	131	1954
11	Entwässerungsschrauben für Achslagerunterkästen vorgesehen	131	1954
12	Anbau von Anlaufringen für Kuppelstangenlager an den verschiebbaren Kuppelradsätzen	131	1954
13	Änderung am ersten und fünften Kuppelradsatz zur Vergrößerung des Spiels zwischen Achsgabelsteg und Kuppelzapfennabe	131	1954
14	Dachblech über seitlichen Luftklappen am Führerhaus verbreitert	131	1954
15	Schild »Nicht hinauslehnen« angebracht	131	1954
16	Vordere Auflagen für seitliche Wasserkästen durch Aufschweißen einer Verstärkungsplatte auf den Boden verstärkt	131	1954
17	Seitliche Handstangen auf den Wasserkästen angebracht	131	1954
18	Verlegung des Wassereinlaufes am linken Wasserkasten (für Umbau auf Mischvorwärmer)	131	1954
19	Einsetzbare Tragbuchsen eingebaut, Sicherung der eingepreßten Schieberbuchsen	131	1954
20	Ersatz der Füllventile und Sechskantverschlußschrauben an den Stangenschmiergefäßen durch Stegverschlußschrauben	131	1954
21	Feststellbolzen am Steuerpult auf Fußbetätigung umgebaut	131	1954
22	Zeiger zur Steuerungsanzeige verbreitet, Druckausgleicher-Schild besser sichtbar angeordnet	131	1954
23	Verbesserung der Heizwirkung der Fußbodenheizung	131	1954
24	Beleuchtung am zweiten Wasserstand angebracht	131	1954
25	Ersatz der nichtsaugenden Strahlpumpen durch Friedmann-Pumpen	131	1954
26	Verstärkung des Trägers zum Kesselspeiseventil	131	1954
27	Anschlußstutzen für Luftpumpenprüfgerät angebaut	131	1954
28	Ersatz der KSV-Speisepumpe durch KT1-Pumpe (bei 82 013–022)	131	1954
29	Spurkranzschmierung für erste und letzte Achse angebaut	131	1954
30	Anbau eines Kondensomaten für die Dampfpfeife	131	1955
31	Verbesserung der Zugänglichkeit zur Stell- und Steuerungsmutter	131	1955
32	Verstärkung der Pufferträger	131	1955
33	Einbau einer Querverbindung mit angeschmiedeten Zapfen und Beseitigung der Keile nach Skizze LON Gruppe 12	131	1955
34	Mischvorwärmer Bauart Henschel MVT angebaut (nicht 82 013–022)	131	1955
35	Reglerstopfbüchse von Weich- auf Hartpackung umgestellt	131	1956
36	Gegossenen Heißdampfreglerkasten gegen geschweißten ausgewechselt	131	1956
37	Luftpumpenabdampfleitung direkt in Mischvorwärmer verlegt (nicht 82 013–022)	131	1956
38	Fernthermometer gegen verbesserte Geräte der Firma Stein ausgetauscht	131	1957
39	Nachträglicher Anbau eines Geschwindigkeitsmessers als Rundgerät	131	1957
40	Entöler am Mischvorwärmer eingebaut	131	1958
41	Dampfpfeife vom Stehkessel direkt auf den Dampfraum nach vorne verlegt	131	1958
42	Umstellung auf Ölbehälter und Messingbeilagen für Beugniotgestelle	139	1958
43	Spülstutzen am Einströmrohr angebaut	195	1958
44	Drittes Zugspitzenlicht angebracht	197	1958
45	Schrägstreifenschilder für Wasserstände angebracht und Beleuchtung des Zweiten Wasserstandes angebracht	222	1958
46	Speisewasserenthärteeinrichtung angebaut	196	1959
47	Umstellung der Dampfleitungen von Stahl auf Kupfer	168	1960
48	Dampfbläser Bauart Gärtner angebaut	215	1961
49	Halter für Verbandskasten angebracht	270	1962
50	Schutzkasten für Rohrleitung zum Dampfbläser angebracht	285	1964

Demgegenüber sind bei 82 038 bis 041 nur wenige Bauartänderungen festzuhalten:

		Sonderarbeit	Einbau
1	Reglerstopfbüchse von Weich- auf Hartpackung umgestellt	–	1956
2	Anschluß der Hilfsmaschinen an Naßdampfsammelkammer des Reglers	131	1956
3	Einbau eines Henschel-Abdampfentölers in den Mischvorwärmer	131	1956
4	Umstellung der Ölbehälter und Messingbeilagen für Beugniotgestelle	139	1958
5	Spülstutzen am Einströmrohr angebracht	195	1958
6	Drittes Zuglichtspitzensignal angebaut	197	1958
7	Speisewasserenthärteeinrichtung angebracht	196	1959
8	Nachträgliche Ausrüstung mit Geschwindigkeitsmesser »Deuta rund«	196	1959
9	Rohrleitungen von Stahl auf Kupfer umgestellt	168	1960
10	Dampfbläser Bauart Gärtner angebaut	215	1961
11	Halter für Verbandskasten angebracht	270	1962
12	Dampfbläser mit zusätzlicher Isolierung versehen	285	1964

142 Am 6.7.1971 erwischte der Fotograf die 082 035 (Bw Koblenz-Mosel) auf dem Brexbachtalviadukt bei Bendorf Sayn. ▶

Beheimatungen und Einsätze der Baureihe 82

Unterhaltung

Von der BR 82 wurden die Krupp-Loks (82001–022) im AW Mülheim-Speldorf abgenommen, die Henschel-Loks (82023–032) im AW Kassel und die Esslinger Maschinen im AW Esslingen. Unterhaltungs-AW für die 82 war während ihrer gesamten Betriebszeit Lingen/Ems, gelegentlich wurde aber durch das AW Bremen Ausbesserungshilfe geleistet. Im AW Lingen wurden auch einige Maschinen zerlegt, als weitere Zerlegungsorte sind Lübeck, Essen-Rellinghausen, Essen-Rüttenscheid, Witten/Ruhr, Mülheim-Speldorf, Karthaus und Saarbrücken-Schleifmühle bekannt. Die Laufleistungsgrenze der Baureihe lag mit 80000 Kilometern recht niedrig. Solche niedrige Laufleistungsgrenzen hatten in den 50er Jahren nur kleinere Rangierloks (z. B. die BR 81) und ältere Streckenloks (z. B. 56^2 und 56^{20}) aufzuweisen. 1959 wurde die Laufleistungsgrenze zunächst auf 90000 km und kurze Zeit später auf 120000 km erhöht, 1967/68 schließlich auf 140000 km + 10%. Die meisten 82 liefen während ihrer durchschnittlich 15- bis 20jährigen Betriebszeit zwischen 600000 und 900000 Kilometer.
Genau wie die 65 und 66 durften die 82 ab Sommer 1961 nur noch Auslauf-L3 erhalten, diese allerdings etwas länger als die beiden anderen Baureihen, vermutlich bis Sommer 1967. Laut einer Aufstellung der DB vom Juni 1969 durften die 82 spätestens ab diesem Termin (genau wie auch die 65) keine Regeluntersuchungen mehr erhalten.

BD Hamburg
Bw Hamburg-Wilhelmsburg

Als »Hochburg« für die Baureihe 82 kann man das Bw Hamburg-Wilhelmsburg bezeichnen, wo über eineinhalb Jahrzehnte hinweg fast die Hälfte aller 82 beheimatet war. Ein Teil dieser Loks blieb sogar während ihrer gesamten Einsatzzeit nur in Hamburg, ohne bei einem anderen Bw Dienst getan zu haben.
Im Jahre 1950 hielten für die umfangreichen Rangieraufgaben vier Bw eine größere Anzahl schwerer Güterzug-Tenderloks vor: Hamburg-Eidelstedt, Hamburg-Wilhelmsburg, Hamburg-Rothenburgsort und Hamburg-Harburg. In größerer Menge waren folgende Baureihen für den Rangierdienst zu dieser Zeit in Hamburg beheimatet:
– die BR 87 in 16 Exemplaren (Bw Hamburg-Wilhelmsburg)
– die BR 92^5 in über 30 Exemplaren (Bw Hamburg-Eidelstedt, Hamburg-Wilhelmsburg und Hamburg-Harburg)
– die BR 93^0 in rund acht Exemplaren (Bw Hamburg-Wilhelmsburg)
– die BR 93^5 in fast 30 Exemplaren (Bw Hamburg-Harburg und Hamburg-Wilhelmsburg) und als »Rückgrat des Rangierdienstes«
– die BR 94^5 in annähernd 70 Exemplaren (in allen vier genannten Bw).

Aus welchen Gründen die Bundesbahn die BR 82 in Hamburg zum Einsatz bringen wollte, geht aus einem Schreiben der DB-Hauptverwaltung vom 20.5.1950 hervor:
»Die GBL West bittet die ersten aus Neulieferung kommenden Lok in ihren Bezirk zu geben, damit dort die R 82 für folgende Aufgaben erprobt werden: (...) 2) Dem Hamburger Hafendienst wegen der erhöhten Anforderungen an die Kurvenläufigkeit. Diesen Anforderungen ist heute nur die R 87 restlos gewachsen. Diese Baureihe ist nur in einer kleinen Stückzahl vorhanden und ist im neuen Typenprogramm nicht mehr vorgesehen. Das Luttermöller-Triebwerk verursacht einen hohen Unterhaltungsaufwand. Die Lok R 94^5 haben im Hamburger Hafen hohen Radreifenverschleiß. Die durch diesen Einsatz der R 82 freiwerdenden Lok R 94^5 können als Ersatz für auszumusternde Lok R 94^0 und 94^5 und aus dem Rangierdienst zurückzuziehende GI-Lok verwendet werden. Bedarf beim Bw Hamburg-Wilhelmsburg 10–14 Lok.«

Mit der in diesem Schreiben als »R 94^0« erwähnten Loks sind nicht die pfälzischen T 5 (BR 94^0), sondern die preußischen T 16 (BR 94^{2-4}) gemeint, die es 1950 allerdings gar nicht mehr in Hamburg gab. Wie in dem Brief bereits genannt, besaßen die Loks der Baureihe 87 zur Erhöhung der Kurvenläufigkeit ein Luttermöller-Triebwerk, bei dem die erste und letzte Antriebsachse nicht über die Kuppelstangen, sondern über Zahnräder angetrieben wurden. Diese Konstruktion war relativ störungsanfällig; außerdem fehlten Ersatzteile, so daß die erste und/oder letzte Achse bei einigen Loks nicht mehr angetrieben werden konnte und daher als Laufachse lief. Die 87 waren jedoch im Hamburger Hafen unentbehrlich, weil hier zum Teil sehr enge Kurvenradien befahren werden mußten. Erst die BR 82 mit ihrer guten Kurvenläufigkeit stellte einen zufriedenstellenden Ersatz für die Reihe 87 dar.

Bereits im Januar 1951 erhielt Hamburg-Wilhelmsburg seine ersten 82. Bis Ende Juni wurden die Loks 82009 bis 021 fabrikneu diesem Bw zugeteilt, Anfang September kam als Nachzügler noch 82022 dazu, so daß jetzt die geplanten 14 Loks dieser Baureihe hier waren. Doch bereits im Dezember 1951 wurden gleich drei Loks wieder abgegeben: 82020 und 021 kamen zum Bw Altenkirchen, 82022 zur LVA Minden. Als Ersatz kam noch im selben Monat 82008 aus Hamm. Im Januar 1952 gingen von dort außerdem 82004, 006 und 007 zu, sowie 82029 bis 032 aus Bremen-Walle. So lag ab Ende Februar der 82-Bestand des Bw Hamburg-Wilhelmsburg bei 19 Loks.

Die endgültige Ablösung der BR 87 gelang allerdings erst 1953, als die vorübergehend mit 11 Atü betriebenen 82 wieder für den vollen Kesseldruck freigegeben waren (siehe Seite 81). Nachdem im März 1953 als zwanzigste Lok die 82022 aus Minden nach Hamburg gekommen war, wurden mit der HVB-Verfügung vom 9.11.1953 gleich 13 der 16 BR 87 ausgemustert, die restlichen drei Loks folgten am 17.3.1954 (87001) bzw. am 18.3.1955 (87002 und 015).

Die 82 rangierten jedoch nicht nur im Hamburger Hafen und verdrängten dort die 87, sondern halfen auch mit, andere Rangierloks abzulösen. Dies ging jedoch nicht zu Lasten der 94^5, als deren Ersatz die BR 82 von der DB ja in erster Linie gedacht war. In den 50er Jahren verschwanden wohl die Baureihen 92^5 und 93^0 völlig aus Hamburg, der Bestand an 94^5 blieb in den vier Hamburger Bw für Rangierloks (Eidelstedt, Wilhelmsburg, Rothenburgsort und Harburg) jedoch bis in die 60er Jahre bei stets 60 bis 70 Loks.

Ab Januar 1957 erfolgten die ersten Lieferungen von V 60 nach Hamburg, die den Bw Hamburg-Altona und Hamburg-Harburg zugeteilt wurden. Bereits im Februar 1957 konnte man daher die beiden Loks 82008 und 011 nach Emden abgeben, wodurch der Bestand auf 18 Loks in Hamburg-Wilhelmsburg absank. Im Herbst 1958 fielen zwei weitere 82 aus – 82012 und 013. Beide Loks wurden bei einem Unfall so schwer beschädigt, daß man sie auf »Z« stellte. Anfang 1959 wurden beide Maschinen im Rahmen einer L3 im AW Lingen wiederaufgearbeitet (82012 L3 vom 31.1. bis 16.4.1959, 82013 L3 vom 6.3. bis 15.5.1959).

Bereits Anfang 1959 gab das Bw Hamburg-Harburg seine letzten 94^5 ab, sie wurden aber zum größten Teil auf die anderen drei Bw verteilt, so daß auch zu Beginn der 60er Jahre noch über 60 Loks dieser Baureihe bei den Bw Hamburg-Eidelstedt, Hamburg-Wilhelmsburg und Hamburg-Rothenburgsort beheimatet waren. Auch der Bestand der Wilhelmsburger 82 blieb konstant bei 18 Loks. Bei

143 Gedränge in Hamburg-Wilhelmsburg: von links 82 013, 016, 92 873, 82 029 und 010 warten am 16.7.1956 auf ihr Einsatzsignal.

144 82 015 (Bw Hamburg-Wilhelmsburg) am 23.11.1956 auf der Drehscheibe des Heimatbetriebswerkes. Außer ihr stehen noch 82 011 und 029 im Schuppen, sowie 92, 93 und 94.

145 82030 (Bw Hamburg-Wilhelmsburg) rangiert im Hafen, ca. 1953. So langsam bekam Hamburg damals wieder Weltgeltung.

der V 60 (Bw Hamburg-Altona und Hamburg-Harburg) wurde zwar schon 1963 das halbe Hundert erreicht, aber diese Dieselloks konnten den leistungsfähig überlegenen Hamburger 82 und 94^5 nur wenig anhaben. Auch die 15 Loks der BR V 65, übrigens auch mit Beugniothebeln kurvengängig gemacht, die 1962 zum Bw Hamburg-Altona kamen, waren den 82 und 94^5 leistungsmäßig unterlegen. So blieben die Verschubaufgaben im Hamburger Hafengebiet weiterhin eine Domäne der BR 82. Außerdem wurde sie zusammen mit der BR 94^5 vor schweren Übergabezügen im Großraum Hamburg eingesetzt, wobei Züge teilweise sogar von zwei Maschinen gezogen werden mußten. Verdrängt wurden bis 1963 die letzten in Hamburg eingesetzten 93^5 von den Dieselloks. Am 23.6.1964 erhielt Hamburg-Wilhelmsburg aus Paderborn die beiden Loks 82002 und 003. Damit stieg der 82-Bestand für zwei Jahre wieder auf die Höchstmarke von 20 Maschinen an, die schon einmal von März 1953 bis Februar 1957 erreicht worden war. Im September 1964 gab Hamburg-Eidelstedt seine 94^5-Unterhaltung auf; Rangierdampfloks verblieben jetzt nur noch in Hamburg-Wilhelmsburg (BR 82 und 94^5) sowie Hamburg-Rothenburgsort (BR 94^5).

1966 begann das Ende des Rangierdienstes mit Dampfloks sich abzuzeichnen. Zum Sommerfahrplan 1966 gab Hamburg-Wilhelmsburg seine Loks 82004 und 012 ans Bw Koblenz-Mosel ab. Mit 82018 wurde am 22.7.1966 die erste Neubaulok der DB Z-gestellt. Auch der 94^5-Bestand der beiden Bw Hamburg-Wilhelmsburg und Hamburg-Rothenburgsort sank erstmals 1966 auf unter 60 Loks ab. Noch Ende 1966 tauchte mit V 90049 die erste Lok derjenigen Baureihe auf, die zur Ablösung der schweren Rangierdampfloks entwickelt worden war.

Im Jahre 1967 gab es große Veränderungen beim Einsatz der Rangierloks in Hamburg. Infolge der Wirtschaftsrezession sank der Bedarf an Rangierloks erheblich ab. Unter anderem deshalb konnte man den 94^5-Bestand stark reduzieren, und der 82-Bestand wurde durch Z-Stellungen gelichtet. Im September und Oktober 1967 wurden gleich fünf 82er von der Ausbesserung zurückgestellt (82006, 009, 022, 029 und 032). Die Nachfolge für die 82 und 94^5 traten die schweren Rangierdieselloks des Bw Hamburg-Harburg an. Bis Jahresende 1967 hatte dieses Bw bereits 4 Loks der Baureihe V 90 und die drei angemieteten MaK-Versuchsloks der Baureihe V 90 P (mit den Nummern V 90901 bis 903). Zum 23.9.1967 wurde das Bw Hamburg-Wilhelmsburg aufgelöst. Alle Dampfloks wurden zum Bw Hamburg-Rothenburgsort umbeheimatet, wo sich die Baureihe 94^5 zwar noch einige Jahre halten konnte, der 82 dagegen nur noch ein Jahr Einsatz beschieden war.

Bw Hamburg-Rothenburgsort

Am 24.9.1967 übernahm das Bw Hamburg-Rothenburgsort neben einer größeren Anzahl von 94^5ern auch die Loks 82002, 003, 007, 009, 010, 013–017, 019, 022, 030–032 und die Z-Loks 82006 und 029 vom Bw Hamburg-Wilhelmsburg. Die meisten dieser Loks waren bereits ziemlich abgewirtschaftet. Nach der Zuteilung von V 90 an das Bw Hamburg-Harburg wurden die 82 im Rangierdienst mehr und mehr entbehrlich. Außerdem konnte man für die schweren Übergabezüge verstärkt durch Großdieselloks (vor allem Baureihe V 160) im Streckendienst verdrängte 50 einsetzen.

Die Rothenburgsorter 82 wurden allerdings nicht völlig brotlos. Durch die Elektrifizierungsarbeiten an der Rollbahn Osnabrück–Bremen–Hamburg und in Hamburg selbst fanden sie ein »Gnadenbrot« im Arbeitszugdienst. Zudem wurde mindestens eine 82 verliehen: 82030 konnte man im November 1967 in Husum beobachten.

Anfang Oktober wurde 82032 Z-gestellt, am 1.11.1967 82009 und 022 und am 1.2.1968 die 82002. Danach gab es bis Mai 1968 keine Abstellungen mehr, dann ging es aber Schlag auf Schlag. Im Mai 1968 wurde eine 82 Z-gestellt, im Juni zwei, im August drei, im September ebenfalls drei, im Oktober eine und am 13.11.1968 als letzte die 82019. Die Loks wurden nicht mehr im Bauzugdienst benötigt, nachdem die Rollbahn am 24.9.1968 dem elektrischen Betrieb übergeben werden konnte.

Wenngleich noch ein großer Teil der Hamburger 82 buchmäßig eine neue EDV-Nummer erhalten hat, dürfte wohl keine dieser Loks tatsächlich noch mit neuen Nummernschildern ausgestattet worden sein. Die 82 blieben zum Teil noch eine ganze Zeit im Hamburger Raum stehen. Abstellplatz war neben dem Bw Hamburg-Rothenburgsort auch der Bahnhof Billwerder-Moorfleet, wo 82003, 010 und 017 noch bis etwa Ende 1970 standen. Diese drei Loks wurden anschließend noch für rund ein Jahr im Bw Hamburg-Rothenburgsort abgestellt und waren somit wohl die letzten 82er in Hamburg. Sie wurden erst im März 1972 in Lübeck von der Firma Hinrichs verschrottet. Diese Firma zerlegte noch mindestens eine weitere 82 (82013), während die übrigen Maschinen zum größten Teil im AW Lingen verschrottet wurden, einige auch im Ruhrgebiet. Auch beim Bw Hamburg-Rothenburgsort überlebte die Baureihe 94^5 ihre »Ablösung« in Form der Baureihe 82 um einige Jahre. Erst 1972 stellte das Bw Hamburg-Rothenburgsort seinen Betrieb mit der Baureihe 094 ein. Die ehemaligen Aufgaben der 82 und 94^5 wickeln heute die erst 1974/75 gebauten Loks 291 001 bis 050 ab, die alle beim wieder als Heimat-Bw eingerichteten Bw Hamburg-Wilhelmsburg stationiert sind.

146 Selten fror die Alster zu. Im strengen Winter 1955/56 konnten die Hamburger sich aber einen Spaziergang auf dem Eis gönnen. Auf der Lombardsbrücke über die Binnenalster rangiert 82013.

147 Das »Wirtschaftswunder« läuft: 82007 (Bw Hamburg-Wilhelmsburg) rangiert vor geschäftiger Kulisse im Hamburger Hafen, 10.12.1957. Die Lok hat schon den Mischvorwärmer.

Beheimatungen Bw Hamburg-Wilhelmsburg/
Bw Hamburg-Rothenburgsort:
82002 23.06.64–31.01.68 (z)
82003 23.06.64–08.08.68 (z)
82004 30.01.52–22.05.66
82006 05.01.52–19.09.67 (z)
82007 26.01.52–31.07.68 (z)
82008 21.12.51–13.02.57
82009 10.01.51–31.10.67 (z)
82010 15.01.51–09.09.68 (z)
82011 25.01.51–20.02.57
82012 04.02.51–02.10.58 (z)
       30.01.59–22.05.66
82013 18.06.51– . .58 (z)
       05.03.59–30.09.68 (z)
82014 06.05.51–06.06.68 (z)
82015 11.05.51–02.08.68 (z)
82016 18.05.51–31.08.68 (z)
82017 18.05.51–20.09.68 (z)
82018 23.05.51–21.07.66 (z)
82019 14.06.51–12.11.68 (z)
82020 18.06.51–17.12.51
82021 25.06.51–17.12.51
82022 03.09.51–12.12.51
       21.03.53–31.10.67
82029 15.01.52–19.09.67 (z)
82030 23.01.52–31.05.68 (z)
82031 23.01.52–23.05.68 (z)
82032 23.01.52–03.10.67 (z)

Anmerkung: Stationierungen bis zum 23.09.67 beim Bw Hamburg-Wilhelmsburg, ab dem 24.09.67 beim Bw Hamburg-Rothenburgsort.

BD Hannover
Bw Bremen-Walle

Die Aufgaben des Bw Bremen-Walle waren denen des Hamburger Bw Wilhelmsburg (und auch Rothenburgsort und Harburg) sehr ähnlich. Rangieraufgaben fielen vor allem in großem Ausmaß im Hafengebiet an. 1950 standen dem Bw Bremen-Walle über 40 Maschinen der BR 94^5 zur Verfügung; außer einer 94^2 waren zu dieser Zeit keine anderen Tenderloks für den Rangierdienst in Bremen zu finden. Da die Baureihe 82 durch die gute Kurvenläufigkeit für den Hafeneinsatz prädestiniert war, entschloß man sich, die letzten vier Loks der Henschel-Serie dem Bw Bremen-Walle zuzuteilen. Im November und Dezember 1950 trafen aus Neulieferung die 82029 bis 032 hier ein. Die Maschinen dürften wohl ausschließlich im Hafengebiet eingesetzt worden sein.

Bereits im Januar 1952 gab man alle vier Loks an das Bw Hamburg-Wilhelmsburg weiter. In Bremen dominierten danach wieder bis in die 60er Jahre die 94^5 im Rangierdienst; die Loks wurden in den 50er Jahren teilweise aus Bremen-Walle abgezogen und den Bw's Bremen Vbf und Bremen Hbf zugeteilt, ohne daß sich am Einsatz Wesentliches änderte. Heute wird der schwere Rangierdienst, genau wie beim Bw Hamburg-Wilhelmsburg, von Loks der Baureihe 291 abgewickelt – das Bw Bremen Rbf beheimatet dafür die 34 Maschinen 291051 bis 081 und 901 bis 903.

Beheimatungen:
82029 10.11.50–14.01.52
82030 24.11.50–22.01.52 (z)
82031 17.11.50–22.01.52
82032 04.12.50–22.01.52

BD Münster
Bw Emden

Wenngleich Emden eine recht kleine Stadt ist, so hat sein Hafen doch große Bedeutung. Nach dem Zweiten Weltkrieg wurde er nach Hamburg und Bremen zum drittwichtigsten Seehafen der Bundesrepublik. Vor allem Eisenerzladungen für das Ruhrgebiet wurden und werden hier umgeschlagen, daneben auch noch Kohle und Autos. Deshalb wurden in Emden immer schwere Rangierlokomotiven benötigt. Zunächst waren nach dem Ersten Weltkrieg in Emden Lokomotiven der Baureihe 57^{10} im Rangierdienst eingesetzt, ab 1927 auch 94^5, die im zweiten Weltkrieg die 57^{10} ganz ersetzten, weil diese Loks für den Einsatz im Osten benötigt wurden. 1948/49 wurden die 94^5 wieder durch 57^{10} abgelöst. Im Spätsommer 1951 erhielt Emden die fabrikneuen 82033 bis 037 zugeteilt, die sogleich Dienste der 57^{10} übernahmen. Bis 1953 teilten sich 82 und 57^{10} gemeinsam die Rangieraufgaben. Im August und September 1953 erhielt das Bw Emden einen zweiten Schub BR 82: 82001 aus Soest und der gesamte Letmather Bestand mit den Maschinen 82023 bis 028. Somit waren in Emden zwölf 82 stationiert, die 57^{10} konnten vollständig abgegeben werden. Sämtliche Rangieraufgaben wurden von der Baureihe 82 übernommen, vor allem im Emdener Hafen und in Emden Süd. Dazu kamen verschiedene Übergabefahrten im Emdener Raum (etwa bis Abelitz) und später die Reisezüge (überwiegend Kurswagengruppen) von Emden West (heute Emden Hbf) nach Emden-Außenhafen. An diesen Aufgaben der 82 änderte sich bis zu ihrem Ausscheiden nichts.

Mitte der 50er Jahre stieg der Bedarf an Rangierloks in Emden so stark an, daß die vorhandenen zwölf 82 nicht mehr ausreichten. 1956 erhielt das Bw daher die Loks 94836 und 982 zugeteilt. Sie wurden ein Jahr später durch 82008 (am 14.2.1957) und 82011 (am 9.4.1957) aus Hamburg-Wilhelmsburg abgelöst und an das Bw Münster abgegeben. Ebenfalls 1957 erhielt Emden, das jetzt über 14 Maschinen der BR 82 verfügte, aus Rheine noch die kleineren Vierkuppler 81001 bis 003. Ob die Loks als Ergänzung für die 82 gedacht waren oder aber in den von Emden zu bedienenden Bahnhöfen Leer und Papenburg rangierten, läßt sich nicht mehr genau feststellen. 1959 wurden die Loks wieder abgegeben an das Bw Gronau.

Am 24.6.1960 mußte Emden seine 82008 nach Freudenstadt abgeben (siehe Seite 114); einen Monat später, am 28.7.1960, wurde die 82033 nach einem Unfall abgestellt. Am 23.9.1960 wurde sie sogar z-gestellt. Nachdem die Lok am 8.2.1961 ins AW Lingen gebracht worden war, wurde sie am 16.2. wieder in den Einsatzbestand übernommen und kehrte am 13.5.1961 nach vollzogener L3-Hauptuntersuchung ins Bw Emden zurück. Den entstandenen Engpaß hatte vom Sommer 1960 an die 93631 überbrückt. Diese einzige Emdener 93 erhielt am 11.3.1961 das Bw Rheine.

Im Juli 1960 erhielt das Bw Emden seine ersten Diesellloks: die fabrikneuen V 60 578 bis 580. Diese Loks stellten jedoch zunächst noch keine Konkurrenz für die 82 dar, weil sie in Leer (V 60 578 und 579) und Papenburg (V 60 580) eingesetzt wurden. Die Planungen sahen im Sommer 1960 vor, in Emden noch drei weitere V 60 und zunächst fünf, später zehn V 100 zu stationieren. Doch die Planungen ließen sich nicht realisieren. Die V 100 kamen nie, von den drei angekündigten V 60 kam die erste am 28.9.1963 (V 60 1205). Am 22.12.1963 wurde V 60 579 gegen die mit Rangierfunk ausgerüstete V 60 654 mit dem Bw Oldenburg Hbf getauscht, so daß man jetzt anfangen konnte, Aufgaben der 82, die bis auf 82001 alle mit Rangierfunk ausgerüstet waren, auf die V 60 zu übertragen. Dadurch begannen die Laufleistungen von bisher im Schnitt 2500 bis 3000 Kilometer pro Lok und Monat bei der Baureihe 82 merklich abzusinken. Anfang Februar 1964 erhielt Emden mit V 60 652 eine fünfte V 60. Noch im selben Jahr wurde im September die 82037 als erste Lok abgestellt. Man stellte die Lok zwar weder auf z noch auf Reserve, setzte sie aber einfach nicht mehr ein. Zwar war einer L3 für die 82037 noch zugestimmt worden, doch wurde diese nicht

148 082 028 (Bw Emden) kommt mit ihrem Personenzug samt beigestellten Kurswagen gerade von Emden-Außenhafen zurück. Foto vom Sommer 1969.

149 82 035 (Bw Emden) rangiert in Emden-Süd am 19.10.1968.

mehr ausgeführt, sondern die Lok stand bis zum Ablauf ihrer Kesselfrist im Dezember 1966 untätig im Bw Emden herum.

In der zweiten Hälfte der 60er Jahre hatte die einsetzende wirtschaftliche Rezession auf den Einsatz der 82 ihre Auswirkungen. Die durchschnittliche Laufleistung sank ab 1965 auf unter 2000 Kilometer pro Lok und Monat ab. Am 12.6.1965 konnte man daher 82011 und 023 auf Reserve abstellen, am 17.7.1965 folgte die einzige nicht mit Rangierfunk ausgerüstete Lok, die 82001. Alle drei Loks wurden bis zu ihrer Ausmusterung in den Jahren 1967 und 1968 nicht mehr eingesetzt. Somit beheimatete das Bw Emden vom Sommer 1965 bis Ende 1966 zwar nach wie vor 13 betriebsfähige 82, setzte aber 4 Loks davon überhaupt nicht mehr ein. Im Sommer 1966 wurde der V 60-Bestand wieder auf vier, im Sommer 1967 auf drei Loks reduziert. 1966 (am 1.12. die 82037), 1967 (am 29.2. die 82011 sowie am 27.7. die 82001) und 1968 (am 3.4. die 82023) wurden die vier nicht mehr eingesetzten 82 z-gestellt, 1967 und 1968 außerdem noch drei weitere: 82034 am 20.4.1967, 82026 am 27.7.1967 und 82027 am 5.4.1968. Danach stiegen die Monatslaufleistungen der sechs verbliebenen Loks (82024, 025, 028, 033, 035 und 036; diese Loks wurden auch noch alle mit EDV-Nummernschildern versehen) ab 1967 wieder an und erreichten Mitte 1968 mit zeitweise über 3000 Kilometer pro Lok und Monat einen erneuten Höhepunkt.

1969 ging es den 082 »an den Kragen«. Im Januar kam mit 260576 wieder eine vierte V 60 nach Emden, und im Juni erhielt das Bw Oldenburg Hbf von der BD Karlsruhe die drei Loks 290183 bis 185, die in Emden eingesetzt wurden. Dadurch fielen die Laufleistungen der 082 im Juni 1969 schlagartig auf durchschnittlich 1000 Kilometer pro Lok und Monat. Am 15.9.1969 wurde 082028 z-gestellt.

150 82035 (Bw Emden) mit Personenzug nach Emden-Außenhafen im Bahnhof Emden-West, aufgenommen im November 1968.

151 Nach dem Ende des Emdener 82-Einsatzes war 082035 an die Georgsmarienhütte bei Osnabrück vermietet. Foto bei Patkoven am 30.12.1969.

Im September, Oktober und Dezember 1969 wurden die letzten vier Osnabrücker 094 (062, 561, 562 und 678 – inzwischen offiziell beim Bw Rheine stationiert) abgegeben. Als Ersatz rangierten dafür vorübergehend 082 033, 035 und 036 in Osnabrück Rbf. Ab Herbst 1969 wurde 082 035 an die Georgsmarienhütten-Eisenbahn (GME) für 300 DM pro Tag vermietet. Da eine Großdiesellok in Hauptuntersuchung war, setzte man die 082 035 werktags vor Übergabezügen zwischen Georgsmarienhütte und Hasbergen ein. Als Reserve stand während dieser Zeit die 082 036 im Bw Rheine. Später kam die 082 024 kurzzeitig als Ersatz für die 082 035 zum Einsatz. Im Februar oder März 1970 endeten diese Einsätze bei der GME.

Im Februar 1970 wurden 082 036 und 033 z-gestellt, am 30.5.1970 die 082 025 und 035, und als letzte Emdener 082 wurde am 1.7.1970 die 082 024 z-gestellt. Zunächst war geplant, 082 024 und 025 noch aufzuarbeiten und dem Bw Koblenz-Mosel, dem letzten 082-Stützpunkt, zuzuteilen. Da aber 082 035 die günstigste Zeitfrist hatte (L3 am 22.10.1964) und niedrigste Laufleistung seit der letzten Hauptuntersuchung (L2 am 27.5.1968) mit 49 000 Kilometern (bei einer Laufleistungsgrenze von 140 000 Kilometern plus 10 Prozent), wurde die Lok, deren Kesselfrist verlängert werden mußte, am 16.7.1970 dem Bw Koblenz-Mosel zugeteilt, am 1.8.1970 wieder in den Einsatzbestand übernommen und ausgebessert. Beim Bw Koblenz-Mosel war sie dann noch über 18 Monate im Einsatz und wurde dort als letzte 082 der DB überhaupt Ende April 1972 abgestellt.

Im März 1970 erhielt das Bw Emden als Ersatz für die letzten 082 vier 094 (199, 361, 531, 588), von denen noch zwei im April (094 199) und Mai (094 361) eine L2, die anderen beiden im Mai eine L0 erhielten. Ab Sommerfahrplan 1970 bestand dann ein Bedarf für zwei Plan- und zwei Sonderloks der Baureihe 094. Als Ergänzung bzw. Ersatz für abgestellte Maschinen kamen ab Ende 1971 noch folgende 094 nach Emden: 094 561, 134, 150, 581, 533, 540, 712, 207 und als letzte in der ersten Jahreshälfte 1974 die 094 640 (leihweise vom Bw Ottbergen), die auch als letzte 094 in Emden überhaupt erst am 2.12.1974 z-gestellt wurde.

Beheimatungen:
82 001   06.09.53 – 26.07.67 (z)
82 008   14.02.57 – 24.06.60
82 011   09.04.57 – 28.02.67 (z)
82 023   01.09.53 – 02.04.68 (z)
82 024   27.08.53 – 30.06.70 (z)
82 025   19.08.53 – 29.05.70 (z)
82 026   21.08.53 – 26.07.67 (z)
82 027   27.08.53 – 04.04.68 (z)
82 028   27.08.53 – 14.09.69 (z)
82 033   05.09.51 – 22.09.60 (z)
         16.02.61 – 28.02.70 (z)
82 034   .09.51 – 19.04.67 (z)
82 035   28.09.51 – 29.05.70 (z)
82 036   .10.51 – 15.02.70 (z)
82 037   .12.51 – 30.11.66 (z)

Durchaus unterschiedlich war man beim Bw Emden mit den einzelnen 82ern zufrieden. Manche Lokomotiven waren eher unbeliebt und wurden recht wenig eingesetzt (z. B. 82 001, 011, 023, 027 und 037), andere dagegen waren fast ständig im Einsatz (z. B. 82 024, 025 und 035). Die Aufstellung der Jahresleistungen von 1959 bis 1970 beim Bw Emden verdeutlicht dies:

Lok-Nr.	1959	1960	1961	1962	1963	1964	1965	1966	1967	1968	1969	1970
82 001	39 000	37 000	11 000	14 000	23 000	18 000	2 000	0	0	–	–	–
82 008	40 000	15 000*	–	–	–	–	–					
82 011	23 000	29 000	16 000	28 000	25 000	26 000	8 000	0	0	0	–	–
82 023	21 000	23 000	12 000	43 000	37 000	32 000	5 000	0	0	0	–	–
82 024	31 000	34 000	41 000	39 000	40 000	38 000	37 000	37 000	32 000	40 000	24 000	0
82 025	42 000	44 000	29 000	39 000	40 000	32 000	42 000	42 000	41 000	29 000	17 000	7 000
82 026	37 000	38 000	41 000	39 000	28 000	40 000	42 000	19 000	0	–	–	–
82 027	26 000	26 000	31 000	26 000	35 000	23 000	17 000	16 000	20 000	7 000	–	–
82 028	35 000	42 000	37 000	43 000	37 000	37 000	37 000	16 000	16 000	18 000	17 000	–
82 033	40 000	24 000	12 000	30 000	27 000	28 000	20 000	36 000	17 000	40 000	20 000	3 000
82 034	33 000	36 000	33 000	19 000	37 000	27 000	13 000	23 000	7 000	–	–	–
82 035	43 000	42 000	41 000	38 000	39 000	27 000	42 000	35 000	34 000	37 000	17 000	9 000
82 036	24 000	31 000	40 000	20 000	32 000	28 000	26 000	18 000	36 000	42 000	26 000	0
82 037	43 000	40 000	37 000	21 000	22 000	10 000	1 000	0	–	–	–	–
zusammen	477 000	461 000	381 000	399 000	422 000	366 000	292 000	242 000	203 000	213 000	121 000	19 000
⌀ pro Lok	34 100	34 800	29 300	30 700	32 500	28 200	22 500	18 700	21 100	32 800	22 900	11 600
durchschn. Monatslaufleistung pro Lok	2 800	2 900	2 400	2 600	2 700	2 300	1 900	1 600	1 800	2 700	1 900	1 000

Anmerkungen: Alle Werte in Kilometern
* = 82 008 gehörte nur bis zum 24.06.1960 zum Bw Emden, die Kilometerangabe bezieht sich deshalb nur auf knapp 6 Monate

BD Essen
Bw Hamm

Von den acht 82, die eigentlich das Bw Soest als Neulieferung erhalten sollte, wurden sechs direkt dem Bw Hamm zugeteilt. Im Dezember 1950 und Januar 1951 erhielt Hamm die fabrikneuen 82 003 bis 008. Sie wurden zusammen mit den zahlreichen 94[5] eingesetzt, deren Planbedarf vor dem Erscheinen der BR 82 noch bei 14 Maschinen (bei einem Bestand von knapp 25 Loks) gelegen hatte. Daneben waren in Hamm auch noch etwa fünf 92[5] zu finden. Alle wurden im weitläufigen Gleisfeld des damals fast größten Rangierbahnhofes in Europa eingesetzt. Auf mehreren Ablaufbergen konnten die neuen 82 deshalb auch im langsamen Abdrückgang erprobt werden. Übergabezüge zu den Zechen des Hammer Raumes (Sachsen in Hessen, Radbod in Bockum-Hövel, Heinrich Robert in Pelkum, Königsborn in Bönen) gehörten ebenfalls zu den Einsätzen, in denen man die 94 und 82 finden konnte. Speziell der Einsatz nach Bönen, 10 Kilometer über die Hauptstrecke in Richtung Hagen, verlangte den Maschinen einiges ab, da eine gute Beschleunigung bei sehr hohen Zuggewichten gefordert war. Bereits nach einem Jahr endete der Einsatz der Baureihe schon wieder. Im Dezember 1951 und Januar 1952 wurden 82 004 bis 008 dem Bw Hamburg-Wilhelmsburg und 82 003 dem Bw Soest zugeteilt. In Hamm hielt sich die Baureihe 94[5] noch über zwei Jahrzehnte. Mit als letzte 094 der DB wurden die Hammer 094 055

152 82 004 (Bw Hamm) war noch fast neu, als sie am 19.8.1951 im Bw Hamm beim Sandnehmen aufgenommen wurde. Erkennbar war sie »Westlok II« im Rangierbahnhof. Sie hat noch keinen Vorwärmer.

Bw Soest

Noch im Mai 1950 hatte man geplant, in Soest einen großen 82-Bestand aufzubauen: Dieses Bw sollte aus der ersten 82-Lieferung gleich acht Loks erhalten. Die 82 sollten die etwas über der Leistungsfähigkeit der BR 94^5 liegenden Aufgaben im Rangierdienst übernehmen, für die noch 1950 einige wenige Loks der BR 58^{10} eingesetzt werden mußten. Auch die rund acht 94^5 (Planbedarf im Sommer 1950: sechs Loks) sollten von der Reihe 82 ersetzt werden, da Soest überwiegend über sehr alte 94^5 (Baujahr um 1915) verfügte.

Bis zur Auslieferung der Loks änderte man die ursprüngliche Planung jedoch so, daß Soest für den Ersatz der BR 58^{10} nur zwei 82 erhielt, während die anderen sechs Loks dem nahegelegenen Bw Hamm zugeteilt wurden. Anfang Dezember 1950 erhielt das Bw Soest seine 82 001 und 002 fabrikneu zugeteilt. Zusammen mit den 94^5 waren die beiden 82 im Rangierdienst in Soest eingesetzt.

Als das Bw Hamm Gbf um den Jahreswechsel 1951/52 seinen 82-Bestand bereits wieder auflöste, erhielt das Bw Soest mit 82 003 am 28.1.1952 eine dritte 82. Da man in Soest aber gut mit zwei Loks dieser Baureihe auskam, wurde 82 001 am 5.9.1953 nach Emden abgegeben. Über zehn Jahre lang behielt Soest jetzt seine beiden Loks 82 002 und 003. Hier überlebten die 82er auch die BR 94^5. Als der Soester Rangierbahnhof immer bedeutungsloser wurde, weil seine Aufgaben der große Rangierbahnhof in Hamm übernahm, benötigte man auch keine schweren Rangierloks mehr. Als letzte Rangierloks gab Soest daher seine beiden 82 am 19. und 20.12.1963 nach Paderborn ab. Dort wurden sie jedoch nicht heimisch, und sie gingen ein halbes Jahr später nach Hamburg-Wilhelmsburg weiter.

Beheimatungen:
82 001 07.12.50–05.09.53
82 002 06.12.50–20.12.63
82 003 28.01.52–19.12.63

und 730 erst im Dezember 1974 Z-gestellt. Den Rangierdienst im Hammer Rbf übernahmen ab 1968 mehr und mehr die V 90, nachdem bereits zehn Jahre vorher die V 60 für die leichteren Rangieraufgaben in Hamm erschienen waren. Beide Baureihen sind auch heute noch in großer Stückzahl in Hamm beheimatet.

Beheimatungen:
82 003 19.12.50–27.01.52
82 004 05.12.50–29.01.52
82 005 28.12.50–17.12.51
82 006 30.12.50–04.01.52
82 007 17.01.51–20.01.51
82 008 07.01.51–03.12.51

Bw Paderborn

Knapp fünf Jahre nach dem Abzug der BR 23 vom Bw Paderborn tauchten hier im Dezember 1963 mit den Soester 82 002 und 003 zum zweiten Mal Neubaudampfloks auf. Sie sollten die vorhandenen 94^5 ersetzen, die im Rangierdienst benutzt wurden. Anders als in den 50er Jahren mit der BR 23, die damals wie Schnellzugloks eingesetzt wurden, kam man diesmal mit den Neubauloks offenbar nicht gut zurecht. Bereits nach einem halben Jahr wurden die beiden 82 an das Bw Hamburg-Wilhelmsburg abgegeben, ihre Dienste übernahmen wieder 94^5, die erst 1967 durch V 60 ersetzt wurden.

Beheimatungen:
82 002 21.12.63–20.06.64
82 003 20.12.63–20.06.64

BD Wuppertal
Bw Ratingen West

Ende Oktober 1950 erhielt Ratingen West als zweites Bahnbetriebswerk der DB Neubaudampfloks zugeteilt: 82 026 bis 028. Das erscheint zunächst erstaunlich, weil Ratingen West ein fast bedeutungsloses Bw mit einem Mini-Lokbestand war, der lediglich etwas mehr als zehn 94^5 umfaßte. Diese 94^5 wurden allerdings in Plänen gefahren, für die sich die 82 geradezu anboten: sie wurden im kombinierten Strecken- und Anschlußverkehr mit schweren Kalkzügen eingesetzt, die direkt zwischen den Kalkwerken bei Düsseldorf und den Hütten des Ruhrgebietes (in erster Linie im Duisburger Raum) gefahren wurden. Die 82 waren in diesen Plänen den 94^5 nicht nur wegen ihrer höheren Leistung und besseren Kurvengängigkeit (wichtig bei Anschlußgleisen) überlegen, sondern auch, weil sie wegen ihres größeren Wasservorrates die meisten Strecken ohne Betriebshalt zum Wassernehmen durchfahren konnten, was bei den 94^5 nicht möglich war.

153 82 003 (Bw Soest) präsentiert sich auf ihrer »Stammstrecke«, dem Ablaufberg der Börde-Stadt, aufgenommen am 10.10.1959.

Bekannt sind außer den beschriebenen Leistungen auch noch von den 82 geführte Züge auf der Angertalbahn Ratingen West–Wülfrath–Aprath–Gruiten. Doch trotz ihrer Überlegenheit gegenüber den 94^5 wurden die drei 82 bereits im Oktober 1951 (82 028, anschließend AW-Aufenthalt), November 1951 (82 027) und April 1952 (82 026, anschließend im AW) an das Bw Siegen abgegeben, das bereits über die Schwesterloks 82 023 bis 025 seit deren Ablieferung verfügte. Das Bw Ratingen West hingegen wurde in den 50er Jahren aufgelassen, die Leistungen und Loks übernahm in erster Linie das nahegelegene Bw Düsseldorf-Derendorf, das zeitweise auch schon für den Einsatz der Ratinger Loks verantwortlich gewesen war.

Beheimatungen:
82 026   21.10.50–06.04.52
82 027   27.10.50–13.11.51
82 028   31.10.50–18.10.51

Bw Letmathe

Etwa 15 Monate, nachdem die drei 65 des Bw Letmathe wegen der Schäden an der Domaushalsung abgestellt worden waren (siehe S. 66), erhielt dieses Bw zum zweiten Mal Neubaudampfloks zugeteilt. Diesmal waren es gleich sechs 82, die einen Ersatz für die Letmather 57^{10} und 93^5 bilden sollten, nachdem sie wieder für 14 atü Kesseldruck zugelassen waren. Die sechs Maschinen 82 023 bis 028 kamen im April 1953 aus Siegen. Die Einsätze bildeten vor allem schwere Übergabezüge und Kalkzüge auf den Strecken Letmathe–Iserlohn–Menden–Fröndenberg und Letmathe–Hagen-Vorhalle bzw. Hagen-Gbf.

Der Einsatz der 82 in Letmathe währte allerdings noch kürzer als der der 65 – nur gut vier Monate. Das Bw Emden zeigte großes Interesse an den sechs Maschinen, so daß man sie im August 1953 (82 025 und 027 kamen bereits im Juli 1953 ins AW Lingen) nach Ostfriesland schickte, wo sie allesamt bis zu ihrer Ausmusterung blieben.

Beheimatungen:
82 023   19.04.53–25.08.53
82 024   10.04.53–26.08.53
82 025   10.04.53–23.07.53
82 026   10.04.53–26.08.53
82 027   10.04.53–27.07.53
82 028   10.04.53–25.08.53

Bw Siegen

Anfang Oktober 1950 erhielt das Bw Siegen als erstes Betriebswerk der DB Neubaudampfloks zugeteilt: die fabrikneuen Henschel-Loks 82 023, 024 und 025. 82 023 war jedoch vom 5.10.1950 – 6.3.1951 bei der Versuchsanstalt Minden. Zunächst war geplant gewesen, die drei Lok dem Bw Altenhundem zuzuteilen, das die Loks im Schiebedienst einsetzen wollte. Das Bw Altenhundem verfügte bereits 1950 über einen großen, sehr typenarmen Lokbestand. Von Bedeutung waren hier nur die etwa 50 Maschinen der BR 44 und rund acht 86. Als man dann aber festlegte, die Loks 23 011 bis 015 dem Bw Siegen zuzuteilen, entschied man sich, auch die 82 in Siegen zu beheimaten. Siegen hatte neben einigen Personenzugtenderloks der BR 64 und ein paar Einzelstücken nur Güterzugloks der BR 41 (etwa 15), 55^{16} (rund 10) und 58^{10} (drei) bis zum Erscheinen der 82 gehabt. Das nahe gelegene Bw Kreuztal Vbf beheimatete außerdem (in jeweils etwa fünf bis zehn Exemplaren) die BR 44, 57^{10} und 94^5.

Die Siegener 82 wurden vor allem im Schiebedienst eingesetzt, also in solchen Diensten, die sie auch bei einer Stationierung in Altenhundem erbracht hätten. Von Altenhundem aus schoben sie Güterzüge in Richtung Süden bis Welschen-Ennest nach, von Siegen Ost nach Süd-Osten auf der Strecke nach Dillenburg bis Rudersdorf. Vermutlich wurden die Loks mitunter auch im Rangierdienst in Kreuztal Vbf und Siegen verwendet. In der Erprobungsphase der Loks fuhren die 82 auch Personenzugleistungen. Bekannt sind einige Züge nach Betzdorf, Hilchenbach und Dillenburg, bei denen die Maschinen voll ausgefahren wurden. Sowohl im Schiebedienst als auch im Reisezugdienst befriedigten die vorwärmerlosen 82 aber nicht.

Am 14.11.1951, 30.11.1951 und 1.5.1952 erhielt Siegen die drei Loks 82 027, 028 und 026 vom Bw Ratingen West, so daß die BD Wuppertal jetzt nur noch einen 82-Stützpunkt hatte. Aber bereits im April 1953 gab Siegen alle seine 82 (023 bis 028) nach Letmathe ab, von wo sie wenige Monate später zum Bw Emden versetzt wurden, das die Loks dringend benötigte.

Beheimatungen:
82 023   07.03.51–18.04.53
82 024   10.10.50–09.04.53
82 025   14.10.50–09.04.53
82 026   01.05.52–09.04.53
82 027   14.11.51–09.04.53
82 028   30.11.51–09.04.53

154 In ganzer Schönheit: 82 025 auf der Drehscheibe des Bw Siegen direkt nach der Abnahme Mitte Oktober 1950. Sie besitzt auf dem Kohlenkasten einen Aufbau aus Holz, ebenso wie 82 023, 024 und 026. Anscheinend wurden die ersten Henschel-Loks ohne die Deckklappen geliefert.

155 82 025 (Bw Siegen) mit Personenzug Siegen –Betzdorf in Brachbach, aufgenommen im Herbst 1950. Im Hintergrund steht noch eine kriegszerstörte 42.

BD Mainz

Bw Altenkirchen

Nachdem bis 1950 die letzten 56^2 aus Altenkirchen abgezogen worden waren, setzte das Bw Anfang der 50er Jahre nur Loks der BR 93^5 und 94^5 planmäßig ein. Dafür beheimatete es um 1950 knapp zehn 93^5 und knapp 20 94^5. Diese Loks waren zum größten Teil im Streckendienst eingesetzt. Um die 94^5 teilweise zu ersetzen, erhielt Altenkirchen am 18.12.1951 die 82 005 aus Hamm und die 82 020 und 021 aus Hamburg-Wilhelmsburg zugeteilt.

Zunächst wurden die 82 in einem gemeinsamen Dienstplan für fünf Loks zusammen mit der Baureihe 94^5 eingesetzt. Haupteinsatzgebiet waren die beiden Strecken von Altenkirchen nach Au (Sieg) und über Erbach (Westerwald) nach Westerburg und teilweise weiter bis Limburg (Lahn). Auch Siershahn bzw. Montabaur wurden angelaufen. Zwar bestand der größere Teil der Leistungen aus Güterzügen, da im Personenzugverkehr die Baureihe 93^5 dominierte, doch zogen auch die 82 und 94^5 verschiedene Personenzüge, vor allem auf der Strecke Altenkirchen–Westerburg–Limburg. Bei den Güterzügen auf dieser Strecke handelte es sich neben Nahgüterzügen auch um Schotterzüge.

Als die Maschinenfabrik Esslingen 1955 vier 82 nachlieferte, erhielten die beiden Bw Freudenstadt und Altenkirchen, das als einziges die 82 zu dieser Zeit in erster Linie im Streckendienst einsetzte, je zwei Maschinen zugeteilt. Altenkirchen bekam 82 039 fabrikneu im August 1955. Die ebenfalls im August abgenommene 82 038 traf jedoch erst Mitte November 1955 in Altenkirchen ein, da sie zuvor in Minden bei der Lokomotiv-Versuchsanstalt erprobt worden war. Mit dem jetzt auf fünf 82 angewachsenen Bestand war man in der Lage, für die BR 82 einen eigenen Umlauf zu gestalten und die 94^5 aus dem Plandienst zu verdrängen. Alle Leistungen der 94^5, die wegen der beschränkten Anzahl von Lokomotiven nicht von der BR 82 übernommen werden konnten, gingen an die 93^5 über. Dazu wurde der Bestand an 93^5 beim Bw Altenkirchen ab 1952 vergrößert und lag noch Anfang der 60er Jahre bei rund 20 Maschinen. Die 94^5 zog man dagegen ganz aus Altenkirchen ab, als für die schweren Leistungen genug 82 zur Verfügung standen. 94 1247 und 1384 wurden als letzte am 19.12.1956 von Altenkirchen nach Engers umbeheimatet. Personenzugleistungen gingen teilweise auch an Schienenbusse über, so daß der Anteil an diesen Zugleistungen für die BR 82 immer geringer wurde.

Nach dem Verschwinden der 94^5 änderte sich am Einsatz der 82 viele Jahre hindurch nichts Wesentliches. Vier Loks wurden vom Bw Altenkirchen eingesetzt, eine fünfte Lok von der Außenstelle Siershahn, das außerdem noch zwei 93^5 planmäßig benötigte. Auch am Einsatzgebiet änderte sich wenig. Am häufigsten anzutreffen waren die 82 nach wie vor mit Güterzügen auf den Strecken Altenkirchen–Au und Altenkirchen–Westerburg–Limburg. Die Anzahl der Personenzüge sank dagegen in der zweiten Hälfte der 50er Jahre immer weiter ab. Betrug sie im Winterfahrplan 1956/57 noch vier Stück, so hatten die 82 zwei Jahre später nur zwei Personenzugleistungen, im Winterfahrplan 1960/61 überhaupt keine mehr. Dafür stieg der Anteil an Rangierleistungen. Außer Rangierdienst auf kleineren Unterwegs-Bahnhöfen wie z.B. Neitersen (bei Altenkirchen) oder Rotenhain (zwischen Erbach und Westerburg), leisteten die 82 Rangierdienst in Altenkirchen, Au, Etzbach (bei Au) und Westerburg. Von Etzbach aus waren auch viele Übergabefahrten zu erbringen. Die 82 der Außenstelle Siershahn wurde dort überwiegend im Rangierdienst verwendet, aber auch bis Montabaur oder Grenzau kam die Siershahner 82 zeitweise. Eine Besonderheit stellt noch der Einsatz von Altenkirchener 82 als Schublok bei schweren Güterzügen dar. Vor allem auf dem Abschnitt Altenkirchen–Obererbach (Strecke nach Au) wurde oft nachgeschoben.

Am 18.12.1960 wurde dem Bw Altenkirchen mit 82 008 eine sechste Lok dieser Baureihe zugeteilt. Die Lok, die zuvor in Freudenstadt gewesen war, dort aber mangels Gegendruckbremse keine sinnvolle Unterstützung für 82 040 und 041 sein konnte (siehe Seite 114), traf aber erst am 2.1.1961 in Altenkirchen ein. Somit hatte man jetzt endlich eine Reservelok dieser Baureihe in Altenkirchen, denn der Bedarf laut Laufplan blieb unverändert bei fünf Loks, von denen nach wie vor eine in der Außenstelle Siershahn eingesetzt wurde.

Zum Sommerfahrplan 1961 wurde das Einsatzgebiet der 82er stark verändert. Von der Strecke Altenkirchen–Westerburg–Limburg wurden die 82er völlig abgezogen. Auch die Leistungen auf der Strecke nach Au wurden reduziert. Dafür kamen vermehrt Güterzüge von Altenkirchen nach Siershahn hinzu, die meisten Leistungen wurden aber jetzt auf der Relation Siershahn–Grenzau–Engers–Neuwied im Güterzugdienst erbracht. Aus dem Umlaufplan vom Winter 1960/61 blieben im Sommerfahrplan 1961 nur noch zwei Zugpaare Altenkirchen–Au und die Übergabezüge von Etzbach aus erhalten. An dem eintägigen Umlauf der Siershahner Lok wurde hingegen nichts geändert, sie war weiterhin nur im Verschub in Siershahn zu finden.

Die Verlagerung des Einsatzgebietes der Altenkirchener 82 nach Südwesten zum Sommerfahrplan 1961 blieb in den folgenden Jahren erhalten. Zum Sommerfahrplan 1966 gab das Bw Altenkirchen die Dampflokunterhaltung auf, nur ein paar Kleinloks behielten Altenkirchen als Heimat-Bw. Die sechs 82 (005, 008, 020, 021, 038, 039) wurden am 20./21.5.1966 zum Bw Koblenz-Mosel umbeheimatet, die 93^5 spielten in Altenkirchen bereits keine Rolle mehr. Das Haupteinsatzgebiet der 82, die Strecke Siershahn–Engers–Neuwied, blieb den Loks auch beim Bw Koblenz-Mosel erhalten (siehe Seite 113).

Beheimatungen:
82 005   18.12.51–21.05.66
82 008   18.12.60–21.05.66
82 020   18.12.51–21.05.66
82 021   18.12.51–21.05.66
82 038   19.11.55–20.05.66
82 039   10.08.55–21.05.66

156 82 021 (Bw Altenkirchen) nimmt am 7.3.1962 Wasser im Bahnhof Neuwied/Rhein.

159 82 004 (Bw Koblenz-Mosel) mit dem abendlichen P 1489 nach Limburg, aufgenommen am 24.11.1967 in Koblenz Hbf.

160 082 038 (Bw Koblenz-Mosel) hat auf der Fahrt zum AW Lingen in Münster die Vorräte ergänzt. Um 10.35 Uhr geht es am 12.3.1970 weiter in Richtung Emsland.

158 Sonntagsruhe im Bw Siershahn. V 60 203, 82 008, 021, 038, 005 (von links, alle Bw Koblenz-Mosel) schlummern neuen Taten entgegen, 17.6.1968, 082 021 ist schon mit EDV-Nummern ausgerüstet.

Bw Koblenz-Mosel

Als das Bw Altenkirchen im Mai 1966 seine Dampflokunterhaltung einstellte, übernahm das Bw Koblenz-Mosel die Beheimatung der Altenkirchener 82. Am 21. und 22.5.1966 wurden 82005, 008, 020, 021, 038 und 039 nach Koblenz-Mosel umbeheimatet. Zur Verstärkung des Bestandes kamen am 23.5.1966 aus Hamburg-Wilhelmsburg noch 82004 und 012 dazu, aus Freudenstadt am 1.6.1966 die 82041 und am 23.6.1966 die 82040, die dort durch Dieselloks der Baureihe V 100[20] mit Steilstreckenausrüstung ersetzt worden waren. Koblenz-Mosel verfügte damit über immerhin zehn 82, davon zwei mit Riggenbach-Gegendruckbremse.

Die Loks liefen auch weiterhin beim Bw Altenkirchen, das neben Siershahn und Koblenz-Mosel auch Personal stellte. Altenkirchen selbst wurde allerdings nicht mehr angelaufen, weil die 82 auf der Strecke Siershahn–Altenkirchen nur bis Puderbach fuhren. Außerdem kamen sie von Siershahn aus nach Neuwied im Westen und Wallmerod (Strecke nach Westerburg) bzw. Steinefrenz (Strecke nach Westerburg) im Osten. Interessant an diesem viertägigen Plan, in dem jede Lok durchschnittlich um 170 Kilometer pro Tag fuhr, waren der Güterzug 8075, der zwischen Neuwied und Siershahn mit 82 als Zug- und als Drucklok fuhr, die Bedienung des Streckenstücks Grenzau–Höhr-Grenzhausen und einige Leistungen im Großraum Koblenz. In dem abgedruckten Plan vom Som-

mer 1967 (siehe S. 110) war sogar ein morgendliches Personenzugpaar zwischen Koblenz Hbf und Kobern-Gondorf (Strecke Koblenz–Trier) enthalten.

Dank des hohen 82-Bestandes konnte ein weiterer Plan für eine Lok aufgestellt werden, der über 200 km Tagesleistung auswies. Dieser Plan erschloß den 82 ein neues Einsatzgebiet: die Steilstrecke Linz–Kalenborn, wo bisher 94^5 mit Gegendruckbremse eingesetzt waren. Die Strecke führte ursprünglich von Linz bis Flammersfeld, wo sie Anschluß an die Linie Altenkirchen–Siershahn hatte. Nach dem Krieg wurden nach und nach Streckenstücke stillgelegt, so daß ab Winterfahrplan 1966/67 nur noch das Streckenstück bis Kalenborn übrigblieb. Eingesetzt werden konnten hier nur die Gegendruckloks 82 040 und 041. Der Plan brachte auch zwei Leerfahrten auf der rechten Rheinstrecke zwischen Koblenz und Linz mit sich, weil abends und morgens je ein Personenzug nach bzw. von Limburg enthalten war, wo die Lok übernachtete. Meist wurde vor diesem Einsatz in Koblenz aber die Lok getauscht, so daß 82 040/041 in Koblenz blieben. Die 94^5 waren zwar aus dem Dienst verdrängt, doch wurden die letzten 94^5 erst aus Koblenz abgezogen, als die beiden Steilstreckendiesselloks 213 340 und 341 im Sommer 1968 von der Strecke Rastatt–Freudenstadt abgezogen und in Gießen beheimatet wurden. Sie wurden auf der Strecke Linz–Kalenborn eingesetzt und lösten dort gleichzeitig die 82 040 ab.

Außerdem wurden die Koblenzer 82 auch als Hilfszuglok und gelegentlich als Arbeitszugloks eingesetzt. Diese Leistungen nahmen jedoch mit dem Schrumpfen des Bestandes ab, denn bereits im September und Oktober 1967 mußten 82 041 und 82 012 abgestellt werden. Im September 1968 folgte 82 005, im Oktober 1969 82 039, so daß zu Beginn des Jahres 1970 nur noch sechs Loks für den viertägigen Umlaufplan zur Verfügung standen.

Schließlich wurde auch noch am 30.6.1970 die 082 038 z-gestellt, man entschloß sich jedoch, die Lok wieder auszubessern, und übernahm sie einen Tag später wieder in den Einsatzbestand. Auf sieben Maschinen erhöht wurde der Bestand am 15.7.1970 durch die Emdener 082 035. Sie war in Emden am 30.5.1970 Z-gestellt worden und wurde am 14.7. buchmäßig nach Koblenz-Mosel umstationiert. Am 1.8. wurde sie wieder in den Einsatzbestand übernommen (laut DB-Fahrzeugstatistik gilt dieses Datum auch als Umstationierungsdatum) und erhielt vom 3.8. bis 2.9.1970 im AW Lingen eine L0. Wenige Tage nach ihrer Wiederinbetriebnahme schied dafür die Koblenzer 082 020 aus dem Betrieb aus.

161/162 82 021 (Bw Koblenz-Mosel) läuft mit einem Güterzug im Bahnhof Grenzau ein, 23.5.1967. Im Zug läuft noch ein Bi als Dienstwagen. Hinten schiebt 82 008 kräftig mit, damit der lange Zug die Steigung hinaufkommt.

163 082035 (Bw Koblenz-Mosel) arbeitet sich mit einem schweren Güterzug nach Siershahn die Steigung bei Wirges herauf, 20.7.1971.

Als im Dezember 1970 auch 082004 abgestellt werden mußte, war es mit den fünf verbliebenen 082 fast unmöglich, den Umlaufplan aufrechtzuerhalten. Am 12.2.1971 erhielt Koblenz-Mosel deshalb, zunächst leihweise, wieder eine 94[5] – die 094592 des Bw Kaiserslautern. Als am 4.5.1971 die 082038 Z-gestellt wurde, kam im Mai die Saarbrückener 094184 als Ersatz, ihr folgte als dritte Lok am 3.6.1971 094055 aus Augsburg. Alle drei Loks wurden ab 1. bzw. 2.6.1971 fest dem Bw Koblenz-Mosel zugeteilt, daß damit zu Beginn des Sommerfahrplans 1971 über vier 082 und drei 094 verfügte.

Das Einsatzgebiet der 082 (und der »neuen« 094) blieb der Westerwald, Personal-Bw blieb bis zum Schluß Altenkirchen. Von Siershahn aus fuhren die Loks, wie bereits beschrieben, im Westen bis Engers und Neuwied, im Osten über Montabaur bis Wallmerod bzw. Steinefrenz und im Norden wieder bis Altenkirchen durch. Entfallen waren vor allem die Leistungen im Koblenzer Raum, und natürlich der Plan mit dem Personenzugpaar Limburg–Koblenz und den Leistungen auf der Steilstrecke Linz–Kalenborn.

Am 11.8.1971 entgleiste 082040 im Bahnhof Engers beim Überfahren einer Gleissperre bei ca. 20 bis 25 km/h mit der ersten bis dritten Achse. Das Bw Koblenz-Mosel schlug eine L0-Ausbesserung im AW Lingen vor, die jedoch wegen des schlechten Allgemeinzustandes und der bald erreichten Laufleistungsgrenze (noch 14000 Kilometer) nicht mehr ausgeführt wurde. Die BD Köln, zu der das Bw Koblenz seit Juni 1971 gehört, verfügte am 1.9.1971 die Z-Stellung der letzten Gegendruck-082 der DB rückwirkend zum 11.8.1971. Auch der Einbau der Gegendruckbremse in eine andere 082 wurde nicht mehr durchgeführt.

Als drittletzte 082 ging am 12.11.1971 die 082008 wegen durchgerosteter Pendelbleche auf »Z«. 082035 mußte am 29.11.1971 ins AW Lingen. Sie wurde jedoch nicht abgestellt, sondern erhielt völlig unerwartet noch einmal eine L0 und kehrte Ende Dezember 1971 wieder in ihr Heimat-Bw zurück. Dafür mußte dann aber am 14.1.1972 die 082021 als vorletzte DB-082 Z-gestellt werden, weil ihre Zeitfrist abgelaufen war und eine L2 nötig gewesen wäre. Einige Tage zuvor (am 9.1.) hatte der Verein Eisenbahn-Kurier mit der Lok noch eine Sonderfahrt durch den Westerwald veranstaltet. Auch schon in früheren Jahren konnte man Koblenzer 082 vor Sonderzügen bewundern; so pendelten z.B. 082004 und 082040 am 18. und 19.3.1970 anläßlich eines Tages der offenen Tür in Mainz zwischen Mainz Hbf und Hochheim/Main mit einem Sonderzug aus alten Bi-Wagen.

Im Januar und Februar 1972 kam dann die endgültige Ablösung der drei Koblenzer 094 und der 082035. Die neugelieferten Loks 290246 bis 249 wurden in diesen beiden Monaten dem Bw Koblenz-Mosel zugeteilt und übernahmen sofort die Dampflok-Leistungen im Westerwald. Die 094 wurden deshalb bereits Ende Dezember 1971 (094592) bzw. Mitte Februar 1972 (094055 und 184) zum letzten Mal eingesetzt; 094184 kam im Mai 1972 jedoch noch einmal am Ablaufberg in Oberlahnstein zum Einsatz.

Die 082035, letzte 082, fuhr am 23./24.3.1972 von Koblenz zum AW Lingen. Sie wurde dort nicht mehr ausgebessert, sondern am 1.5.1972 Z-gestellt. Zunächst war vorgesehen, die Lok in Lingen als Denkmal aufzustellen. Man entschied sich jedoch, die noch in Koblenz abgestellte 082008 dafür zu verwenden. Sie wurde am 3.5.1972 nach Lingen geschleppt, dort äußerlich aufgearbeitet und am 27.3.1973 an der Güterabfertigung des Bahnhofs Lingen/Ems als Denkmal aufgestellt, wo man sie noch heute als letzte vorhandene 82 finden kann. Die 082035 wurde hingegen zwei Tage nach Eintreffen der 082008 in Lingen nach Sankt Arnold bei Rheine geschleppt. Nach einigen Monaten Abstellzeit wurde sie im Oktober 1972 nach Witten/Ruhr geschleppt und dort bei der Firma Metzger im Februar 1973 verschrottet.

In Koblenz standen im Bw nach Eintreffen der vier erwähnten 290 die 094 noch als Reserve. 094184 wurde am 15.6.1972 nach Lehrte abgegeben, 094055 und 592 am 12.9.1972 nach Hamm. Die Loks waren auch nicht mehr als Ersatz für eine der vier 290 nötig gewesen, weil das Bw Gießen von März bis Mai 1972 die restlichen acht 213 (332–339) des Bw Karlsruhe erhalten hatte und damit nicht nur die Dillenburger 094 ablöste, sondern auch einige Leistungen im Westerwald übernehmen konnte. Nach Abgabe der Koblenzer 094 verblieb lediglich noch die im Güterbahnhof abgestellte 082021 bis Anfang 1973 in Koblenz – sie wurde im Mai 1973 in Karthaus bei Trier zerlegt.

Beheimatungen:
82004 23.05.66–21.12.70 (z)
82005 22.05.66–19.09.68 (z)
82008 22.05.66–11.11.71 (z)
82012 23.05.66–12.10.67 (z)
82020 22.05.66–16.09.70 (z)
82021 22.05.66–13.01.72 (z)
82035 01.08.70–30.04.72 (z)
82038 21.05.66–29.06.70 (z)
       01.07.70–04.05.71 (z)
82039 22.05.66–09.10.69 (z)
82040 23.06.66–10.08.71 (z)
82041 01.06.66–18.09.67 (z)

164 Das bittere Ende: 082035 wird im März 1973 bei der Firma Metzger(!) in Witten »geschlachtet«.

BD Stuttgart
Bw Freudenstadt

Die Strecke Rastatt–Schönmünzach–Freudenstadt hatte seit jeher eine große Bedeutung für den Ausflugs-, Erholungs- und Wintersportverkehr. Bis 1929/30 herrschte auf dem Streckenstück Schönmünzach–Freudenstadt wegen der starken Steigungen Zahnradbetrieb, der mit Loks der Reihe 97^3 abgewickelt wurde. Nach Ausbau der Zahnstange übernahmen 94^5 mit Riggenbach-Gegendruckbremse den Betrieb. Dabei wurden alle Züge in Schönmünzach umgespannt, weil die Loks, die die Züge von bzw. nach Rastatt brachten, nicht bis/ab Freudenstadt durchlaufen konnten. Während des Krieges konnte man 1942/43 beobachten, wie sich 01 nach Freudenstadt »hochquälten« (mit Schub-94 natürlich).

Im Spätsommer 1955 erhielt das Bw Freudenstadt fabrikneu die einzigen DB-Neubaudampfloks mit Gegendruckbremse, die 82 040 und 041 der Maschinenfabrik Esslingen. Zu diesem Zeitpunkt waren in Freudenstadt außer Loks der Reihen 38^{10}, 50, 57^{10}, 94^1 und Schmalspurloks, die aber allesamt nichts auf der Steilstrecke zu suchen hatten, die »Riggenbach«-Loks 94 705, 820, 1206, 1249, 1268, 1376, 1377 und 1544 beheimatet, von denen die drei Maschinen 94 705, 1206 und 1544 nach Zuteilung der neuen 82 bis Jahresende abgegeben werden konnten, so daß zwei 82 und fünf 94^5 zur Verfügung standen.

Die beiden 82 hatten einen eigenen Umlaufplan, der ausschließlich Fahrten auf dem Streckenstück Schönmünzach–Freudenstadt Stadt–Freudenstadt Hbf vorsah. Dabei finden sich die größten Steigungen zwischen Baiersbronn und Freudenstadt Stadt, wo die Strecke mit einer Neigung von bis zu 5% auf nur etwa 5,5 Kilometern Länge von 546 Metern Höhe über Normal-Null auf 739 Meter ansteigt (siehe Karte). Auf dieser Strecke lag die Grenzlast der 82 bei 185 Tonnen Zuggewicht, die der 94^5 dagegen bei nur 160 Tonnen, so daß man die 82 in einem eigenen Umlauf einsetzte, der die schwersten Züge vorsah.

Zu diesen schweren Zügen gehörte auch das Eilzugpaar E 769/770, das aus sechs bis sieben vierachsigen Wagen bestand und Kurswagen aus Dortmund mitführte. Dieses Zugpaar wurde im Sommer immer mit zwei Loks gefahren, jeweils eine Lok an jedem Zugende. Bis etwa vier Schnellzugwagen konnte eine 82 alleine bewältigen. Laut dem abgedruckten Laufplan beispielsweise wurden außer den beiden Eilzügen noch einer von sieben Personenzügen und beide Güterzugpaare nachgeschoben.

Besonders schwere Brocken waren die sogenannten »Glückskäfer-Expreß«-Sonderzüge aus dem Ruhrgebiet, die zweitweise so schwer waren, daß sie bei Bergfahrt von einer Lok gezogen und zwei Loks geschoben werden mußten, wobei nach Möglichkeit beide 82 und eine 94^5 herangezogen wurden.

Die beiden 82 waren störungsanfälliger als die 94^5, u. a. wegen der Probleme verschiedener Neubaudampfloks an Heißdampfregler und Mischvorwärmer. Wegen ihrer höheren Leistungsfähigkeit konnte man auf die Maschinen aber nicht verzichten, so daß das Werkstattpersonal des Bw Freudenstadt so manche abendliche Überstunde einlegen mußte, um die Lok für den nächsten Einsatztag wieder hinzukriegen, denn laut Umlaufplan waren beide Loks an jedem Tag der Woche voll ausgelastet.

Bei diesem intensiven Einsatz der 82 kamen die Loks natürlich auch auf höhere Laufleistungen als die 82 anderer Bw. Eine Aufstellung der Jahresleistungen beider Loks zusammen von 1956 bis 1966 ist recht aufschlußreich, zum Vergleich werden auch noch die Angaben der 94^5 mit aufgeführt:

Die Aufstellung zeigt, daß die beiden 82 während ihrer Einsatzzeit in Freudenstadt mehr Kilometer gefahren haben als die durchschnittlich fünf 94^5 zusammen. Bis etwa 1961 leisteten die 82 etwa gleichviel wie die 94^5 (1958 und 1960 jedoch erheblich mehr), von 1962 bis 1965 stieg ihr Anteil wesentlich über den der 94^5 an. 1963 fuhren 82 040 und 041 z. B. zusammen 111 817 Kilometer, das sind umgerechnet auf eine Lok fast 56 000 Kilometer. Solche Laufleis-

Jahresleistung aller Loks zusammen in km

Jahr	BR 82 (Summe aus 2 Loks)	BR 94^5 (Summe aus 5 Loks)	Summe zusammen (7 Loks)
1956	ca. 81 000	ca. 121 000	ca. 202 000
1957	91 104	91 146	182 250
1958	95 451	80 988	176 439
1959	ca. 83 000	ca. 98 000	ca. 181 000
1960	97 201	81 460	178 841
1961	ca. 94 000	ca. 99 000	ca. 193 000
1962	106 748	82 818	189 566
1963	111 817	83 578	195 395
1964	ca. 103 000	ca. 82 000	ca. 185 000
1965	89 219	64 424	153 643
1966	31 179	40 933	72 112
zus.	ca. 984 000	ca. 925 000	ca. 1 909 000

stungen dürften wohl nur die Altenkirchener 82 im Streckendienst (siehe S. 109) erbracht haben, die im Rangierdienst verwendeten 82 konnten nicht zu solchen »Kilometerfressern« werden. Die Emdener 82 kamen z. B. während ihrer Blütezeit selten auf mehr als 40 000 Kilometer im Jahr.

Die Aufstellung belegt, daß die Freudenstädter 82 ab 1961 wesentlich intensiver eingesetzt wurden als die 94^5. Die tägliche Kilometerleistung je Einsatztag (also nur der Tage, an denen die Loks tatsächlich eingesetzt wurden) lag bis zum Sommerfahrplan 1961 einschließlich bei der BR 82 bei durchschnittlich rund 150 Kilometern pro Einsatztag, anschließend bis Winterfahrplan 1964/65 bei 160 bis 180 (und teilweise darüber) Kilometern. Bei den 94^5 sieht das Bild umgekehrt aus: Leisteteen sie bis Sommerfahrplan 1961 noch rund 120 bis 140 Kilometer pro Tag, so fielen sie ab Sommer 1961 auf Werte ab, die oft bei 100 Kilometern pro Tag lagen.

Im Winterfahrplan 1962/63 lag die Laufleistung laut Laufplan bei etwa 163 Kilometer, der tatsächlich gefahrene Wert pro Einsatztag und Lok bei rund 173 Kilometern. Wie bereits geschildert, wurden diese Leistungen der BR 82 zwischen Freudenstadt Hbf und Schönmünzach erbracht. Doch keine Regel ohne Ausnahme. Eine solche Ausnahme etwa bildete im Winterfahrplan 1962/63 der Personenzug 2030, der Sonntag abends von Eutingen nach Freudenstadt von der BR 82 geführt wurde.

Im Oktober 1959 gab Freudenstadt die 94 1376 ab (die im Sommer 1960 nochmals ein etwa einmonatiges Gastspiel gab). Als Ersatz kam am 25. 6. 1960 die 82 008 aus Emden, denn im Sommerfahrplan war der Bedarf an Loks wegen der vielen Sonderzüge für Urlauber immer etwas höher als im Winterfahrplan. Über diese Lok in Freudenstadt ist schon viel Falsches verbreitet worden. Die Lok hat niemals eine Gegendruckbremse gehabt; genauso wenig stimmt die Behauptung, daß sie bis zum 23. 2. 1960 zum Bw Emden gehörte, danach im AW Lingen war und nach Ausgang aus dem AW ab 13. 4. 1960 zum Bw Freudenstadt gehörte. Vielmehr wartete die Lok seit dem 24. 2. 1960 auf Aufnahme ins AW Lingen, wurde aber erst einen Monat später (am 21. 3.) dorthin überführt und erhielt vom 22. 3. bis 13. 4. eine L2. Anschließend kam sie aber (laut Einsatznachweis der BD Münster) noch für über zwei Monate (bis zum 25. 6.) zum Bw Emden zurück und nicht, wie im Betriebsbuch nachlässigerweise eingetragen, sofort nach Untersuchung zum Bw Freudenstadt.

Bei diesen Einsätzen der 82 008 in Freudenstadt wollte man testen, ob es möglich wäre, die 94^5 ganz durch 82 zu ersetzen. Die Lok wurde auf der Steigungsstrecke eingesetzt, obwohl sie nicht über eine Riggenbach-Gegendruckbremse verfügte. Das hatte allerdings zur Folge, daß sie nur bei Zügen eingesetzt werden konnte, die mit zwei Loks gefahren wurden. Laut Betriebsordnung mußte immer mindestens eine Lok mit Gegendruckbremse am Zug sein. Kurzzeitig war 1960 auch die Umbeheimatung der Soester 82 002 nach Freudenstadt im Gespräch. Es sollte dann mit den beiden Gegendruck-82 040 und 041 und den beiden Loks ohne Gegendruckbremse ein Einsatzplan für die Leistungen auf der Murgtalbahn aufgestellt werden, während die 94^5 in einem getrennten Plan

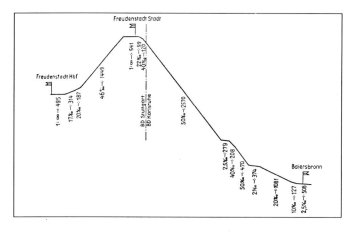

Rangierleistungen und Züge auf den anderen von Freudenstadt ausgehenden Strecken fahren sollten.

Nach dem vorläufigen Abschluß der Gerichtsverhandlung um das Unglück der Drachenfelsbahn (vorläufig deshalb, weil der Prozeß eine Revision hatte, die erst im Anfang 1962 abgeschlossen wurde) entschied man sich jedoch, nur Gegendruck-Loks auf der Steil-

165 Die Steilstrecke Baiersbronn–Freudenstadt Hbf in den Bezirken der Bundesbahndirektionen Karlsruhe und Stuttgart hat eine größte maßgebende Neigung von 1:20 (50‰). Die Neigungsverhältnisse sind aus diesem Bild zu ersehen. – Auszug aus »Vorschriften für den Betrieb auf der Steilstrecke Baiersbronn–Freudenstadt Hbf im Bezirk der Bundesbahndirektionen Karlsruhe und Stuttgart«.

166/167 Zwei Blicke auf den E 769, als er am 6.6.1958 Freudenstadt Hbf verläßt: Zuglok ist 82040, Schublok 82041, die rückwärts drückt. Bei beiden Lok ist das Drahtglas-Dachfenster zu erkennen. Beim oberen Foto links im Hintergrund: das Heimat-Bw der beiden Loks.

strecke einzusetzen. Bei dem Drachenfelsbahn-Unglück 1958 war ein Zug abgestürzt und hatte viele Menschen mit in den Tod gerissen. Unglück und anschließender Prozeß hatten Auswirkungen auf den Eisenbahnbetrieb. Die ebenfalls am Rhein gelegene Petersbergbahn wurde stillgelegt, und die DB verschärfte ihre Vorschriften für Steilstreckenbetrieb. Deshalb wurde 82 008 nicht mehr auf der Murgtalbahn eingesetzt und am 18.12.1960 nach Altenkirchen abgegeben.

Im Sommer 1961 bekam Freudenstadt mit 94 1025 wieder eine fünfte 94[5] (einmal von dem gleichzeitigen Kurzbesuch der 94 1376 abgesehen), so daß für die Steilstrecke jetzt die Loks 94 820, 1025, 1249, 1268 und 1377 neben 82 040 und 041 zur Verfügung standen. 1966 wurden die Loks V 100 2332 bis 2341 mit hydrodynamischer Bremse für den Steilstreckenbetrieb geliefert. Sie wurden dem Bw Karlsruhe zugeteilt und übernahmen die Dienste der Freudenstädter 82 und 94[5]. Deshalb kamen die beiden 82 zum Sommerfahrplan 1966 zum Bw Koblenz-Mosel, während die fünf Maschinen der BR 94 noch bis zum Jahreswechsel 1966/67 in Freudenstadt blieben. Im Mai 1968 kamen zwei der Dieselloks (jetzt als BR 213 bezeichnet) – die 213 340 und 341 – zum Bw Gießen und drangen dort erneut in das Einsatzgebiet der 82 ein. 1972 erhielt das Bw Karlsruhe die für Steilstrecken zugelassenen Neubauloks 218 160 bis 167, wodurch die leistungsschwächeren Loks 213 332–339 auch nach Gießen abgegeben werden konnten. Sie lösten im Mai 1972 die letzten Dillenburger 094 im Steilstreckendienst ab, nachdem die BR 082 wenige Wochen vorher in Koblenz abgestellt worden war.

Beheimatungen:
82 008 25.06.60 – 17.12.60
82 040 23.08.55 – 25.05.66
82 041 02.09.55 – 31.05.66

169 Einen Eindruck von der starken Steigung der Murgtalbahn gibt dieses Bild. 82 041 arbeitet sich bei Baiersbronn am 10.10.1965 kraftvoll bergauf.

170 Auf Reserve stand die Koblenzer 82012 am 28.3.1967 im Heimat-Bw.

171 Bei vielen Hamburger 82 wurden die hinteren Lampen versetzt und die Leitern eingezogen. 82019 kam im Dezember 1967 ziemlich frisch aus der Waschhalle des Bw Hamburg-Rothenburgsort, das Triebwerk scheint recht »fettfrei«.

172 82040 und – hinten – 82041 befördern einen Eilzug über die Steilrampe der Murgtalbahn, aufgenommen im Oktober 1965 bei Friedrichstal.

174 Im Fotografieranstrich und makellos glänzend präsentierte sich 66001 kurz vor ihrer Ablieferung im September 1955 dem Werksfotografen der Firma ▶ Henschel.

173 82041 beim Wasserfassen in Freudenstadt Hbf, aufgenommen im Oktober 1965.

175 Im April 1966 bei erstem Grün: 66 001 mit Personenzug Gelnhausen–Gießen, aufgenommen bei Gießen.

176 Mit dem P 1565 nach Fulda stand 66 002 am 29.8.1967 in Gießen-Oberhessischer Bahnhof. Nur noch drei Monate hatte sie …

Die Baureihe 66

Vorgeschichte

Auf die Anfrage der Hauptverwaltung der Eisenbahnen in Bielefeld vom 6.12.1947 hatte nur die Generalbetriebsleitung Süd in Stuttgart geantwortet, die süddeutschen Direktionen befürworteten einen Weiterbau der BR 64. Die GBL West in Bielefeld war der Meinung, die 64 könne im Typenprogramm fehlen. Demgegenüber waren die Zugförderungsdezernenten auf ihrer Sitzung am 21.5.1948 der Meinung gewesen, eine 64 gehöre auch ins neue Typenprogramm. Am 27. und 28.7.1948 hatte sich der Fachausschuß deshalb im Rahmen der Typenplandiskussion auch mit der Notwendigkeit einer leichten 1'C1'-Tenderlok zu befassen.
Einleitend kam Abteilungspräsident Alsfasser von der ED Wuppertal zu dem Ergebnis, die 64 werde tatsächlich nicht mehr gebraucht, ihre Aufgaben könne man auf die Ersatz-78 und die Ersatz-93 (später BR 65) aufteilen. Reichsbahnrat Müller vom MA Fulda fand einen Weiterbau der 64 problematisch, wenn man der Forderung der Zugförderungsdezernenten nachgebe, die Vorräte zu vergrößern. Dadurch werde die von der 64 bekannte Neigung zum Wanken noch verstärkt werden. Überdies wisse man nicht, wie freizügig eine Lok mit 16 t Achsdruck auf den Lokalbahnen noch eingesetzt werden könne. Komme ein Weiterbau in Frage, sei die Lok wie die letzten 64 mit zwei Krauss-Helmholtz-Gestellen zu bauen. Die Maße der Lok könnten weitgehend der alten 64 entsprechen: D = 1500 mm, s = 660 mm, d = 500 mm, 950 PS, H_v = 104 m², p_K = 14 Atü, W = 9 m³, K = 3 t.
Verschiedene Mitglieder forderten eine Verstärkung der Bauausführung für die BR 64. Vor allem die Wasserkästen seien zu schwach gebaut, meinte Vorsitzender Friedrich Witte. Bei der notwendigen Verstärkung der Bleche lasse sich aber kaum die Forderung nach zusätzlich 15 t Kohle und 1 m³ Wasser realisieren, ohne in unlösbare Gewichtsprobleme verstrickt zu werden.
Der Ausschuß stimmte danach für einige Änderungen an der BR 64: Man käme mit einer Höchstgeschwindigkeit von 80 km/h aus, der Treibraddurchmesser könne auf 1400 mm verkleinert werden, die Gewichtsprobleme sei man dann los. Diese Empfehlung gab man an die Hauptverwaltung weiter.
Am 1.2.1949 hatte sich der Ausschuß erneut in seiner Sitzung 2a mit dem neuen Typenprogramm zu befassen, nachdem die Hauptverwaltung die Entwicklung der neuen Baureihen 23, 78, 93 und 94 verfügt hatte. Deshalb wurde die BR 64 auch nur am Rande angesprochen. Man kam zu dem Beschluß, daß man einheitlich für die Baureihen 93 Neu und 64 den Treibraddurchmesser von 1500 mm verwenden wolle. Nachdem die BR 64 Neu auch einen Teil des Personenverkehrs auf Hauptbahnen übernehmen müsse, weil die BR 78 Neu dafür zu groß sein werde, komme man um den größeren Treibraddurchmesser nicht herum. Weiter ins Detail ging man aber noch nicht. Vorerst lag die BR 64 Neu damit bei den Akten, denn die rund 300 in den Westzonen vorhandenen Maschinen der BR 64 waren noch nicht gerade überaltert.
Erst am 27.6.1950 trat des EZA Minden mit einem Schreiben an die Lokomotivfabriken Henschel und Esslingen heran, weil die drei anderen Firmen durch laufende Aufträge und Exporte voll ausgelastet waren:

»Es besteht die Notwendigkeit, in den nächsten Jahren Lok der Reihen 74[4] und 91[3] wegen Überalterung durch Lok der Reihen 64 und 86 zu ersetzen. Vorsorglich müssen deshalb für diese beiden Lok-Gattungen Vorentwürfe, entsprechend den neuen Baugrundsätzen, wie sie bei den Lok 82, 65 und 23 angewandt werden, aufgestellt werden. Wir setzen an sich diese Baugrundsätze als bekannt voraus und fassen hier nur die wichtigsten Punkte nochmals zusammen:
Geschweißter Blechrahmen
Geschweißter Kessel, 16 atü
Aschkasten im Rahmen gelagert mit Luftzuführung am Umfang des Bodenrings
Heißdampfregler mit Seitenzug
Mischvorwärmer mit Kolbenpumpe und Kaltwasser-Strahlheber
Speicher im Seitenbehälter
Nichtsaugende Strahlpumpen
Steuerung mit vorn liegender Spindel
Stahlgußzylinder mit Laufbuchsen
Druckausgleichskolbenschieber Bauart Müller mit Luftsaugventilen
Rollenlager in Achs- und Stangenlagern
Radsätze mit Radreifen aus Stahl 85
Spurkranzschmiereinrichtung Bauart De Limon
Sandkästen hinter den Wasserbehältern
Vollständig geschweißte Kohlen- und Wasserbehälter, bei denen die Mängel der Ausführung bei den bisherigen Lok 64 und 86 vermieden werden, d.h. Trennung der Auflagerung auf dem Rahmen vom Steuerungsträger.
Geräumiges und gut belüftetes Führerhaus unter Ausnutzung der Fahrzeugumgrenzung nach Anlage F der BO. Elektrisch angetriebenen Lüfter mit senkrechter Welle im Führerhausdach anordnen.
Beleuchtung gemäß Ausführung bei der Lok 82, 65 und 23 mit 60 Watt Signallaternen, fest angebaut, seitlich herausgerückt zum Anstrahlen der Baken. Auf dem Führerhaus unter Einhaltung der Umgrenzung Anstrahler für Weichensignale vorsehen.
Bremse, vorläufig bisherige Ausrüstung. Nähere Angaben folgen.
Zentralschmierung für Lauf- und Lenkgestelle.
Die Leistung der Lok soll die gleiche bleiben wie bisher, jedoch ist bei Durchbildung des Kessels eine Steigerung der spezifischen Verdampfungsleistung durch große Strahlungsheizfläche anzustreben, so daß an Gesamtheizfläche gespart werden kann.
Die Gewichtseinsparungen sollen dazu ausgenutzt werden, einerseits die 15 t Achsdruck nicht zu überschreiten, d.h. die sonst übliche Toleranz soll möglichst in 15 t Achsdruck enthalten sein, andererseits die bisher zu schwachen Behälter zu verstärken und ggf. die Vorräte zu erhöhen, u.U. die Führerstände geräumiger zu gestalten.
Wir sehen besonderen Vorschlägen Ihrerseits zur Gestaltung des Laufwerks der neuen Lok entgegen. Die Lok sollen auf dem bekanntlich schwachen Oberbau der Neben- und Lokalbahnen verkehren, der nicht mit so hohem Aufwand erhalten werden kann, wie derjenige auf Hauptbahnen, demnach häufig wenig seitensteif ist und auf absehbare Zeit kaum verstärkt werden kann. Auf diesen Strecken wird meist abgefahrenes Schienenmaterial von Hauptbahnen verwandt und bis zur äußersten zulässigen Grenze ausgenutzt. Mit Unstetigkeiten des Krümmungsverlaufs ist durchweg zu rechnen. Die bisherigen Ausführungen sowohl der Bissel- wie auch der Kraussgestelle befriedigen nicht, da sie den Oberbau seitlich zu hoch beanspruchen. Neben etwa von Ihnen vorzuschlagenden besonderen Ausführungen der Lenkgestelle ist die Abschaltung der Rückstellkräfte der jeweils nachlaufenden Gestelle in Abhängigkeit von der Fahrtrichtung in Betracht zu ziehen, außerdem ist möglichst konstante Rückstellkraft anzustreben. Gute Führung bei Höchstgeschwindigkeit auf Hauptbahnen ist zu beachten ...«

Am 8.9.1950 legte das Zentralamt Minden der Hauptverwaltung die beiden Entwürfe vor mit der Empfehlung, sich bei der Entwicklung am Henschel-Entwurf zu orientieren (s. Tabelle S. 122).

In der Empfehlung hieß es, Henschel habe richtigerweise die größere Belastbarkeit der neuen Kessel eingerechnet, die Henschel-Heizfläche sei deshalb ausreichend. Eine pneumatische Rückstellung der Krauss-Helmholtz-Gestelle, wie von Esslingen vorgeschlagen, sei zu aufwendig und schadanfällig. Man beabsichtige, ein neuartiges Laufgestell zu verwenden, das vom Zentralamt Minden als Patent angemeldet worden sei. Dabei werde das Gestell an einem zusätzlichen Lenkhebel geführt, die Rückstellkräfte des nachlaufenden Gestells würden jeweils automatisch abgeschaltet. Anschließend wurde Henschel mit der Entwicklung beauftragt. Am 20.11.1950 äußerte das Zentralamt noch Zusatzwünsche: Da unbestimmt sei, ob man Rollenlager liefern könne, möge auch ein

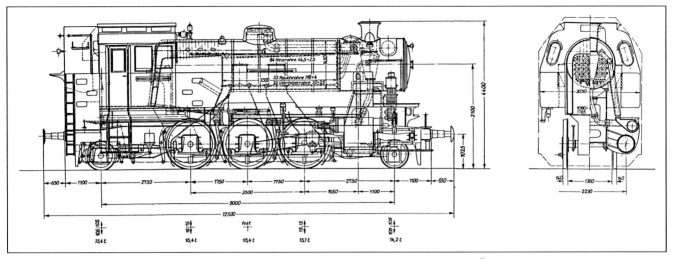

177 Das DB-Projekt Fld 1.01 Bl. 057 vom 15.10.1951 zeigt insgesamt noch eine recht konservative Gestaltung. Äußerlich fast völlig an die Vorgängertype BR 64 angelehnt, werden bei der Kesselkonstruktion die bei der BR 82 erstmals angewendeten Prinzipien wiederholt: Verkleinerung der Rohrheizfläche bei großer Feuerbüchsheizfläche ohne Einbau einer Verbrennungskammer. Der Kessel ist deshalb zylindrisch ausgeführt. Er zeigt ansonsten keine Besonderheiten. Erstmals ist ein Einfachventil-Heißdampfregler vorgesehen. Als Vorwärmer kann ein Oberflächenvorwärmer oder ein Mischvorwärmer eingebaut werden. Die Pfeife ist noch auf dem Stehkessel vorgesehen. Der Blechrahmen ist noch wesentlich leichter ausgeführt, als er später bei den 1C2-Projekten gezeichnet wurde.

	Entwurf Henschel	Entwurf Esslingen
Zylinderdurchmesser	500	500
Kolbenhub	660	660
Treibraddurchmesser	1500	1500
Laufraddurchmesser	850	850
Gesamtachsstand	9200	9000
Dampfdruck	14	14
Rostfläche	2,1	2,04
Feuerbuchsheizfläche	11,6	10,2
Rauchrohrheizfläche	39,9	39,9
Heizrohrheizfläche	52,1	44,3
Verdampfungsheizfläche	103,6	94,4
Überhitzerheizfläche	42,8	40,0
Wasservorrat	9	9
Kohlenvorrat	3	3
Leergewicht	56,7	57,3
Dienstgewicht	74,0	74,2
Reibungsgewicht	45,0	45,9
Höchstgeschwindigkeit	90	90

Satz Zeichnungen für Ausrüstung mit Gleitlagern aufgestellt werden. Gehärtete Achslagergleitplatten sollten auch dann verwendet werden. Die Bremsarmaturen sollten in einer gemeinsamen Bremssäule zusammengefaßt werden. Besonderes Augenmerk möge man auf eine ausreichende Luftzuführung zum Rost zwischen Rahmenoberkante und Bodenring legen.

Am 4.4.1951 schaltete sich die Hauptverwaltung in die Planungen ein: Das Zentralamt Minden möge einen größeren Wasservorrat auf der 64 vorsehen, eventuell durch einen Kurztender nach Vorschlag von Prof. Mölbert (wie BR 78[10]). Denn die neue BR 23 habe sich in vielen Einsatzbereichen der BR 38[10] als zu groß erwiesen. Bei der Neuentwicklung der BR 64 käme es darauf an, auch diese leichteren Dienste im Hauptstrecken-Personenverkehr mit abzudecken.

Diesen Bedenken trug dann aber der Entwurf Fld 1.01 Bl. 057 für eine »BR 66«, den das Zentralamt am 13.6.1951 an die Hauptverwaltung schickte, keinerlei Rechnung. Denn dieser zeigte die Weiterentwicklung des Henschel-1'C1'-Projektes mit nur 9 m³ Wasser und 3 t Kohle wie bei der alten 64. Einzige echte Neuerung

178 So ähnlich hätte die 66 nach dem ersten Entwurf ausgesehen. 64 017 war zusammen mit einigen anderen probeweise mit einer neuen Lampenanordnung versehen worden. Von vorne wirkt sie sehr »neubaumäßig«. Foto im Bw Hof am 1.9.1967.

gegenüber den Vorentwürfen: Man könne als Heißdampfregler einen Wagner-Einfachventilregler verwenden, wie er bei den Vorkriegsloks als Naßdampfregler allgemein verbreitet war. Die Fa. Wagner sei nach Beseitigung von Kriegsschäden jetzt wieder lieferfähig. Von den Erhaltungskosten und der Einfachheit der Konstruktion verspräche der Einfachventil-Regler große Vorteile gegenüber dem Mehrfachventilregler der Baureihen 23, 65 und 82, der nur im AW bearbeitet werden könne.

Während seiner 8. Beratung vom 18. bis 21.12.1951 hatte sich der Fachausschuß mit dem neuen Entwurf für die BR 66 auseinanderzusetzen. In seiner Stellungnahme zum Entwurf kam Ausschußvorsitzender Alsfasser zu dem Ergebnis, daß man der Forderung nach mehr Wasservorrat Rechnung tragen müsse. Die Übernahme des leichten Teils der 78-Leistungen sei nur mit 11 m³ Wasservorrat möglich. Eine Erhöhung des Achsdruckes auf 16 t sei zu verschmerzen, da die 64 schon auf vielen Strecken mit einem solchen Achsdruck eingesetzt würden und die auch abzulösende BR 74[4] einen Achsdruck von 17 t besäße.

In den Lauf- und Triebwerksabmessungen hätten schon beide Vorentwürfe die Forderungen gut erfüllt. Mit den gewählten Abmessungen werde die Lok (wie die BR 64) gute Anfahrleistungen erbringen. Nicht zufrieden war Alsfasser mit der Beschränkung des Kesseldrucks auf 14 Atü. Damit seien die Forderungen des Betriebes nicht erfüllt. Aus wirtschaftlichen Erwägungen müsse man auf 16 Atü hochgehen. Beim Kessel würde eine Verdampfungsleistung von 6 t ausreichen, 7 t, wie beim überarbeiteten Henschel-Entwurf vorgesehen, entfernten sich zu weit von der Leistung der BR 74[4]. Die kleine Rostfläche des Entwurfs ließ einen sparsamen Kohlenverbrauch erwarten. Richtig sei auch die Verkleinerung der Verdampfungsfläche gegenüber der BR 64, weil die hochwertige Strahlungsheizfläche jetzt einen größeren Anteil habe. Das Laufwerk sei mit zwei Krauss-Helmholtz-Gestellen richtig gewählt. Auf die pneumatische Abschaltung der Rückstellkräfte beim nachlaufenden Gestell könne man bei dieser kurzen Lok verzichten (wie das EZA auch schon für den überarbeiteten Entwurf vorgeschlagen hatte). Die Verwendung von Rollenlagern, Achslagern sei zu begrüßen. Einmal würde die Wartung vereinfacht und der Verschleiß sei geringer. Bei den Stangen sollte man Rollenlager nur verwenden, wenn dadurch eine Gewichtsverminderung erreicht würde. Anderenfalls solle man bei den leichten Gleitlagern bleiben.

Als bedeutsam hob der Berichter für den Werkstättendienst, Bundesbahndirektor Rabus von der ED München, den Übergang auf die Dreipunktabstützung der Lok hervor. Das Verwiegen im Bw würde durch diese Änderung sehr erleichtert.

Dem hielt Oberrat Müller vom EZA Minden entgegen, eine Vierpunktabstützung würde der Neigung zum Wanken entgegenwirken. Auch Müller plädierte für ein Krauss-Helmholtz-Gestell vorne und hinten. Bevor man aber die neuartige Deichselanlenkung anwende, die von Friedrich Witte entworfen worden war, solle man einen Versuch durch einen Umbau machen. Denn es sei praktisch noch nicht erwiesen, ob die 2 t Mehrgewicht durch den besseren Geradeauslauf aufgewogen würden.

Die folgende Diskussion drehte sich hauptsächlich um die nötigen Vorräte und die damit verbundene Achslast. Zu einem greifbaren Ergebnis kam man aber nicht, weil genaue Untersuchungen über die Zahl der noch vorhandenen Strecken mit schwachem Oberbau fehlten.

Endlich kam dazu der Vorschlag vom Vorsitzenden Alsfasser, man könne ja auch einmal über die Achsfolge 1'C2' nachdenken, dann sei man die Gewichtsprobleme los. Überdies sei das Einsatzgebiet der Lok erweitert, die lauftechnischen Fragen seien ebenfalls beantwortet. Bundesbahndirektor Rabus ergänzte, es sei auf jeden Fall wirtschaftlicher, eine in der Unterhaltung durch mehr Laufachsen teurere Lok auf einer unwirtschaftlichen Nebenbahn fahren zu lassen als diese Nebenbahn mit großen Kosten für einen höheren Achsdruck herzurichten.

Vertieft wurde diese Fragestellung während der Sitzung aber nicht mehr, vielmehr erging man sich in Details – ein teurer, fertiggestellter Entwurf lag schließlich auf dem Tisch. Einer der abschließenden Beschlüsse empfahl allerdings, »den Übergang auf die Achsanordnung 1'C2' in Erwägung zu ziehen«, weil anders größere Vorräte nicht unterzubringen seien. Weiter: Eine Dreipunktabstützung könne man bei geänderter Achsfolge nicht empfehlen. Hinten könne ein normales Drehgestell wie bei der BR 65 verwendet werden. Die Verwendung des Einfachventil-Heißdampfreglers empfahl der Ausschuß »aufgrund der an den bisher gelieferten Mehrfachventil-Reglern aufgetretenen Mängel.«

Die Stellungnahme bedeutete für eine Neuauflage der BR 64 das »Aus«, wie hätte sich die Hauptverwaltung trotz schon hoher Entwicklungskosten auch der schlüssigen Argumentation für die 1'C2' verschließen können?

Eine ganz andere Lok

Die Hauptverwaltung entschied sich denn auch sofort. Im Januar 1952 wurde Henschel vom EZA mit der Aufstellung von 1'C2'-Entwürfen beauftragt. Am 17.4.1952 teilte die Hauptverwaltung dem Zentralamt Minden mit, die Ausführung solle gemäß dem Henschel-Entwurf PI 1836/1 erfolgen, der seit März vorlag. Die endgültige Form der 66 stand damit (optisch) ziemlich fest.

Zunächst aber gab es Ärger: Der Fachausschuß hatte während seiner 9. Sitzung vom 5. bis 7.5.1952 über eine neue BR 20 zu beraten, die als Ersatz für die BR 24 dienen solle. Die verschiedenen 1'C-, 1'C1'- und 1'C2'-Entwürfe waren durch die Verfügung der Hauptverwaltung, daß zugunsten der 66 als 1'C2'h2t die Entwicklung einzustellen sei, nur noch Makulatur. Die Beratungen stießen damit ins Leere. Ohne daß die BR 66 auf der Tagesordnung gestanden hätte, wurde sie doch zum Thema, weil man den vorliegenden Henschel-Entwurf nicht unkommentiert lassen wollte. Friedrich Witte urteilte, das vorgesehene Lotter-Gestell aus letzter Kuppelachse und Drehgestell werde sich nicht unterbringen lassen. Überdies sei auch der Vorschlag auf Vierpunktabstützung für schlechten Oberbau nicht das Wahre. In Verbindung mit der langen vorderen Ausgleichshebelgruppe werde man schlechte Laufeigenschaften haben, man müsse deshalb auf eine Sechspunktabstützung übergehen.

Witte hatte schon vorher das Zustandekommen der Änderungen an der BR 66 beklagt. Die Konstruktion sei durch den Übergang auf die 1'C2' zeitlich entscheidend zurückgeworfen, nach eigentlich fertigen Plänen müsse quasi bei Null wieder angefangen werden, hohe Entwicklungskosten müßten abgeschrieben werden. Außerdem habe man ihm bei der Entscheidung übergangen, er sei während der 8. Fachausschußsitzung krank gewesen.

Ausschußvorsitzender Alsfasser kam zu dem Ergebnis, daß die neue BR 66 tatsächlich die geplante BR 20 überflüssig machen könnte. Die Kesselleistung sei ausreichend, die Vorräte würden nach der Änderung fast denen der BR 24 entsprechen. Man solle aber auch bei einem Treibraddurchmesser von 1600 mm unbedingt bei einer Höchstgeschwindigkeit von 90 km/h bleiben, weil sonst der Verschleiß ähnlich wie bei der BR 65 stark ansteigen würde.

Alsfasser meinte, deshalb könne die BR 66 die 78 nicht ersetzen. Solch eine Ersatztype würde aber bisher im Typenprogramm fehlen. Denn inzwischen sei der Strukturwandel in der Zugförderung im Gange, Dieseltriebwagen und Diesellokts würden wegen kurzer Wendezeiten in das Aufgabengebiet der 78 einbrechen. So müsse die 66 einen Teil deren Aufgaben als leichte Hauptbahnlok erfüllen. Mit dem Bau der BR 66 sollte nach seiner Meinung möglichst schnell begonnen werden.

Eine »Sonderlösung« für die Höchstgeschwindigkeit hielt Bundesbahndirektor Rabus für denkbar. Man solle sich zwar bei der Höchstgeschwindigkeit der BR 66 zurückhalten. Möglich sei aber, für die Lok 100 km/h zuzulassen, der Fahrzeitberechnung aber 90 km/h zugrundezulegen. Er sprach sich vehement gegen eine

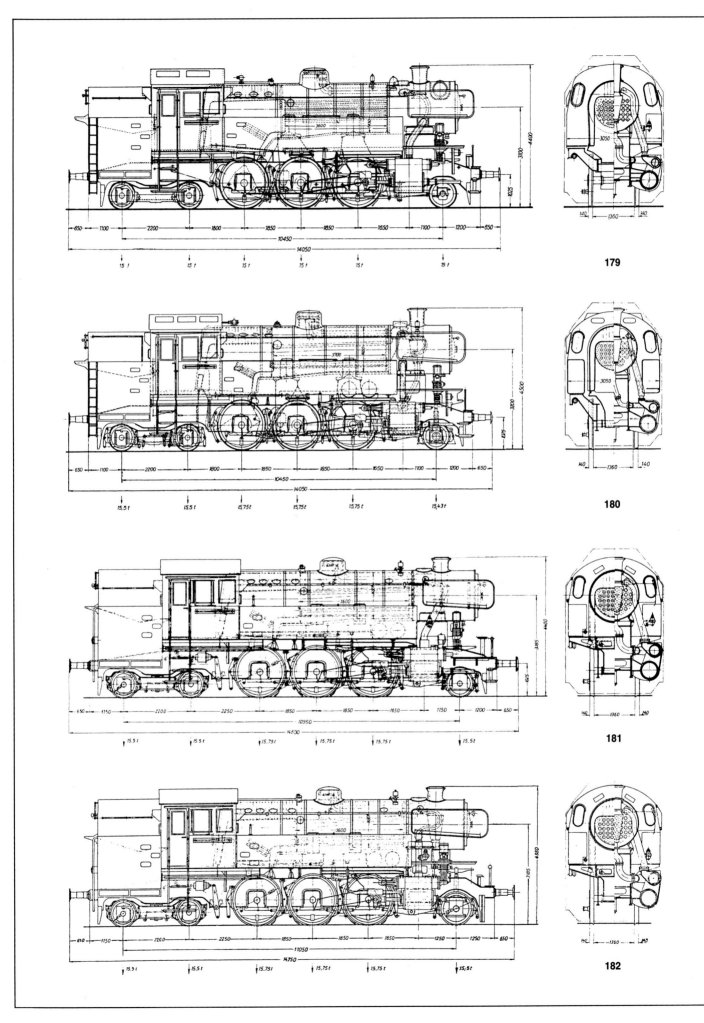

179
180
181
182

179 Das Projekt Pl 1836/1 von Henschel vom 23.3.1952 trägt der Forderung nach großen Vorräten Rechnung. Der Kessel besitzt jetzt eine Verbrennungskammer und ist stark konisch ausgeführt. Durch die Verbrennungskammer wird ein sehr günstiges Heizflächenverhältnis erreicht. Es ist ein Einfachventil-Heißdampfregler vorgesehen. Als Vorwärmer dient noch ein Oberflächenvorwärmer. Erstmals sind jetzt Windleitbleche eingeplant. Die Stehkesselseitenwände sind im unteren Bereich eingezogen. Die Treibräder sind beidseitig abgebremst, die Räder des Drehgestells nur einseitig, die Vorlaufachse ist ungebremst. Die Dampfpfeife hat direkt auf dem Dampfraum des Kessels hinter dem Regler ihren Platz.

180 Das Projekt Pl 1836/2 von Henschel vom 8.11.1952 berücksichtigt gegenüber der ursprünglichen Projektion einige Änderungen: Der Kessel ist um 100 mm angehoben, um eine bessere Luftzufuhr zum Rost zu bekommen. Weiter ist die Rohrlänge und damit die Rohrheizfläche vergrößert worden. Die Stehkesselseitenwand ist jetzt gerade, dafür erweitert sich jetzt die Feuerbüchse nach unten. Die Einströmrohre verlaufen vom Einfachventil-Heißdampfregler aus in ziemlich »gewagtem« Bogen nach den Zylindern. Die Pfeife sitzt jetzt neben dem Schornstein und erhält Dampf aus der Sammelkammer. Ein Henschel-Mischvorwärmer komplettiert den Kessel. Der Rahmen entspricht dem Projekt 1836/1. Jetzt sind aber Vorlaufachse und Drehgestell beidseitig abgebremst.

181/182 Einen äußerlichen Rückschritt bringt das DB-Projekt Fld 1.01-U 146/2 vom 24.9.1953. Die gefällige Linienführung der vorhergegangenen Henschel-Entwürfe wurde aufgegeben. Die Frontpartie ist nun wieder »kriegslokmäßig«. Wie bei der BR 65 sind die Lampen auf den Zylindern angeordnet. Der Kessel ragt jetzt weit über die Vorlaufachse vor, in seinen Kesselabmessungen entspricht er wieder fast dem ersten Henschel-Entwurf. Allerdings wurde auf die eingezogenen Stehkesselseitenwände verzichtet. Trieb- und Laufwerk entsprechen dem zweiten Henschel-Entwurf, nur wurde die Vorlaufachse um 50 mm nach vorne verlegt. Zusätzlicher Platz für Bremse und Führerhaus wurde durch die Vergrößerung des Abstandes von Drehgestell zu letzter Kuppelachse um 450 mm gewonnen.
Der Entwurf wurde 1954 nochmals geändert (Bild 182): Der Einbau einer Vorlaufachse mit 1000 mm-Rädern mußte die Gesamtlänge der Maschine um 150 mm vergrößern.
Gegenüber diesem Entwurf zeigt die endgültige Ausführung der BR 66 noch etliche Änderungen: Das Führerhaus wurde höher ausgeführt, die Gesamtlänge durch Verwendung anderer Puffer noch auf 14798 mm gestreckt, der Aufstieg auf den Kohlenkasten erfolgte profilfrei von der Seite, Schornstein

Sechspunktabstützung aus. Schon bei Auswechseln einzelner Federn würde der Achsdruck völlig unkontrollierbar, weil ein genaues Verwiegen und Einstellen im Bw nicht möglich sei.
Zu einer heftigen Kontroverse kam es, als Friedrich Witte darauf hinwies, eine Höchstgeschwindigkeit von 100 km/h könne nur erreicht werden, wenn die freien Fliehkräfte 15 Prozent überschreiten würden. Unruhig würde die Lok dann laufen. Die Folgen auch für den Oberbau würden nicht ausbleiben. Einhellig forderten die übrigen Ausschußmitglieder dagegen »Tempo 100«. Die niedrige Geschwindigkeit werde der Dampflok doch immer zum Vorwurf gebracht, meinte Dr. Ing. Wagner, der als Ruheständler und früherer »DRB-Entwicklungschef« an den Sitzungen teilnahm.
Dem Argument der übrigen wollte sich Witte verschließen: Nach den Erfahrungen mit der BR 65 werde er nicht verantworten, bei einer so leichten Lok über 90 km/h hinauszugehen. Bei der 52 habe man Konzessionen an die freien Fliehkräfte sehr unruhigem Lauf bezahlt.
Heftig reagierte Witte auf Alsfasser's Vorschlag, man solle die Lok auf 90 auslegen und nach Versuchsfahrten und Ausbohren der Gegengewichte für 100 km/h freigeben: »Das hieße, sich etwas in die eigene Tasche zu lügen.« Dann hätte die Lok bei niedriger Geschwindigkeit einen unruhigen Lauf.
Als Beschluß hielt der Ausschuß diesen Zwist dann fest, Witte gab ein »Minderheitenvotum« ab. Ansonsten war man sich einig, daß die 66 auch die Schlepptenderlok BR 20 ersetzen könne, die Abmessungen seien ausreichend.
Als weiteren Beschluß hielt man fest, das EZA Minden möge sich Gedanken über die Federung der Lok machen und das Problem Vierpunkt- oder Sechspunktabstützung lösen.

Als sich der Fachausschuß nach längerer Pause am 25.2.1954 zu seiner 10. Sitzung in Mainz traf, waren die Entwicklungsarbeiten an der 66 erheblich weiter gekommen. Witte legte einen Entwurf vor, und Windleitbleche wurden gefälliger. Durch eingezogene Stehkesselseitenwände wurde doch ein nach oben erweiterter Dampfraum um die Feuerbüchse geschaffen. Demgegenüber wurden die übrigen Kessel- und Triebwerkabmessungen nur noch geringfügig verändert.

Die Vorentwürfe im Vergleich		Projekte:				
Bezeichnung	Dimension	BR 64 Alt	15.10.51: 1'C1'h2t DB Fld 1.01 Bl. 057	23.3.52: 1'C2'h2t Henschel Pl 1836/1	8.11.52: 1'C2'h2t Henschel Pl 1836/2	24.9.53: 1'C2'h2t DB Fld 1.01-U 146/2	6.54: 1'C2'h2t DB Fld 1.01-U 146/2
Zylinderdurchmesser	mm	500	500	470	470	470	470
Kolbenhub	mm	660	660	660	660	660	660
Treibraddurchmesser	mm	1500	1500	1600	1600	1600	1600
Laufraddurchmesser	mm	850/850	850/850	850/850	850/850	850/850	1000/850
Gesamt-Achsstand	mm	9000	9000	10450	10450	10950	11050
Dampfdruck	kg/cm²	14	14	16	16	16	16
Rostfläche	m²	2,04	1,93	1,95	2,02	1,95	1,95
Heizfläche der Feuerbüchse (HF)	m²	8,70	10,16	11,9	10,85	11,4	11,4
Heizfläche der Rauchrohre (HR)	m²	42,02	39,9	44,8	42,12	44,8	44,8
Heizfläche der Heizrohre (HH)	m²	53,76	36,5	31,2	39,47	31,2	31,2
Verdampfungsheizfläche gesamt feuerberührt	m²	104,48	86,56	87,9	92,44	87,4	87,4
Heizfläche des Überhitzers	m²	37,34	39,5	43,8	41,34	44,7	44,7
Gesamtheizfläche (H)	m²	141,82	126,06	131,7	133,78	132,1	132,1
Heizflächenverhältnis	$\frac{HR + HH}{HF}$	11,0	7,51	6,38	7,51	6,67	6,67
Rohrlänge	mm	3800	3500	3600	3700	3600	3600
Länge über Puffer	mm	12250	12500	14050	14050	14600	14750
Achsstand des Drehgestells	mm	–	–	2200	2200	2200	2200
Leergewicht	t	58,0	58,1	65,0	68,5	69,15	69,15
Dienstgewicht	t	74,9	75,5	90	93,68	93,75	93,75
Reibungsgewicht	t	45,5	45,9	45	47,25	47,75	47,25
Wasservorrat	m³	9	9	14	14,3	14	14
Kohlenvorrat	t	3	3	5	5	5	5
Zul. Höchstgeschwindigkeit	km/h	90	90	90	90	90	90

der schon viele der endgültigen Komponenten enthielt. Er erläuterte auch die weiteren »Sondereinrichtungen« der Lok: je eine Lok solle Rollenlager der Firmen Kugelfischer und SKF erhalten. Die hin- und hergehenden Massen sollten durch ein Leichtbautriebwerk stärker ausgeglichen werden. Außerdem wendete man bei der Berechnung der zulässigen freien Fliehkräfte einen »Trick« an: Die erlaubten 15% freie Fliehkraft wurden auf einen fiktiven Achsdruck von 20 t bezogen. Dadurch konnten bei vergrößerten Gegengewichten 15% des ruhenden Achsdrucks von 15,75 t bei der Nebenbahn-Geschwindigkeit von 50 km/h eingehalten werden. Durch diese »an den Gesetzes-Buchstaben orientierte« Berechnung kam man auf einen in Deutschland bisher nicht dagewesenen Massenausgleich von 56%.

Wegen der hohen Fahrgeschwindigkeit sollte eine doppelseitige Scherenbremse vorgesehen werden. Der Kessel sollte ein Rußausblasegerät Bauart Gärtner erhalten.

Über den Sinn einer Verbrennungskammer wurde schon überhaupt nicht mehr diskutiert. Denn inzwischen wollte man nicht nur, wie bei der BR 82 eine »ausreichende Strahlungsheizfläche« erhalten, sondern einen möglichst großen Anteil der wirksamsten Heizfläche im Kessel haben. Technisch wäre der Bau der BR 66 auch ohne Verbrennungskammer möglich gewesen.

Eine Zentralschmierung der ganzen Lok mit einer Druckspeicherpumpe sollte vorgesehen werden. Eine Vollisolierung versprach geringe Wärmeverluste, der Einfachventil-Heißdampfregler wurde endgültig vorgesehen.

Witte berichtete, der Bauauftrag über zwei Loks sei inzwischen vergeben worden, die Henschel-Konstrukteure seien dafür zum Technischen Gemeinschaftsbüro (TGB) (das gleichzeitig auch die 10 entwarf) abgestellt worden (das war kein weiter Weg, denn Henschel vermietete die Zimmer an das TGB).

Dem Fachausschuß lag am 3.12.1954 bei seiner 11. Sitzung der nahezu endgültige Entwurf vor. Äußerlich war kaum noch ein Unterschied zur späteren Ausführung festzustellen, zumal als Zugeständnis an die hohe Geschwindigkeit jetzt die Vorlaufräder 1000 mm groß waren. Zu dieser Zeit hatten die ersten Arbeiten für die beiden 66 in Kassel auch schon begonnen.

Als Neuigkeit sah man eine wahlweise Vierpunkt- oder Sechspunktabstützung vor. Zwischen erster und zweiter Kuppelachse konnte der Ausgleichshebel mit Durchsteckbolzen festgelegt werden. Damit wollte man sich die Möglichkeit schaffen, die Lok auf schlechtem Gleis »auf eine längere Basis« der Sechspunktabstützung zu stellen, falls überhaupt benötigt.

Die Einrichtung zur Abschaltung der Rückstellkraft in beiden Gestellen wurde doch pneumatisch vorgesehen. Dabei wurden hinter den Treibrädern zwei normale Bremszylinder angeordnet, die automatisch beim Durchgang der Steuermutter betätigt wurden.

Das Führerhaus wurde wie bei der gleichzeitig realisierten zweiten 65-Serie nur am Rahmen befestigt, um Risse an Kohlenkasten und Führerhaus zu vermeiden.

Insgesamt wurde bei diesem Entwurf eine Fülle von Detailverbesserungen und grundsätzlich neuen Bauteilen verwirklicht. Ob den Ausschußmitgliedern bei allen diesen Neuigkeiten sehr wohl war, mag dahingestellt bleiben, jedenfalls gab der Ausschuß sein Einverständnis mit dem vorliegenden Entwurf zu Protokoll. Hätte er noch wesentliche Änderungswünsche gehabt, wäre es wohl zu keinen BR 66 mehr gekommen. Denn bei Entwicklung der 66 wie auch der BR 10 stand fest, daß es keine Nachbestellungen geben würde. Eine zeitliche Verzögerung hätte wohl den »Rutsch« in die Zeit nach dem grundlegenden Entschluß der DB-Hauptverwaltung gegen eine weitere Dampflokbeschaffung bedeutet. Und deshalb blieb ja auch die schon sehr weit gediehene zeitweise »Weggenossin« der BR 66, die BR 83, in der Schublade.

Im Oktober 1955 wurden die beiden fertiggestellten 66 von der DB abgenommen.

183 Klassische Maschinenschönheit – 66 001 wird im September 1955 bei Henschel zum ersten Mal angeheizt, noch fehlen verschiedene Einzelteile.

Technische Beschreibung der Baureihe 66

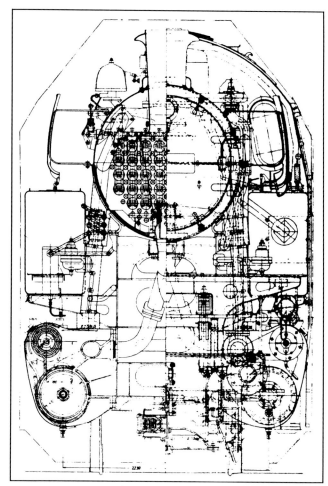

Die 1'C2'h2-Tenderlokomotive BR 66 ist innerhalb des neuen Typenprogramms als Ersatz für die 24, 38[10], 64 und 78[0] vorgesehen. Die Achsanordnung ist bestimmt durch die großen Vorräte, die auch den Ersatz von Schlepptenderlokomotiven möglich machen. Als Mehrzwecklokomotive ist die BR 66 für den Reisezugdienst auf Haupt- und Nebenstrecken, für die Vororte großer Verkehrszentren – vor allem im Wendezugbetrieb – und für den leichten Eilgüterzugdienst bestimmt. Der Raddurchmesser von 1600 mm sowie ein besonders günstiger Massenausgleich gestatten auf Hauptstrecken eine Geschwindigkeit von 100 km/h. Entsprechend dem Einsatz der Lokomotive ist der Achsdruck auf 15 t begrenzt.

Gegenüber der am nächsten verwandten Type 64 wurde der Dampfdruck auf 16 kg/cm^2 erhöht; der Kessel erzeugt eine stündliche Dampfmenge von bis zu 8 t. Gegenüber der BR 64 wurde das Dienstgewicht um nur 18% gesteigert.

Ansonsten ist die Maschine durch die schon bei den Reihen 23, 65 und 82 verwirklichten neuen Baugrundsätze geprägt und zeigt dieselben abweichenden Merkmale gegenüber den Maschinen der Einheitsbauart 1925. In einigen Bauteilen weicht die neue Baureihe 66 von den ersten Baulosen der übrigen Neubaudampfloks aufgrund neuerer Erfahrungen ab:

1. Der Kessel ist gegen Wärmeverlust isoliert.
2. Die Maschine besitzt einen Einfachventil-Heißdampfregler.
3. Die Hilfsmaschinen werden mit Naßdampf betrieben.
4. Sie besitzt eine Mischvorwärmeranlage Bauart Henschel MVT mit Turbospeisepumpe.
5. Sämtliche Achsen, die Treib- und Kuppelstangen sowie alle Gelenke des Steuerungsgestänges haben Wälzlager.
6. Durch eine selbsttätige umschaltbare Rückstellvorrichtung wird die Rückstellfeder des jeweils nachlaufenden Gestells auf etwa ein Drittel ihrer normalen Vorspannung entlastet.

184 Frontansicht der BR 66.

185 Die 66 001 linksseitig, aufgenommen bei Henschel vor der Ablieferung. Über dem vorderen Drehgestellrad sind die beiden Fettpressen der Spurkranzschmierung angeordnet. Sie werden von der letzten Kuppelachse aus angetrieben. Vor dem Führerhaus das Entlüftungsrohr des Mischvorwärmers. Über der Treibachse unter dem Wasserkasten: der Strahlheber des Mischvorwärmers. Alle Lager des Lauf- und Triebwerkes sind als Rollenlager ausgeführt. Die Aufstiegstritte bestehen aus Gitterblechen.

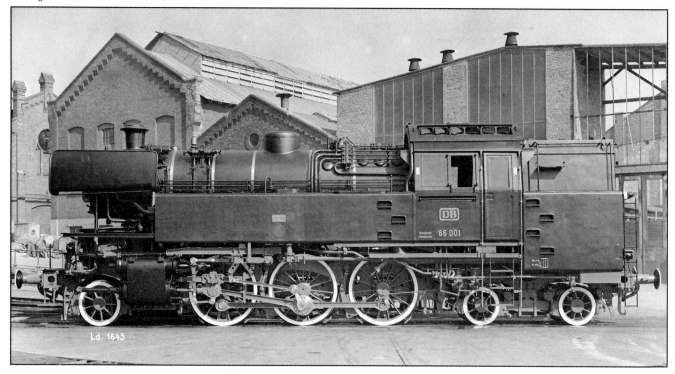

Der Kessel

Der Kessel ist aus St 34 gefertigt und in allen Verbindungen geschweißt. Er besitzt eine Verbrennungskammer. Die Heizflächenanteile sind so abgestimmt, daß sich ein Verhältnis von 5,85 von Feuerbüchsheizfläche zu Rostfläche ergibt. Der Kessel verfügt somit über einen großen Anteil hochwertiger Strahlungsheizfläche. Der Kesseldruck beträgt 16 kg/cm^2. Die Kesselmitte liegt, bedingt durch den konischen Kesselschuß, vorn 3185 mm und hinten 3125 mm über SO.

Der **Langkessel** mit 3600 mm langen Rohren hat im vorderen zylindrischen Teil 1480 mm Durchmesser, im Bereich der Verbrennungskammer durch konische Erweiterung 1600 mm. Er ist aus zwei Schüssen, einem zylindrischen von 14 mm und einem konischen von 15 mm Wandstärke zusammengesetzt. In das Scheitelblech des konischen Schusses ist der auf 40 mm am Umbug verstärkte, gekümpelte Domfuß eingeschweißt. Domfuß, Dommantel und Domoberteil sind stumpf aneinandergeschweißt. Der Langkessel enthält 36 Rauchrohre 118 × 4 mm und 70 Rauchrohre 44,5 × 2,5 mm. Die Rauchkammerrohrwand ist als 22 mm dicke

186 Der Kessel von 66 001 ist fertiggestellt und steht zum Probeheizen bereit. Auffällig sind das seitliche Deckblech neben der Feuertür, der Anschluß für den Dampfbläser über der Feuertür und der Dom mit außen angesetztem Winkelring.

187 Gesamtansicht des Kessels der BR 66. Der Dom ist gegenüber den ersten Neubaudampfloks wesentlich verstärkt.

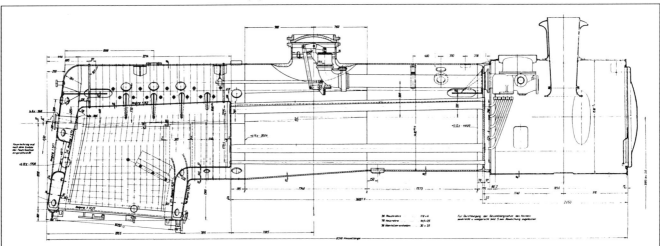

Platte eingeschweißt. Der **Dom** besitzt einen Prallwasserabscheider, der einen lichten Durchmesser von 610 mm hat. Dampfentnahmerohr und Absperrventil sind dabei so weit einseitig angeordnet, daß der Kessel nach Ausbau des Wasserabscheiders befahrbar ist.

Der **Stehkessel** besteht im Mantelteil aus vier zusammengeschweißten Stücken, den beiden Seitenteilen mit 14 mm Wandstärke, dem Stehkesselunterteil mit 15 mm Dicke und der auf 18 mm verstärkten Decke. Die Stehkesselvorderwand ist 16 mm, die Stehkesselrückwand 14 mm stark. Über der Feuerbüchsdecke sind 13 Queranker in zwei Reihen angeordnet. Zwischen oberster Stehbolzenreihe und unterer Querankerreihe sind vier T-Versteifungen eingeschweißt. Zur weiteren Versteifung sind in den Scheitel des Stehkessels zwei Sichelbleche eingeschweißt. Die Belastung der ebenen Rückwandfläche wird durch ein starkes Rückwandankerblech in die Seitenwände geleitet.

Der höchste Punkt der **Feuerbüchse**, der Umbug der Rohrwand, liegt 285 mm über Stehkesselmitte. Der niedrigste Wasserstand liegt 435 mm über Stehkesselmitte, 150 mm über dem höchsten Punkt der Feuerbüchsdecke und 347 mm unter dem Scheitel der Stehkesseldecke. Die Feuerbüchse mit Verbrennungskammer wird wie bei den anderen Neubaulokomotiven von unten eingebaut. Die Seitenwände der Feuerbüchse stehen senkrecht, während die Stehkesselseitenwände nach unten leicht eingezogen sind, um einen einwandfreien Abzug der Dampfblasen nach oben zu schaffen. Die Feuerbüchse ist aus IZ-II-Stahl geschweißt und durchgehend 10 mm, die Rohrwand 15 mm stark. Die Feuerbüchsvorderwand ist 11 mm stark. Der Bodenring ist aus acht 35 mm starken Blechstreifen zusammengeschweißt. An den Bodenring sind neben den bei den anderen Neubaudampflokomotiven erwähnten Anschlüssen (siehe Seite 25) zusätzlich ein Anschluß für ein Entsalzungsventil angeschweißt.

Die 26 mm starken Deckenstehbolzen sind erstmalig nicht mehr mit angestauchten Köpfen versehen, sondern glatt von der Stange geschnitten. Die Bolzen sind in Feuerbüchsdecke und Stehkesseldecke gewindelos mit Spiel eingeschweißt. Die Seitenstehbolzen sind in gleicher Weise eingeschweißt, in den Hauptbewegungszonen sitzen Gelenkstehbolzen.

Der **Rost** ist gegen die Waagerechte im Verhältnis 1 : 12,22 geneigt. Bei einer Breite von 1200 mm und einer Tiefe von 1630 mm hat er eine Fläche von 1,95 m². Es sind drei Rostfelder vorhanden, zwei mit 550 mm Länge und ein mittleres Kipprostfeld von 450 mm Länge.

Die Maschinen besitzen einen **Aschkasten** der schon beschriebenen **Bauart Stühren**, der erstmals aus korrosionsbeständigen Chromstahlblechen von 4 mm Stärke gefertigt ist. Der Aschkasten liegt unabhängig vom Kessel hinter der dritten Kuppelachse fest im Rahmen. Alle Luftklappen können vom Führerstand aus betätigt werden.

Der **Feuerschirm** entspricht der Regelbauart mit 120 mm kleinen Steinen.

Der **Rauchkammermantel** von 10 mm Stärke besteht im unteren Teil aus Chromstahlblech. Die Rauchkammer hat eine Länge von 1953 mm und einen Außendurchmesser von 1580 mm. Sie entspricht ansonsten der von den Neubaulokomotiven bekannten Bauart.

Die Kesselausrüstung

Die **Feuertür** wurde vom zweiten Baulos der BRn 65 und 82 übernommen. Sie besitzt auf der Lokführerseite ein Blendschutzblech.
Die **Saugzuganlage** entspricht in ihrer Auslegung derjenigen der übrigen Neubaulokomotiven. Unterhalb der Blasrohrmündung wird etwa ein Fünftel des Abdampfes entnommen und dem Henschel-MVT-Mischvorwärmer zugeführt. Der Abdampf der Lichtmaschine wird durch einen Kanal auf der Rückseite des Schornsteins abgeführt. Der Abdampf der Turbospeisepumpe und der Luftpumpe wird im Mischvorwärmer ausgenutzt. Der **Funkenfänger** entspricht der Regelbauart.

In der Rauchkammer sitzt hinter dem Schornstein der **Einfachventil-Heißdampfregler Bauart Wagner**, der mit dem Dampfsammelkasten in einem Stück zusammengefaßt ist. Er besteht nicht mehr aus einer Reihe von Ventilen wie der Mehrfachventilregler der Reihen 23, 65 und 82, sondern aus einem Hauptventil mit Vorhub- und Entlastungsventil. Die den Zylindern zuzuführende Dampfmenge wird nach dem Öffnen des Vorhubventils durch das dann leicht zu bewegende Hauptventil geregelt. Beide Ventile werden unter dem Druck des aus dem Überhitzer kommenden Dampfes geschlossen gehalten. Die Reglerwelle ist auf der rechten Lokomotivseite seitlich durch eine Stopfbüchse aus dem Dampfsammelkasten und über eine Durchführung aus der Rauchkammer herausgeführt. Für Arbeiten am Regler ist oben über dem Dampfsammelkasten in der Rauchkammer ein abnehmbarer Deckel angeordnet.

Aus der Naßdampfkammer des Dampfsammelkastens wird durch einen Anschluß auf der linken Seite der Naßdampf für den vorderen Dampfentnahmestutzen entnommen. Der Naßdampf für die Luftpumpe wird über einen Anschluß auf der rechten Seite ebenfalls dem Naßdampfsammelkasten entnommen. Für einen späteren

188 Einfachventil-Heißdampfregler der BR 66. Die beweglichen Teile entsprechen dem Wagner-Naßdampfregler, der schon tausendfach bei der DB benutzt wurde. Links die Reglerwelle, unten die beiden Einströmrohre, hinten der Dampfsammelkasten, an den unten die Überhitzerelemente angeschlossen sind.

189 Einfachventil-Heißdampfregler, eingebaut in der BR 66. Oben Ansicht von vorn, unten Ansicht von der rechten Seite.

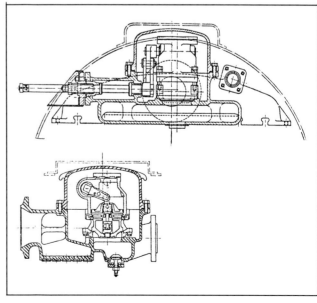

190 Frontansicht der 66 001 beim Zusammenbau in den Werkshallen von Henschel. Über der Vorlaufachse die Turbospeisepumpe, an der Rauchkammer die Leitungen vom und zum Mischvorwärmer. In der Leitung von Rauchkammer zum Wasserkasten fehlt noch der erst später angebaute Ölabscheider.

Anschluß der Hilfsmaschinen an Heißdampf sind Anschlußmöglichkeiten vorgesehen. Unmittelbar unter dem Heißdampfregler ist an der tiefsten Stelle des Dampfsammelkastens eine Waschluke angeordnet. Das Dampfentnahmerohr führt vom Dampfsammelkasten im Kesselscheitel zum Dom mit dem **Hilfsabsperrventil**. Absperrventil und **Reglergestänge** entsprechen der bei den übrigen Neubaulokomotiven üblichen Bauart. Gegen Biegebeanspruchungen ist das Reglergestänge durch ein Gestängeparallelogramm gesichert.

Der **Überhitzer** hat eine Heizfläche von 44,7 m². Die Elemente tauchen zweimal in die Rauchrohre ein und sind an den der Feuerbüchse zugewandten Enden außen und innen hartverchromt.

Zur Kesselspeisung dienen eine liegende, nichtsaugende **Strahlpumpe Bauart Friedmann ASZ 7** mit 120 l Wasserförderung pro Minute und eine **Henschel-Turbospeisepumpe TP-BB 180** mit 180 l Förderung. Diese Pumpe wird unverändert auch bei den BR 23 (024 und 025), 65 und 82 verwendet. Beide Pumpen sind an den hinteren Dampfentnahmestutzen angeschlossen. Der Mischvorwärmer entspricht der auf Seite 28 beschriebenen Bauart.

Die Kesselspeiseventile entsprechen in ihrer Anordnung denen auf der BR 65.

Vom vorderen **Dampfentnahmestutzen** werden Lichtmaschine, Hilfsbläser und vorderer Dampfbläser mit Naßdampf versorgt. Der Naßdampf für die Luftpumpe wird rechts seitlich am Dampfsammelkasten entnommen. Vom hinteren Entnahmestutzen werden die Speisepumpen, die Heizung vorn, die Heizung hinten und der Dampfbläser für die Feuerbüchse mit Dampf versorgt. Der vordere Entnahmestutzen wird über einen normalen Entwässerungshahn entwässert, der hintere über einen Stufendüsenkondensomaten Bauart Gestra.

Zum Säubern der Verbrennungskammer von Ruß und Flugasche ist über dem Feuerloch ein **Rußbläser Bauart Gärtner** eingebaut. Der dafür benötigte Dampf wird aus dem hinteren Dampfentnahmestutzen entnommen und strömt über ein druckluftbetätigtes Schnellschlußventil durch eine Rohrleitung, in die zur Kühlung ein selbststeuerndes Luftansaugeventil eingebaut ist, zum Bläserkopf. Mit Hilfe des aus den Düsen am Bläserkopf austretenden, auf die Feuerbüchsrohrwand gerichteten Dampfstrahls wird eine intensive Reinigung der Verbrennungskammer sowie der Heiz- und Rauchrohre erreicht. Ergänzend befindet sich in der Rauchkammer eine weitere Blasvorrichtung, um die unteren Rohrreihen von vorn nach hinten zusätzlich durchblasen zu können.

Die **Dampfpfeife** sitzt wie bei den zweiten Baulosen der Reihen 65 und 82 direkt auf dem Dampfraum in der Nähe der Rauchkammer rechts auf dem Kesselscheitel. Der Kessel besitzt zwei **Wasserstandsanzeiger** mit Selbstschluß und zwei Hochhub-**Sicherheitsventile** Bauart Henschel-Ackermann.

Es sind 31 **Waschluken** vorhanden, davon kleine (65/50 mm) neun in der Stehkesselrückwand, vier in der Stehkesselvorderwand, zwei in den Seitenwänden, zwei im unteren Teil des Stehkesselmantels, zwei in der Rauchkammerrohrwand, große (110/85 mm) neun im oberen Bereich des Stehkesselmantels, drei im Bauch der Kesselschüsse, zwei über dem Kesselspeiseventilkörper.

Vorn über dem Bodenring ist ein **Gestra-Abschlammventil** angeordnet, das vom Führerstand aus betätigt wird. Zum Entsalzen des Kessels ist am vorderen Teil des Stehkessels links dicht über dem Bodenring ein selbständig arbeitendes **Gestra-Entsalzungsventil** vorgesehen.

Über ein Dreiwegeventil werden Aschkastenspritze und Kohlenspritze und -brause betätigt. Das Ventil ist an die Druckleitungen der beiden Speisepumpen angeschlossen. Der Hilfsbläser entspricht der üblichen Bauart.

Die Temperatur wird im rechten Schieberkasten über eine Quecksilbermeßkapillare gemessen.

Der gesamte Kessel, einschließlich der Dampfeinströmrohre, ist mit Wärmeschutzmatratzen aus Steinwolle mit Glasgewebeumhüllung gut wärmeisoliert.

Der Rahmen

Der Rahmen ist völlig geschweißt und entspricht in seinem Aufbau der auf Seite 32 gegebenen Darstellung. Alle Achslagerführungen sind mit verschleißarmen Hartmanganstahlplatten bestückt, was für die Haltbarkeit der Wälzlager notwendig ist.

Die **Achsgabelstege** sind aus einem Stück in St 52 gefertigt, werden von unten über äußere Keilflächen an den Untergurt angeschraubt und umklammern beiderseits die Ansätze an der Achslagerführung. Die Keilflächen erlauben es, auf eine Befestigung der Achsgabelstege mit Paßschrauben zu verzichten. Die Stege umfassen das Federgehänge, brauchen aber zum Federwechsel nicht ausgebaut zu werden.

Die **Rahmenwangen** sind 18 mm stark, ihr lichter Abstand beträgt 1062 mm. Die Rahmenoberkante läuft vom Zylinderblock bis zur Führerhausrückwand geradlinig durch und liegt 700 mm über Achsmitte. Die Rahmenblechhöhe beträgt 838 mm. Sämtliche Halter für Wasserkästen, Führerhaus, Luftbehälter usw. sind angeschweißt.

Das Laufwerk

Entsprechend dem Einsatz der Lokomotive im gemischten Dienst haben die gekuppelten Radsätze einen Durchmesser von 1600 mm erhalten. Die Laufachse und die erste Kuppelachse sind in

einem Krauß-Helmholtz-Lenkgestell zusammengefaßt. Die Laufachse hat beiderseits 105 mm Seitenausschlag, die erste Kuppelachse 10 mm Seitenverschiebung. Treibachse und dritte Kuppelachse sind fest im Rahmen gelagert. Der feste Radstand beträgt 1850 mm. Das nachlaufende zweiachsige Drehgestell entspricht dem der Baureihe 65. Es kann beiderseits 80 mm ausschlagen.
Die Lokomotive ist in vier Punkten abgestützt. Durch Einstecken von Paßbolzen in den Ausgleichshebel hinter der ersten Kuppelachse kann die Maschine auf Sechspunktabstützung umgestellt werden. Das Umstellen ist dann angebracht, wenn auf schlechtem Oberbau die Wankbewegungen der Maschine begrenzt werden sollen. Die Gegengewichte der Kuppelachsen sind sehr großzügig bemessen. Es sind damit rund 56% der nicht ausgeglichenen Triebwerksmassen ausgeglichen gegenüber 20% bei anderen schnellfahrenden zweizylindrigen Loks. Die BR 66 erzielt so einen sehr ruhigen Lauf.
Die Federn liegen mit Ausnahme derjenigen der ersten Laufachse unter den Achslagern. Die Mitten der Federn und der Längsausgleichshebel der Kuppelachsen liegen in Rahmenwangen in 1080 mm Abstand. Die Mitten der Tragfedern der vorderen Laufachse liegen 815 mm auseinander. Das auf der Federstütze zur vorderen Laufachse ruhende Sattelstück sowie die sich auf diesem abstützende Druckplatte des Federbundes sind so ausgebildet, daß die Feder seitlich stabilisiert ist. Die Tragfedern sind aus Stahl 51 Si 7 hergestellt. Sie haben sieben Lagen von 120 × 16 mm Querschnitt bei 1000 mm Stützweite der Federspannschrauben. Es kann ein Ablaufberg mit einem Ausrundungshalbmesser von 300 m befahren werden.
Sämtliche Achsen haben Wälzlagerung. Beim Zusammenbau der Radsätze werden zunächst die Wälzlager mit den zugehörigen Distanz- und Druckringen auf die Achswelle gedrückt, danach die Achslagergehäuse montiert und zuletzt die Radkörper auf die Achswelle aufgepreßt. Für die Treib- und Kuppelachsen sowie für die Laufachsen des Drehgestells sind Einzelachslager mit je einem zweisystemigen Zylinderrollenlager von 200 mm bzw. 180 mm innerem Durchmesser verwendet worden. Bei der vorderen Laufachse sind beide Achslager mit je einem einsystemigen Pendelrol-

191 66002 während der Endmontage bei Henschel, 1955. Rahmen und hinterer Vorratsbehälter sind fertiggestellt.

192 Das vordere Laufgestell der 66001 beim Zusammenbau von vorn unten gesehen. Oben die Achslagergleitbleche der Laufachse. Beidseitig des Rahmens sind Teile der Rückstellvorrichtung zu erkennen.

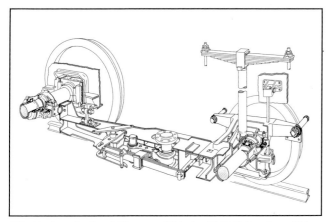

193 Vorderes Lenkgestell in perspektivischer Sicht. Neben der seitlichen Blattfeder Teile der verstellbaren Rückstellvorrichtung. Das Lenkgestell ist vorne direkt am Rahmen aufgehängt.

lenlager von 180 mm innerem Durchmesser in einem die Achswelle umschließenden Gehäuse aus Stahlguß zusammengefaßt. Sämtliche Achswälzlager sind so bemessen, daß sie auch im Betrieb die auftretenden axialen Kräfte aufnehmen können. Gegen Verunreinigung sind die Lager durch beiderseits im Gehäuse liegende Labyrinthabdichtungen geschützt; vor den Dichtungen noch zusätzlich angebrachte Abweisbleche verhindern das Eindringen von Spritzwasser. Alle Lager haben hintenliegende Stellkeile.

Das **Lenkgestell** besteht aus einem Laufradsatz von 1000 mm Radgröße, einem vollständig geschweißten Rahmen, dem Gegenlenkerhebel und den Rückstellfedern. Der Lenkgestellrahmen mit vorn angeschweißter Achslagerführung ist am Hauptrahmen durch drei Pendel mit Silentbloc-Lagerung aufgehängt und damit abgefedert. Hinter der Laufachse ist im Lokomotivrahmen ein fester Drehzapfen angeordnet. Von diesem führt ein Gegenlenkerhebel zu einem Drehzapfen im Gestellrahmen. Die beiderseits angeordneten Rückstellblattfedern, deren Federbunde im Rahmen geführt sind und sich über Anschlagleisten gegen diesen abstützen, sind unmittelbar zwischen Lenkgestellrahmen und Gegenlenker gespannt und halten somit Gegenlenker und Rahmen gleichachsig zum Hauptrahmen. Bei seitlichem Ausschlag der Laufachse werden die Federn zusätzlich gespannt und üben damit eine entsprechende Richtkraft auf den Fahrzeugrahmen aus. Der Gegenlenkerhebel überträgt die auftretenden Längskräfte. Das Lenkgestell ist an das Deichsellager, das mit Kugellagern auf der ersten Kuppelachswelle gelagert ist und die seitlichen Führungskräfte überträgt, über ein achsmittig angeordnetes Kreuzgelenk angeschlossen.

Die Last wird von den obenliegenden Federn auf den Laufradsatz durch im Rahmen geführte Stützen auf die Lager übertragen. Die Stützen gleiten in besonderen, den Verschleiß aufnehmenden Druckstäben auf gehärteten Gleitbahnen in einem Ölraum auf dem Lagergehäuse. Die Führung ist nach außen gegen Verschmutzen durch Verschiebebleche geschützt.

Das nachlaufende **zweiachsige Drehgestell** entspricht dem der 65014 bis 018, ist aber beidseitig abgebremst. Die Ausgleichshebel des Drehgestells stützen sich über je zwei Tellerfedern, die unmittelbar auf den Achslagergehäusen aufliegen, auf diese ab. Zwischen Tragfedern und Ausgleichshebeln sind Schraubenfedern eingeschaltet, um keine zu große Dämpfung in der Federung zu haben. Das Drehgestell ist an einem festen Drehzapfen seitenverschieblich gelagert. Die Führungsbuchse stützt sich über beiderseitige Druckbolzen gegen die Rückstellblattfedern ab. In der Mittellage liegen die Federbunde sowohl am Drehgestellrahmen als auch über die Druckbolzen am Zapfen an.

Bei seitlichem Ausschlag wird die eine Feder vom Rahmen mitgenommen, während die andere sich über den Druckbolzen gegen den Zapfen abstützt. Da die Federn unter sich an den Enden verbunden sind, gleichen sich die Kräfte zwischen beiden aus. Entsprechend der Durchbiegung der Federn durch den Ausschlag des Drehgestells wird die Richtkraft auf den Fahrzeugrahmen ausgeübt. Die Rückstellfedern mit 1200 mm Stützweite und vier Lagen 90 × 16 mm sind für beide Laufgestelle gleich und untereinander austauschbar. Sie sind im Lenkgestell auf 2500 kg und im Drehgestell auf 2000 kg vorgespannt.

Ein ruhiger Lauf der Maschine kann nur erreicht werden, wenn der Verschleiß der Lenkgestellteile gering gehalten wird. Die wichtigsten Gelenk- und Lagerstellen sind deshalb an eine zentrale Handschmierpumpe angeschlossen, die vom Führerstand aus bedient wird.

Die Lokomotive ist mit einer **umstellbaren Rückstellvorrichtung** in den beiden Lenkgestellen ausgerüstet. Über zwei von der Steuerschraube je nach Fahrtrichtung beeinflußte Luftventile werden zwei normale Bremszylinder so beaufschlagt, daß jeweils die Rückstellfeder des nachlaufenden Gestells auf etwa ein Drittel ihrer normalen Vorspannung in Mittellage entlastet werden. Das Spannen und Entspannen der Rückstellfedern erfolgt über Kniehebelschlösser, die durch ein im Rahmen gelagertes Gestänge miteinander gekup-

194 Die umstellbare Rückstellvorrichtung. Links Übertragung auf das hintere Drehgestell, in der Mitte die beiden alternativ von der Steuermutter betätigten Luftzylinder (hinter der Treibachse), rechts Übertragung auf das vordere Lenkgestell.

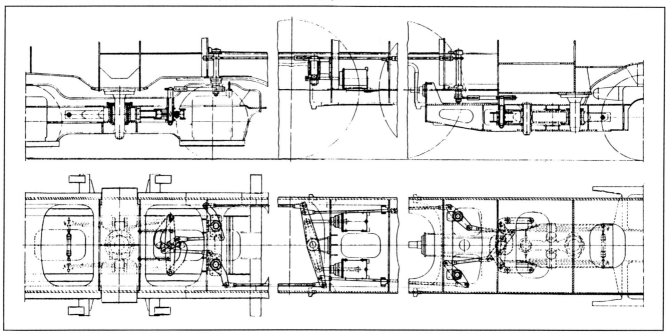

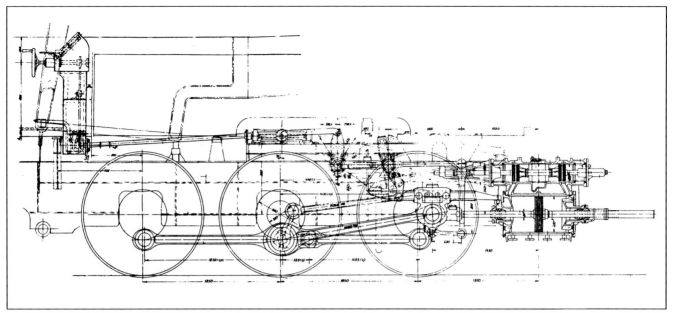

195 Triebwerk und Steuerung der BR 66.

pelt sind. Die Stellung der Umschaltvorrichtung auf Vorwärts- oder Rückwärtsfahrt wird auf dem Führerstand neben dem Steuerpult auf einer Skala angezeigt. Durch die Rückstellvorrichtung wird der Tendenz der Lenkgestelle zu einseitigem Anlauf entgegengewirkt und der Geradeauslauf der Maschine sehr verbessert.

Die Zylinder

Die beiden Zylinder bestehen aus Stahlguß und liegen achsmittig. Die Kolben treiben die zweite Treibachse an. In die Zylinder sind gußeiserne Laufbüchsen für Schieber und Kolben eingepreßt. Die Zylinderbohrung beträgt 470 mm, der Hub 660 mm. Die Schieber haben abweichend von den übrigen Neubaudampflok einen Durchmesser von 220 mm.
Die schädlichen Räume in den Zylindern betragen vorn 10,4 % und hinten 9,3 %. Die Abstände zwischen Kolben und Deckel betragen im Neuzustand vorn 16 mm und hinten 12 mm. Ansonsten gleichen die Zylinder der Beschreibung auf Seite 38.

Das Triebwerk

Treibradsatz ist die zweite Kuppelachse, die im Rahmen fest gelagert ist. Alle Treib- und Kuppelstangenlager sind **Wälzlager**. Die Lokomotive 66 001 hat Rollenlager Bauart SKF, die Lokomotive 66 002 Rollenlager Bauart FAG. An den Treibzapfen sind die Treibstangen mit Pendelrollenlagern von 170 mm Durchmesser ausgerüstet. Die Kreuzkopfbolzenlagerung ist bei der 66 001 als Außenlagerung einsystemig und bei der 66 002 als Innenlagerung zweisystemig ausgeführt. In beiden Fällen haben die verwendeten Pendelrollenlager 100 mm Durchmesser.
Die **Kuppelstangen** werden an den Treibzapfen mit einsystemigen Zylinderrollenlagern von 180 mm Durchmesser geführt. An den Kuppelzapfen der ersten und dritten Kuppelachse sind Pendelrollenlager mit 75 mm Durchmesser, die einem Schrägstellen der Achsen zueinander und der Seitenverschiebung folgen können, in die Stangen eingebaut. Das Triebwerk wird durch das vordere Treibstangenlager sowie durch das Hauptkuppelstangenlager am Treibzapfen stabilisiert.

Sämtliche Stangenwälzlager sind vor Verschmutzung von außen durch Labyrinthdeckel geschützt. Die 66 001 hat versuchsweise sphärische, die 66 002 zylindrische Labyrinthabdichtungen.
Der **Kreuzkopf** wird einschienig geführt. Der Kreuzkopfkörper aus Stahlguß ist oben offen, wird von unten auf die Gleitbahn geschoben und dann oben durch ein Zwischenstück, welches das Schmiergefäß für die Schmierung der oberen Gleitplatte trägt, mit Paßschrauben geschlossen. Die Gleitplatten werden an beiden Enden durch Knaggen gehalten. Das Schmiergefäß, das die untere Gleitplatte mit Öl versorgt, ist seitlich an den Kreuzkopfträger angeschraubt.
Beim Kreuzkopf für äußere Lagerung ist der Kreuzkopfbolzen mit einer von der Mitte aus nach beiden Seiten leicht konisch verlaufenden Bohrung versehen. Zwei von außen in die Bohrung gepreßte, ebenfalls konische Spannbuchsen weiten den Kreuzkopfbolzen im Bereich der elastischen Verformung so weit auf, daß der erforderliche Festsitz zwischen Bolzen und Treibstangenbohrung bzw. zwischen Kreuzkopfbolzen und den Innenringen der Kegelrollenlager erreicht wird.
Im Kreuzkopf für innere Lagerung bei der 66 002 wird der Bolzen mit konischen Druckringen, die mit Steckbolzen und Schlitzmuttern eingezogen sind, in den Wangen des Kreuzkopfkörpers gehalten.
Vor der Bearbeitung sind die Gußteile der beiden Kreuzkopfausführungen einander gleich.
Die **Gleitbahn** ist am hinteren Zylinderdeckel durch einen Paßdübel ausgerichtet und entlastet. Sie wird durch ein übergelegtes Druckstück mit zwei Schrauben gehalten und am Gleitbahnträger mit zwei Paßschrauben befestigt. Die Gleitflächen sind wahlweise im Einsatz oder flammengehärtet und geschliffen.
Für die Treib- und Kuppelstangen wurde der Werkstoff St 52 verwendet. Alle Stangenköpfe sind geschlossen. Im Bereich der Stangenköpfe geht der I-förmige Stangenschaft in ein U-Querschnitt über. Die **Treibstange** hat eine Länge von 2050 mm.
Die Kuppelstange zwischen erstem und zweitem Radsatz ist über den in einer Kreuzgelenkbuchse gelagerten Gelenkbolzen mit der hinteren Kuppelstange verbunden und kann somit der Seitenverschiebung der ersten Achse folgen.
Alle drei Radsätze werden gesandet. Die je zwei Sandkästen sind hinter den seitlichen Wasserkästen angeordnet. Die Ausführung entspricht der der übrigen Neubaudampflok.
Die Maschinen sind mit einer **Spurkranzschmierung Bauart de Limon** ausgerüstet. Die beiden Fettpressen werden von einem

197 Blick auf den Arbeitsplatz des Lokführers. Von dem bei den ersten 23 großen Armaturenpult sind nur »Reste« bei der 66 zu verzeichnen. Die Bremsarmaturen sind in einen Block zusammengefaßt. Foto: 66 002 im Bw Erndtebrück, 20. 8. 1969.

196 Blick auf den Arbeitsplatz des Heizers. Vorne die Bosch-Schmierpresse, links dahinter die Handhebelpumpe für die Vielpunkt-Schmierung. Von den oberen fünf Handrädern am Stehkessel dient das zweite von unten zum Anstellen der Turbospeisepumpe. Eine Skala zum Dosieren fehlt.

Schwinghebel vom Antriebsgestänge der Bosch-Schmierpumpe von der hinteren Kuppelachse links angetrieben. Das Fett wird auf die Spurkränze der zweiten, vierten und letzten Radsätze gespritzt.

Die Steuerung

Die Steuerung entspricht prinzipiell derjenigen der anderen Neubau-Tenderlok.
Im Steuerpult im Führerhaus, das durch eine steile Stellung gut im Blickfeld liegt, ist neben der verkürzten Steuerskala nur je ein Anzeiger für den Schieberkastendruck und für die Heißdampftemperatur vorhanden.
Sämtliche Gelenkpunkte des Steuerungsgestänges mit Ausnahme der Verbindungslaschen zwischen Steuermutter und Aufwerfhebel sowie die Steuerwelle und die Steuerschraube habe Wälzlagerung Bauart SKF. Mit der Wälzlagerung wird eine verschleißfreie und somit spielfreie Steuerung erzielt.

Die Bremse

Die Lokomotive ist mit der selbsttätig wirkenden **Bremse Bauart Knorr** mit Zusatzbremse und einer Wurfhebelhandbremse ausgerüstet. Die Lokomotivbremse wirkt doppelseitig auf alle Räder. Die Bremsklötze sind radial zueinander angeordnet, so daß sich die am Radumfang auftretenden Kräfte ausgleichen. Die Bremse wird durch zwei außen am Rahmen hinter der letzten Kuppelachse angebrachte 12″-Bremszylinder betätigt, die auf eine gemeinsame Bremswelle wirken.
An den beiden Lenkgestellen ist die Bremse an jeder Laufachse für sich eine abgeschlossene Bremsgruppe. Für die Lenkgestellbremse ist auf dem Lenkgestellrahmen ein 8″-Bremszylinder befestigt. Für die Drehgestellbremse ist auf der Mitte des Gestellrahmens vorn und hinten je ein 8″-Bremszylinder angeordnet.
Das Lokomotivgewicht wird bei vier Fünftel Vorräten bei der Betriebsbremsung durch die selbsttätige Bremse zu 64%, durch die Zusatzbremse zu 35% und durch die Wurfhebelbremse, die nur auf die gekuppelten Räder wirkt, zu 20% abgebremst.
Die auf der rechten Lokseite vorn neben der Rauchkammer am Rahmen befestigte zweistufige **Luftpumpe** mit untenliegendem Dampfteil Bauart Tolkien fördert die Druckluft über einen Kühler in zwei quer auf dem Rahmen eingebaute Hauptluftbehälter von je 400 l Inhalt. Im Führerhaus sind sämtliche Bremsrohrleitungen in einer Säule zusammengefaßt. Die Anschlüsse für die mit der Bremssäule verbundenen und nach außen führenden Rohre liegen gut zugänglich unterhalb des Führerhausbodens. Das Führerbremsventil Knorr-Selbstregler D-2, das Zusatz- und ein Notbremsventil sind mit einem Ventilträger zu dem **Führerbremsventil-Aggregat** vereinigt, das als Kopf oben auf die Bremssäule aufgesetzt ist.
Für die Verwendung der Lokomotive im Wendezugbetrieb ist eine zweite Hauptluftbehälterleitung mit Kupplungsschläuchen an den Puffertägern bereits mit eingebaut. Der Raum für die erforderlichen Apparate, Befehlsgeräte usw. wurde freigelassen.
Beide 66 haben ab Lieferung eine Druckluftglocke für Nebenbahneinsätze.

Die Dampfheizung

entspricht in ihrer Bauart derjenigen der übrigen Neubautenderlok.

Die Schmierung

Eine **Hochdruckschmierpumpe** Bauart Bosch-Bundesbahn mit 14 Anschlüssen dient zur Schmierung der hauptsächlich unter Dampf gehenden Teile. Die Ausführung dieser Pumpe und die Schmierstellen entsprechen den BR 65 und 82. Zusätzlich ist die Lokomotive zur Entlastung des Personals und zur Verminderung des Verschleißes der übrigen gleitenden Teile mit einer **De Limon-Vielpunktschmieranlage** ausgerüstet. Eine im Führerhaus angeordnete Pumpe für Handbetätigung fördert beim Schwenken ihres

198 Die Vielpunkt-Druckschmierung mittels Handhebel-Pumpe.

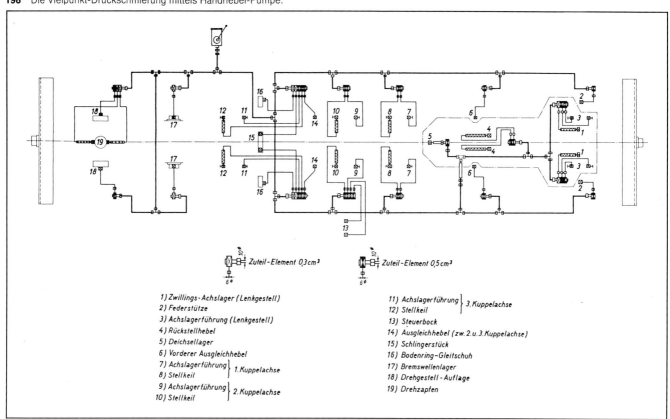

1) Zwillings-Achslager (Lenkgestell)
2) Federstütze
3) Achslagerführung (Lenkgestell)
4) Rückstellhebel
5) Deichsellager
6) Vorderer Ausgleichhebel
7) Achslagerführung ⎫ 1. Kuppelachse
8) Stellkeil ⎭
9) Achslagerführung ⎫ 2. Kuppelachse
10) Stellkeil ⎭
11) Achslagerführung ⎫ 3. Kuppelachse
12) Stellkeil ⎭
13) Steuerbock
14) Ausgleichhebel (zw. 2. u. 3. Kuppelachse)
15) Schlingerstück
16) Bodenring-Gleitschuh
17) Bremswellenlager
18) Drehgestell-Auflage
19) Drehzapfen

Handhebels Öl über eine Speiseleitung zu den in der Nähe der Verbrauchsstellen liegenden Zuteilelementen. Diese geben dabei unter Druck einmal eine bestimmte Menge Öl an die Schmierstellen ab und werden gleichzeitig wieder für die nächste Schmierung aufgeladen.

Nachdem sämtliche Schmierstellen ihre Ölmenge erhalten haben, was ein aus dem Pumpengehäuse austretender Stift anzeigt, muß der Handhebel der Pumpe über einen federnden Anschlag wieder in seine Ruhestellung gelegt werden. Dadurch wird die Speiseleitung drucklos, die Anlage ist für die nächste Abschmierung vorbereitet.

Als Zuteilmengen je Bedienung sind für die dauernd in Gleitbewegung befindlichen Teile 0,5 cm^3 und für weniger beanspruchte Teile 0,3 cm^3 vorgeschrieben. Den einzelnen Schmierstellen sind teils Einkugelsperren, teils Membransperren unmittelbar vorgeschaltet. Den beweglichen Schmierstellen wird das Öl über biegsame Hochdruckschläuche zugeleitet. Es werden zentral geschmiert:

1. die Zwillingsachslager für das Lenkgestell
2. die Federstützen für das Lenkgestell
3. die Achslagerführungen für das Lenkgestell
4. der Rückstellhebel im Lenkgestell
5. das Deichsellager
6. die vorderen Ausgleichshebel
7. die Achslagerführungen und Stellkeile der gekuppelten Achsen
8. die Steuermuttern
9. die Ausgleichshebel zwischen zweiter und dritter Kuppelachse
10. das Schlingerstück
11. die Bodenringgleitschuhe
12. die Bremswellenlager
13. die Drehgestellauflagen
14. die Drehzapfenlager im Drehgestell.

Die Beleuchtung

entspricht in ihrer Ausführung derjenigen der BR 65. Vorn und hinten ist erstmals ein drittes Spitzenlicht vorhanden. Abweichend ist nur die Steuerpultleuchte mit einer 10-Watt-Birne bestückt.

Das Führerhaus

ist den zweiten Lieferungen von BR 65 und 82 angeglichen. Damit keine Kräfte aus gegenseitigen Bewegungen aufgenommen werden können, ist das Führerhaus von den Vorratsbehältern getrennt gehalten. Siehe hierzu auch Seite 45.

Alle im Führerhaus liegenden Armaturenhandräder, Griffe und Handhebel sowie das Steuerungshandrad sind matt verchromt. Die Führerhausseitentüren sind wie bei den Maschinen 65014 bis 018 und 82038 bis 041 dem Führerhaus-Außenprofil angepaßt und als Drehtüren mit Fallfenstern ausgebildet. Die beiderseits des Türaufstieges senkrecht angeordneten Handstangen sind ebenfalls verchromt.

Die Kohlen- und Wasserkästen

Die Vorratsbehälter für Kohle und Wasser sind vollständig geschweißt und abnehmbar auf dem Rahmen aufgebaut. In den Seitenbehältern sind 6,2 m^3 Wasser untergebracht, im hinteren Behälter 8,1 m^3 Wasser und 5 t Kohle. Der Kohlenkasten ist nach oben durch einen Deckel verschließbar.

Der vordere Teil des linken Wasserkastens dient als Mischvorwärmerraum. Über ein Rohr mit 200 mm Nennweite sind die seitlichen Behälter mit dem hinteren Wasserkasten verbunden.

An den seitlichen Wasserkästen befinden sich die Wassereinlaufdeckel, die mit druckluftbeaufschlagtem Zylinder betätigt werden. Für das Öffnen und Schließen ist auf Führer- und Heizerseite im Führerhaus je ein Abstellhahn vorhanden. In der Kohlenkastenvorderwand sind links und rechts vom Kohlenschaufelblech Kleiderkästen eingelassen. Je ein Werkzeug- und Gerätekasten befindet sich hinter dem Pufferträger und rechts seitlich unter dem hinteren Wasserkasten.

Sämtliche Aufstiege und Tritte sowie das vordere Laufblech bestehen aus Gitterrosten.

Die Maschine ist mit Windleitblechen Bauart Degenkolb-Witte ausgerüstet, die im unteren Teil einen durchgehenden Handlauf besitzen.

Die 66 sind wie die gleichzeitig gebauten ersten Heinl-MV-23 mit einem DB-Schild als Eigentumsvermerk ausgerüstet. Es ist kein Gattungsschild vorhanden.

200 Die Abmessungen der BR 64 und 66 im Vergleich. ▶

199 Der Innenraum des Führerhauses in Gesamtansicht.

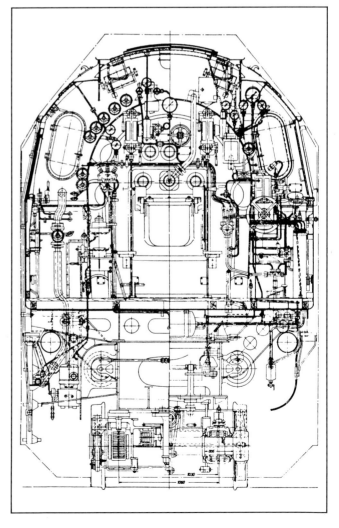

Baureihe / Bauart	Abk	Dim	64 Einheitslok 1925	66 Einheitslok 1950
Abgekürzte Bezeichnung	—	—	1'C1'h2	1'C2'h2
Betriebsnummer ab	—	—	64 001	66 001
Trieb- und Laufwerk:				
Fahrgeschwindigkeit vw/rw	V	km/h	90/90	100/100
Zylinderdurchmesser	d	mm	500	470
Kolbenhub	s	mm	660	660
Treib- u Kuppelraddurchmesser	D	mm	1500	1600
Laufraddurchmesser, vorn	D_v	mm	850	1000
Laufraddurchmesser, hinten	D_h	mm	850	850
Steuerung:				
Art und Lage	—	—	Ha	Ha
Kolbenschieberdurchmesser	d_S	mm	220	220
Kessel:				
Kesselüberdruck	pK	kg/cm²	14	16
Wasserraum des Kessels	W_K	m³	5,34	5,71
Dampfraum des Kessels	D_K	m³	1,21	1,85
Verdampfungswasseroberfläche	O_W	m²	6,14	7,60
Feuerrauminhalt von Feuerbüchse u Verbrennungskammer	$F_{Fb}+F_{Vk}$	m³	2,800	3,668
Länge der Verbrennungskammer	l_{Vk}	mm	—	815
Größter Kesselnenndurchmesser	d_K	mm	1500	1452/1570
Kesselleergew. ohne Ausrüstung	G_{Klo}	t	12,5	13,1
Kesselleergew. mit Ausrüstung	G_{Klm}	t	15,8	15,5
Rohre:				
Anzahl der Heizrohre	n_{Hr}	Stck	114	70
Heizrohrdurchmesser	d_{Hr}	mm	44,5×2,5	44,5×2,5
Anzahl der Rauchrohre	n_{Rr}	Stck	32	36
Rauchrohrdurchmesser	d_{Rr}	mm	118×4	118×4
Rohrlänge zw den Rohrwänden	l_r	mm	3800	3600
Überhitzerrohrdurchmesser	d_{Ur}	mm	30×3,5	30×3,5
Rost:				
Rostfläche	R	m²	2,04	1,96
Länge × Breite	R_{lb}	m×m	1,900×1,072	1,630×1,200
Heizflächen:				
Strahlungsheizfläche = Feuerbüchs.+ Verbrennungskammer Heizfläche = $H_{Fb}+H_{Vk}$	H_{vs}	m²	8,70	11,40
Rauchrohrheizfläche	H_{Rr}	m²	42,02	44,79
Heizrohrfläche	H_{Hr}	m²	53,76	31,27
Rohrheizfläche = $H_{Rr}+H_{Hr}$	H_{vb}	m²	95,78	76,06
Verdampfungsheizfläche $H_v = H_{vs} + H_{vb} = H_{Fb} + H_{Vk} + H_{Rr} + H_{Hr}$	H_v	m²	104,48	87,46
Überhitzerheizfläche	$H_ü$	m²	37,34	45,13
Heizflächen-Verhältn = $H_{vb}:H_{vs}$	φH		11,01	6,67
Strahlungsflächenverhältnis $φS = H_{vs}:R$	φS	—	4,27	5,83
Überhitzerheizfläche je t Dampf	$H_ü:D$	m²/t	6,27	6,44
Feuerrauminhalt v Feuerbüchse u Verbrennungskammer : Rostfläche = $(F_{Fb}+F_{Vk}):R$		m³/m²	1,37	1,88
Achsstände:				
fester Achsstand	a_f	mm	3600	1850
gesamter Achsstand	a_g	mm	9000	11 050
Länge der Lok	l_L	mm	12 400	14 798
Gewichte:				
Lokleergewicht	G_{Ll}	t	57,5	69,8
Lokreibungsgewicht	G_{Lr}	t	45,5	47,1
Lokdienstgewicht ohne Vorräte	$G_{Ld(o)}$	t	62,9	74,1
Vorräte	(W+B)	t	12,0	19,3
Lokgesamtgewicht mit vollen Vorräten	G_{Lv}	t	74,9	93,4
Lokdienstgewicht mit ⅔ Vorräten	G_{Ld}	t	70,9	87,0
Metergewicht $G_{Lv}:L_üP$	q	t/m	6,04	6,31
Achslast: 1. Achse	2 Q	t	14,4 ⟵100⟶	15,1 ⟵105⟶
2. Achse	2 Q	t	15,0	15,6 ⟵10⟶
3. Achse	2 Q	t	15,2 ⟵15⟶	15,7
4. Achse	2 Q	t	15,3	15,8
5. Achse	2 Q	t	15,0 ⟵100⟶	15,6 ⟵80⟶
6. Achse	2 Q	t	—	15,6
Lokdienstgewicht: ind Leistung	$G_{Ld(o)}:N_i$	kg/PS	66,2	63,3
Verdampfungsheizfl: Lokdienstgewicht	$H_v:G_{Ld(o)}$	m²/t	1,66	1,18
Wasserkasteninhalt	W	m³	9	14,3
Kohlenkasteninhalt	B	t	3	5,0
Indizierte Leistung	N_i	PS	V 950	V 1170
Indizierte Zugkraft (bei 0,8 pK)	Z_i	kg	12 320	11 660
Befahrb Bogenlaufhalbmesser	R	m	140	140
Befahrb Ablaufberghalbmesser	—	m	300	300
Vorwärmer	—	—	OV	MV
Heizung	—	—	Hrv	Hrv
Läutewerk	—	—	Druckluft-L	Druckluft-L
Bremse	—	—	K mit Z	K mit Z

201 66 001 ist bei Henschel fast fertiggestellt. Im September 1955 wurde sie im Werkshof zum erstenmal angeheizt und bewegt. Die endgültige Lackierung der Seitenwände fehlt noch, ebenso die Zylinderverkleidung. Fenster und Schilder sollen wohl auch erst ganz zum Schluß angebaut werden. Der Werkzeugkasten ist in die Rückwand integriert. Die Baulänge der Maschine hätte einen noch längeren Vorratsbehälter zugelassen, allerdings bei Gewichtsüberschreitung. So steht nun die Pufferbohle hervor.

Die Baureihe 66 im Betrieb

Loknummer, Hersteller, Abnahmedatum, erstes Bw, letztes Bw, Z-Stellung und Ausmusterung (von links nach rechts)							
66001	Henschel	28923/55	06.10.55	LVA Minden	Gießen	03.10.66	24.02.67
66002	Henschel	28924/55	14.10.55	Frankfurt 3	Gießen	15.09.67	12.03.68

Erprobung und Bewährung

An den Konstrukteur stellte der Entwurf der BR 66 außerordentlich schwierige Aufgaben. Das stellte Friedrich Witte 1956 in seinen »Vorstellungs-Artikeln« in der Fachpresse ausdrücklich fest: Das ganze Einsatzgebiet der Reihen 64, über die 78 bis zur 38^{10} sollte von der 66 bedient werden können. Die der BR 64 entsprechende Verwendung im Nebenbahndienst bedingte den Achsdruck von 15 t. Der Einsatz auf Hauptbahnen als Ersatz für die 38^{10} verlangte wiederum eine Geschwindigkeit von 100 km/h und somit den Treibraddurchmesser von 1750 mm. Der wiederum war für den Nebenbahneinsatz zu groß. Ein möglichst geringer Anteil von totem Gewicht sprach für die Tenderlok, der Einsatz auf Hauptbahnen mit langen Durchläufen verlangte andererseits große Vorräte. Neue Einrichtungen sollten die Unterhaltungskosten senken, der Einsatz im Reisezug – besonders im Wendezug-Verkehr verlangte einen sehr guten Massenausgleich. Eigentlich Forderungen, die sich teilweise kategorisch ausschlossen. Und dennoch, mit der 66 hatte die DB diese Aufgaben gelöst und zum ersten Mal eine echte Universal-Dampflokomotive geschaffen.

Erstaunliche Versuchsergebnisse

Die Ergebnisse, die in Minden mit 66001 in der Zeit vom 6.10.1955 bis zum 20.9.1956 erreicht wurden, waren sehr erfreulich. Bei den Zugkraftmessungen stellte sich die 66001 als ebenbürtig neben die 38^{10} und die 78. Das Zugkraft-Diagramm zeigte eine fast völlige Übereinstimmung der Linien der drei Baureihen. Den minimalen Abfall der 66 stufte Witte als unerheblich ein, weil die 66 solche Zugkräfte mit einem um 50% kleineren Betriebsgewicht gegenüber der 38^{10} erreichte (also am totem – geschlepptem – Gewicht). Dabei war die Heizfläche der BR 66 um 40% kleiner als die der beiden Preußinnen.

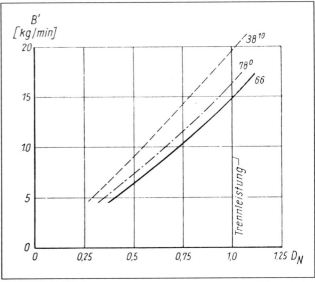

203 Kohlenverbrauch der 66001 bei den Meßfahrten, verglichen mit den Baureihen 78 und 38^{10}. Die Messung erfolgt ebenfalls in Abhängigkeit von der Dampfleistung (Nennleistung des Kessels = 1).

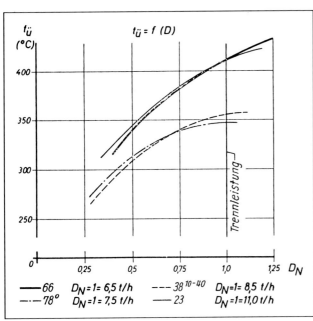

202 Überhitzung, verglichen für die Baureihen 66, 38^{10}, 78 und 23. Die Messung erfolgte in Abhängigkeit von der Kesselleistung. Die Nennleistung der verschiedenen Kessel ist gleich 1,0 gesetzt.

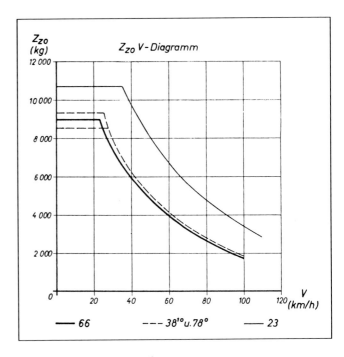

204 Die Zugkräfte der 66, 38^{10} (+ 78) und 23 im Vergleich.

205 66 002 (Bw Gießen) vor P 1576 bei Grünberg, 30.6.1967 – flott sieht sie aus.

206 66 002 (Bw Gießen) steht mit dem Personenzug nach Friedberg abfahrbereit im Bahnhof Gießen, 16.5.1961.

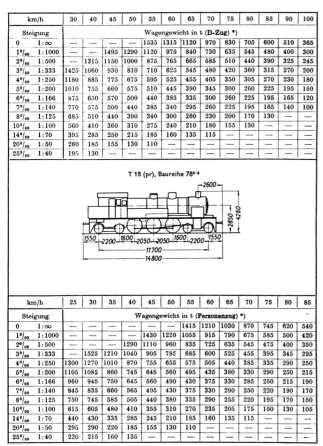

207 Leistungstafel für BR 78 und 66.

Bei den Versuchen wurden Verdampfungsleistungen von über 90 kg/m²/h mehr als eine Stunde lang gefahren, ohne daß sich mit dem Rost, Kessel oder Triebwerk Schwierigkeiten ergeben hätten. Der auf 6,5 t Dampf ausgelegte Kessel der 66 produzierte dabei fast 8 t Dampf in der Stunde und bewies eine fast nicht auszunutzende Überlastbarkeit. Diese Überlast konnte mit einer dauernden Überhitzung von 450°C gefahren werden.

Die äußerst hohe Überhitzung hatte direkte Auswirkungen auf den Wirkungsgrad der Maschine: Der Kohlenverbrauch lag deutlich unter dem der preußischen Typen. Die Verbrennungskammer bewährte sich auch bei dieser recht kleinen Maschine voll und ganz. Verdampfungsleistungen wie die gemessenen konnten nur durch die im Verhältnis große Verbrennungskammer erreicht werden. Mit einem Verhältnis von 6,67 in der Strahlungsheizfläche zu Rohrheizfläche hatte man auch im Verhältnis zu den übrigen Neubaureihen einen Spitzenwert erreicht.

Insgesamt stellte sich der Kessel als außerordentlich »guter Wurf« dar. Seine Verdampfungsfreudigkeit forderte geradezu heraus, die Maschinen in »Spitzendiensten«, für die sie ursprünglich nicht entworfen worden waren, einzusetzen.

Die Untersuchung der 66 001 beim BZA Minden stand allerdings schon unter dem Zeichen des Strukturwandels. So konnten keine ausführlichen lauftechnischen Versuche durchgeführt werden, weil die passenden Meßwagen für Versuche mit Elektro- und Diesellokomotiven benötigt wurden. Beim Bericht über Versuche an Dampflokomotiven während der 15. Sitzung des Fachausschusses am 25.4.1957 klagte BOR Müller vom Zentralamt denn auch: »Hierdurch fehlen Meßwerte für die Beurteilung der Laufeigenschaften der BR 66 mit dem vergrößerten Ausgleich der Kräfte aus hin und her gehenden Massen und für die Lokomotive 65 018 mit Leichtbau-Triebwerk. Nach subjektiven Beobachtungen laufen die Lokomotiven der BR 66 bei jeder Geschwindigkeit außergewöhnlich ruhig.«

So konnte sich der Fachausschuß am 12.12.1958 während seiner 17. Sitzung auch nur auf »empirisches Material« stützen, als es um die Bewährung des neuartigen 66-Fahrgestells ging. Das Gremium war vom »Ausschuß für die Festlegung von Vergütungen für Erfindungen« gebeten worden, ein Urteil abzugeben über die Konstruktion des vorderen 66-Lenkgestells und über die Einrichtung zum Umstellen von Rückstellkräften, auf die Friedrich Witte seit 1952 Patente besaß. Zunächst ging es um das Lenkgestell. Oberrat Keppner vom AW Schwerte als Berichter zeigte sich überzeugt, daß diese Bauart einen wesentlichen Fortschritt darstelle. Weil der Rahmen des Lenkgestelles an der Lok mit aufgehängt sei, gehöre er mit zu den abgefederten Massen. Bemerkenswert sei vor allem die einfache Konstruktion des Lenkgestells. Er berichtete, daß das Unterhaltungs-AW Jülich nach rund 210 000 km Laufleistung bisher keine Beanstandungen an den Gestellen gehabt habe. Erstaunlich sei, daß man die Gestelle bei L0- oder L2-Untersuchungen nach Prüfung ohne irgendwelche Reparaturen wieder hätte einbauen können. Ganz anders verhalte es sich bei den üblichen Krauss-Helmholtz-Gestellen, die immer erheblich verschlissen seien. Der Ausschuß urteilte:

»Das von Herrn Abteilungspräsident Witte entwickelte Lenkgestell hat den Zweck, durch die Trennung der Führungsaufgaben und der Lastübertragung bessere Laufeigenschaften der Lok, geringeren Verschleiß und Vorteile in der Instandhaltung gegenüber den Lenkgestellen bisheriger Bauarten zu erzielen. Die Betriebserfahrungen mit der Lok R 66 haben bisher das Erreichen dieses Ziels bestätigt. Zahlreiche Verschleißschäden an den vorhandenen Lenkgestellen lassen es geboten erscheinen, zu prüfen, ob der nachträgliche Einbau in Einheitslok wirtschaftlich vertretbar ist.«

Zum Thema »umstellbare Rückstellung« führte Keppner aus, die Idee, die Rückstellfedern an führenden Laufachsen wechselseitig abzuschalten, verspreche Erfolg. Denn Maschinen, die gleich häufig vorwärts und rückwärts eingesetzt würden, erreichten so einen besseren Bogenlauf und einen geringeren Verschleiß am Laufwerk. Er meinte, die 66 würden sehr ruhig laufen. Bisher (nach 200 000 km) seien noch keinerlei Mängel an der druckluftbetätigten Rückstellung bekanntgeworden. Derzeit (im Dezember 1958) sei

66 001 im AW Jülich, telefonisch habe er erfahren, daß auch beim Zerlegen der Anlage kein besonderer Verschleiß festzustellen gewesen sei.

Als Beschluß hielt man fest, daß die Anlage anscheinend dauernd sicher arbeite. Man solle aber, bevor man eine allgemeine Einführung befürworte, die Einrichtung bei einer 66 ausbauen, um zu echten Vergleichszahlen zu kommen.

Nur sehr geringen Wartungsaufwand machten die Lager der 66. Erstmals nach den 23 024 und 025 hatte man alle Lager von Achsen, Triebwerk und Steuerung als Rollenlager ausgeführt. Im täglichen Einsatz waren die Loks vom Lauf- und Triebwerk daher fast wartungsfrei, Untersuchungen und Nachfettungen waren nur im AW nötig. Als Vorteile waren zu nennen: Dauerschmierung und berührungsarme Lagerung sorgten für geringen Rollwiderstand. Hohe Laufzeiten der Lager bei Verschleißfreiheit ermöglichten wirtschaftlichen Einsatz. Wegfall von Maßabweichungen bei zunehmender Laufdauer in der Steuerung brachten dauernd exakte Dampfsteuerung. Gewichtsersparnis verringerte die Stangenmasse.

Sehr zufrieden war man im Betrieb mit der Zentralschmierung Bauart de Limon. Die Ölverteilung geschah sehr zuverlässig, im Wartungsdienst kamen die 66 mit weit weniger Zeit aus als die schon mit einer begrenzten Zentralschmierung versehenen 23. Als gut bezeichneten die Heizer auch die Handhebelbetätigung der Anlage. Ein Überschmieren der Lok sei kaum möglich. Vielleicht neigten die 66 darum auch nicht zum Überreißen von Wasser. Bei sparsamer Schmierung und guter Unterhaltung des Ölabscheiders vor dem Mischvorwärmer gerieten nur unwesentliche Ölpartikel ins Kesselspeisewasser. Der ausreichend große Dampfraum des Kessels sorgte zusätzlich dafür, daß kaum Wasser über Hilfsabsperrventil und Regler in die Zylinder gelangen konnte.

In Werkstatt und Ausbesserungswerken (Jülich und später Nied) waren die beiden 66 beliebt: man bekam sie recht selten zu sehen, bei Ausbesserungen waren sie ohne großen Aufwand wiederherzustellen. Im Betriebsbuch der 66 002 sind denn auch die Listen der jeweils bei Ausbesserungen ausgeführten Arbeiten recht kurz. Das Problem »Wasserkästen«, das bei den Baureihen 65 und 82 sowie bei vielen Vorkriegstenderloks viel Ärger gemacht hatte, bestand bei der 66 anscheinend nicht. Jedenfalls ist im Buch der 66 002 nur unter dem November 1956 eine Eintragung zu finden, daß Flicken im linken Wasserkasten nötig wurden. Ursache könnte ein Vibrieren des Mischvorwärmers (wie bei der BR 82) gewesen sein. Umfangreiche Arbeiten am Aufbau scheint es nur einmal gegeben zu haben: 66 002 mußte nach einem Unfall vom 3.1. bis 16.2.1957 ins AW Jülich. Erwischt hatte es sie von hinten. An Pufferbohle, Kohlenkasten und Drehgestell mußten Richt- und Tauscharbeiten ausgeführt werden. Rahmenrisse, deren Beseitigung bei 23, 65 und 85 erhebliche Kosten verursachten, tauchen in den Ausbesserungsberichten über 66 002 nicht auf. Nur einmal waren Richtarbeiten am Chromstahl-Aschkasten notwendig: am 17.4.1963. Ebenfalls nur einmal mußte das Hilfsabsperrventil im Dom ausgewechselt werden. Von festsitzenden Absperrventilen oder Reglerventilen wurde (anders als bei der BR 03[10]) von der BR 66 nichts bekannt. So taucht im Betriebsbuch bei den Ausbesserungen auch nur immer das übliche »Regler gewechselt« auf, weil man jeweils mit aufgearbeiteten Lagerbeständen arbeitete.

Einen gewissen »Pferdefuß« hatte der Einfachventil-Heißdampfregler aber schon. Denn nach den überaus guten Erfahrungen mit der BR 66 verfügte die Hauptverwaltung den Einbau auch für die »neuzubekesselnden« 03[10]. Und da war der Ärger dann groß. Undichtigkeiten, verschobene und festsitzende Ventilkörper sorgten bei vielen Lokführern für Angstschweiß, wenn sie bei geöffnet festsitzendem Regler den Zug nur mit der Bremse halten konnten. Nichts davon bei der BR 66. Oberrat Robrade vom Zentralamt Minden berichtete darüber während der 16. Fachausschuß-Sitzung am 12.2.1958, als man sich mit den Schäden an den gerade neu in Dienst gestellten 03[10]-Kesseln zu befassen hatte. Einige Anfangsschäden, die an der BR 66 aufgetreten wären, seien kaum der Rede wert: Schrauben seien nicht richtig angezogen gewesen, so daß Dampf aus dem Regler getreten wäre. Auch hätte sich in der ersten Zeit, weil der Regler wohl nicht voll geöffnet worden wäre, Schlamm abgelagert. Die Störungsquelle sei aber beseitigt, seitdem vorgeschrieben sei, in jeder Dienstschicht den Regler einmal voll zu öffnen. Danach habe es keine Schäden und keine Anstände mehr gegeben. Um so unverständlicher sei der Ärger mit der BR 03[10].

Als vorläufige Abhilfe (mit begrenzter Wirkung) schlug man vor, die Vorschrift, einmal pro Dienstschicht den Regler voll zu öffnen, von der 66 auf alle Heißdampfreglerloks auszudehnen. Außerdem sollten die Ventile mehr Spiel im Gehäuse erhalten, damit sie sich nicht mehr verklemmten. Ob die 66-Regler von vornherein mehr Ventilspiel hatten, ist unbekannt, darf aber vermutet werden.

Bauartänderungen

Die Liste der Bauartänderungen für die BR 66 ist äußerst kurz. Auch bei einer Betriebszeit von nur zwölf Jahren spricht das völlige

208 66 002 (Bw Gießen) fährt mit P 1565 nach Fulda aus dem Bahnhof Grünberg aus, 1.7.1967.

209 Das doppelte Lottchen – 66 001 und 002 im Heimat-Bw Gießen am 26. 6. 1965. Während 66 002 wohl gerade Bekanntschaft mit »Lokseife« gemacht hat, wirkt 66 001 recht schmuddelig und staubig – sie wurde kalt aus dem Schuppen gezogen. Bei beiden Loks ist kurzzeitig das Deckblech über der Steuerschraube entfernt.

Fehlen von »Detailverbesserungen« für eine große Reife der Konstruktion.

Im Herbst 1956 wurden beide Loks mit Wendezugsteuerung ausgerüstet, 1958 erhielten sie einen Abdampfentöler vor dem Mischvorwärmer (SA 130), im Frühjahr 1962 stellte man die Kreuzköpfe auf Gleitlager um (wie bei der BR 10). Im Frühjahr 1964 erhielt der Dampfbläser Bauart Gärtner ein zusätzliches Schutzrohr (SA 285), und gleichzeitig wurden die Ventilwasserstände Bauart Vaihinger umgebaut.

Als »Verbesserung« bleibt davon nur die letzte Änderung zu nennen. Alle übrigen Arbeiten waren Serienänderungen, die auch bei anderen Baureihen ausgeführt wurden. Die Ausrüstung mit Gleitlagern in den Kreuzköpfen muß man als »Entfeinerung« werten, weil hohe Wiederbeschaffungskosten bei schadhaften Rollenlagern vermieden werden sollten.

»Serienreif« waren eigentlich nach diesen Ergebnissen die beiden 66 sofort. Eine Weiterbeschaffung stand dennoch nicht zur Debatte, weil von vornherein die Festlegung auf eine Diesel-Mehrzwecklok feststand. Als die Versuche mit der 66 001 gefahren wurden, war auch die Entscheidung gegen eine Weiterbeschaffung von Dampfloks schon gefallen. Daran konnten noch so gute Erprobungsergebnisse nichts ändern. Weit überlegen war die damals gerade entwickelte V 100 der BR 66 jedenfalls nicht.

Dementsprechend wurden über die Bewährung der BR 66 nach den Versuchsfahrten auch keine weiteren Zahlen mehr veröffentlicht. Nach Auflösung des Fachausschusses Dampflokomotiven 1961 wurde es ganz still um die kleine Vielzwecklok. Ihre zwei Exemplare stellten ja auch nur eine unwillkommene Bereicherung der Typenvielfalt dar.

So mögen hier einige Erfahrungen von Lokmännern die Abrundung des 66-Bildes besorgen.

Lokführer-Erfahrungen

In ihrer ersten Zeit beim Bw Frankfurt 3 hatte die 66 002 noch »Planpersonal«, d. h. fest je zwei Lokführer und Heizer, die sich abwechselten. 66 001 kam ein Jahr später vom BZA Minden und erhielt kein Planpersonal mehr. Einer dieser Planlokführer, inzwischen über 80 Jahre alt, gab in Darmstadt Auskunft über seine 66-Erfahrungen. Demnach hat er die 66 in Frankfurt ausschließlich im Nahverkehr gefahren. Bei den dabei dauernd anfallenden scharfen Anfahrten war weder eine Schleuderneigung festzustellen, noch riß die starke Feueranfachung das flach brennende Feuer auf. Insofern sei die Saugzuganlage der 66 hervorragend abgestimmt gewesen. Das Beschleunigungsvermögen war deutlich besser als das der BR 78, die im gleichen Plan lief. Neben dem Raddurchmesser führte der alte Lokführer das auf den höheren Kesseldruck zurück.

Keinerlei Probleme habe es mit dem Heißdampfregler oder mit Wasserüberreißen gegeben. Auch der Mischvorwärmer habe immer sehr gut gearbeitet.

Der Verbrauch, erinnerte sich der Lokführer, habe dem der BR 78 entsprochen. Die Versuchsergebnisse konnten also nicht ganz gehalten werden. An den Verbrauch könne er sich besonders deutlich erinnern, weil damals noch Kohleprämien für sparsame Lokführer gezahlt worden seien. Die hätten dann denen bei der BR 78 entsprochen. Das Laufverhalten war merklich besser als das der BR 78, sowohl vorwärts als auch rückwärts, meinte der Lokführer. Aufgrund dieser außerordentlichen Laufruhe habe er die Steuerung immer sehr weit zurücknehmen und mit hohem Schieberkastendruck fahren können, ohne daß die Lok zu zucken begann.

Die Plazierung von Reglerhandhebel, Manometern und Bremsventilsäule sei bei der BR 66 gut gelöst worden. Gerade im Nahverkehr sei die Anordnung im Blickfeld bei der Streckenbeobachtung wichtig gewesen. Die Wälzlager seien immer ohne Störungen gelaufen. Das Personal war sehr erfreut über den Wegfall der Vielzahl von Schmierstellen.

Insgesamt hätte die BR 66 in Frankfurt einen ausgezeichneten Eindruck hinterlassen. Beliebt war sie besonders, weil man mit ihr Verspätungen hereinfahren konnte, was mit der langsamer anziehenden 78 nicht so gut möglich war. Er selbst hätte, wie auch die Kollegen, die Lok in sehr guter Erinnerung behalten.

Ein zweiter Lokführer konnte auch aus der Beheimatungszeit in Gießen nur Gutes berichten: Auch in den späteren Jahren hätten Kessel und Triebwerk keinerlei Anlaß zur Klage gegeben. Er könne über die Wälzlager nichts Nachteiliges sagen. Er könne sich erinnern, daß einmal die automatische Rückstellung versagt habe, weil die Luftzylinder verschmutzt gewesen seien. Das sei aber ein Einzelfall gewesen.

Bei der kleinen Rostfläche »hätte sich niemand wehgetan« beim Feuern. Allerdings sei der Rost »so groß wie ein Küchentisch« empfindlich gegen schlechte Kohle gewesen, die damals auch in Gießen immer wieder im Bansen lag. Bei Pulverkohle wurde dann zuviel Luft durch den Rost nach oben gerissen, die Feuerschicht brach auf.

Bequem sei für den Lokführer das Fahren auf der 66 gewesen. Das Führerhaus mit der verbesserten Fußbodenheizung sei besonders im Winter sehr angenehm gewesen.

Auch bei schneller Fahrt fuhr die Lok immer sehr ruhig. »Zucken im Zweizylindertakt« trat nicht auf. Vielmehr habe er bei Höchstgeschwindigkeit höchstens ein weiches, gleichmäßiges Schwingen bemerkt. Das habe man als durchaus angenehm empfinden können, ganz im Gegensatz zur 23, die hart gestoßen habe, wie er sich erinnerte.

Bewertung

Im Gegensatz zu den übrigen Neubaudampfloks fällt die Wertung der BR 66 völlig eindeutig aus. Ganz im Gegensatz zur BR 10, mit der sie die traurige Zweier-Stückzahl teilt, stellte die 66 nach langer Entwicklungszeit eine ausgereifte Konstruktion dar. Bei der BR 10 führte der Zeitdruck, unter dem zum Schluß entwickelt werden mußte, zu einer Bauart, die niemand brauchte, die von vornherein nicht weitergebaut werden sollte, viele Kinderkrankheiten besaß, den Konstrukteuren aber einen optisch »starken Abgang« ermöglichte.

Nichts davon bei der BR 66. Klare Linien bestimmten die funktionale, gut gegliederte Form der Lok, anders als die BR 10, die mit ihrer bauchigen Verkleidung deutlich den Zeitgeschmack kolportierte.

Elegant war die BR 66 allemal, auch heute noch im Museum wirkt die 66 002 nicht gerade wie ein »ordinärer 64-Ersatz«, der sie eigentlich sein sollte.

Als einziger Neubaulok kann den beiden 66-Maschinen von vornherein die Serienreife zuerkannt werden, eine Serienreife, die allerdings nicht mehr umzusetzen war. Insofern waren sie als Einzelgänger vielleicht unnötig. Vielleicht haben sogar die Kritiker recht, die Friedrich Witte als verantwortlichem Bauart-Dezernenten eine Verschwendung von Steuergeldern durch den Bau der 66 und 10 vorgeworfen haben. Witte hatte ja nur noch mit großen Schwierigkeiten Haushaltsmittel für die Fertigstellung von vornherein abgeschriebener Baumuster erhalten können.

Aber mit der 66 ist gelungen, was die Reichsbahn vor dem Krieg vergeblich versucht hatte: Der Nachweis, daß auch eine Dampflok als Universallokomotive zu bauen ist. Daß dieser Nachweis in der Größenordnung der BR 66 angetreten wurde, ist kein Zufall, sind sich doch seit langem die Techniker einig, daß in einer Größenordnung von rund 1000 PS die Dampflok ihre Idealgröße erreicht habe, und daß sie in dieser Idealgröße mit anderen Traktionen konkurrieren könne. Insofern bleibt die 66 die einzige der fünf Neubaudampflok-Typen, die ohne Wenn und Aber einen Weiterbau verdient hätte: Eine Universallokomotive wurde dringend gebraucht, die hohe Stückzahl, die die Nachfolgetype V 100 in sehr kurzer Zeit erreichte, beweist es.

Zum Schluß noch eine These, die einiges, was über die Nachkriegsdampfloks geschrieben und gesagt worden ist, geraderücken möge: Die BR 66 war technisch die beste deutsche Dampflokomotive seit dem Bau der S 3/6 in Bayern und P 8 in Preußen.

Die 66 besaß alles, was diese beiden Typen für ihr allerdings wesentlich enger gefaßtes Einsatzgebiet so gut geeignet machte:
Einen stark überlastbaren Kessel,
gute Laufeigenschaften,
eine sehr gute Dampfmaschine
und eine universelle Verwendbarkeit.

Keine der zwischen 1925 und 1945 gebauten Einheitslokomotiven hat die Zusammenfassung aller dieser Vorzüge erreicht, keine der nach dem Krieg gebauten Neubaudampflokomotiven hat diese Vorzüge vereinigen können – außer der BR 66.

210 66 002 (Bw Gießen) mit dem P 1565 nach Fulda bei der Einfahrt in den Bahnhof Grünberg, 6.7.1967. Bald werden die Signale auch für sie auf »Halt« stehen.

212 Umlaufplan der BR 66 beim Bw Gießen, Sommer 1961. D 235 und D 82 gehören noch zum Einsatzprogramm. Abkürzungen: B.N.G. – Burg und Nieder-Gemünden, Fg – Friedberg, Ffm – Frankfurt/Main Hbf, Gs – Gießen, Mhm – Mannheim.

213 66 001 (Bw Gießen) unterwegs mit dem P 1727 im Sommer 1962 bei Cölbe – fast eine Schnellzug-Garnitur.

211 Seltene Begegnung: 10 002 neben 66 002 bei einer Fahrzeugschau im Bw Frankfurt/M-Griesheim am 28.6.1958. Anlaß der Ausstellung: Der Bundesverband der Eisenbahnfreunde wurde aus der Taufe gehoben.

Beheimatungen und Einsätze der Baureihe 66

Unterhaltung

Die beiden Henschel-Loks 66001 und 002 wurden im AW Göttingen von der DB abgenommen. Nach der Abnahme wurde die BR 66 wie auch die 65 vom AW Jülich unterhalten. Am 1.5.1960 ging die Unterhaltung auf das AW Frankfurt-Nied über, wo beide Maschinen bis zu ihrer Abstellung im Ausbesserungsbestand verblieben. 66002 war vom 22.4. bis zum 24.6.1965 zu einer L2 im AW Nied, das war die letzte Untersuchung einer 66.

Die Laufleistungsgrenze für die 66 konnte wegen der Rollenlager mit zunächst 250000 Kilometern sehr hoch angesetzt werden. Ende 1959 wurde sie sogar auf 300000 km erhöht. Wegen der kurzen Lebensdauer kam 66002 nur auf rund 775000 Kilometer Gesamtlaufleistung, 66001 dürfte sogar noch etwas niedriger gegen haben.

Die 66 wurden wie die 65 unterhalten, d.h. zunächst voll, ab Sommer 1961 nur noch mit Auslauf-L3. Laut einer Unterhaltungs-Aufstellung vom Juni 1966 durften die 66 überhaupt keine Untersuchungen mehr erhalten, ausgenommen waren L0-Bedarfsausbesserungen mit einem Kostenwert von unter 5000 DM.

BD Frankfurt/M
Bw Gießen

Am 29.5.1960 erhielt das Bw Gießen zum Sommerfahrplan die beiden 66, die beim Bw Frankfurt-1 durch die Auflösung der dortigen Dampflokgruppe freigeworden waren, während die Frankfurter 78 nach Friedberg (Hessen) kamen. Bis zu ihrer Abstellung blieben 66001 und 002 die einzigen Tenderloks des Bw Gießen. Sie wurden zunächst wie die Maschinen der BR 23 des Bw Gießen eingesetzt, was gegenüber ihrer Frankfurter Zeit eine erhebliche Leistungszunahme mit sich brachte. Zu Beginn der 60er Jahre wurden die 66 auf den auch von Gießener 23 befahrenen Strecken von Gießen nach Marburg, Dillenburg, Frankfurt, Gelnhausen und Burg- und Nieder-Gemünden (Strecke nach Fulda) eingesetzt. Auffällig waren besonders Leistungen von Frankfurt nach Mannheim, die bis mindestens 1963 bestanden (u.a. vor N 2634/N 2635 bzw. Expr 3028/N 2691). Die recht hohe Laufleistung von 300 bis 350 Kilometern laut Laufplan verdankten die 66 dem Umstand, daß sie neben Personen- und wenigen Eilzügen sogar Schnellzüge zwischen Gießen und Frankfurt zu fahren hatten. So fuhren sie beispielsweise im Sommer 1961 die Zugpaare D 235/D 82 (D 235 werktags, D 82 täglich) und D 81/D 234 (sonntags) von Frankfurt nach Gießen und zurück. Noch im Winterfahrplan 1962/63 hatten die 66 die Ehre, einen Schnellzug zu führen: den D 84 von Gießen nach Frankfurt. Bei solchen Zügen mußten Lok und Personale ihr Äußerstes geben, weil die Fahrzeiten für die BR 23 oder 01 berechnet waren. Durch verstärkten Einsatz von 01 konnten diese Leistungen allerdings bald von der 66 abgegeben werden.

Im Laufe der 60er Jahre zogen sich die beiden 66 praktisch ganz in

214 66 001 (Bw Gießen) steht 1961 in Frankfurt Hbf mit dem D 235 zur Abfahrt bereit. In zwei Minuten, um 18.08 Uhr wird es mit zehn D-Zug-Wagen nach Gießen gehen.

216/217 66 002 befuhr auch die Stichstrecke Gießen–Londorf (196f). Im Endbahnhof Londorf hat sie am 1.6.1967 die Leergarnitur für den N 3704 bereitgestellt, die Reisenden steigen aus dem Bahnbus um, und um 6.42 Uhr geht es in Richtung Gießen los.

218 Anschließend erwischte der Fotograf die 66 002 am 1.6.1967 vor dem P 3704 zwischen Allendorf und Treis.

215 66 002 (Bw Gießen) fährt mit P 1565 nach Fulda in Grünberg ein, 7.7.1967.

216

217

218

219 Im Spätsommer 1967 fuhr sie immer noch: 66 002 verläßt Gießen mit einem Personenzug nach Gelnhausen. Im Zug läuft vorne eine Leig-Einheit mit.

den Personenzugverkehr zurück. Die Leistungen nach Dillenburg und Frankfurt fielen als erste weg, da diese Strecken seit dem Sommerfahrplan 1965 elektrisch befahren wurden. Seit dem Sommerfahrplan 1966 konnte man in Gießen neben der BR 66 auch ihre größeren Schwestern der BR 65 des Bw Limburg bewundern, daneben noch zwei weitere Neubaudampflokbaureihen: die Kasseler 10, die in Gießen wendeten, und natürlich die BR 23. Im September 1965 war dann auch die Strecke Gießen–Marburg–Kassel durchgehend elektrisch befahrbar, wodurch die 66 auch die Einsatzstrecke nach Marburg verloren. Eingesetzt wurden sie jetzt noch auf der Strecke nach Fulda sowie auf den Nebenstrecken Lollar–Wetzlar (direkte Verbindung, nicht über Gießen) und Lollar–Londorf.

Am 3.10.1966 wurde 66 001 nach einem Treibstangenbruch, den sie in voller Fahrt erlitten hatte, und der zu schweren Triebwerkschäden führte, z-gestellt. Da die Baureihe 66 aus dem Unterhaltungsbestand ausgeschieden war, wurde die 66 001 nicht mehr aufgearbeitet, sondern im Februar 1967 ausgemustert. Sie stand noch einige Zeit im Bw Gießen abgestellt und wurde im Juli 1967 im AW Trier verschrottet.

66 002 erhielt nach der Z-Stellung ihrer Schwester noch einen eigenen Umlaufplan mit 236 Kilometern Tagesleistung. In diesem Plan waren die beiden Zugpaare P 3703/P 3704 Gießen–Lollar–Londorf und zurück sowie P 1565/P1576 Gießen–Burg- und Nieder-Gemünden–Fulda enthalten. Ab Anfang 1967 wurde sie dann nur noch als Reservelok verwendet. Bekannt sind aus dieser Zeit aushilfsweise Einsätze nach Limburg, Londorf und Burg- und Nieder-Gemünden. Am 15.9.1967 wurde 66 002 dann z-gestellt und kam wie ihre Schwester ins AW Trier. Dort wurde sie von der Verschrottung zurückgestellt. Noch 1968 kam sie nach Ewersbach (bei Dillenburg) und wurde dort im Lokschuppen hinterstellt. Am 21.3.1969 ging 66 002 in den Besitz der Deutschen Gesellschaft für Eisenbahngeschichte (DGEG) über. Nach einer Fahrzeugschau in Erndtebrück am 23.3.1969 wurde sie bis zum 27.10.1973 im Bw Erndtebrück hinterstellt und steht seit Ende 1973 im DGEG-Museum in Bochum-Dahlhausen. Einige Male war sie – kalt – als »Filmstar« zu bewundern, einmal sogar leicht verändert als DDR-65[10].

Beheimatungen:
66 001   29.05.60–02.10.66 (z)
66 002   29.05.60–14.09.67 (z)

Bw Frankfurt/M-3

Am 14.10.1955 erhielt das Bw Frankfurt-3 die fabrikneue 66 002 zugeteilt. Die Schwesterlok 66 001 tauchte nach umfangreichen Erprobungen bei der Versuchsanstalt Minden erst ein Jahr später hier auf.

Ihre erste Leistung im Personenzugdienst hatte die 66 002 bereits vor ihrer Zeit in Frankfurt erbracht. Auf ihrer Abnahmefahrt hatte sie den P 2709 von Kassel nach Göttingen zu befördern, der es auf stolze 445 Tonnen Gewicht brachte. Auch beim Bw Frankfurt-3 wurde sie dann, genau wie später auch ihre Schwesterlok 66 001, fast ausschließlich im Reisezugdienst eingesetzt. Spektakuläre Züge, wie etwa später die 66-geführten D-Züge des Bw Gießen (siehe S. 145), fuhren die 66 nicht, sie wurden nur im Nahverkehr eingesetzt. Dabei kamen sie von Frankfurt aus nach Westen bis Wiesbaden (eventuell auch Mainz), im Süden bis Darmstadt und sogar bis Mannheim und im Osten bis Hanau und Aschaffenburg. Personenzüge mit bis zu 18 Dreiachsern und über 400 Tonnen Gewicht bewältigten die 66 anstandslos.

In den 50er Jahren wurde der Nahverkehr im Großraum Mainz/Wiesbaden/Frankfurt/Hanau/Darmstadt in erster Linie von Loks der Reihen 38[10], 65, 74[4], 78 und V 36[4] bewältigt, die vor allem durch die Bw Wiesbaden, Frankfurt-1, Frankfurt-2, Frankfurt-3, Frankfurt-Griesheim (nur V 36[4]), Hanau und Darmstadt eingesetzt wurden.

Die 66 wurden stets in einem gemeinsamen Plan mit anderen Loks des Bw Frankfurt-3 eingesetzt; in der Regel fuhren sie zusammen mit den 78, zeitweise auch mit den 38^{10} in einem Plan. Dabei waren sie den alten Preußinnen mindestens ebenbürtig, wenn nicht sogar überlegen. Auch ihre Störungsanfälligkeit war, gemessen an den anderen Neubauloks, eher unterdurchschnittlich, so daß Jahresleistungen von annähernd 100000 Kilometern zustandekamen. Dies ist um so erstaunlicher, als die Loks ja nur im Nahverkehr verwendet wurden, bei dem außerhalb des morgendlichen und abendlichen Berufsverkehrs häufig längere Standzeiten eintreten können. Beide 66 verfügten ab Ende 1956 über Wendezugsteuerung. Dennoch ist über einen Einsatz der 66 im Wendezugdienst nichts bekannt. Wendezüge im Großraum der Mainmetropole wurden nur von 38^{10}, 78, V 36^4 und eventuell V 80 gefahren. Im Winterfahrplan 1956/57 beispielsweise wurden je zwei 38^{10} und 66 im Dienstplan 3 des Bw Frankfurt-3 eingesetzt – dieser Plan enthielt keinen einzigen Wendezug.

Im Zuge der Auflösung des Bw Frankfurt-3 (in Frankfurt blieben danach noch die Bw Frankfurt-1, Frankfurt-2, Frankfurt-Griesheim und Frankfurt-Ost als Heimat-Bw für Triebfahrzeuge übrig) übernahm das Bw Frankfurt-1 die beiden 66. 66001 wurde im Juli 1957 umbeheimatet, 66002 im Mai 1958 nach einer L2-Untersuchung im AW Jülich. Auch die anderen Loks des Bw Frankfurt-3 waren teilweise auf das Bw Frankfurt-1 übergegangen, besonders die 39 und 78. Am Einsatz der 66 änderte sich durch die Umbeheimatung selbst nicht viel, wohl aber durch die Streckenelektrifizierung, die Ende 1957 Frankfurt erreichte.

Beheimatungen:
66001   24.10.56–13.07.57
66002   14.10.55–19.03.58

Bw Frankfurt/M-1

Nach Auflösung des Bw Frankfurt-3 blieb Frankfurt-1 das einzige Frankfurter Bw für Personenzugdampfloks. Neben den beiden 66 waren hier am 31.12.1958 noch sechs 01, 23 Loks BR 38^{10}, vier 39 und 15 Loks BR 78 beheimatet. Für die Einsätze gilt im wesentlichen das bereits beim Bw Frankfurt-3 Gesagte.

1957/58 fanden umfangreiche Streckenelektrifizierungen im Einsatzraum der 66 statt, wodurch nach und nach Strecken für die 66 entfielen. Als erste Strecke büßte die 66 den Abschnitt Frankfurt–Darmstadt–Mannheim am 19.11.1957 ein, Leistungen nach Mannheim wurden aber noch auf der nicht elektrifizierten Linie über Goddelau-Erfelden–Biblis erbracht. Ungefähr zwei Monate später (am 15.1.1958) wurde auch die Strecke Frankfurt–Hanau–Aschaffenburg an den elektrischen Betrieb übergeben. Schließlich übernahmen am 15.12.1958 die E 41 auch noch den Nahverkehr zwischen Frankfurt und Mainz. Für die Frankfurter Personenzug-Dampfloks blieben somit vor allem noch die Strecken nach Wiesbaden, nach Friedberg (über Bad Homburg bzw. über Bad Vilbel) und nach Mannheim (über Goddelau-Erfelden) übrig. Als zum Sommerfahrplan 1960 weitere Streckenabschnitte elektrifiziert wurden, mußte das Bw Frankfurt-1 seine Dampflokunterhaltung aufgeben. Während die 78 dem Bw Friedberg zugeteilt wurden, kamen die 66 zum Bw Gießen, das mit der BR 23 bereits über Neubauloks verfügte. Beim Bw Gießen wurden die Loks noch einmal richtig »rangenommen«. Die 66 kamen aber nach wie vor noch nach Frankfurt, jetzt sogar vor Schnellzügen.

Beheimatungen:
66001   19.07.57–28.05.60
66002   20.05.58–28.05.60

220 66001 präsentiert sich 1957 im Bw Frankfurt/M 3, sie ist mit Wendezugsteuerung ausgerüstet.

Einige »Schubladen-Projekte«

Fast hätte es noch eine weitere Baureihe bei der DB gegeben. Die BR 83 war fertig durchkonstruiert, zugunsten der BR 66 wurde aber 1954 »im letzten Moment« noch auf die Realisierung verzichtet. Begonnen hatte die Entwicklung mit der Anfrage an die Lokfabriken Henschel und Esslingen vom Juni 1950 (siehe Seite 121). Vorentwürfe für neue 64 und 86 sollten erstellt werden. Beide dann vorgelegten Entwürfe zeigen noch weitgehende Ähnlichkeit mit der BR 86, abgesehen von der hohen Kessellage.
Gleichzeitig mit der BR 66 wurde der schon weit gediehene Entwurf zu den Akten gelegt und als 1'D2' neu ausgeschrieben. Am 6.8.1952 erstellte Krupp einen Entwurf. Dabei wurde ein neuentwickelter Verbrennungskammerkessel vorgesehen, vorne führte ein Krauss-Helmholtz-Gestell, hinten waren Drehgestell und letzte Kuppelachse in einem Lotter-Gestell zusammengefaßt.
Als im Fachausschuß dann festgestellt wurde, daß die Nebenbahnlok BR 83 für die gleiche Dampfleistung gebaut werden sollte wie die BR 82, schlug man vor, den 82-Kessel zu verwenden. Das Technische Gemeinschaftsbüro stellte daraufhin einen neuen Entwurf auf, der im Laufwerk fast völlig dem Krupp-Projekt entsprach, als Kessel aber den gewünschten 82-Dampferzeuger ohne Verbrennungskammer vorsah.
In dieser Form hätte die Lok einen weitgehend problemlosen Einsatz versprochen.

Die Maße der Projekte (bei der endgültigen 83 rückte das Drehgestell um 25 mm enger an die letzte Kuppelachse heran, sonst entsprachen Lauf- und Triebwerk):

		Henschel 1'D1' Fld. 1.01 vom 18.9.1950	Krupp 1'D2' Lp 18007 vom 6.8.1952
Zylinderdurchmesser	mm	550	500
Kolbenhub	mm	660	660
Treibraddurchmesser	mm	1400	1400
Laufraddurchmesser	mm	850	850
fester Achsstand	mm	1650	1650
Gesamtachsstand	mm	10300	11600
Dampfdruck	kg/cm^2	14	16
Rostfläche	m^2	2,14	1,95
Heizfläche Feuerbüchse	m^2	11,75	11,3
Heizfläche Rauchrohre	m^2	46,0	49,8
Heizfläche Heizrohre	m^2	50	34,7
Verdampfungsheizfläche fb	m^2	107,75	95,8
Überhitzerheizfläche	m^2	45,5	46,8
Wasser	m^3	9	16
Kohle	t	4	5
Leergewicht	t	66,67	72,5
Dienstgewicht	t	87,2	100,0
Reibungsgewicht	t	58,8	60,0
Höchstgeschwindigkeit	km/h	80	80

Ihre Realisierung erlebte die BR 83 aber doch noch! Die erste Form des Entwurfes von Henschel fand mit vergrößertem Kessel Liebhaber bei Privatbahnen. Die Rostfläche wuchs auf 3,0 m^2, die Verdampfungsheizfläche auf 146,4, das Dienstgewicht wurde auf 93,3 t erhöht. So wurden die Maschinen Henschel 25 263/54 als Nr. 262 an die Kleinbahn Frankfurt–Königstein geliefert, 25 277/54 ging als Nr. 1^{II} an die Hersfelder Kreisbahn. – Die 262 ist erhalten geblieben, sie gehört der Eurovapor, die Hersfelder Lok wurde 1965 nach Südafrika verkauft.
Die Verwandtschaft zu den DB-Neubauloks ist unverkennbar: Vollständige Schweißung, Sandkästen hinter den Wasserkästen, Mehrfachventil-Heißdampfregler und MVT-Vorwärmer zeigen, wie die BR 83 nach den ersten Entwürfen ausgesehen hätte.

221 Lok 262 der Kleinbahn Frankfurt–Königstein am 23. 5. 1966 in Königstein.

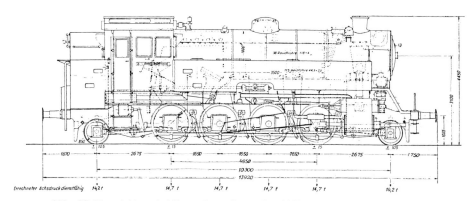

222 BR 83 nach Henschel-Entwurf vom September 1950.

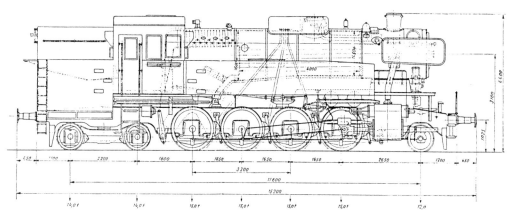

223 BR 83 nach Krupp-Entwurf vom August 1952.

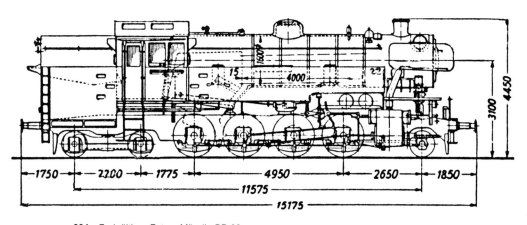

224 Endgültiger Entwurf für die BR 83.

Im ersten Dampflok-Typenprogramm waren außerdem noch folgende Baureihen vorgesehen gewesen:

BR 20	1′D1′	20 t Achsdruck
BR 40	1′D	17,5 t Achsdruck
BR 41	1′D1′	20 t Achsdruck
BR 44	1′E	20 t Achsdruck
BR 45	1′E1′	20 t Achsdruck
BR 50	1′E	15 t Achsdruck
BR 63	2′C2′	17,5 t Achsdruck
BR 81	D	17,5 t Achsdruck
BR 89	C	15 t Achsdruck

Von diesen schieden die Rangierloks von vornherein aus, die Güterzugloks schienen angesichts der hohen Zahl vorhandener Maschinen überflüssig. Die Überlegungen zur BR 20 stellte man zugunsten der BR 23 zurück. Allein die BR 63 (78 Neu) spielte bei den ersten Beschaffungs-Überlegungen eine Rolle. Sie wurde eng an die BR 23 gekoppelt, das gleiche Triebwerk und den gleichen Kessel sollte sie erhalten. Als es um die Vorentwurf-Vergaben für die BRn 23, 65 und 82 ging, verfügte die Hauptverwaltung aber die Zurückstellung des Projektes, weil die BR 23 eine ausreichende Rückwärtsgeschwindigkeit erhalte.

Außer diesen kam nur eine Planung überhaupt ins Entwurfsstadium: Die 24-Nachfolgerin BR 20. Im Februar 1952 stellte das Zentralamt Minden verschiedene Vorentwürfe für die von der Hauptverwaltung gewünschte leichte Personenzuglok mit großen Vorräten auf. Die Überlegung war konsequent: Weil die BR 23 für einen Teil der 38-Leistungen noch zu groß war, sollte eine wirtschaftlichere Lok her. Die Entscheidung, die BR 66 als 1′C2′ auszuführen, beendete solche Überlegungen abrupt. Der Fachausschuß hatte sich in seiner 9. Sitzung vom 5. bis 7.5.1952 zwar mit den Entwürfen für die BR 20 auseinanderzusetzen, hatte aber gleichzeitig die Verfügung auf dem Tisch, daß dieses Projekt »ad acta« zu legen und die 66 vorzuziehen sei.

Die Entwürfe zeigten eine Auswahl von Möglichkeiten:
Als Fld 1.01 SK 13 eine 1′C mit Mölbert-Kurztender wie bei der BR 78[10], Kessel und Triebwerk der BR 66 (Erstentwurf),
als Fld 1.01 SK 17 eine gestrecktere 1′C mit größerem Kessel (mit Verbrennungskammer) und Mölbert-Kurztender,
als Fld 1.01 SK 16 dieselbe Lok im »Vorkriegsstil« mit großen Windleitblechen und normalem 24-Tender (damals war gerade die Form der Neubauloks im Kreuzfeuer)
und als Fld 1.01 SK 18 eine 1′C1′ mit Mölbert-Kurztender und dem Kessel der vorgenannten Maschine.

Das Charakteristikum dieser Loks, den Mölbert-Tender, machte sie durch seine Deichsel-Anlenkung schon fast zu Tenderloks. Was lag also näher als der Vorschlag, eine echte Tenderlok zu bauen und die 66 zu verändern? Die Entscheidung zugunsten der geänderten 66 fiel deshalb leicht.

Nach Ablehnung des BR 20-Projektes gab es keine neuen Überlegungen über weitere Neubauloks. Die später noch gebauten bzw. durchgezeichneten Typen BR 10, 66 und 83 waren in ihrer Entwicklung schon 1950 begonnen worden. Das Frühjahr 1952 schon markiert so den Abbruch des neuen Typenprogramms.

225 BR 20 im Projekt Fld 1.01 SK 13.

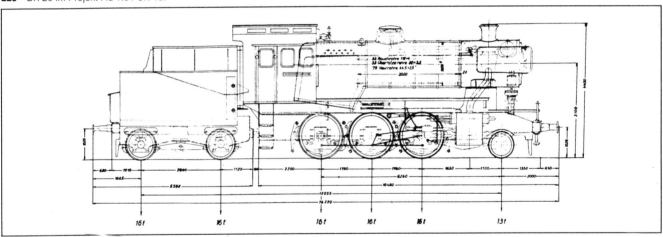

226 BR 20 als »Schrumpf-23« im Projekt Fld 1.01 SK 18.

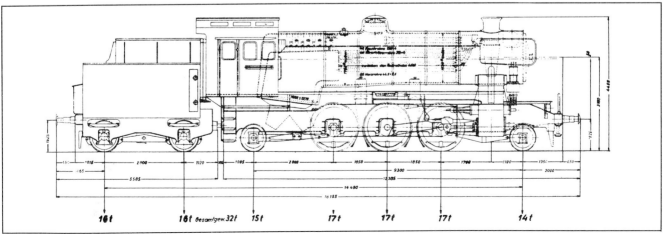

Abkehr von der Dampflok

Daß es eine durchgreifende Modernisierung des gesamten Eisenbahnbetriebes geben müsse, stand 1949 fest. Denn nach der Währungsreform, der Wiederherstellung der bundesdeutschen Kraftfahrzeugindustrie und bei beginnendem Wohlstand setzte sofort eine sprunghafte Zunahme des individuellen Verkehrs ein. Die Überlegung von 1949, ein neuzeitliches und wirtschaftliches Dampfloktypenprogramm zu entwickeln, war sicher richtig, den grundsätzlichen Mangel der Dampflok, die geringe Energieausnutzung (8 bis 9%) konnten aber die neuen Typen nicht beseitigen. Als schon bei den Vorberatungen zum neuen Typenprogramm 1949 neuartige Bauarten, wie Dampfmotor-Lokomotiven oder Hochdruckloks von konservativen Technikern abgelehnt wurden, war eigentlich das Ende der Dampflok schon vorherbestimmt.

Denn wirtschaftlicher waren Elektroloks damals schon. Eine vergleichbare Verkehrsleistung konnte mit dem Einsatz der halben Menge Kohle (im bahneigenen Kraftwerk) erreicht werden. Einer umfangreichen Elektrifizierung standen aber 1949 mehrere unüberwindliche Schwierigkeiten im Weg:
- die geringe Kapazität der arbeitenden Kraftwerke
- die Bindung von Haushaltsmitteln zur Beseitigung von Kriegsschäden
- fehlende Zuschüsse der Bundesländer zu Elektrifizierungen.

Das Problem der hohen Personalkosten im Dampfbetrieb stellte sich damals noch nicht. Im Gegenteil: Nach der Währungsreform kam es darauf an, möglichst viele der Arbeitslosen und Flüchtlinge aus dem Osten in den Wirtschaftskreislauf zu integrieren, damit auch ein privater Konsum in Gang kommen konnte. Der schon 1950 begonnene Bau von Schienenbussen ist nur unter dem Gesichtspunkt der »Typenbereinigung« und der Verbesserung des Verkehrsangebotes zu sehen. Alte Nebenbahnlokomotiven verursachten hohe Unterhaltungskosten, im Flächenverkehr war die Gefahr der Abwanderung auf die Straße schon damals erkannt. Und attraktiv im Verhältnis zum aufkommenden Busverkehr war der Nebenbahnbetrieb keineswegs.

Noch 1953 wurde im Jahrbuch des Eisenbahnwesens festgestellt, daß der Diesellokbetrieb energiekostenmäßig um 20% über dem Dampfbetrieb läge: »Erst ein Wegfall der fiskalischen Lasten und die damit verbundene Senkung des Treibstoffpreises auf 188 DM/t brächte einen Wert von rd. 79 DM/1 Mio. Nutz-Kalorien, der in etwa den anderen Energieträgern vergleichbar bliebe.« So hieß es noch 1953.

In der Zwischenzeit hatten sich allerdings Änderungen ergeben: Infolge der fast erreichten Vollbeschäftigung und steigenden Löhne wurde der Anteil der Personalkosten immer größer, die Wirtschaftlichkeit der Dampflok damit geringer. Die Bundesbahn war infolge der Kapazitätsausweitung der übrigen Verkehrsträger in erheblichen Druck geraten, Anteile zu halten. Die Not, ein schnelles und »modernes« Verkehrsmittel darstellen zu wollen, erklärt die Entwicklung von E 10^0, V 80, V 200 und VT 08. Diese Fahrzeuge hatten denn auch weit mehr Werbe- als Sparwirkung. Im Gegenteil: Die Dieselfahrzeuge verursachten noch höhere Kosten. Sieht man sich aber Anzeigen und Plakate aus den 50er Jahren an, stellt man fest, daß die »modernen Fahrzeuge« das Image der DB schon geprägt haben, als sie erst einen verschwindenden Bruchteil des Gesamtverkehrs bewältigten.

Personalkosten und »Verkehrswerbung« bleiben so festzuhalten als Gründe für die schon 1952 fast zum Erliegen gekommene

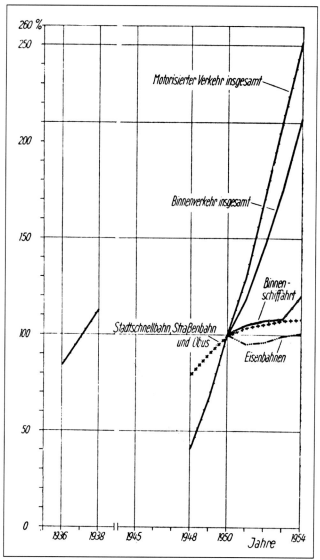

227 Index der Kapazität der Personenverkehrsmittel in Prozent (aufsteigende Linie). 1950 = 100%. Die Grafik war veröffentlicht im Buch »10 Jahre Wiederaufbau 1945 bis 1955« (Darmstadt 1955). Aus solchen dramatischen Untersuchungsergebnissen ergab sich für die DB der Zwang zur schnellen Angebotsverbesserung, wollte man die in Scharen wegbleibenden Fahrgäste halten. Damals schon war das Milliardendefizit vorherzusehen.

Neubauentwicklung der Dampflok. Notwendige Gelder waren durch die E- und V-Versuche gebunden.

Der Bruch, daß die Dampflok gegenüber den beiden anderen Traktionen unwirtschaftlich wurde, kam erst später:
— 1955 erreichte die DB eine Einigung mit den Bundesländern über deren Beteiligung an der Fernstrecken-Elektrifizierung.
— Am 1.5.1956 wurde der DB der Rabatt von 1,50 DM pro Tonne Kohle entzogen. Gleichzeitig zwangen die Bestimungen der Montan-Union zur Kürzung von Kohlenzuweisungen an die DB. Als Folge stiegen die Preise schnell.
— Ab 1.7.1956 wurde der Zoll auf Öleinfuhren aufgehoben.
Ende 1956 stand das Ende der Dampflokbeschaffung deshalb fest. Mit der Bestellung von 23 077 bis 105 endete am 15.12.1956 die Dampflokbeschaffung der DB.

Die erste Großbestellung von Elektro- und Dieselfahrzeugen war allerdings schon 1955 nach der Einigung über die Elektrifizierung erfolgt: 69 Loks BR E 10, 80 E 40, 44 E 41, 41 E 50, 16 E 94, 276 V 60, 15 V 65, 50 V 200, insgesamt 591 Fahrzeuge sollten bis 1958 hergestellt werden.

Bis dahin war die Beschaffung neuer Baureihen recht schleppend gegangen, ein Blick auf die gebauten Reihen zeigt deutlich die Versuchsphase bis 1953. Die Abkürzungen in Klammern besagen: E = Einzelstücke, N = Nachbauten, P = Probebauarten:

1946: E 44 (N, E)
1947: V 36 (N)
1948: Köf II (N)
1949: VT 92^5 (P, E)
1950: VT 95 (P), E 244 (E, P), ET 255 (E, P)
1951: E 94 (N), Schi-Stra-Bus (E, P)
1952: E 10^0 (E, P), V 11 (E), V 29 (E), V 80 (P), ET 56, ET 195 (E), VT 08, ETA 176 (P)
1953: V 200 (P), VT 10^5 (E, P), VT 12, VT 98 (P)
1954: E 18 (N), ET 171 (N), ETA 150, KA 49 (E, P)
1955: V 60 (P), VT 55 (Turm)
1956: E 41 (P), V 65, ET 30
1957: E 10, E 40, E 50, (V 45), VT 11
1958: V 100^0 (P), ET 170
1959: V 100^{10}, V 100^{20}, Köf III

Nennenswerte Produktionszahlen wurden erst 1956 erreicht.

Danach entwickelten sich die Bestände an V- und El-Loks aber rapide:

	31.12.56	31.12.57	31.12.58	31.12.59	31.12.60
V	235	481	532	726	986
El	529	670	846	942	1015

Demgegenüber waren die Beschaffungszahlen der Neubaudampfloks immer bescheiden gewesen. Die größte Bestellung hatte die DB zu Anfang aufgegeben: 1950 vergab sie an die Industrie Aufträge für 65 Maschinen, 1952 für zehn, 1953 für 38, 1954 für 18, 1955 für acht und 1956 für 29 Loks.
Solche Kleinaufträge waren für die Lokomotiv-Industrie recht uninteressant, weil gleichzeitig die Kapazitäten durch Export-Dampfloks und Dieselloks fast vollkommen ausgelastet waren. Bis 1955 stellten z. B. Henschel und Krupp jeweils über 400 Dampfloks her. Hatte man noch 1949 auf die Bundesbahn erheblichen politischen Druck ausgeübt, neue Dampfloks zu bestellen, um Arbeitsplätze zu sichern, so war dieses Interesse schon zwei Jahre später weggefallen, zumal die DB ihre Bauarten zunächst kostentreibend durch einen Wettbewerb ermittelte.
Die Übertragung von Entwürfen an das Technische Gemeinschaftsbüro (TGB) kam zu spät. Mehrfach hat sich denn auch ab 1953 die DB bei der Industrie beschwert, ihre Aufträge würden schleppend erledigt. Bei 23 105, der letzten DB-Dampflok, vergingen sogar drei Jahre zwischen Bestellung und Ablieferung.
Erst der Serienbau von Elektro- und Dieselfahrzeugen machte die Bundesbahn wieder zu einem guten Kunden. Nach Jahren der Hochkonjunktur werden heute allerdings von der DB wieder »politische Bestellungen« aufgegeben, um sich die Lieferanten überhaupt zu erhalten.
Letztendlich führte die zögernde Beschaffung von Neubaudampfloks nicht zur erwünschten Verjüngung des Bestandes, sondern zur unerwünschten Typenerweiterung. Die zu ersetzenden Baureihen waren durchweg ebenso lange im Dienst wie die »Neuen«.

Anders hat es aber wohl nicht kommen können. Ende der 40er Jahre war der rasante Aufschwung ab 1952 nicht vorherzusehen, das »Mithalten« mit anderen Verkehrsträgern erzwang ab 1952 die Abkehr von der Dampflok. Etwas verlängert wurde die »Dampflok-Beschaffung« höchstens noch durch die Neubaukessel für 01 und 41 nach den Neubau-Prinzipien, die noch bis 1962 eingebaut wurden.

Ablieferungen der Neubaudampfloks von der Industrie an die DB:

Jahr	Monat	Loknummern	Summe
1950	Sept.	82 023, 82 024	
	Okt.	82 025, 82 026, 82 027, 82 028, 82 029	
	Nov.	82 030, 82 031, 82 001, 82 002, 82 032, 82 004, 23 001	
	Dez.	23 002, 82 003, 82 005, 23 003, 23 004, 82 006, 82 007, 23 005	22 Stück
1951	Jan.	82 008, 82 009, 23 006, 82 010, 23 007, 82 011, 23 008, 82 012, 23 009	
	Febr.	23 010, 23 011, 23 012, 23 013, 65 001, 65 002, 65 003	
	März	65 005, 65 006, 65 004, 65 007, 65 008, 23 014, 65 009, 65 010	
	April	23 015, 65 011, 82 014	
	Mai	82 015, 82 016, 82 017, 65 012, 82 018, 65 013	
	Juni	82 019, 82 020, 82 013, 82 021	
	Aug.	82 022, 82 033	
	Sept.	82 034, 82 035	
	Okt.	82 036	
	Dez.	82 037	43 Stück
1952	Okt.	23 016, 23 017	
	Nov.	23 018, 23 019, 23 020, 23 021	
	Dez.	23 022, 23 023	8 Stück
1953	Okt.	23 025, 23 024	2 Stück
1954	Jan.	23 027	
	Febr.	23 026, 23 028	
	März	23 029	
	Juni	23 044, 23 045	
	Juli	23 046, 23 030	
	Aug.	23 031, 23 048, 23 047, 23 032, 23 050	
	Sept.	23 033, 23 051, 23 034, 23 049, 23 035	
	Okt.	23 036, 23 037	
	Nov.	23 038, 23 052, 23 039, 23 040	
	Dez.	23 041, 23 042, 23 043	27 Stück
1955	März	23 065, 23 066	
	Apr.	23 067, 23 068	
	Mai	23 069, 23 054, 23 056, 23 053, 23 070, 23 058	
	Juni	23 057, 23 059, 23 060, 23 055	
	Juli	23 061, 23 062, 82 038, 23 063	
	Aug.	82 039, 82 040, 82 041	
	Okt.	66 001, 66 002	
	Nov.	23 064, 65 014	
	Dez.	65 015	26 Stück
1956	Jan.	65 016	
	Febr.	65 017	
	Apr.	65 018	
	Aug.	23 071	
	Sept.	23 072, 23 073	
	Okt.	23 074, 23 075, 23 076	9 Stück
1957	März	10 001	
	Sept.	23 077, 23 081, 23 078	
	Okt.	23 082, 23 079, 23 083	
	Nov.	23 084, 23 085	
	Dez.	23 080, 23 086, 10 002	12 Stück
1958	Jan.	23 087, 23 088	
	Febr.	23 089	
	März	23 090, 23 091	
	Apr.	23 092	6 Stück
1959	Mai	23 094	
	Juni	23 095, 23 093, 23 096	
	Juli	23 097, 23 098	
	Aug.	23 099	
	Sept.	23 100, 23 101	
	Okt.	23 102, 23 103	
	Nov.	23 104	
	Dez.	23 105	13 Stück

Neubau-Dampfloks bei der DR

Nach dem Krieg stellten sich die Betriebsverhältnisse der Deutschen Reichsbahn in der Sowjetzone ähnlich dar wie bei der späteren DB. Die Ausgangsposition für eine Erneuerung des Lokomotivbestandes war allerdings ungleich schlechter, weil die Besatzungsmacht weitgehende Demontagen vorgenommen hatte und Wiederaufbauhilfe nach Muster des westlichen Marshall-Plans nicht zur Verfügung stand.

Erst 1954 konnte die Deutsche Reichsbahn deshalb mit Lokomotivneubauten beginnen. Die Überlegungen für ein Typenprogramm kamen – zeitlich versetzt – zu ähnlichen Ergebnissen wie bei der DB. Die am dringendsten benötigte Baureihe war die BR 23 als Ersatz für die 38[10]. Sie konnte allerdings erst gebaut werden, nachdem man Erfahrungen mit einer »Mehrzweck-1'D«, der BR 25, gesammelt hatte. Diese Type hatte auch bei den Vorüberlegungen zum westlichen Typenprogramm eine Rolle gespielt, war aber als nicht dringlich zurückgestellt worden.

Die zwei 25 vollzogen die Erfahrungen der DB nach: Geschweißter Rahmen und Kessel, Heißdampfregler, Mischvorwärmer, hoher Anteil von Strahlungsheizfläche. Nach der BR 25 entschied sich

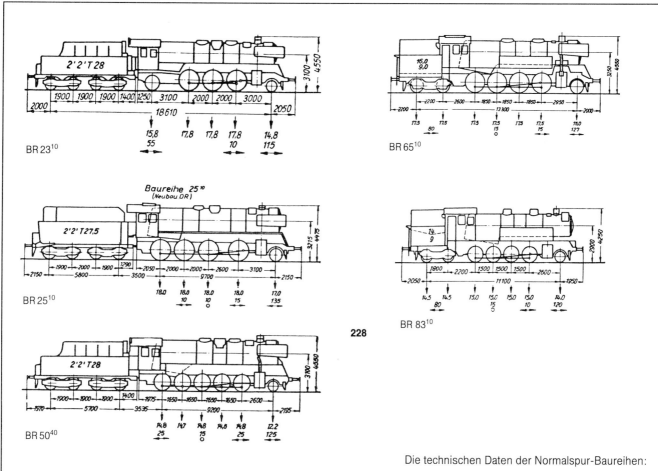

Die technischen Daten der Normalspur-Baureihen:

		23[10]	25[0]	25[10]	50[40]	65[10]	83[10]
Höchstgeschwindigkeit	km/h	110	100	100	70	90	60
Zylinder∅	mm	550	600	600	600	600	500
Kolbenhub	mm	660	660	660	660	660	660
Treib- und Kuppelrad ∅	mm	1750	1600	1600	1400	1600	1250
Laufrad ∅ vorn	mm	1000	1000	1000	850	1000	850
Laufrad ∅ hinten	mm	1250	–	–	–	1000	850
Kesselüberdruck	kg/cm²	16	16	16	16	16	14
Rohrlänge zwischen den Rohrwänden	mm	4200	4700	4350	4200	4200	3800
Rostfläche	m²	3,71	3,87	3,76	3,71	3,45	2,5
Rostlänge × breite	m²	2,35×1,58	2,45×1,58	3,81×0,98	2,35×1,58		2,5×1,00
Strahlungsheizfläche	m²	17,9	17,5	20,0	17,9	15,64	12,16
Rauchrohrheizfläche	m²	62,7	64,6	59,8	62,7	49,45	35,65
Heizrohrfläche	m²	79,0	89,7	78,8	79,0	82,35	58,35
Verdampfungsheizfläche	m²	159,6	171,8	158,6	159,6	147,44	106,16
Überhitzerheizfläche je t Dampf	m²	68,5	61,0	65,0	68,5	47,39	39,25
Lokleermasse	t	75,4	77,3	79,6	77,2	86,5	75,0
Lokreibungslast	t	53,4	70,4	72,0	73,63	70,0	60,0
Lokdienstmasse	t	84,0	86,1	89,0	85,8	120,0	103,0

auch die DR zur allgemeinen Verwendung einer Verbrennungskammer (außer BR 65^{10} und 83^{10}).

Vor der 25 waren schon zwei schmalspurige 1'E1'-Typen entstanden: 1952 die 99^{77} und 1954 die 99^{23}. Beide stellen allerdings weitgehende Anlehnungen an Vorkriegstypen dar und sind bis auf Schweißung und Blechrahmen nicht als neuartig anzusprechen.

Nach der 25 entstanden: 1954 die BR 65^{10}, 1955 die BR 83^{10}, 1956 die 23^{10} und 50^{40}. Die Maschinen wurden bis 1960 in Zahlen von 88, 27, 113 und 88 Stück gebaut. Alle hatten ab Lieferung Blechrahmen, geschweißte Kessel mit Verbrennungskammer, Mischvorwärmer und Heißdampfregler. Der Heißdampfregler wurde allerdings nur für die Serienfertigung von 65^{10} und 83^{10} beibehalten.

In ihren Heizflächen orientieren sich die Maschinen auch an einer großen Strahlungsheizfläche. Die Rostfläche mußte allerdings um einiges größer als bei der DB ausfallen, weil minderwertige Kohle verfeuert werden sollte. Deshalb auch besitzen die Tenderlokomotiven außergewöhnlich große Vorräte.

Die am meisten bewährte Type aus dieser Reihe war die 23^{10}. Wegen ihres großen Rostes und der größeren Heizfläche erreichte sie höhere Verdampfungsleistungen als die DB-23. In dieser Größe dürfte sie aber für einen Teil der 38^{10}-Leistungen unwirtschaftlich groß geworden sein.

Die BR 65^{10} fiel wesentlich größer aus als die westdeutsche Vergleichstype. Als Ersatz für die 93 war sie jedenfalls nicht zu benutzen, weil ihr Achsdruck zu hoch lag. Der Einsatzbereich beschränkte sich somit auf den schweren Berufsverkehr auf Hauptbahnen. Bei einer Länge von 17 500 mm schied ein Einsatz auf Nebenbahnen auch ziemlich aus.

Als Nebenbahnlokomotive sollte die 83^{10} dienen. Sie stand sich bei einer Verbesserung des Verkehrsangebotes allerdings »selbst im Wege«: Die geringe Geschwindigkeit von 60 km/h erlaubte keinen Einsatz bis auf Hauptbahnen. Zu fragen bleibt auch, ob bei einer dermaßen geringen Geschwindigkeit der Aufwand eines 1'D2'-Laufwerks überhaupt nötig war. Die Maschine erreichte denn auch mit 27 Stück die geringste Verbreitung.

Neben dem Einbau in die Reihen 50 und 52 fand der Neubaukessel der 23^{10} auch Verwendung für eine neue »Blechrahmen-50«. Der Sinn des Baues von 88 Maschinen der BR 50^{40} ist allerdings nur schwer zu sehen, denn auch die Deutsche Reichsbahn war ausreichend mit 1'E-Maschinen versorgt. Die Verbesserungen an den vorhandenen Typen hätten durchaus gereicht, um den nötigen Bestand wirtschaftlicher Güterzugloks zu erhalten. Überdies stellte die 50^{40} mit 70 km/h einen Rückschritt dar. Hauptmanko dieser Baureihe wurde der zu schwach ausgeführte Blechrahmen, die Loks waren deshalb recht unbeliebt.

Eine »82^{10}« wurde in der DDR nicht gebaut, weil man sich schon 1955 zur Verdieselung des Rangierdienstes entschlossen hatte. Bei der Beschaffung von neuen Dampflokomotiven ist die DR insgesamt konsequenter als die DB vorgegangen: Mit insgesamt 358 bis 1960 beschafften Loks (mit 99^{23} und 99^{77}) übertrifft sie die DB um mehr als 100%. Auch die Modernisierung des Bestandes wurde konsequenter angefaßt. Wesentlich mehr Maschinen wurden »rekonstruiert«. Das geschah sicher notgedrungen, weil Diesel- und Elektroloks nur sehr schleppend beschafft werden konnten.

229 Am 25. 8. 1984, kurz vor Druckbeginn dieses Bandes, aufgenommen: die einzige jetzt wieder betriebsfähige Neubau-Tenderlok 65 018 zusammen mit 23 023 im Lokschuppen der SSN in Rotterdam.

Bildnachweis Band 2

(nach Bild-Nummern)

Uwe Bergmann 62, 69, 70, 71, 196, 197
Otto Blaschke 139, 169, 209
Wolfgang Bügel Titel
Kurt Burlein 99, 108, 176, 205, 208, 216, 217, 218
Deutsche Bundesbahn/Gerd Neumann 27, 122, 123, 133, 144, 145, 146, 147
Jürgel Ebel 81, 151, 153
Dr. Wolfgang Fiegenbaum 78, 88, 141, 229
Sammlung Dr. Wolfgang Fiegenbaum 214
Hans Hillebrand 101
Manfred van Kampen 43, 87, 150, 164
Bernd Kappel 110, 111, 124, 149, 159, 160
Jürgen Krantz 106, 112, 113, 171, 172, 173
Ludwig Lattenkamp/Sammlung Rudolf Kohlen 142
Peter Lösel 64, 89, 98, 102, 161, 162
Dr. Rolf Löttgers 90, 118, 119, 129, 158
Lokomotivbildarchiv Carl Bellingrodt/Eisenbahn Kurier Verlag 75, 76, 84, 95, 115, 120, 128, 136, 143, 152, 213
Lokomotivfabrik Esslingen/Sammlung Dietrich Adolf Braitmaier 24, 32, 33, 35, 36, 38, 46, 47, 49, 51, 53, 56, 58
Lokomotivfabrik Henschel/Sammlung Mario Brutschin 1, 114, 125, 154, 155, 174, 183, 201
Lokomotivfabrik Krauss-Maffei 2, 8, 19, 20, 21, 31, 34, 39, 40, 48, 52, 55, 60, 65, 66, 72
Lokomotivfabrik Krupp/Sammlung Manfred van Kampen 23, 50
Lokomotivfabrik Krupp/Sammlung Rolf Ostendorf 22, 26, 185, 186, 191
Lokomotivfabrik Krupp/Sammlung Lothar Mickel 175, 219
Klaus-Peter Quill 221
Ludwig Rotthowe 85, 86, 91, 92, 93, 107, 109, 170
Dr. Günther Scheingraber 25, 135, 138, 166, 167, 220
Hans Schmidt 79, 121, 134, 153, 156, 206, 211
Heinz Skrzypnik 148
Fritz Steinhoff 117, 132
Burkhard Wollny 61, 82, 104, 105

Alle übrigen Abbildungen: Sammlung des Verfassers

Die abgebildeten Maschinen Band 2

(nach Bild-Nummern)

65 001	8, 19, 61
002	65, 66, 88
003	89, 101
004	20, 25, 76, 78, 79, 106
006	75, 88
007	48
008	31, 69, 90, 105
009	98
010	95, 96
012	2
013	87
014	82, 84, 99, 104
015	108
016	92, 110
017	43, 86, 88
018	21, 81, 85, 91, 93, 102, 107, 109, 229
66 001	1, 174, 175, 183, 185, 186, 201, 209, 213, 214, 220
002	176, 196, 197, 205, 206, 208, 209, 210, 211, 215, 216, 217, 218, 219
82 001	22, 26
002	119, 130, 131
003	141, 153
004	152, 159
005	70, 71, 118, 158
007	120, 147
008	Titel, 111, 129, 158, 162
010	128, 143
012	170
013	143, 146
015	144
016	143
017	27, 123
018	23
019	124, 171
020	134
021	156, 158, 161
024	125
025	114, 154, 155
028	133, 148
029	128, 143
030	132, 145
031	115
033	32, 119
034	32
035	24, 32, 112, 142, 149, 150, 151, 163, 164
036	113
038	158, 160
040	62, 64, 117, 166
041	135, 136, 138, 139, 167, 169, 172, 173
10002	211
23023	229
78364	87
92873	143
FK 262	221

Anhang

Die Lebensläufe der Neubau-Dampfloks
BR 10, 23, 65, 66, 82

Vorbemerkungen

Bei den abgedruckten Lebensläufen der 168 Neubau-Dampfloks handelt es sich um verbesserte und berichtigte Betriebsbuchauszüge. Reine Betriebsbuchauszüge sind häufig korrektur- und ergänzungsbedürftig, in der Regel deshalb, weil die Betriebsbücher oft unvollständig oder sogar falsch geführt wurden oder weil Angaben in ihnen anders verarbeitet wurden als in anderen Bundesbahnunterlagen. Das sei im folgenden kurz erläutert.

1. Lok-Nummer: Bei den Lok-Nummern sind außer den bis Ende 1967 geltenden alten Betriebsnummern auch bei allen Loks, die am 1.1.1968 noch im Bestand waren (auch Z-Loks), die neuen Computer-Nummern aufgeführt.

2. Hersteller: Angegeben sind nicht die vollständigen Herstellernamen (also z.B. »Lokomotivfabrik Arnold Jung«), sondern nur Kurzangaben (z.B. »Jung«).

3. Fabrik-Nummern: Bis auf wenige Ausnahmen (23026/028, 053–064 und 075/076 stimmen die Fabriknummern der Hauptbauteile (Fahrgestell, Kessel und gegebenenfalls Tender) immer überein. Abweichend sind die Angaben manchmal über das Baujahr in offiziellen Unterlagen der DB, den Einträgen in den Betriebsbüchern und den an den Loks angebrachten Fabrikschildern. Dieser Fall tritt vor allem dann auf, wenn Beginn und Ende des Baus in zwei verschiedene Jahre fallen. Es wurde in diesen Fällen, soweit rekonstruierbar, das Jahr als Baujahr angegeben, in dem der größere Teil der Lok gefertigt wurde. Das Verfahren entspricht auch der Praxis der Lok-Fabriken (z.B. bei 65001–005).

4. Anlieferung: Diese Daten wurden in aller Regel aus den Betriebsbüchern unverändert übernommen.

5. Abnahme/AW: Auch diese Daten sind unverändert aus den Betriebsbüchern übernommen worden.

6. Probefahrt mit Datum: Diese Angaben stammen ebenfalls unverändert aus den Betriebsbüchern, konnten allerdings nur für einen Teil der Lokomotiven ermittelt werden.

7. Kaufpreis: Meistens stammen auch diese Daten aus den Betriebsbüchern und anderen amtlichen Unterlagen.

8. Standorte: Dieser Abschnitt in den Lebensläufen ist der längste und zugleich der komplizierteste. Dabei ergeben sich große Schwierigkeiten. Zum einen sind die Betriebsbücher in dieser Hinsicht oft sehr nachlässig geführt. Häufig wurde eine Umstationierung erst dann eingetragen, wenn die Lok nach einem AW-Aufenthalt zurückgekehrt war. Als Beispiel soll 23074 dienen. Die Lok wurde am 31.3./1.4.1963 von Oldenburg Hbf nach Oldenburg Rbf umstationiert, was jedoch im Betriebsbuch nicht vermerkt wurde. Laut Betriebsbuch wurde die Lok bis zum 12.8.1963 in Oldenburg Hbf geführt, kam anschließend zu einer L0-Ausbesserung ins AW Frankfurt-Nied und wurde ab 11.9.1963 beim Bw Oldenburg Rbf geführt, obwohl die Lok nachweislich bereits ab 1.4.1963 dort beheimatet war. Mitunter wurden Beheimatungen sogar einfach nicht eingetragen, wofür die erste Seite der Rubrik »Standorte und Leistungen der Lokomotive« aus dem Betriebsbuch der 23009 als krasses Beispiel dienen möge, wo vom 8.2.1951 bis zum 11.3.1954 keine Stationierungen aufgeführt sind.

Ein weiteres Problem ist die Auslegung der Stationierungsdaten in Zusammenhang mit AW-Aufenthalten. In den Betriebsbüchern werden sowohl die Beheimatungen in den einzelnen Betriebswerken, als auch die AW-Aufenthalte eingetragen. Solange die Lok nach einem AW-Aufenthalt ins gleiche Heimat-Bw zurückkehrt, gibt es keine Probleme. Schwierig wird es, wenn »zwischen« der Umbeheimatung ein AW-Aufenthalt liegt. In diesem Fall wäre die Lok also laut Betriebsbuch ohne Beheimatung, was jedoch nicht der Fall ist. Die Lok wird vielmehr buchmäßig umstationiert, wobei diese buchmäßige Umstationierung jedoch nicht im Betriebsbuch eingetragen wird, wenn der Bw-Wechsel mit einem AW-Aufenthalt zusammenfällt. Meist findet diese buchmäßige Umbeheimatung bei Ein- oder Ausgang ins/aus dem AW statt, in einigen Fällen auch während des AW-Aufenthaltes. Dazu wiederum ein Beispiel: Laut Betriebsbuch war 23075 bis zum 20.6.1965 in Oldenburg Rbf stationiert, ab 15.7.1965 beim Bw Emden. In der Zwischenzeit war sie zu einer L0-Ausbesserung im AW Frankfurt-Nied. Die buchmäßige Umstationierung fand aber am 27./28.6.1965 statt. Da man diese Stationierungslücken durch AW-Aufenthalte allgemein in der Literatur nicht angibt, wenn die Lok nach der Ausbesserung wieder in dasselbe Bw zurückkehrt, erscheint es inkonsequent, dies bei Bw-Wechseln zu tun. Soweit es möglich war, wurde bei den abgedruckten Lebensläufen daher die offizielle Umstationierung in der Rubrik »Standorte« verwendet. Seit dem 1.1.1969 wird von der DB zwar eine EDV-verarbeitete Fahrzeugstatistik, die sogenannte FZ St 10a, geführt, die diese offiziellen Umbeheimatungen enthält, doch ist auch diese monatlich erscheinende Fahrzeugstatistik nicht fehlerlos, da gelegentlich vergessen wird, eine Umbeheimatung aufzuführen. Wenn der Fehler bemerkt wird, kommt eine Nachmeldung, bei der dann aber das tatsächliche Datum der Umstationierung nicht mehr stimmt. Daher mußten in wenigen Fällen nicht nur die Eintragungen in den Betriebsbüchern, sondern auch die FZ St 10a berichtet werden. Als sicherste Quelle sind wohl die in den Bundesbahndirektionen geführten Aufzeichnungen zu werten, die in der Regel gründlicher geführt wurden als die Betriebsbücher.

Das dritte Problem besteht darin, daß die Umstationierungsdaten auch dann in verschiedenen Unterlagen um einige wenige Tage differieren können, wenn zwischen einem Bw-Wechsel kein AW-Aufenthalt liegt. Hier gibt es verschiedene Ursachen für die Unstimmigkeiten. Entweder fand die offizielle Umstationierung ein bis zwei Tage früher oder später statt als die tatsächliche Überführung, oder man hat in der Verwaltung eines Bahnbetriebswerkes die Umbeheimatung schon etwas früher oder erst etwas später ins Betriebsbuch eingetragen als die tatsächliche Überführung. Als

Beispiel hierfür möge die 23005 dienen. Laut offiziellen Unterlagen (u. a. die FZ St 10a) wurde die Lok am 22./23. 5. 1969 von Saarbrücken nach Crailsheim umbeheimatet, laut Betriebsbucheintragung am 23./24. 5. 1969, und in der Literatur findet sich auch noch der (nachgewiesenermaßen falsche) Termin 31. 5./1. 6. 1969.

Von besonderer Schwierigkeit sind die Stationierungsdaten dann geprägt, wenn die Lok zum Z-Lok-Bestand eines Bw's gehörte. Obwohl die Beheimatungen als Z-Lok in offiziellen Unterlagen genau registriert werden, fehlen diese Daten in den Betriebsbüchern häufig, besonders dann, wenn eine Lok nach einer Z-Stellung wieder in den Einsatzbestand übernommen wurde. Diese Sachlage betrifft besonders die Z-Stellungen und Wiederinbetriebnahmen der Loks 23001 bis 015 und 65001 bis 013 während ihrer Abstellungszeit von Februar 1952 bis 1952/53 (Schäden an der Domaushalsung). Neben anderen Unterlagen wurden hierbei vor allem die Betriebsbögen der Loks ausgewertet, in denen die Tage, während derer die Loks von der Ausbesserung zurückgestellt waren, eingetragen wurden. Dennoch war eine Klärung nicht in allen Fällen möglich, wenngleich in den abgedruckten Lebensläufen erstmals die Z-Stellungen mit anschließenden Wiederindienststellungen mitaufgenommen wurden, die in der bisherigen Literatur einfach übergangen wurden.

9. Z-Stellungs-Datum: Unter diesem Punkt wurde nur die jeweils letzte Z-Stellung vor der Ausmusterung aufgenommen, die bei den meisten Loks jedoch auch die einzige war.

10. Z-Stellungsgrund: Der Grund für die Z-Stellung(en) konnte nur in wenigen Fällen ermittelt werden, u. a. deshalb, weil auch diese Angaben im Betriebsbuch in der Regel nicht vermerkt werden. Bei einem Großteil der Maschinen darf man jedoch wohl von Fristabläufen (Fahrgestell bzw. Kessel) als Z-Stellungsgrund ausgehen.

11. Ausmusterung: Leider ist die Ausmusterung einer Lok nicht so einfach zu sehen, wie es in der Literatur immer dargestellt wird. Zunächst wird nämlich die Lok nach ihrer Z-Stellung (in der Regel, auch hier gibt es Ausnahmen) der Hauptverwaltung der DB (HVB) zur Ausmusterung vorgeschlagen. Die HVB lehnt diesen Antrag entweder ab, was nur recht selten vorkommt, oder sie stimmt ihm zu (dann wird die Lok zur Ausmusterung freigegeben). Dieses Datum, mit dem die HVB eine Lok zur Ausmusterung freigibt, ist das erste wichtige Ausmusterungsdatum, das hier in den Lebensläufen unter dem Punkt »Ausmusterung« aufgeführt ist. Sobald die Lok zur Ausmusterung freigegeben ist, wird sie durch die Bundesbahndirektion, bei der sie beheimatet ist, ausgemustert. Dieses zweite Ausmusterungsdatum ist in den Lebensläufen unter »Standorte« zu finden.

Leider gibt es bei diesem ohnehin in der Literatur bisher schon zu sehr vereinfachten Verfahren auch noch Unregelmäßigkeiten. So kommt es z. B. gelegentlich vor, daß das Datum, an dem eine HVB- oder BD-Ausmusterungsverfügung herausgegeben wird, und das Datum, von dem an sie wirksam wird, nicht übereinstimmen. Das kommt sowohl bei HVB-Verfügungen zur Freigabe zur Ausmusterung als auch bei BD-Verfügungen zur endgültigen Ausmusterung vor. Außerdem kann das Datum, von dem an die Verfügung wirksam wird, sowohl nach (»mit Wirkung vom«) als auch vor (»rückwirkend ab«) dem Datum liegen, an dem die Verfügung gezeichnet wurde. Dazu je ein Beispiel: Die Verfügung vom 26. 6. 1975 gab eine Anzahl von Dampfloks mit Wirkung vom 9. 7. 1975 an zur Ausmusterung frei. Diese Loks wurden dann bereits mit Verfügung vom 10. 7. 1975 von den betreffenden Bundesbahndirektionen ausgemustert. Als zweites Beispiel sei einmal die Ausmusterungsverfügung der BD Nürnberg vom 4. 5. 1973 genannt, mit der mehrere Loks rückwirkend ab 29. 4. 1973 ausgemustert wurden. In diesen Fällen ist in den Lebensläufen unter »Standorte« das Datum eingetragen, von dem an die Ausmusterung gültig wurde.

Noch verworrener wurde es ab 1972. Zusätzlich zu den beiden Ausmusterungsdaten von der HVB und der betreffenden Bundesbahndirektion kam noch ein drittes offizielles Ausmusterungsdatum hinzu: das der ZTL (Zentrale Transportleitung in Mainz). In die Lebensläufe wurde das ZTL-Ausmusterungsdatum jedoch nicht aufgenommen.

Erstmals mit der Ausmusterungsverfügung vom 25. 7. 1975 wurde nur noch das ZTL-Datum angeführt, das HVB-Datum fiel jetzt ganz weg. Die bei der Baureihe 023 zu findenden Ausmusterungstage 25. 7. 1975, 21. 8. 1975, 22. 10. 1975 und 22. 12. 1975 sind daher die ZTL-Daten.

Schließlich sei noch darauf hingewiesen, daß in Ausnahmefällen schon mal von der betreffenden Dienststelle vergessen wurde, die Ausmusterung einer Lok zu melden. Dieser Fall liegt wohl bei 65010 vor, die am 11. 12. 1968 von der HVB zur Ausmusterung freigegeben und mit Verfügung der BD Frankfurt am 30. 12. 1968 beim Bw Dillenburg ausgemustert wurde. Am 1. 8. 1969 taucht sie in der FZ St 10a unter Ausmusterungen, inzwischen angeblich beim Bw Darmstadt beheimatet, auf, so daß man davon ausgehen kann, daß ihre tatsächliche Ausmusterung am 30. 12. 1968 in der Fahrzeugstatistik vergessen und erst über acht Monate später nachgemeldet wurde.

12. Gesamtlaufleistung: Sie konnte nur bei einigen wenigen Loks ermittelt werden, bei denen die Betriebsbögen komplett vorhanden waren. Dennoch sind auch diese wenigen Angaben schon recht aufschlußreich.

13. Zerlegung mit Datum und Ort: Bei diesen Daten handelt es sich wiederum um Angaben, die in den Betriebsbüchern nicht eingetragen sind. Nur in wenigen Fällen konnte der genaue Zeitraum, in dem die betreffende Lok zerlegt wurde, angegeben werden.

14. Bemerkungen: Hier sind u. a. längere Abstellzeiten, leihweise Umbeheimatungen, Heizlokdienste, Unfälle, welche zur Ausmusterung führten, und ähnliches eingetragen.

Die Lebensläufe der Neubau-Dampfloks BR 10, 23, 65, 66, 82

Baureihe 10

Lok-Nr.: **10 001** (010 001-6)
Hersteller: Krupp
Fabrik-Nr.: 3351/1956
Anlieferung: 28.03.57
Abnahme/AW: 06.03.58/Mülheim-Speldorf
Kaufpreis: 650 000 DM

Standorte
29.03.57–19.01.58 LVA Minden
28.01.58–30.09.62 Bw Bebra
01.10.62–04.01.68 Bw Kassel
05.01.68–01.07.68 Bw Kassel Z

02.07.68–21.09.76 konserviert abgestellt im Bw Kassel
22.09.76–heute Deutsches Dampflokmuseum in Neuenmarkt-Wirsberg
Z-Stellung am: 05.01.68
Z-Stellungsgrund: Schieberstangenbuch am 05.01.68
Ausmusterung (HVB): 21.06.68
Gesamtlaufleistung: 1 063 600 km
Zerlegt: – in: –
Bemerkungen: 08.06.59–22.07.59 (nach 225 486 km) L2 im AW Braunschweig: Einbau der Ölhauptfeuerung.

Lok-Nr.: **10 002**
Hersteller: Krupp
Fabrik-Nr.: 3352/1957
Anlieferung: 31.12.57
Abnahme/AW: 29.03.58/Mülheim-Speldorf

Standorte
29.03.58–30.09.62 Bw Bebra
01.10.62–05.01.67 Bw Kassel
06.01.67– 12.67 Bw Kassel Z
Z-Stellung am: 06.01.67
Z-Stellungsgrund: Triebwerkschäden
Ausmusterung (HVB): 14.11.67
Zerlegt: 04.72 in: AW Offenburg
Bemerkungen: Vom 06.01.67 bis 14.10.67 im AW Braunschweig abgestellt, von Oktober bis Dezember 1967 im Bw Kaiserslautern als Heizlok umgebaut, vom 14.12.67 bis April 1971 Heizlok in Ludwigshafen Hbf (Ersatz für 18 603), von April 1971 bis Ende April 1972 in Schifferstadt abgestellt und anschließend im AW Offenburg verschrottet.

Baureihe 23

Lok-Nr.: **23 001 (II.)** (023 001-1)
Hersteller: Henschel
Fabrik-Nr.: 28611/1950
Anlieferung: 29.11.50
Abnahme/AW: 07.12.50/Kassel
Probefahrt: Kassel–Hümme u. zur.   Datum: 07.12.50
Kaufpreis: 277 900 DM

Standorte
08.12.50–10.02.52 Bw Kempten
11.02.52–28.08.52 Bw Kempten Z
29.08.52–11.05.53 Bw Kempten
12.05.53–11.05.55 Bw Oberlahnstein
12.05.55–21.05.58 Bw Koblenz-Mosel
22.05.58–23.04.63 Bw Trier
24.04.63–18.06.69 Bw Saarbrücken
19.06.69–28.12.74 Bw Crailsheim
29.12.74–30.12.74 Bw Crailsheim Z
Z-Stellung am: 29.12.74
Ausmusterung (HVB): 05.12.74
Gesamtlaufleistung: 2 066 200 km
Zerlegt: 04.75 in: AW Offenburg
Bemerkungen: Nicht im Einsatz vom 03.52 bis 12.52

Lok-Nr.: **23 002 (II.)** (023 002-9)
Hersteller: Henschel
Fabrik-Nr.: 28612/1950
Anlieferung: 08.12.50
Abnahme/AW: 12.12.50/Kassel
Probefahrt: Kassel–Hümme u. zur.   Datum: 12.12.50
Kaufpreis: 277 900 DM

Standorte
25.01.51–   02.52 Bw Kempten
   02.52–   08.52 Bw Kempten Z
   08.52–20.05.53 Bw Kempten
21.05.53–21.05.55 Bw Oberlahnstein
22.05.55–04.06.58 Bw Koblenz-Mosel
05.06.58–25.05.63 Bw Trier
26.05.63–30.10.69 Bw Saarbrücken
31.10.69–28.09.75 Bw Crailsheim
29.09.75–30.10.75 Bw Crailsheim Z
Z-Stellung am: 28.09.75
Z-Stellungsgrund: Lose Radreifen
Ausmusterung (ZTL): 22.10.75
Zerlegt: 09.76 in: Bw Crailsheim
Bemerkungen: Nicht im Einsatz vom 02.52 bis 30.05.53.

Lok-Nr.: **23 003** (023 003-7)
Hersteller: Henschel
Fabrik-Nr.: 28613/1950
Anlieferung: 15.12.50
Abnahme/AW: 19.12.50/Kassel
Kaufpreis: 277 900 DM

Standorte
20.12.50–   02.52 Bw Kempten
   02.52–   08.52 Bw Kempten Z
   08.52–29.01.53 Bw Kempten
30.01.53–21.05.55 Bw Oberlahnstein
22.05.55–01.06.58 Bw Koblenz-Mosel
02.06.58–24.01.63 Bw Trier
25.01.63–21.01.69 Bw Saarbrücken
22.01.69–25.03.69 Bw Saarbrücken Z
Z-Stellung am: 22.01.69
Z-Stellungsgrund: Kesselfrist abgelaufen
Ausmusterung (HVB): 03.03.69
Zerlegt: 07.70 in: Karthaus durch Fa. Metallum
Bemerkungen: Nicht im Einsatz von 02.52 bis 13.02.53.

Lok-Nr.:	**23 004** (023 004-5)
Hersteller:	Henschel
Fabrik-Nr.:	28614/1950
Anlieferung:	20.12.50
Abnahme/AW:	22.12.50/Kassel
Probefahrt:	Kassel–Hümme u. zur. Datum: 22.12.50
Kaufpreis:	277 900 DM

Standorte

23.12.50–14.02.52	Bw Kempten
15.02.52–31.08.52	Bw Kempten Z
01.09.52–13.02.53	Bw Kempten
14.02.53–21.05.55	Bw Oberlahnstein
22.05.55–01.06.58	Bw Koblenz-Mosel
02.06.58–20.03.63	Bw Trier
09.04.63–14.12.69	Bw Saarbrücken
15.12.69–12.03.70	Bw Kaiserslautern
13.03.70–05.02.75	Bw Saarbrücken
06.02.75–23.05.75	Bw Saarbrücken Z
Z-Stellung am:	06.02.75
Ausmusterung (HVB):	16.05.75
Zerlegt:	12.76 in: Aw Trier
Bemerkungen:	Nicht im Einsatz von 03.52 bis 02.53.

Lok-Nr.:	**23 005** (023 005-2)
Hersteller:	Henschel
Fabrik-Nr.:	28615/1950
Anlieferung:	30.12.50
Abnahme/AW:	05.01.51/Kassel
Probefahrt:	Kassel–Hümme u. zur. Datum: 05.01.51
Kaufpreis:	277 900 DM

Standorte

06.01.51–01.02.52	Bw Kempten
02.02.52–03.08.52	Bw Kempten Z
04.08.52–01.02.53	Bw Kempten
02.02.53–31.03.55	Bw Oberlahnstein
01.04.55–04.06.58	Bw Koblenz-Mosel
05.06.58–28.05.63	Bw Trier
29.05.63–22.05.69	Bw Saarbrücken
23.05.69–30.09.74	Bw Crailsheim
01.10.74–19.03.75	Bw Crailsheim Z
Z-Stellung am:	01.10.74
Z-Stellungsgrund:	Zeitfrist abgelaufen
Ausmusterung (HVB):	05.12.74
Zerlegt:	76 in: AW Offenburg
Bemerkungen:	Nicht im Einsatz von 03.52 bis 01.53. Vom 01.10.74 bis zur Ausmusterung Heizlok in Friedrichshafen.

Lok-Nr.:	**23 006** (023 006-0)
Hersteller:	Henschel
Fabrik-Nr.:	28616/1950
Anlieferung:	10.01.51
Abnahme/AW:	05.02.51/Kassel
Probefahrt:	Kassel–Hümme u. zur. Datum: 12.01.51
Kaufpreis:	277 900 DM

Standorte

05.02.51–16.06.52	Bw Bremen Hbf
17.06.52–15.09.52	Bw Bremen Hbf Z
16.09.52–06.12.52	Bw Bremen Hbf
07.12.52–31.05.66	Bw Siegen
01.06.66–16.07.68	Bw Kaiserslautern
17.07.68–10.12.72	Bw Crailsheim
11.12.72–01.05.73	Bw Crailsheim Z
Z-Stellung am:	11.12.72
Ausmusterung (HVB):	12.04.73
Bemerkungen:	Nicht im Einsatz vom 13.01.52 bis 06.12.52.

Lok-Nr.:	**23 007** (023 007-8)
Hersteller:	Henschel
Fabrik-Nr.:	28617/1950
Anlieferung:	16.01.51
Abnahme/AW:	30.01.51/Kassel
Kaufpreis:	277 900 DM

Standorte

30.01.51–28.11.51	Bw Bremen Hbf
03.01.52–12.02.52	Bw Siegen
13.02.52–31.08.52	Bw Siegen Z
01.09.52–01.06.66	Bw Siegen
02.06.66–17.03.70	Bw Kaiserslautern
18.03.70–14.04.75	Bw Saarbrücken
15.04.75–10.07.75	Bw Saarbrücken Z
Z-Stellung am:	15.04.75
Ausmusterung (HVB):	26.06.75
Zerlegt:	22.–28.08.75 in: AW Braunschweig
Bemerkungen:	Nicht im Einsatz von 01.52 bis 02.53.

Lok-Nr.:	**23 008** (023 008-6)
Hersteller:	Henschel
Fabrik-Nr.:	28618/1950
Anlieferung:	24.01.51
Abnahme/AW:	05.02.51/Kassel
Probefahrt:	Kassel–Hümme u. zur. Datum: 26.01.51
Kaufpreis:	277 900 DM

Standorte

05.02.51–16.06.52	Bw Bremen Hbf
17.06.52–15.09.52	Bw Bremen Hbf Z
16.09.52–19.01.53	Bw Bremen Hbf
20.01.53–31.05.66	Bw Siegen
01.06.66–11.01.75	Bw Kaiserslautern
12.01.75–24.06.75	Bw Saarbrücken
25.06.75–31.07.75	Bw Saarbrücken Z
Z-Stellung am:	25.06.75
Ausmusterung (ZTL):	25.07.75
Gesamtlaufleistung:	ca. 1 700 000 km
Zerlegt:	07.–13.11.75 in: AW Braunschweig
Bemerkungen:	Nicht im Einsatz vom 13.01.52 bis 19.01.53.

Lok-Nr.:	**23 009** (023 009-4)
Hersteller:	Henschel
Fabrik-Nr.:	28619/1950
Anlieferung:	29.01.51
Abnahme/AW:	08.02.51/Kassel
Probefahrt:	Kassel–Hümme u. zur. Datum: 02.02.51
Kaufpreis:	277 900 DM

Standorte

08.02.51–16.06.52	Bw Bremen Hbf
17.06.52–15.09.52	Bw Bremen Hbf Z
16.09.52–12.02.53	Bw Bremen Hbf
13.02.53–03.03.66	Bw Siegen
28.07.66–11.01.75	Bw Kaiserslautern
12.01.75–24.06.75	Bw Saarbrücken
25.06.75–31.07.75	Bw Saarbrücken Z
Z-Stellung am:	25.06.75
Ausmusterung (ZTL):	25.07.75
Zerlegt:	07.–13.05.76 in: AW Braunschweig
Bemerkungen:	Nicht im Einsatz vom 17.12.51 bis 12.02.53.

Lok-Nr.:	**23 010** (023 010-2)
Hersteller:	Henschel
Fabrik-Nr.:	28620/1950
Anlieferung:	05.02.51
Abnahme/AW:	13.02.51/Kassel
Probefahrt:	Kassel–Hümme u. zur. Datum: 07.02.51
Kaufpreis:	277 900 DM

Standorte

13.02.51–16.06.52	Bw Bremen Hbf
17.06.52–15.09.52	Bw Bremen Hbf Z
16.09.52–05.02.53	Bw Bremen Hbf
06.02.53–01.06.66	Bw Siegen
02.06.66–28.12.74	Bw Kaiserslautern
29.12.74–30.12.74	Bw Kaiserslautern Z
Z-Stellung am:	29.12.74
Ausmusterung (HVB):	05.12.74
Zerlegt:	27.06.–03.07.75 in: AW Braunschweig
Bemerkungen:	Nicht im Einsatz vom 19.12.51 bis 05.02.53.

Lok-Nr.:	**23011** (023011-0)
Hersteller:	Henschel
Fabrik-Nr.:	28621/1951
Anlieferung:	12.02.51
Abnahme/AW:	22.02.51/Kassel
Kaufpreis:	277900 DM

Standorte

23.02.51–12.02.52	Bw Siegen
13.02.52–31.08.52	Bw Siegen Z
01.09.52–11.01.60	Bw Siegen
12.01.60–03.11.60	LVA Minden
04.11.60–10.09.61	Bw Siegen
11.09.61–09.01.63	Bw Hagen-Eckesey
31.01.63–24.04.66	Bw Siegen
14.07.66–11.01.75	Bw Kaiserslautern
12.01.75–24.06.75	Bw Saarbrücken
25.06.75–31.07.75	Bw Saarbrücken Z
Z-Stellung am:	25.06.75
Ausmusterung (ZTL):	25.07.75
Zerlegt:	02.76 in: AW Braunschweig
Bemerkungen:	Nicht im Einsatz von 01.52 bis 14.04.53.

Lok-Nr.:	**23012** (023012-8)
Hersteller:	Henschel
Fabrik-Nr.:	28622/1951
Anlieferung:	15.02.51
Abnahme/AW:	27.02.51/Kassel
Probefahrt:	Kassel–Hümme u. zur. Datum: 21.02.51
Kaufpreis:	277900 DM

Standorte

28.02.51–12.02.52	Bw Siegen
13.02.52–31.08.52	Bw Siegen Z
01.09.52–05.10.61	Bw Siegen
06.10.61–25.05.63	Bw Hagen-Eckesey
26.05.63–22.05.66	Bw Siegen
02.09.66–09.06.69	Bw Kaiserslautern
10.06.69–21.05.75	Bw Crailsheim
22.05.75–10.07.75	Bw Crailsheim Z
Z-Stellung am:	22.05.75
Z-Stellungsgrund:	Schaden am Schieberkasten
Ausmusterung (HVB):	26.06.75
Gesamtlaufleistung:	ca. 1 680 000 km
Zerlegt:	12.75 in: Bw Crailsheim
Bemerkungen:	Nicht im Einsatz von 01.52 bis 26.03.53.

Lok-Nr.:	**23013**
Hersteller:	Henschel
Fabrik-Nr.:	28623/1951
Anlieferung:	24.02.51
Abnahme/AW:	07.03.51/Kassel
Kaufpreis:	277900 DM

Standorte

07.03.51–12.02.52	Bw Siegen
13.02.52–31.08.52	Bw Siegen Z
01.09.52–16.05.65	Bw Siegen
17.05.65–04.12.66	Bw Bestwig
05.12.66– 03.67	Bw Bestwig Z
Z-Stellung am:	05.12.66
Z-Stellungsgrund:	Treibstangenbruch
Ausmusterung (HVB):	24.02.67
Zerlegt:	11.67 in: AW Trier
Bemerkungen:	Nicht im Einsatz von 01.52 bis 02.53. Ersatzteilspender im AW Trier.

Lok-Nr.:	**23014** (023014)
Hersteller:	Henschel
Fabrik-Nr.:	28624/1951
Anlieferung:	17.03.51
Abnahme/AW:	30.03.51/Kassel
Probefahrt:	Kassel–Hümme u. zur. Datum: 21.03.51
Kaufpreis:	277900 DM

Standorte

30.03.51–12.02.52	Bw Siegen
13.02.52–31.08.52	Bw Siegen Z
01.09.52–30.09.61	Bw Siegen
01.10.61–25.05.63	Bw Hagen-Eckesey
26.05.63–29.05.65	Bw Siegen
30.05.65–29.09.70	Bw Bestwig
30.09.70–09.05.74	Bw Kaiserslautern
10.05.74–01.10.74	Bw Kaiserslautern Z
Z-Stellung am:	10.05.74
Z-Stellungsgrund:	Kesselfrist abgelaufen
Ausmusterung (HVB):	18.09.74
Zerlegt:	09.–15.01.76 in: AW Braunschweig
Bemerkungen:	Nicht im Einsatz von 01.52 bis 13.03.53. Vom 07.09.71 bis 23.05.72 vom Bw Kaiserslautern an das Bw Saarbrücken verliehen.

Lok-Nr.:	**23015** (023015-1)
Hersteller:	Henschel
Fabrik-Nr.:	28625/1951
Anlieferung:	10.04.51
Abnahme/AW:	25.04.51/Kassel
Probefahrt:	Kassel–Hümme u. zur. Datum: 13.04.51
Kaufpreis:	277900 DM

Standorte

25.04.51–13.05.51	Bw Siegen
14.05.51– 52	LVA Minden
52– 52	LVA Minden Z
52–21.04.54	LVA Minden
22.05.54–28.07.55	Bw Paderborn
29.07.55–26.09.61	Bw Siegen
12.10.61–25.05.63	Bw Hagen-Eckesey
26.05.63–29.05.65	Bw Siegen
30.05.65–12.01.69	Bw Bestwig
13.01.69–21.07.69	Bw Bestwig Z
Z-Stellung am:	13.01.69
Ausmusterung (HVB):	10.07.69
Bemerkungen:	Die Z-Stellung von 23015 im Jahre 1952 ist nicht völlig sicher; möglicherweise wurde die Lok während ihrer Abstellzeit wegen den Schäden an der Domaushalsung als einzige 23 nicht z-gestellt – genaue Angaben darüber fehlen.

Lok-Nr.:	**23016** (023016-9)
Hersteller:	Jung
Fabrik-Nr.:	11471/1952
Anlieferung:	30.10.52
Abnahme/AW:	11.11.52/Trier
Probefahrt:	Tier–Koblenz u. zur. Datum: 06.11.52
Kaufpreis:	271500 DM

Standorte

12.11.52–16.04.58	Bw Mainz
18.04.58–30.05.65	Bw Gießen
31.05.65–01.12.70	Bw Bestwig
02.12.70–04.06.75	Bw Crailsheim
05.06.75–31.07.75	Bw Crailsheim Z
Z-Stellung am:	05.06.75
Ausmusterung (ZTL):	25.07.75
Zerlegt:	ca. 76 in: AW Offenburg

Lok-Nr.:	**23017** (023017-7)
Hersteller:	Jung
Fabrik-Nr.:	11472/1952
Anlieferung:	30.10.52
Abnahme/AW:	11.11.52/Trier
Kaufpreis:	271500 DM

Standorte

12.11.52–16.04.58	Bw Mainz
18.04.58–21.10.64	Bw Gießen
22.10.64–15.12.64	Bw Saarbrücken
16.12.64–30.05.65	Bw Gießen

31.05.65–31.01.70	Bw Bestwig
01.02.70–15.12.70	Bw Bestwig Z
Z-Stellung am:	01.02.70
Ausmusterung (HVB):	27.11.70
Zerlegt:	11.71 in: Karthaus durch Fa. Metallum
Bemerkungen:	Ersatzteilspender im Bw Bestwig.

Lok-Nr.:	**23 018** (023 018-5)
Hersteller:	Jung
Fabrik-Nr.:	11473/1952
Anlieferung:	12.11.52
Abnahme/AW:	15.11.52/Trier
Kaufpreis:	271 500 DM

Standorte

16.11.52–21.04.58	Bw Mainz
22.04.58–30.05.65	Bw Gießen
31.05.65–23.09.70	Bw Bestwig
24.09.70–23.12.74	Bw Saarbrücken
24.12.74–13.08.75	Bw Crailsheim
14.08.75–30.10.75	Bw Crailsheim Z
Z-Stellung am:	14.08.75
Ausmusterung (ZTL):	22.10.75
Zerlegt:	10.76 in: Bw Crailsheim

Lok-Nr.:	**23 019** (023 019-3)
Hersteller:	Jung
Fabrik-Nr.:	11474/1952
Anlieferung:	21.11.52
Abnahme/AW:	25.11.52/Trier
Kaufpreis:	271 500 DM

Standorte

26.11.52–21.04.58	Bw Mainz
22.04.58–13.07.67	Bw Gießen
14.07.67–15.06.75	Bw Crailsheim
16.06.75–10.07.75	Bw Crailsheim Z
15.06.75–heute	Deutsches Dampflok-Museum (DDM), Neuenmarkt-Wirsberg
Z-Stellung am:	16.06.75
Ausmusterung (HVB):	26.06.75
Bemerkungen:	Vom 22.05.63 bis 26.01.64 vom Bw Gießen an das Bw Oldenburg Rbf ausgeliehen.

Lok-Nr.:	**23 020** (023 020-1)
Hersteller:	Jung
Fabrik-Nr.:	11475/1952
Anlieferung:	25.11.52
Abnahme/AW:	29.11.52/Trier
Kaufpreis:	271 500 DM

Standorte

30.11.52–21 04.58	Bw Mainz
22.04.58–13.07.67	Bw Gießen
14.07.67–23.04.75	Bw Crailsheim
24.04.75–10.07.75	Bw Crailsheim Z
Z-Stellung am:	24.04.75
Z-Stellungsgrund:	Kesselfrist abgelaufen
Ausmusterung (HVB):	26.06.75
Zerlegt:	2.77 in: Bw Crailsheim

Lok-Nr.:	**23 021** (023 021-9)
Hersteller:	Jung
Fabrik-Nr.:	11476/1952
Anlieferung:	27.11.52
Abnahme/AW:	04.12.52/Trier
Probefahrt:	Trier–Cochem u. zur. Datum: 01.12.52
Kaufpreis:	271 500 DM

Standorte

05.12.52–22.05.58	Bw Mainz
23.05.58–13.07.67	Bw Gießen
14.07.67–21.07.75	Bw Crailsheim
22.07.75–28.08.75	Bw Crailsheim Z
Z-Stellung am:	22.07.75
Z-Stellungsgrund:	Unfall (Vorlaufachse verbogen)
Ausmusterung (ZTL):	21.08.75
Zerlegt:	ca. 76 in: AW Offenburg
Bemerkungen:	Entgleiste im Juli 1975 im Bhf Crailsheim, wobei die Vorlaufachse verbogen wurde.

Lok-Nr.:	**23 022** (023 022-7)
Hersteller:	Jung
Fabrik-Nr.:	11477/1952
Anlieferung:	11.12.52
Abnahme/AW:	13.12.52/Trier
Kaufpreis:	271 500 DM

Standorte

13.12.52–22.05.58	Bw Mainz
23.05.58–03.04.67	Bw Gießen
28.04.67–09.08.72	Bw Saarbrücken
10.08.72–25.11.72	Bw Saarbrücken Z
Z-Stellung am:	10.08.72
Ausmusterung (HVB):	08.11.72
Zerlegt:	01.73 in: Karthaus durch Fa. Ferrum

Lok-Nr.:	**23 023** (023 023-5)
Hersteller:	Jung
Fabrik-Nr.:	11478/1952
Anlieferung:	17.12.52
Abnahme/AW:	20.12.52/Trier
Probefahrt:	Trier–Cochem u. zur. Datum: 19.12.52
Kaufpreis:	271 500 DM

Standorte

20.12.52–18.07.55	Bw Mainz
19.07.55–23.07.55	Bw Mönchengladbach
24.07.55–06.01.58	Bw Paderborn
07.01.58–13.04.58	Bw Bielefeld
14.04.58–24.04.67	Bw Gießen
09.06.67–01.12.68	Bw Saarbrücken
02.12.68–14.12.75	Bw Crailsheim
15.12.75–30.12.75	Bw Crailsheim Z
31.12.75–12.03.76	ausgemustert abgestellt im Bw Lehrte
13.03.76–heute	Stoom Stichting Nederland (SSN), Rotterdam
Z-Stellung am:	15.12.75
Ausmusterung (ZTL):	22.12.75
Bemerkungen:	Vom 16.07.57 bis 08.10.57 vom Bw Paderborn an das Bw Oldenburg Hbf verliehen.

Lok-Nr.:	**23 024** (023 024-3)
Hersteller:	Jung
Fabrik-Nr.:	11838/1953
Anlieferung:	53
Abnahme/AW:	23.10.53/Trier
Probefahrt:	Trier Hbf–Cochem u. zur. Datum: 21.10.53
Kaufpreis:	429 450 DM

Standorte

24.10.53–04.04.54	LVA Minden
16.04.54–14.12.58	Bw Mainz
15.12.58–27.05.61	Bw Bingerbrück
28.05.61–31.05.64	Bw Kaiserslautern
01.06.64–23.12.74	Bw Saarbrücken
24.12.74–13.03.75	Bw Crailsheim
14.03.75–28.05.75	Bw Crailsheim Z
Z-Stellung am:	14.03.75
Z-Stellungsgrund:	Triebwerkschaden
Ausmusterung (HVB):	16.05.75
Zerlegt:	09.–10.75 in: Bw Crailsheim
Bemerkungen:	Erlitt Ende Januar 1975 einen Triebwerkschaden im Bw Crailsheim.

Lok-Nr.:	**23 025** (023 025-0)	
Hersteller:	Jung	
Fabrik-Nr.:	11839/1953	
Anlieferung:	07.10.53	
Abnahme/AW:	13.10.53/Trier	
Probefahrt:	Trier-West–Cochem u. zur.	Datum: 10.10.53
Kaufpreis:	429 450 DM	

Standorte

14.10.53–14.12.58	Bw Mainz
15.12.58–27.05.61	Bw Bingerbrück
28.05.61–02.06.64	Bw Kaiserslautern
03.06.64–02.10.74	Bw Saarbrücken
03.10.74–20.12.74	Bw Saarbrücken Z
Z-Stellung am:	03.10.74
Ausmusterung (HVB):	05.12.74
Gesamtlaufleistung:	1 519 600 km
Zerlegt:	ca. 75 in: AW Trier
Bemerkungen:	Auf »w« abgestellt vom 21.10.54 bis 20.01.55 wegen Treibachs-Schäden.

Lok-Nr.:	**23 026** (023 026-8)
Hersteller:	Jung
Fabrik-Nr.:	11966/1954; Kessel: 11968/1954
Anlieferung:	03.02.54
Abnahme/AW:	06.02.54/Trier
Kaufpreis:	384 740 DM

Standorte

07.02.54–30.04.58	Bw Siegen
01.05.58–12.09.58	Bw Hagen-Eckesey
10.10.58–19.12.58	Bw Siegen
20.12.58–05.01.59	Bw Hagen-Eckesey
06.01.59–29.05.65	Bw Siegen
30.05.65–25.09.70	Bw Bestwig
26.09.70–14.04.75	Bw Saarbrücken
15.04.75–10.07.75	Bw Saarbrücken Z
Z-Stellung am:	15.04.75
Ausmusterung (HVB):	26.06.75
Zerlegt:	12.–18.09.75 in: AW Braunschweig
Bemerkungen:	Erhielt beim Bau den Kessel der 23 028.

Lok-Nr.:	**23 027** (023 027-6)	
Hersteller:	Jung	
Fabrik-Nr.:	11967/1954	
Anlieferung:	22.01.54	
Abnahme/AW:	27.01.54/Trier	
Probefahrt:	Trier–Cohem u. zur.	Datum: 24.01.54

Standorte

28.01.54–11.03.58	Bw Siegen
12.03.58–14.04.58	Bw Hagen-Eckesey
16.04.58–25.04.58	Bw Siegen
26.04.58–24.09.58	Bw Hagen-Eckesey
25.09.58–29.05.65	Bw Siegen
30.05.65–08.03.71	Bw Bestwig
09.03.71–12.02.74	Bw Crailsheim
13.04.74–01.07.74	Bw Crailsheim Z
Z-Stellung am:	13.02.74
Z-Stellungsgrund:	Unfall (Rahmenschäden)
Ausmusterung (HVB):	09.06.74
Bemerkungen:	Lok prallte am 12.02.74 in Heidelberg wegen falscher Weichenstellung auf eine abgestellte Reisezugwagengarnitur und erlitt dabei Rahmenschäden.

Lok-Nr.:	**23 028** (023 028-4)	
Hersteller:	Jung	
Fabrik-Nr.:	11968/1954; Kessel: 11966/1954	
Anlieferung:	19.02.54	
Abnahme/AW:	23.02.54/Trier	
Probefahrt:	Trier–Cochem u. zur.	Datum: 22.02.54
Kaufpreis:	384 740 DM	

Standorte

24.02.54–21.04.54	Bw Mainz
22.04.54–06.01.58	Bw Paderborn
07.01.58–20.02.58	Bw Bielefeld
19.03.58–01.06.66	Bw Gießen
02.06.66–29.08.69	Bw Kaiserslautern
30.08.69–09.06.74	Bw Crailsheim
10.06.74–01.10.74	Bw Crailsheim
Z-Stellung am:	10.06.74
Ausmusterung (HVB):	18.09.74
Zerlegt:	02.75 in: Karthaus durch Fa. Metallum
Bemerkungen:	Erhielt beim Bau den Kessel der 23 026.

Lok-Nr.:	**23 029** (023 029-2)
Hersteller:	Jung
Fabrik-Nr.:	11969/1954
Anlieferung:	04.03.54
Abnahme/AW:	08.03.54/Trier
Kaufpreis:	384 740 DM

Standorte

09.03.54–13.05.54	Bw Mainz
14.05.54–05.02.58	Bw Paderborn
06.02.58–14.04.58	Bw Bielefeld
14.04.58–01.06.66	Bw Gießen
02.06.66–29.05.69	Bw Kaiserslautern
30.05.69–11.11.75	Bw Crailsheim
12.11.75–30.12.75	Bw Crailsheim Z
31.12.75–22.09.77	ausgemustert abgestellt im Bw Crailsheim
22.09.77–Anf. 80	ausgemustert abgestellt im Bw Aalen (Besitzer: Freiherr Koenig von Fachsenfeld)
Anf. 80 –19.06.80	Aufarbeitung im Schwäbischen Hüttenwerk in Wasseralfingen
20.06.80–heute	Denkmal (Berufsschulzentrum der Stadt Aalen)
Z-Stellung am:	12.11.75
Z-Stellungsgrund:	Lose Radreifen
Ausmusterung (ZTL):	22.10.75

Lok-Nr.:	**23 030** (023 030-0)	
Hersteller:	Henschel	
Fabrik-Nr.:	28530/1954	
Anlieferung:	31.07.54	
Abnahme/AW:	09.08.54/Göttingen	
Probefahrt:	Göttingen–Kassel u. zur.	Datum: 05.08.54

Standorte

09.08.54–07.11.56	Bw Paderborn
08.11.56–17.06.59	Bw Oldenburg Hbf
18.06.59–24.04.67	Bw Gießen
12.06.67–18.06.69	Bw Saarbrücken
19.06.69–07.07.74	Bw Crailsheim
08.07.74–16.12.74	Bw Crailsheim Z
Z-Stellung am:	08.07.74
Ausmusterung (HVB):	05.12.74
Zerlegt:	02.75 in: Karthaus durch Fa. Ferrum

Lok-Nr.:	**23 031** (023 031-8)	
Hersteller:	Henschel	
Fabrik-Nr.:	28531/1954	
Anlieferung:	07.08.54	
Abnahme/AW:	12.08.54/Göttingen	
Probefahrt:	Göttingen–Kassel u. zur.	Datum: 10.08.54

Standorte

13.08.54–12.11.56	Bw Paderborn
03.12.56–04.07.59	Bw Oldenburg Hbf
05.07.59–08.06.66	Bw Gießen
20.08.66–29.08.69	Bw Kaiserslautern
30.08.69–18.05.73	Bw Crailsheim
19.05.73–20.09.73	Bw Crailsheim Z
Z-Stellung am:	19.05.73
Ausmusterung (HVB):	24.08.73
Zerlegt:	10.73 in: Karthaus durch Fa. Ferrum

Lok-Nr.:	**23 032** (023 032-6)	
Hersteller:	Henschel	
Fabrik-Nr.:	28532/1954	
Anlieferung:	28.08.54	
Abnahme/AW:	04.09.54/Göttingen	
Probefahrt:	Göttingen–Kassel u. zur.	Datum: 01.09.54

Standorte
04.09.54–05.11.56   Bw Paderborn
06.11.56–27.05.59   Bw Oldenburg Hbf
28.05.59–08.04.63   Bw Trier
09.04.63–10.07.69   Bw Saarbrücken
11.07.69–23.08.73   Bw Crailsheim
24.08.73–28.03.74   Bw Crailsheim Z
Z-Stellung am: 24.08.73
Ausmusterung (HVB): 06.03.74

Lok-Nr.:   **23 033** (023 033-4)
Hersteller: Henschel
Fabrik-Nr.:   28533/1954
Anlieferung: 04.09.54
Abnahme/AW: 09.09.54/Göttingen
Probefahrt: Göttingen–Bebra   Datum: 07.09.54

Standorte
09.09.54–09.10.56   Bw Paderborn
12.10.56–18.05.67   Bw Mönchengladbach
19.05.67–18.06.69   Bw Saarbrücken
19.06.69–06.11.73   Bw Crailsheim
07.11.73–19.09.74   Bw Crailsheim Z
Z-Stellung am: 07.11.73
Ausmusterung (HVB): 06.03.74

Lok-Nr.:   **23 034** (023 034-2)
Hersteller: Henschel
Fabrik-Nr.:   28534/1954
Anlieferung: 13.09.54
Abnahme/AW: 17.09.54/Göttingen

Standorte
18.09.54–28.07.55   Bw Siegen
29.07.55–11.10.56   Bw Paderborn
12.10.56–18.05.67   Bw Mönchengladbach
19.05.67–23.02.74   Bw Saarbrücken
24.02.74–01.07.74   Bw Saarbrücken Z
Z-Stellung am: 24.02.74
Ausmusterung (HVB): 09.06.74
Zerlegt: 74   in: AW Trier
Bemerkungen: Ersatzteilspender im Bw Saarbrücken.

Lok-Nr.:   **23 035** (023 035-9)
Hersteller: Henschel
Fabrik-Nr.:   28535/1954
Anlieferung: 23.09.54
Abnahme/AW: 08.10.54/Göttingen

Standorte
09.10.54–26.09.67   Bw Mönchengladbach
27.09.67–28.09.72   Bw Crailsheim
29.09.72–29.12.72   Bw Crailsheim Z
Z-Stellung am: 29.09.72
Ausmusterung (HVB): 21.12.72

Lok-Nr.:   **23 036** (023 036-7)
Hersteller: Henschel
Fabrik-Nr.:   28536/1954
Anlieferung: 08.10.54
Abnahme/AW: 13.10.54/Göttingen

Standorte
14.10.54–23.03.67   Bw Mönchengladbach
06.06.67–02.10.74   Bw Saarbrücken
03.10.74–11.01.75   Bw Kaiserslautern
12.01.75–27.08.75   Bw Saarbrücken
28.08.75–30.10.75   Bw Saarbrücken Z
Z-Stellung am: 28.08.75
Ausmusterung (ZTL): 22.10.75
Zerlegt: 76   in: AW Braunschweig

Lok-Nr.:   **23 037** (023 037-5)
Hersteller: Henschel
Fabrik-Nr.:   28537/1954
Anlieferung: 26.10.54
Abnahme/AW: 29.10.54/Göttingen

Standorte
29.10.54–24.09.61   Bw Mönchengladbach
25.09.61–15.11.61   Bw Oldenburg Hbf
16.11.61–07.06.67   Bw Mönchengladbach
14.07.67–09.06.69   Bw Saarbrücken
10.06.69–26.05.74   Bw Crailsheim
27.05.74–01.10.74   Bw Crailsheim Z
Z-Stellung am: 27.05.74
Ausmusterung (HVB): 18.09.74
Zerlegt: 02.75   in: Karthaus durch Fa. Metallum

Lok-Nr.:   **23 038** (023 038-3)
Hersteller: Henschel
Fabrik-Nr.:   28538/1954
Anlieferung: 02.11.54
Abnahme/AW: 06.11.54/Göttingen
Probefahrt: Göttingen–Kassel u. zur.   Datum: 06.11.54

Standorte
07.11.54–14.12.66   Bw Mönchengladbach
16.02.67–09.06.69   Bw Saarbrücken
10.06.69–05.01.75   Bw Crailsheim
06.01.75–28.05.75   Bw Crailsheim Z
Z-Stellung am: 06.01.75
Ausmusterung (HVB): 16.05.75
Zerlegt: 28.05.–03.06.76   in: AW Braunschweig

Lok-Nr.:   **23 039** (023 039-1)
Hersteller: Henschel
Fabrik-Nr.:   28539/1954
Anlieferung: 13.11.54
Abnahme/AW: 19.11.54/Göttingen

Standorte
20.11.54–31.05.67   Bw Mönchengladbach
01.06.67–04.06.75   Bw Crailsheim
05.06.75–31.07.75   Bw Crailsheim Z
Z-Stellung am: 05.06.75
Ausmusterung (ZTL): 25.07.75
Zerlegt: 76   in: AW Offenburg

Lok-Nr.:   **23 040** (023 040-9)
Hersteller: Henschel
Fabrik-Nr.:   28540/1954
Anlieferung: 25.11.54
Abnahme/AW: 01.12.54/Göttingen
Probefahrt: Göttingen–Bebra u. zur.   Datum: 29.11.54

Standorte
01.12.54–02.05.66   Bw Mönchengladbach
11.07.66–28.05.69   Bw Saarbrücken
29.05.69–30.04.75   Bw Crailsheim
01.05.75–10.07.75   Bw Crailsheim Z
Z-Stellung am: 01.05.75
Z-Stellungsgrund: Unfall (Entgleisung)
Ausmusterung (HVB): 26.06.75
Zerlegt: 12.75   in: Bw Crailsheim
Bemerkungen: Entgleiste am 30.04.75 in Lauda beim Rangieren.

Lok-Nr.: **23041** (023041-7)
Hersteller: Henschel
Fabrik-Nr.: 28541/1954
Abnahme/AW: 09.12.54/Göttingen

Standorte
10.12.54–31.05.67 Bw Mönchengladbach
01.06.67–21.09.70 Bw Crailsheim
22.09.70–28.12.72 Bw Saarbrücken
29.12.72–02.05.73 Bw Saarbrücken Z
Z-Stellung am: 29.12.72
Ausmusterung (HVB): 12.04.73
Zerlegt: 06.73 in: Karthaus durch Fa. Ferrum
Bemerkungen: Vom 19.05.70 an vom Bw Crailsheim an das Bw Saarbrücken verliehen, ab 22.09.70 fest beim Bw Saarbrücken beheimatet.

Lok-Nr.: **23042** (023042-5)
Hersteller: Henschel
Fabrik-Nr.: 28542/1954
Anlieferung: 15.12.54
Abnahme/AW: 21.2.54/Göttingen
Probefahrt: Göttingen–Lehrte u. zur.   Datum: 17.12.54

Standorte
21.12.54–23.09.65 Bw Mönchengladbach
24.09.65–01.03.71 Bw Bestwig
02.03.71–28.09.75 Bw Crailsheim
29.09.75–30.10.75 Bw Crailsheim Z
25.10.75–heute   Deutsche Museumseisenbahn e.V., Bw Darmstadt-Kranichstein
Z-Stellung am: 28.09.75
Z-Stellungsgrund: Verkauf
Ausmusterung (ZTL): 22.10.75
Bemerkungen: Erhielt am 19.06.68 den Kessel der ausgemusterten 023043.
Lok ist seit 1978 betriebsfähig.

Lok-Nr.: **23043** (023043-3)
Hersteller: Henschel
Fabrik-Nr.: 28543/1954
Anlieferung: 23.12.54
Abnahme/AW: 30.12.54/Göttingen

Standorte
30.12.54–30.06.55 Bw Mainz
01.07.55–23.07.55 Bw Paderborn
24.07.55–23.09.65 Bw Mönchengladbach
24.09.65–23.09.67 Bw Bestwig
24.09.67– 04.68   Bw Bestwig Z
Z-Stellung am: 24.09.67
Z-Stellungsgrund: Unfall und Brand
Ausmusterung (HVB): 12.03.68
Bemerkungen: Ersatzteilspender, den Kessel erhielt am 19.06.68 die 023042.

Lok-Nr.: **23044** (023044-1)
Hersteller: Krupp
Fabrik-Nr.: 3179/1954
Anlieferung: 14.06.54
Abnahme/AW: 20.08.54/Mülheim/Speldorf
Probefahrt: Duisburg–Paderborn u. zur.   Datum: 29.06.54

Standorte
21.08.54–30.05.58 Bw Mainz
31.05.58–22.12.58 Bw Koblenz-Mosel
23.12.58–19.03.63 Bw Trier
20.03.63–18.06.69 Bw Saarbrücken
19.06.69–15.11.72 Bw Crailsheim
16.11.72–29.12.72 Bw Crailsheim Z
Z-Stellung am: 16.11.72
Z-Stellungsgrund: Unfall
Ausmusterung (HVB): 21.12.72

Lok-Nr.: **23045** (023045-8)
Hersteller: Krupp
Fabrik-Nr.: 3180/1954
Anlieferung: 30.06.54
Abnahme/AW: 09.07.54/Mülheim-Speldorf

Standorte
10.07.54–30.05.58 Bw Mainz
31.05.58–28.05.60 Bw Koblenz-Mosel
29.05.60–09.06.64 Bw Gießen
10.06.64–19.05.65 Bw Oldenburg Rbf
20.05.65–03.06.65 Bw Emden
04.06.65–24.06.69 Bw Bestwig
25.06.69–01.10.69 Bw Bestwig Z
Z-Stellung am: 25.06.69
Ausmusterung (HVB): 19.09.69
Bemerkungen: Heizlok in Duisburg Hbf im Winter 1969/70.

Lok-Nr.: **23046** (023046-6)
Hersteller: Krupp
Fabrik-Nr.: 3181/1954
Anlieferung: 12.07.54
Abnahme/AW: 31.08.54/Mülheim/Speldorf

Standorte
31.08.54–27.05.58 Bw Mainz
28.05.58–28.05.60 Bw Koblenz-Mosel
29.05.60–01.06.66 Bw Gießen
02.06.66–09.06.69 Bw Kaiserslautern
10.06.69–07.03.73 Bw Crailsheim
08.03.73–20.09.73 Bw Crailsheim Z
Z-Stellung am: 08.03.73
Ausmusterung (HVB): 24.08.73
Zerlegt: 10.73 in: Karthaus durch Fa. Metallum
Bemerkungen: Ersatzteilspender im Bw Crailsheim.

Lok-Nr.: **23047** (023047-4)
Hersteller: Krupp
Fabrik-Nr.: 3182/1954
Abnahme/AW: 30.08.54/Mülheim-Speldorf

Standorte
30.08.54–21.05.55 Bw Oberlahnstein
19.10.55–01.06.60 Bw Koblenz-Mosel
02.06.60–31.03.63 Bw Trier
01.04.63–19.08.73 Bw Saarbrücken
20.08.73–28.03.74 Bw Saarbrücken Z
Z-Stellung am: 20.08.73
Ausmusterung (HVB): 06.03.74
Zerlegt: 05.74 in: Karthaus durch Fa. Metallum

Lok-Nr.: **23048** (023048-2)
Hersteller: Krupp
Fabrik-Nr.: 3183/1954
Anlieferung: 23.08.54
Abnahme/AW: 27.08.54/Mülheim-Speldorf
Probefahrt: Duisburg–Hamm u. zur.   Datum: 24.08.54

Standorte
27.08.54–21.05.55 Bw Oberlahnstein
22.05.55–28.08.60 Bw Koblenz-Mosel
27.09.60–26.05.65 Bw Gießen
27.05.65–20.06.65 Bw Osnabrück Rbf
21.06.65–04.08.65 Bw Mönchengladbach
05.08.65–16.10.68 Bw Bestwig
17.10.68–20.07.74 Bw Crailsheim
21.07.74–16.12.74 Bw Crailsheim Z
Z-Stellung am: 21.07.74
Ausmusterung (HVB): 05.12.74
Zerlegt: 02.75 in: Karthaus durch Fa. Ferrum

Lok-Nr.:	**23 049** (023 049-0)
Hersteller:	Krupp
Fabrik-Nr.:	3184/1954
Anlieferung:	17.09.54
Abnahme/AW:	24.09.54/Mülheim/Speldorf

Standorte

24.09.54–21.05.55	Bw Oberlahnstein
22.05.55–26.05.62	Bw Koblenz-Mosel
27.05.62–30.04.65	Bw Gießen
01.05.65–20.06.65	Bw Osnabrück Rbf
21.06.65–04.08.65	Bw Mönchengladbach
05.08.65–30.11.70	Bw Bestwig
01.12.70–26.05.72	Bw Saarbrücken
27.05.72–30.12.72	Bw Kaiserslautern
31.12.72–02.05.73	Bw Kaiserslautern Z
Z-Stellung am:	31.12.72
Ausmusterung (HVB):	12.04.73
Bemerkungen:	Vom 26.10.62–25.11.62 vom Bw Gießen an das Bw Oldenburg Hbf und vom 06.03.64–07.04.64 an das Bw Oldenburg Rbf verliehen.

Lok-Nr.:	**23 050** (023 050-8)
Hersteller:	Krupp
Fabrik-Nr.:	3185/1954
Anlieferung:	30.08.54
Abnahme/AW:	09.10.54/Mülheim-Speldorf
Probefahrt:	Duisburg–Hamm u. zur. Datum: 04.10.54

Standorte

09.10.54–21.05.55	Bw Oberlahnstein
22.05.55–26.05.62	Bw Koblenz-Mosel
27.05.62–22.04.63	Bw Trier
18.06.63–22.05.69	Bw Saarbrücken
23.05.69–27.11.74	Bw Crailsheim
28.11.74–20.12.74	Bw Crailsheim Z
Z-Stellung am:	28.11.74
Ausmusterung (HVB):	05.12.74
Zerlegt:	ca. 75 in: AW Trier

Lok-Nr.:	**23 051** (023 051-6)
Hersteller:	Krupp
Fabrik-Nr.:	3186/1954
Anlieferung:	11.09.54
Abnahme/AW:	17.09.54/Mülheim-Speldorf

Standorte

17.09.54–20.05.55	Bw Oberlahnstein
21.05.55–02.06.55	Bw Mainz
03.06.55–26.05.62	Bw Koblenz-Mosel
27.05.62–31.03.63	Bw Trier
10.05.63–27.08.75	Bw Saarbrücken
28.08.75–30.10.75	Bw Saarbrücken Z
Z-Stellung am:	28.08.75
Ausmusterung (ZTL):	22.10.75
Zerlegt:	21.–27.05.76 in: AW Braunschweig

Lok-Nr.:	**23 052** (023 052-4)
Hersteller:	Krupp
Fabrik-Nr.:	3187/1954
Anlieferung:	12.11.54
Abnahme/AW:	24.11.54/Mülheim-Speldorf

Standorte

24.11.54–20.05.55	Bw Oberlahnstein
12.06.55–09.11.55	Bw Mainz
01.12.55–27.05.62	Bw Koblenz-Mosel
27.05.62–23.04.63	Bw Trier
24.04.63–14.04.75	Bw Saarbrücken
15.04.75–10.07.75	Bw Saarbrücken Z
Z-Stellung am:	15.04.75
Ausmusterung (HVB):	26.06.75
Zerlegt:	05.–11.09.75 in: AW Braunschweig

Lok-Nr.:	**23 053** (023 053-2)
Hersteller:	Krupp; Tender: Esslingen
Fabrik-Nr.:	3441/1955
Anlieferung:	21.05.55
Abnahme/AW:	10.06.55/Mülheim-Speldorf
Kaufpreis:	441 500 DM

Standorte

11.06.55–25.04.58	Bw Mainz
26.04.58–24.05.59	Bw Kaiserslautern
11.05.59–27.05.60	Bw Bingerbrück
28.05.60–26.05.62	Bw Koblenz-Mosel
27.05.62–22.05.66	Bw Kaiserslautern
23.05.66–12.07.66	Bw Saarbrücken
13.07.66–09.06.69	Bw Crailsheim
10.06.69–11.05.70	Bw Saarbrücken
12.05.70–20.07.70	Bw Saarbrücken Z
Z-Stellung am:	12.05.70
Z-Stellungsgrund:	Unfall am 11.05.70 bei Beckingen
Ausmusterung (HVB):	24.06.70
Zerlegt:	26.05.70 in: Beckingen durch Fa. Ferrum
Bemerkungen:	Vom 04.06 bis 25.06.65 vom Bw Kaiserslautern an das Bw Saarbrücken verliehen.

Lok-Nr.:	**23 054** (023 054-0)
Hersteller:	Krupp; Tender: Esslingen
Fabrik-Nr.:	3442/1955
Anlieferung:	17.05.55
Abnahme/AW:	21.05.55/Mülheim-Speldorf
Probefahrt:	Duisburg–Aachen u. zur. Datum: 18.05.55
Kaufpreis:	441 500 DM

Standorte

21.05.55–07.05.58	Bw Mainz
08.05.58–31.05.59	Bw Kaiserslautern
01.06.59–01.06.60	Bw Bingerbrück
02.06.60–27.05.62	Bw Koblenz-Mosel
28.05.62–21.07.66	Bw Kaiserslautern
22.07.66–03.06.69	Bw Crailsheim
04.06.69–15.06.75	Bw Saarbrücken
16.06.75–31.07.75	Bw Saarbrücken Z
Z-Stellung am:	16.06.75
Ausmusterung (ZTL):	25.07.75
Gesamtlaufleistung:	ca. 1 390 000 km
Zerlegt:	12.–18.09.75 in: AW Braunschweig

Lok-Nr.:	**23 055** (023 055-7)
Hersteller:	Krupp; Tender: Esslingen
Fabrik-Nr.:	3443/1955
Anlieferung:	30.06.55
Abnahme/AW:	13.07.55/Mülheim-Speldorf
Probefahrt:	Düsseldorf–Hamm u. zur. Datum: 01.07.55
Kaufpreis:	441 500 DM

Standorte

14.07.55–02.06.58	Bw Mainz
03.06.58–31.05.59	Bw Kaiserslautern
01.06.59–27.05.60	Bw Bingerbrück
28.05.60–05.02.62	Bw Koblenz-Mosel
06.02.62–21.07.66	Bw Kaiserslautern
22.07.66–22.07.74	Bw Crailsheim
23.07.74–16.12.74	Bw Crailsheim Z
Z-Stellung am:	23.07.74
Ausmusterung (HVB):	05.12.74
Gesamtlaufleistung:	1 400 600 km
Zerlegt:	75 in: AW Offenburg

Lok-Nr.:	**23 056** (023 056-5)
Hersteller:	Krupp; Tender: Esslingen
Fabrik-Nr.:	3444/1955
Anlieferung:	20.05.55
Abnahme/AW:	28.05.55/Mülheim-Speldorf
Probefahrt:	Duisburg–Hamm u. zur. Datum: 26.05.55
Kaufpreis:	441 500 DM

Standorte

28.05.55–31.05.58	Bw Mainz
01.06.58–31.05.59	Bw Kaiserslautern
01.06.59–28.09.60	Bw Bingerbrück
29.09.60–05.02.62	Bw Koblenz-Mosel
06.02.62–02.06.66	Bw Kaiserslautern
03.06.66–11.11.68	Bw Crailsheim
12.11.68–18.03.69	Bw Crailsheim Z
Z-Stellung am:	12.11.68
Ausmusterung (HVB):	03.03.69
Zerlegt:	04.69 in: AW Trier
Bemerkungen:	Ersatzteilspender im AW Trier.

Lok-Nr.: **23 057** (023 057-3)
Hersteller: Krupp; Tender: Esslingen
Fabrik-Nr.: 3445/1955
Abnahme/AW: 20.06.55/Mülheim-Speldorf
Kaufpreis: 441 500 DM

Standorte

21.06.55–19.05.58	Bw Mainz
18.06.58–31.05.59	Bw Kaiserslautern
01.06.59–28.05.61	Bw Bingerbrück
29.05.61–31.03.63	Bw Oldenburg Hbf
01.04.63–24.05.65	Bw Oldenburg Rbf
25.05.65–30.09.68	Bw Emden
01.10.68–20.01.69	Bw Emden Z
Z-Stellung am:	01.10.68
Z-Stellungsgrund:	aufwendige L0 erforderlich
Ausmusterung (HVB):	11.12.68
Bemerkungen:	Ersatzteilspender.

Lok-Nr.: **23 058** (023 058-1)
Hersteller: Krupp; Tender: Esslingen
Fabrik-Nr.: 3446/1955
Anlieferung: 27.05.55
Abnahme/AW: 10.06.55/Mülheim-Speldorf
Probefahrt: Duisburg–Aachen u. zur.   Datum: 01.06.55
Kaufpreis: 441 500 DM

Standorte

11.06.55–02.06.58	Bw Mainz
03.06.58–31.05.59	Bw Kaiserslautern
01.06.59–27.05.61	Bw Bingerbrück
28.05.61–02.06.66	Bw Kaiserslautern
03.06.66–30.12.75	Bw Crailsheim
31.12.75–27.07.77	ausgemustert abgestellt im Bw Crailsheim
28.07.77–Anf. 78	Eurovapor, Wil (St. Gallen)
Anf. 78–heute	Eurovapor, Sulgen (Thurgau)
Z-Stellung am:	30.12.75
Ausmusterung (ZTL):	22.12.75
Bemerkungen:	Wird zur Zeit betriebsfähig aufgearbeitet.

Lok-Nr.: **23 059** (023 059-9)
Hersteller: Krupp; Tender: Esslingen
Fabrik-Nr.: 3447/1955
Anlieferung: 10.06.55
Abnahme/AW: 20.06.55/Mülheim-Speldorf
Probefahrt: Duisburg–Hamm u. zur.   Datum: 11.06.55
Kaufpreis: 441 500 DM

Standorte

21.06.55–01.06.58	Bw Mainz
02.06.58–31.05.59	Bw Kaiserslautern
01.06.59–04.05.61	Bw Bingerbrück
12.06.61–12.06.66	Bw Kaiserslautern
05.07.66–12.07.73	Bw Crailsheim
13.07.73–28.03.74	Bw Crailsheim Z
Z-Stellung am:	13.07.73
Ausmusterung (HVB):	06.03.74

Lok-Nr.: **23 060** (023 060-7)
Hersteller: Krupp; Tender: Esslingen
Fabrik-Nr.: 3448/1955
Anlieferung: 23.06.55
Abnahme/AW: 30.06.55/Mülheim-Speldorf
Probefahrt: Duisburg–Hamm u. zur.   Datum: 24.06.55
Kaufpreis: 441 500 DM

Standorte

01.07.55–07.11.58	Bw Mainz
08.11.58–13.12.58	Bw Kaiserslautern
13.12.58–27.05.61	Bw Bingerbrück
28.05.61–09.06.66	Bw Kaiserslautern
10.06.66–22.05.69	Bw Crailsheim
23.05.69–14.04.75	Bw Saarbrücken
15.04.75–10.07.75	Bw Saarbrücken Z
Z-Stellung am:	15.04.75
Ausmusterung (HVB):	26.06.75
Gesamtlaufleistung:	1 347 300 km
Zerlegt:	22.–28.08.75 in: AW Braunschweig

Lok-Nr.: **23 061** (023 061-5)
Hersteller: Krupp; Tender: Esslingen
Fabrik-Nr.: 3449/1955
Anlieferung: 15.07.55
Abnahme/AW: 29.07.55/Mülheim-Speldorf
Probefahrt: Duisburg–Aachen u. zur.   Datum: 18.07.55
Kaufpreis: 441 500 DM

Standorte

30.07.55–14.12.58	Bw Mainz
15.12.58–27.05.61	Bw Bingerbrück
28.05.61–06.06.66	Bw Kaiserslautern
07.06.66–28.12.74	Bw Crailsheim
29.12.74–30.12.74	Bw Crailsheim Z
Z-Stellung am:	29.12.74
Ausmusterung (HVB):	05.12.74
Zerlegt:	ca. 75 in: AW Offenburg
Bemerkungen:	War zum Verkauf an die Eurovapor vorgesehen, wurde aber zugunsten der 023 058 dann doch nicht verkauft.

Lok-Nr.: **23 062** (023 062-3)
Hersteller: Krupp; Tender: Esslingen
Fabrik-Nr.: 3450/1955
Anlieferung: 26.07.55
Abnahme/AW: 03.08.55/Mülheim-Speldorf
Probefahrt: Duisburg–Aachen u. zur.   Datum: 28.07.55
Kaufpreis: 441 500 DM

Standorte

03.08.55–16.04.58	Bw Mainz
17.04.58–08.05.58	Bw Kaiserslautern
09.05.58–14.12.58	Bw Mainz
15.12.58–27.05.61	Bw Bingerbrück
28.05.61–06.06.66	Bw Kaiserslautern
07.06.66–18.06.69	Bw Crailsheim
19.06.69–27.08.75	Bw Saarbrücken
28.08.75–30.10.75	Bw Saarbrücken Z
Z-Stellung am:	28.08.75
Ausmusterung (ZTL):	22.10.75
Gesamtlaufleistung:	1 339 500 km
Zerlegt:	02.77 in: AW Trier

Lok-Nr.: **23 063** (023 063-1)
Hersteller: Krupp; Tender: Esslingen
Fabrik-Nr.: 3451/1955
Anlieferung: 30.07.55
Abnahme/AW: 09.08.55/Mülheim-Speldorf
Probefahrt: Duisburg–Aachen u. zur.   Datum: 01.08.56
Kaufpreis: 441 500 DM

Standorte
09.08.55–14.12.58	Bw Mainz
15.12.58–27.05.61	Bw Bingerbrück
28.05.61–02.06.66	Bw Kaiserslautern
03.06.66–09.06.69	Bw Crailsheim
10.06.69–18.09.74	Bw Saarbrücken
19.09.74–16.12.74	Bw Saarbrücken Z
Z-Stellung am:	19.09.74
Ausmusterung (HVB):	05.12.74
Gesamtlaufleistung:	1 469 500 km
Zerlegt:	04.75 in: Karthaus durch Fa. Metallum

Lok-Nr.:	**23 064** (023 064-9)
Hersteller:	Krupp; Tender: Esslingen
Fabrik-Nr.:	3452/1955
Anlieferung:	07.11.55
Abnahme/AW:	11.11.55/Mülheim-Speldorf
Probefahrt:	Duisburg–Hamm u. zur. Datum: 08.11.55
Kaufpreis:	441 500 DM

Standorte
11.11.55–14.12.58	Bw Mainz
15.12.55–27.05.61	Bw Bingerbrück
28.05.61–06.06.66	Bw Kaiserslautern
07.06.66–28.05.69	Bw Crailsheim
29.05.69–02.10.74	Bw Saarbrücken
03.10.74–20.12.74	Bw Saarbrücken Z
Z-Stellung am:	03.10.74
Ausmusterung (HVB):	05.12.74
Gesamtlaufleistung:	1 350 700 km
Zerlegt:	ca. 75 in: AW Trier
Bemerkungen:	Vom 19.01.56 bis 01.02.56 vom Bw Mainz an die LVA Minden verliehen.

Lok-Nr.:	**23 065** (023 065-6)
Hersteller:	Jung
Fabrik-Nr.:	12131/1955
Anlieferung:	16.03.55
Abnahme/AW:	21.03.55/Trier
Kaufpreis:	441 500 DM

Standorte
22.03.55–10.12.58	Bw Mainz
11.12.58–27.05.61	Bw Bingerbrück
28.05.61–09.06.66	Bw Kaiserslautern
10.06.66–09.08.72	Bw Crailsheim
10.08.72–24.11.72	Bw Crailsheim Z
Z-Stellung am:	10.08.72
Ausmusterung (HVB):	08.11.72
Zerlegt:	12.72 in: Karthaus durch Fa. Ferrum

Lok-Nr.:	**23 066** (023 066-4)
Hersteller:	Jung
Fabrik-Nr.:	12132/1955
Anlieferung:	30.03.55
Abnahme/AW:	04.04.55/Trier
Kaufpreis:	441 500 DM

Standorte
05.04.55–14.12.58	Bw Mainz
15.12.58–28.05.61	Bw Bingerbrück
29.05.61–18.04.66	Bw Kaiserslautern
19.04.66–04.03.69	Bw Crailsheim
05.03.69–16.07.69	Bw Crailsheim Z
Z-Stellung am:	05.03.69
Ausmusterung (HVB):	10.07.69
Bemerkungen:	Vom 23.10.64 bis 07.12.64 vom Bw Kaiserslautern an das Bw Saarbrücken verliehen.

Lok-Nr.:	**23 067** (023 067-2)
Hersteller:	Jung
Fabrik-Nr.:	12133/1955
Anlieferung:	18.04.55
Abnahme/AW:	22.04.55/Trier
Probefahrt:	Trier–Cochem u. zur. Datum: 20.04.55
Kaufpreis:	441 500 DM

Standorte
23.04.55–28.06.55	LVA Minden
29.06.55–14.12.58	Bw Mainz
15.12.58–27.05.61	Bw Bingerbrück
28.05.61–18.04.66	Bw Kaiserslautern
19.04.66–19.03.75	Bw Crailsheim
20.03.75–28.05.75	Bw Crailsheim Z
Z-Stellung am:	20.03.75
Ausmusterung (HVB):	16.05.75
Gesamtlaufleistung:	1 298 400 km
Zerlegt:	12.–18.12.75 in: AW Braunschweig
Bemerkungen:	Vom 20.10.64 bis 07.12.64 vom Bw Kaiserslautern an das Bw Saarbrücken verliehen.

Lok-Nr.:	**23 068** (023 068-0)
Hersteller:	Jung
Fabrik-Nr.:	12134/1955
Anlieferung:	29.04.55
Abnahme/AW:	05.05.55/Trier
Kaufpreis:	441 500 DM

Standorte
06.05.55–14.12.58	Bw Mainz
15.12.58–27.05.61	Bw Bingerbrück
28.05.61–18.04.66	Bw Kaiserslautern
19.04.66–11.03.69	Bw Crailsheim
12.03.69–16.07.69	Bw Crailsheim Z
Z-Stellung am:	12.03.69
Ausmusterung (HVB):	10.07.69

Lok-Nr.:	**23 069** (023 069-8)
Hersteller:	Jung
Fabrik-Nr.:	12135/55
Anlieferung:	16.05.55
Abnahme/AW:	20.05.55/Trier
Probefahrt:	Trier–Wengerohr u. zur. Datum: 17.05.55
Kaufpreis:	441 500 DM

Standorte
21.05.55–09.09.57	Bw Mainz
20.09.57–02.12.58	LVA Minden
03.12.58–10.12.58	Bw Mainz
11.12.58–22.05.61	Bw Bingerbrück
14.06.61–19.05.66	Bw Kaiserslautern
20.05.66–27.06.69	Bw Crailsheim
28.06.69–26.05.73	Bw Saarbrücken
27.05.73–20.09.73	Bw Saarbrücken Z
Z-Stellung am:	27.05.73
Ausmusterung (HVB):	24.08.73
Zerlegt:	74 in: AW Trier

Lok-Nr.:	**23 070** (023 070-6)
Hersteller:	Jung
Fabrik-Nr.:	12136/1955
Anlieferung:	25.05.55
Abnahme/AW:	28.05.55/Trier
Probefahrt:	Trier–Wengerohr u. zur. Datum: 26.05.55
Kaufpreis:	441 500 DM

Standorte
29.05.55–14.12.58	Bw Mainz
15.12.58–08.05.61	Bw Bingerbrück
31.05.61–19.05.66	Bw Kaiserslautern
20.05.66–12.08.74	Bw Crailsheim
13.08.74–16.12.74	Bw Crailsheim Z
Z-Stellung am:	13.08.74
Z-Stellungsgrund:	L2 erforderlich
Ausmusterung (HVB):	05.12.74
Gesamtlaufleistung:	1 420 300 km
Zerlegt:	75 in: AW Offenburg

Lok-Nr.:	**23 071** (023071-4)		Lok-Nr.:	**23 074** (023074-8)
Hersteller:	Jung		Hersteller:	Jung
Fabrik-Nr.:	12506/1956		Fabrik-Nr.:	12509/1956
Anlieferung:	31.08.56		Anlieferung:	01.10.56
Abnahme/AW:	12.09.56/Trier		Abnahme/AW:	10.10.56/Trier
Probefahrt:	Trier–Wengerohr Datum: 08.09.56		Probefahrt:	Trier Hbf–Wengerohr u. zur. Datum: 05.10.56
Kaufpreis:	441 500 DM		Kaufpreis:	441 500 DM

Lok-Nr.: 23 071 (023071-4)
Hersteller: Jung
Fabrik-Nr.: 12506/1956
Anlieferung: 31.08.56
Abnahme/AW: 12.09.56/Trier
Probefahrt: Trier–Wengerohr   Datum: 08.09.56
Kaufpreis: 441 500 DM

Standorte
12.09.56–28.01.58   Bw Paderborn
28.01.58–20.04.58   Bw Bielefeld
21.04.58–14.12.58   Bw Mainz
15.12.58–27.05.61   Bw Bingerbrück
28.05.61–18.04.66   Bw Kaiserslautern
19.04.66–07.11.72   Bw Crailsheim
08.11.72–27.08.75   Bw Saarbrücken
28.08.75–30.10.75   Bw Saarbrücken Z
31.10.75– 06.77   ausgemustert abgestellt im Bw Saarbrücken
06.77–heute   Veluwsche Stoomtrein Maatschappij (VSM) Lok 1, Beekbergen bei Apeldoorn
Z-Stellung am: 28.08.75
Ausmusterung (ZTL): 22.10.75
Bemerkungen: Lok ist seit 1978 betriebsfähig.

Lok-Nr.: 23 072 (023072-2)
Hersteller: Jung
Fabrik-Nr.: 12507/1956
Anlieferung: 18.09.56
Abnahme/AW: 24.09.56/Trier
Probefahrt: Trier–Cochem u. zur.   Datum: 20.09.56
Kaufpreis: 441 500 DM

Standorte
23.09.56–28.01.58   Bw Paderborn
29.01.58–16.04.58   Bw Bielefeld
17.04.58–14.12.58   Bw Mainz
15.12.58–27.05.61   Bw Bingerbrück
28.05.61–19.05.66   Bw Kaiserslautern
20.05.66–20.11.72   Bw Crailsheim
21.11.72–27.08.75   Bw Saarbrücken
28.08.75–30.10.75   Bw Saarbrücken Z
Z-Stellung am: 28.08.75
Ausmusterung (ZTL): 22.10.75
Gesamtlaufleistung: 1 391 000 km
Zerlegt: 14.–20.05.76   in: AW Braunschweig

Lok-Nr.: 23 073 (023073-0)
Hersteller: Jung
Fabrik-Nr.: 12508/1956
Anlieferung: 25.09.56
Abnahme/AW: 05.10.56/Trier
Probefahrt: Trier Hbf–Wengerohr u. zur.   Datum: 03.10.56
Kaufpreis: 441 500 DM

Standorte
05.10.56–09.01.58   Bw Paderborn
10.01.58–16.04.58   Bw Bielefeld
17.04.58–25.11.58   Bw Mainz
26.11.58–28.06.59   Bw Bingerbrück
29.06.59–31.03.63   Bw Oldenburg Hbf
01.04.63–24.05.65   Bw Oldenburg Rbf
25.05.65–25.05.68   Bw Emden
26.05.68–05.02.75   Bw Saarbrücken
06.02.75–28.05.75   Bw Saarbrücken Z
Z-Stellung am: 06.02.75
Z-Stellungsgrund: Feuerbüchse ausgeglüht
Ausmusterung (HVB): 16.05.75
Gesamtlaufleistung: ca. 1 200 000 km
Zerlegt: 11.77   in: AW Trier
Bemerkungen: Lok wurde Anfang 02.75 auf der Strecke Lebach–Völklingen ohne Wasser gefahren. Dabei glühte die Feuerbüchse aus.

Lok-Nr.: 23 074 (023074-8)
Hersteller: Jung
Fabrik-Nr.: 12509/1956
Anlieferung: 01.10.56
Abnahme/AW: 10.10.56/Trier
Probefahrt: Trier Hbf–Wengerohr u. zur.   Datum: 05.10.56
Kaufpreis: 441 500 DM

Standorte
11.10.56–09.01.58   Bw Paderborn
10.01.58–20.04.58   Bw Bielefeld
21.04.58–14.12.58   Bw Mainz
15.12.58–28.05.59   Bw Bingerbrück
29.05.59–31.03.63   Bw Oldenburg Hbf
01.04.63–28.07.65   Bw Oldenburg Rbf
29.07.65–21.01.69   Bw Emden
22.01.69–13.11.72   Bw Crailsheim
14.11.72–02.10.74   Bw Saarbrücken
03.10.74–20.12.74   Bw Saarbrücken Z
Z-Stellung am: 03.10.74
Ausmusterung (HVB): 05.12.74
Gesamtlaufleistung: 1 407 400 km
Zerlegt: 04.75   in: Karthaus durch Fa. Metallum
Bemerkungen: Erhielt als letzte DB-Dampflok eine L3-Hauptuntersuchung (L3, AW Trier von 8.68–23.01.69).

Lok-Nr.: 23 075 (023075-5)
Hersteller: Jung
Fabrik-Nr.: 12510/1956 Fahrgestell 12511/1956
Anlieferung: 16.10.56
Abnahme/AW: 26.10.56/Trier
Probefahrt: Trier Hbf–Cochem u. zur.   Datum: 22.10.56
Kaufpreis: 441 500 DM

Standorte
27.10.56–15.01.58   Bw Paderborn
16.01.58–20.04.58   Bw Bielefeld
21.04.58–14.12.58   Bw Mainz
15.12.58–01.06.59   Bw Bingerbrück
02.07.59–31.03.63   Bw Oldenburg Hbf
01.04.63–27.06.65   Bw Oldenburg Rbf
28.06.65–25.05.68   Bw Emden
26.05.68–27.08.75   Bw Saarbrücken
28.08.75–30.10.75   Bw Saarbrücken Z
Z-Stellung am: 28.08.75
Ausmusterung: 22.10.75
Gesamtlaufleistung: 1 500 800 km
Zerlegt: 76   in: AW Braunschweig
Bemerkungen: Erhielt beim Bau das Fahrgestell der 23 076.

Lok-Nr.: 23 076 (023076-3)
Hersteller: Jung
Fabrik-Nr.: 12511/1956 Fahrgestell 12510/1956
Abnahme/AW: 08.11.56/Trier
Kaufpreis: 441 500 DM

Standorte
09.11.56–15.01.58   Bw Paderborn
16.01.58–09.07.58   Bw Bielefeld
10.07.58–31.03.63   Bw Oldenburg Hbf
01.04.63–21.04.65   Bw Oldenburg Rbf
22.04.65–10.11.66   Bw Emden
11.11.66–22.05.69   Bw Crailsheim
23.05.69–23.07.72   Bw Saarbrücken
24.07.72–31.07.72   Bw Saarbrücken Z
01.08.72–27.08.75   Bw Saarbrücken
28.08.75–30.10.75   Bw Saarbrücken Z
23.01.76–05.02.76   Veluwsche Stoomtrein Maatschappij (VSM) Lok 2, Bw Saarbrücken abgestellt
19.02.76–heute   VSM Lok 2, Beekbergen bei Apeldoorn (z. Z. abgestellt)
Z-Stellung am: 28.08.75
Ausmusterung: 22.10.75
Bemerkungen: Erhielt beim Bau das Fahrgestell der 23 075.

Lok-Nr.: **23 077** (023 077-1)
Hersteller: Esslingen
Fabrik-Nr.: 5205/1957
Anlieferung: 14.09.57
Abnahme/AW: 18.09.57/Esslingen
Probefahrt: Stuttgart Hbf–Freudenstadt   Datum: 17.09.57
u. zur.

Standorte

02.10.57–31.03.63   Bw Oldenburg Hbf
01.04.63–20.06.65   Bw Oldenburg Rbf
21.06.65–26.05.68   Bw Emden
27.05.68–27.08.75   Bw Saarbrücken
28.08.75–30.10.75   Bw Saarbrücken Z
Z-Stellung am: 28.08.75
Ausmusterung (ZTL): 22.10.75
Gesamtlaufleistung: 1 396 500 km
Zerlegt: 16.–22.04.76   in: AW Braunschweig

Lok-Nr.: **23 078** (023 078-9)
Hersteller: Esslingen
Fabrik-Nr.: 5206/1957
Anlieferung: 30.09.57
Abnahme/AW: 08.10.57/Esslingen

Standorte

10.10.57–31.03.63   Bw Oldenburg Hbf
01.04.63–23.09.65   Bw Oldenburg Rbf
24.09.65–24.03.71   Bw Emden
25.03.71–01.07.71   Bw Emden Z
Z-Stellung am: 25.03.71
Z-Stellungsgrund: Kesselfrist u. Zeitfrist abgelaufen
Ausmusterung (HVB): 02.06.71
Zerlegt: 02.72   in: Karthaus durch Fa. Ferrum

Lok-Nr.: **23 079** (023 079-7)
Hersteller: Esslingen
Fabrik-Nr.: 5207/1957
Anlieferung: 29.10.57
Abnahme/AW: 05.11.57/Esslingen
Probefahrt: Stuttgart–Tuttlingen u. zur.   Datum: 04.11.57

Standorte

06.11.57–19.05.65   Bw Krefeld
20.05.65–22.09.65   Bw Bestwig
23.09.65–31.08.70   Bw Emden
01.09.70–17.12.70   Bw Emden Z
18.12.70–10.01.72   Bw Hamburg-Rothenburgsort Z
(Heizlok im Bw Hamburg Hbf)
Z-Stellung am: 01.09.70
Z-Stellungsgrund: Zeitfrist abgelaufen
Ausmusterung (HVB): 15.12.71
Gesamtlaufleistung: ca. 980 000 km
Zerlegt: ca. 74

Lok-Nr.: **23 080** (023 080-5)
Hersteller: Esslingen
Fabrik-Nr.: 5208/1957
Anlieferung: 12.12.57
Abnahme/AW: 18.12.57/Esslingen
Probefahrt: Stuttgart Hbf–Tuttlingen u. zur.   Datum: 17.12.57

Standorte

19.12.57–06.04.60   Bw Krefeld
07.04.60–31.03.63   Bw Oldenburg Hbf
01.04.63–26.07.65   Bw Oldenburg Rbf
27.07.65–26.05.68   Bw Emden
27.05.68–06.01.74   Bw Saarbrücken
07.01.74   Bw Saarbrücken Z
08.01.74–22.03.74   Bw Saarbrücken
23.03.74–11.07.74   Bw Saarbrücken Z
Z-Stellung am: 23.03.74
Z-Stellungsgrund: Kesselfrist abgelaufen
Ausmusterung (HVB): 09.06.74
Gesamtlaufleistung: ca. 1 160 000 km
Zerlegt: 11.–20.07.74   in: Saarbrücken-Schleifmühle

Bemerkungen: 23 080 (als Lz 17130) stieß am 24.09.1958 mit 38 2965 (vor N 3515) bei Urft frontal zusammen, wobei die 38 total zerstört, die 23 nur mäßig beschädigt wurde. Die 23 befand sich nach dem Unfall vom 06.04.59 bis 06.04.60 zur L0 im AW Frankfurt-Nied.

Lok-Nr.: **23 081** (023 081-3)
Hersteller: Jung
Fabrik-Nr.: 12751/1957
Anlieferung: 27.09.57
Abnahme/AW: 08.10.57/Trier

Standorte

09.10.57–22.04.58   Bw Braunschweig Vbf
23.04.58–04.06.65   Bw Bielefeld
05.06.65–22.05.66   Bw Osnabrück Rbf
23.05.66–19.05.69   Bw Emden
20.05.69–01.10.69   Bw Emden Z
Z-Stellung am: 20.05.69
Ausmusterung (HVB): 19.09.69
Zerlegt: 07.70   in: Karthaus durch Fa. Metallum
Bemerkungen: Ersatzteilspender im AW Trier.

Lok-Nr.: **23 082** (023 082-1)
Hersteller: Jung
Fabrik-Nr.: 12752/1957
Anlieferung: 12.10.57
Abnahme/AW: 19.10.57/Trier

Standorte

20.10.57–13.04.58   Bw Braunschweig Vbf
15.04.58–31.05.65   Bw Bielefeld
01.06.65–27.05.67   Bw Osnabrück Rbf
28.05.67–20.05.68   Bw Emden
21.05.68–15.04.71   Bw Saarbrücken
16.04.71–18.06.71   Bw Saarbrücken Z
Z-Stellung am: 16.04.71
Z-Stellungsgrund: Unfall
Ausmusterung (HVB): 02.06.71
Bemerkungen: Verunglückte wegen falscher Weichenstellung in Trier Hbf am 15.04.71 (Frontalzusammenstoß mit einer 260). Wegen Kesselfristablauf am 18.10.71 nicht mehr ausgebessert).

Lok-Nr.: **23 083** (023 083-9)
Hersteller: Jung
Fabrik-Nr.: 12753/1957
Anlieferung: 29.10.57
Abnahme/AW: 06.11.57/Trier

Standorte

07.11.57–17.04.58   Bw Braunschweig Vbf
18.04.58–31.05.65   Bw Bielefeld
01.06.65–09.10.68   Bw Osnabrück Rbf
10.10.68–18.06.69   Bw Crailsheim
19.06.69–29.05.71   Bw Saarbrücken
30.05.71–10.01.72   Bw Saarbrücken Z
Z-Stellung am: 30.05.71
Ausmusterung (HVB): 15.12.71
Zerlegt: 03.72   in: Karthaus durch Fa. Metallum

Lok-Nr.: **23 084** (023 084-7)
Hersteller: Jung
Fabrik-Nr.: 12754/1957
Anlieferung: 13.11.57
Abnahme/AW: 16.11.57/Trier

Standorte

17.11.57–20.04.58   Bw Braunschweig Vbf
21.04.58–31.05.65   Bw Bielefeld
01.06.65–08.09.68   Bw Osnabrück Rbf
09.09.68–14.12.70   Bw Crailsheim
15.12.70–11.03.71   Bw Crailsheim Z
Z-Stellung am: 15.12.70
Ausmusterung (HVB): 23.02.71
Zerlegt: 06.71   in: Karthaus durch Fa. Ferrum

Lok-Nr.:	**23 085** (023 085-4)	
Hersteller:	Jung	
Fabrik-Nr.:	12755/1957	
Anlieferung:	29.11.57	
Abnahme/AW:	05.12.57/Trier	

Standorte
06.12.57–21.04.58 Bw Braunschweig Vbf
22.04.58–11.10.65 Bw Bielefeld
12.10.65–09.01.66 Bw Hameln
10.01.66–22.11.66 Bw Minden
23.11.66–05.04.71 Bw Crailsheim
06.04.71–25.06.71 Bw Crailsheim Z
Z-Stellung am: 06.04.71
Z-Stellungsgrund: Zeitfrist abgelaufen
Ausmusterung (HVB): 02.06.71
Zerlegt: ca. 72

Lok-Nr.:	**23 086** (023 086-2)	
Hersteller:	Jung	
Fabrik-Nr.:	12756/1957	
Anlieferung:	16.12.57	
Abnahme/AW:	19.12.57	

Standorte
20.12.57–12.04.58 Bw Braunschweig Vbf
14.04.58–27.09.65 Bw Bielefeld
28.09.65–09.01.66 Bw Hameln
10.01.66–09.11.66 Bw Minden
10.11.66–01.06.71 Bw Crailsheim
02.06.71–24.09.71 Bw Crailsheim Z
Z-Stellung am: 02.06.71
Z-Stellungsgrund: Zeitfrist abgelaufen
Ausmusterung (HVB): 09.09.71
Zerlegt: 04.72   in: Karthaus durch Fa. Ferrum
Bemerkungen: Vom 29.05.62 bis 31.07.62 vom Bw Bielefeld an das Bw Oldenburg Hbf verliehen.

Lok-Nr.:	**23 087** (023 087-0)	
Hersteller:	Jung	
Fabrik-Nr.:	12757/1957	
Anlieferung:	21.01.58	
Abnahme/AW:	24.01.58/Trier	

Standorte
25.01.58–23.04.58 Bw Braunschweig Vbf
24.04.58–19.10.65 Bw Bielefeld
20.10.65–21.11.66 Bw Minden
30.12.66–18.06.69 Bw Crailsheim
19.06.69–10.09.70 Bw Saarbrücken
11.09.70–21.12.70 Bw Saarbrücken Z
Z-Stellung am: 11.09.70
Ausmusterung (HVB): 27.11.70
Zerlegt: 04.71   in: Karthaus durch Fa. Metallum

Lok-Nr.:	**23 088** (023 088-8)	
Hersteller:	Jung	
Fabrik-Nr.:	12758/1957	
Anlieferung:	31.01.58	
Abnahme/AW:	05.02.58/Trier	

Standorte
06.02.58–16.04.58 Bw Braunschweig Vbf
17.04.58–27.09.65 Bw Bielefeld
28.09.65–14.11.66 Bw Minden
15.11.66–20.11.70 Bw Crailsheim
21.11.70–11.03.71 Bw Crailsheim Z
Z-Stellung am: 21.11.70
Ausmusterung (HVB): 23.02.71
Zerlegt: 06.71   in: Karthaus durch Fa. Ferrum

Lok-Nr.:	**23 089** (023 089-6)	
Hersteller:	Jung	
Fabrik-Nr.:	12759/1958	
Anlieferung:	18.02.58	
Abnahme/AW:	23.02.58/Trier	

Standorte
24.02.58–19.05.65 Bw Krefeld
20.05.65–22.09.65 Bw Bestwig
23.09.65–17.04.71 Bw Emden
18.04.71–30.09.71 Bw Emden Z
Z-Stellung am: 18.04.71
Ausmusterung (HVB): 09.09.71
Bemerkungen: Ersatzteilspender.

Lok-Nr.:	**23 090** (023 090-4)	
Hersteller:	Jung	
Fabrik-Nr.:	12760/1958	
Anlieferung:	04.03.58	
Abnahme/AW:	07.03.58/Trier	

Standorte
08.03.58–24.05.65 Bw Krefeld
25.05.65–22.09.65 Bw Bestwig
23.09.65–28.09.68 Bw Osnabrück Rbf
29.09.68–09.10.69 Bw Emden
10.10.69–25.03.70 Bw Emden Z
Z-Stellung am: 10.10.69
Z-Stellungsgrund: L2 erforderlich
Ausmusterung (HVB): 04.03.70
Zerlegt: 07.70   in: Karthaus durch Fa. Metallum
Bemerkungen: Ersatzteilspender.

Lok-Nr.:	**23 091** (023 091-2)	
Hersteller:	Jung	
Fabrik-Nr.:	12761/1958	
Anlieferung:	25.03.58	
Abnahme/AW:	29.03.58/Trier	

Standorte
30.03.58–09.06.65 Bw Krefeld
10.06.65–03.07.65 Bw Mönchengladbach
04.07.65–28.09.68 Bw Osnabrück Rbf
29.09.68–19.02.71 Bw Emden
20.02.71–01.07.71 Bw Emden Z
Z-Stellung am: 20.02.71
Z-Stellungsgrund: Kesselfrist abgelaufen
Ausmusterung (HVB): 02.06.71
Bemerkungen: Vom 27.11.67 bis 31.03.68 vom Bw Osnabrück Rbf an das Bw Bestwig verliehen.

Lok-Nr.:	**23 092** (023 092-0)	
Hersteller:	Jung	
Fabrik-Nr.:	12762/1958	
Anlieferung:	25.04.58	
Abnahme/AW:	29.04.58/Trier	
Probefahrt:	Trier–Cochem u. zur.	Datum: 28.04.58

Standorte
30.04.58–09.06.65 Bw Krefeld
10.06.65–03.07.65 Bw Mönchengladbach
04.07.65–28.09.68 Bw Osnabrück Rbf
29.09.68–02.10.71 Bw Emden
03.10.71–31.12.71 Bw Emden Z
Z-Stellung am: 03.10.71
Z-Stellungsgrund: Kesselfrist abgelaufen
Ausmusterung (HVB): 15.12.71
Gesamtlaufleistung: 900 000 km
Zerlegt: ca. 73
Bemerkungen: Anfang 1973 in Mülheim-Speldorf zur Verschrottung abgestellt.

Lok-Nr.:	**23 093** (023 093-8)	
Hersteller:	Jung	
Fabrik-Nr.:	13101/1959	
Anlieferung:	23.06.59	
Abnahme/AW:	29.06.59/Frankfurt-Nied	
Probefahrt:	Frankfurt–Wiesbaden u. zur.	Datum: 05.05.59
Kaufpreis:	515 000 DM	

Standorte
01.07.59–23.05.65	Bw Krefeld
24.05.65–03.06.65	Bw Bestwig
04.06.65–16.11.69	Bw Emden
17.11.69–14.12.69	Bw Kaiserslautern
15.12.69–16.03.71	Bw Saarbrücken
17.03.71–06.05.71	Bw Saarbrücken Z
07.05.71–09.09.71	Bw Mannheim Z (Heizlok)
Z-Stellung am:	17.03.71
Ausmusterung (HVB):	09.09.71
Zerlegt:	04.72 in: Karthaus durch Fa. Ferrum

Lok-Nr.:	**23 094** (023 094-6)
Hersteller:	Jung
Fabrik-Nr.:	13102/1959
Anlieferung:	26.05.59
Abnahme/AW:	05.06.59/Frankfurt-Nied
Kaufpreis:	515 000 DM

Standorte
09.06.59–31.03.63	Bw Oldenburg Hbf
01.04.63–13.08.65	Bw Oldenburg Rbf
14.08.65–30.06.67	Bw Osnabrück Rbf
01.07.67–13.09.71	Bw Emden
14.09.71–31.10.71	Bw Dillingen
01.11.71–27.03.73	Bw Saarbrücken
28.03.73–20.09.73	Bw Saarbrücken Z
Z-Stellung am:	28.03.73
Ausmusterung (HVB):	24.08.73

Lok-Nr.:	**23 095** (023 095-3)
Hersteller:	Jung
Fabrik-Nr.:	13103/1959
Anlieferung:	09.06.59
Abnahme/AW:	18.06.59/Frankfurt-Nied
Kaufpreis:	515 000 DM

Standorte
19.06.59–31.03.63	Bw Oldenburg Hbf
01.04.63–01.09.65	Bw Oldenburg Rbf
02.09.65–30.06.67	Bw Osnabrück Rbf
01.07.67–13.09.71	Bw Emden
14.09.71–31.10.71	Bw Dillingen
01.11.71–23.07.72	Bw Saarbrücken
24.07.72–01.08.72	Bw Saarbrücken Z
02.08.72–07.08.72	Bw Saarbrücken
08.08.72–25.11.72	Bw Saarbrücken Z
Z-Stellung am:	08.08.72
Ausmusterung (HVB):	08.11.72
Zerlegt:	01.73 in: Karthaus durch Fa. Metallum

Lok-Nr.:	**23 096** (023 096-1)
Hersteller:	Jung
Fabrik-Nr.:	13104/1959
Anlieferung:	30.06.59
Abnahme/AW:	03.07.59/Frankfurt-Nied
Kaufpreis:	515 000 DM

Standorte
16.07.59–31.03.63	Bw Oldenburg Hbf
01.04.63–27.05.65	Bw Oldenburg Rbf
28.05.65–30.06.67	Bw Osnabrück Rbf
01.07.67–03.09.68	Bw Emden
04.09.68–31.01.71	Bw Bestwig
01.02.71–30.12.72	Bw Saarbrücken
31.12.72–02.05.73	Bw Saarbrücken Z
Z-Stellung am:	31.12.72
Ausmusterung (HVB):	12.04.73
Zerlegt:	07.73 in: Karthaus durch Fa. Metallum

Lok-Nr.:	**23 097** (023 097-9)
Hersteller:	Jung
Fabrik-Nr.:	13105/1959
Anlieferung:	14.07.59
Abnahme/AW:	17.07.59/Frankfurt-Nied
Kaufpreis:	515 000 DM

Standorte
20.07.59–23.09.60	Bw Minden
24.09.60–24.06.62	Bw Bielefeld
15.07.62–26.05.65	Bw Minden
30.05.65–28.09.65	Bw Bielefeld
29.09.65–28.09.68	Bw Minden
29.09.68–31.01.69	Bw Löhne
01.02.69–19.06.70	Bw Hameln
20.06.70–28.01.71	Bw Bestwig
29.01.71–05.02.72	Bw Saarbrücken
06.02.72–27.04.72	Bw Saarbrücken Z
Z-Stellung am:	06.02.72
Ausmusterung (HVB):	18.04.72

Lok-Nr.:	**23 098** (023 098-7)
Hersteller:	Jung
Fabrik-Nr.:	13106/1959
Anlieferung:	28.07.59
Abnahme/AW:	31.07.59/Frankfurt-Nied
Probefahrt:	Frankfurt–Wiesbaden u. zur. Datum: 29.07.59
Kaufpreis:	515 000 DM

Standorte
01.08.59–28.09.68	Bw Minden
29.09.68–07.12.68	Bw Löhne
08.12.68–31.01.69	Bw Löhne Z
01.02.69–15.03.70	Bw Hameln
Z-Stellung am:	08.12.69
Ausmusterung (HVB):	04.03.70
Zerlegt:	10.70 in: Karthaus durch Fa. Metallum

Lok-Nr.:	**23 099** (023 099-5)
Hersteller:	Jung
Fabrik-Nr.:	13107/1959
Anlieferung:	18.08.59
Abnahme/AW:	21.08.59/Frankfurt-Nied
Kaufpreis:	515 000 DM

Standorte
22.08.59–28.09.68	Bw Minden
29.09.68–16.01.69	Bw Löhne
17.01.69–04.08.71	Bw Saarbrücken
05.08.71–10.01.72	Bw Saarbrücken Z
Z-Stellung am:	05.08.71
Ausmusterung (HVB):	15.12.71
Zerlegt:	02.72 in: Karthaus durch Fa. Ferrum

Lok-Nr.:	**23 100** (023 100-1)
Hersteller:	Jung
Fabrik-Nr.:	13108/1959
Anlieferung:	01.09.59
Abnahme/AW:	03.09.59/Frankfurt-Nied
Probefahrt:	Frankfurt–Wiesbaden u. zur. Datum: 02.09.59
Kaufpreis:	515 000 DM

Standorte
04.09.59–28.09.68	Bw Minden
29.09.68–02.12.68	Bw Löhne
03.12.68–04.09.73	Bw Saarbrücken
05.09.73–28.03.74	Bw Saarbrücken Z
Z-Stellung am:	05.09.73
Z-Stellungsgrund:	Unfall in Ehrang
Ausmusterung (HVB):	06.03.74
Gesamtlaufleistung:	944 000 km
Zerlegt:	06.74 in: Karthaus durch Fa. Metallum

Lok-Nr.:	**23 101** (023 101-9)
Hersteller:	Jung
Fabrik-Nr.:	13109/1959
Anlieferung:	22.09.59
Abnahme/AW:	24.09.59
Kaufpreis:	515 000 DM

Standorte

25.09.59–28.09.68	Bw Minden
29.09.68–02.12.68	Bw Löhne
03.12.68–19.05.72	Bw Saarbrücken
20.05.72–23.08.72	Bw Saarbrücken Z

Z-Stellung am: 20.05.72
Ausmusterung (HVB): 15.08.72
Zerlegt: 08.72 in: Karthaus durch Fa. Ferrum

Lok-Nr.: **23 102** (023 102-7)
Hersteller: Jung
Fabrik-Nr.: 13110/1959
Anlieferung: 13.10.59
Abnahme/AW: 14.10.59/Frankfurt-Nied
Probefahrt: Frankfurt–Wiesbaden u. zur. Datum: 14.10.59
Kaufpreis: 515000 DM

Standorte

16.10.59–28.09.68	Bw Minden
29.09.68–31.01.69	Bw Löhne
01.02.69–11.12.69	Bw Hameln
12.12.69–23.09.71	Bw Emden
24.09.71–27.03.73	Bw Saarbrücken
28.03.73–20.09.73	Bw Saarbrücken Z

Z-Stellung am: 28.03.73
Ausmusterung (HVB): 24.08.73
Zerlegt: ca. 75 in: AW Trier

Lok-Nr.: **23 103** (023 103-5)
Hersteller: Jung
Fabrik-Nr.: 13111/1959
Anlieferung: 27.10.59
Abnahme/AW: 29.10.59/Frankfurt-Nied
Probefahrt: Frankfurt–Wiesbaden u. zur. Datum: 28.10.59
Kaufpreis: 515000 DM

Standorte

30.10.59–28.09.68	Bw Minden
29.09.68–31.01.69	Bw Löhne
01.02.69–11.12.69	Bw Hameln
12.12.69–23.09.71	Bw Emden
24.09.71–29.10.73	Bw Saarbrücken
30.10.73–28.03.74	Bw Saarbrücken Z

Z-Stellung am: 30.10.73
Ausmusterung (HVB): 06.03.74
Gesamtlaufleistung: ca. 900 000 km
Zerlegt: 06.74 in: Karthaus durch Fa. Metallum

Lok-Nr.: **23 104** (023 104-3)
Hersteller: Jung
Fabrik-Nr.: 13112/1959
Anlieferung: 23.11.59
Abnahme/AW: 23.11.59/Frankfurt-Nied
Kaufpreis: 515000 DM

Standorte

24.11.59–28.09.68	Bw Minden
29.09.68–31.01.69	Bw Löhne
01.02.69–25.09.69	Bw Hameln
26.09.69–09.12.71	Bw Saarbrücken
10.12.71–27.04.72	Bw Saarbrücken Z

Z-Stellung am: 10.12.71
Ausmusterung (HVB): 18.04.72

Lok-Nr.: **23 105** (023 105-0)
Hersteller: Jung
Fabrik-Nr.: 13113/1959
Anlieferung: 02.12.59
Abnahme/AW: 04.12.59/Frankfurt-Nied
Probefahrt: Frankfurt–Niedernhausen –Höchst–Wiesbaden u. zur. Datum: 03.12.59
Kaufpreis: 515000 DM

Standorte

07.12.59–26.05.68	Bw Minden
27.05.68–18.06.69	Bw Crailsheim
19.06.69–02.01.72	Bw Saarbrücken
03.01.72–27.04.72	Bw Kaiserslautern Z
72–1984	Leihgabe an die Deutsche Gesellschaft für Eisenbahngeschichte (DGEG), Fahrzeugsammlung Neustadt/Weinstraße

Z-Stellung am: 03.01.72
Z-Stellungsgrund: Unfall am 27.12.71 in Trier
Ausmusterung (HVB): 18.04.72
Bemerkungen: Letzte für die DB gebaute Dampflok. Am 27.12.71 im Bw Trier von einer entgleisten Wagengarnitur am Tenderheck beschädigt.
Die Lok wurde von 1972 bis 1984 der Deutschen Gesellschaft für Eisenbahngeschichte als Leihgabe zur Verfügung gestellt und wurde in der Fahrzeugsammlung Neustadt/Weinstraße aufbewahrt. 1984 erhielt die Lok bei der DB im AW Kaiserslautern eine Hauptuntersuchung und ist seit Herbst d. J. betriebsfähige DB-Museumsdampflok. Ihr Einsatz vor Sonderzügen von Nürnberg aus bildet einen der Höhepunkte beim Jubiläum 150 Jahre deutsche Eisenbahn im Jahr 1985.

Baureihe 65

Lok-Nr.: **65 001** (065 001-0)
Hersteller: Krauss-Maffei
Fabrik-Nr.: 17661/1950
Anlieferung: 28.02.51
Abnahme/AW: 02.03.51/München-Freimann
Probefahrt: München–Petershausen u. zur. Datum: 09.02.51
Kaufpreis: 248000 DM

Standorte

03.03.51–23.01.52	Bw Darmstadt
24.01.52–01.03.53	Bw Darmstadt Z
02.03.53–30.12.70	Bw Darmstadt
31.12.70–04.10.71	Bw Aschaffenburg
05.10.71–29.12.71	Bw Aschaffenburg Z

Z-Stellung am: 05.10.71
Ausmusterung (HVB): 15.12.71
Zerlegt: 02.73 in: Immendingen
Bemerkungen: Nicht im Einsatz von 01.52 bis 15.05.53.

Lok-Nr.: **65 002** (065 002-8)
Hersteller: Krauss-Maffei
Fabrik-Nr.: 17662/1950
Anlieferung: 28.02.51
Abnahme/AW: 02.03.51/München-Freimann

Standorte

03.03.51–05.02.52	Bw Darmstadt
06.02.52– 53	Bw Darmstadt Z
53–15.03.70	Bw Darmstadt
16.03.70–03.03.71	Bw Darmstadt Z

Z-Stellung am: 16.03.70
Ausmusterung (HVB): 23.02.71
Zerlegt: 01.72 in: Karthaus durch Fa. Ferrum
Bemerkungen: Nicht im Einsatz von 01.52 bis 05.53. Ersatzteilspender für 065 013.

Lok-Nr.: **65 003** (065 003-6)
Hersteller: Krauss-Maffei
Fabrik-Nr.: 17663/1950
Anlieferung: 28.02.51
Abnahme/AW: 02.03.51/München-Freimann
Probefahrt: München–Petershausen u. zur. Datum: 13.02.51
Kaufpreis: 248000 DM

Standorte

03.03.51–11.07.52	Bw Darmstadt
12.07.52–01.03.53	Bw Darmstadt Z
02.03.53–01.12.69	Bw Darmstadt

02.12.69–23.03.70	Bw Darmstadt Z
Z-Stellung am:	02.12.69
Ausmusterung (HVB):	04.03.70
Zerlegt:	06.70 in: Frankfurt-Ost durch Fa. Trapp
Bemerkungen:	Nicht im Einsatz von 01.52 bis 30.05.53. Ersatzteilspender im Bw Darmstadt.

Lok-Nr.:	**65 004** (065 004-4)
Hersteller:	Krauss-Maffei
Fabrik-Nr.:	17664/1950
Anlieferung:	03.03.51
Abnahme/AW:	09.03.51/München-Freimann
Probefahrt:	München–Petershausen u. zur. Datum: 03.03.51
Kaufpreis:	248 000 DM

Standorte

10.03.51–05.02.51	Bw Darmstadt
06.02.52–27.01.53	Bw Darmstadt Z
28.01.53–18.12.70	Bw Darmstadt
19.12.70–08.02.71	Bw Aschaffenburg
09.02.71–14.06.71	Bw Aschaffenburg Z
Z-Stellung am:	09.02.71
Z-Stellungsgrund:	Rahmenriß
Ausmusterung (HVB):	02.06.71
Bemerkungen:	Nicht im Einsatz von 01.52 bis 05.53.

Lok-Nr.:	**65 005** (065 005-1)
Hersteller:	Krauss-Maffei
Fabrik-Nr.:	17665/1950
Anlieferung:	02.03.51
Abnahme/AW:	09.03.51/München-Freimann

Standorte

10.03.51–05.02.52	Bw Darmstadt
06.02.52– 53	Bw Darmstadt Z
53–31.05.69	Bw Darmstadt
01.06.69–08.10.69	Bw Darmstadt Z
Z-Stellung am:	01.06.69
Z-Stellungsgrund:	Kreuzkopfführungsbruch, Triebwerkschäden
Ausmusterung (HVB):	19.09.69
Zerlegt:	70 in: Frankfurt-Ost durch Fa. Trapp
Bemerkungen:	Nicht im Einsatz von 01.52 bis 05.53. Die Lok erlitt im Mai 69 bei Talfahrt zwischen Birkenau und Weinheim einen Kreuzkopfführungsbruch, der zu schweren Schäden im Triebwerk und am Bremsgestänge führte.

Lok-Nr.:	**65 006** (065 006-9)
Hersteller:	Krauss-Maffei
Fabrik-Nr.:	17666/1951
Anlieferung:	02.03.51
Abnahme/AW:	09.03.51/München-Freimann
Probefahrt:	München–Petershausen u. zur. Datum: 03.51
Kaufpreis:	248 000 DM

Standorte

10.03.51–24.01.52	Bw Darmstadt
25.01.52–29.05.53	Bw Darmstadt Z
30.05.53–15.07.68	Bw Darmstadt
16.07.68–30.12.68	Bw Darmstadt Z
Z-Stellung am:	16.07.68
Z-Stellungsgrund:	Auffahrunfall
Ausmusterung (HVB):	11.12.68
Gesamtlaufleistung:	ca. 900 000 km
Bemerkungen:	Nicht im Einsatz von 01.52 bis 06.53.

Lok-Nr.:	**65 007**
Hersteller:	Krauss-Maffei
Fabrik-Nr.:	17667/1951
Anlieferung:	12.03.51
Abnahme/AW:	17.03.51/München-Freimann

Standorte

18.03.51–11.07.52	Bw Darmstadt
12.07.52– 53	Bw Darmstadt Z
53–04.08.66	Bw Darmstadt
05.08.66– 12.66	Bw Darmstadt Z
Z-Stellung am:	05.08.66
Ausmusterung (HVB):	22.11.66
Zerlegt:	ca. 68 in: AW Trier
Bemerkungen:	Nicht im Einsatz von 01.52 bis 05.53.

Lok-Nr.:	**65 008** (065 008-5)
Hersteller:	Krauss-Maffei
Fabrik-Nr.:	17668/1951
Anlieferung:	15.03.51
Abnahme/AW:	22.03.51/München-Freimann
Probefahrt:	München–Petershausen u. zur. Datum: 17.03.51
Kaufpreis:	248 000 DM

Standorte

23.03.51–04.07.52	Bw Düsseldorf-Abstellbahnhof
05.07.52–12.01.53	Bw Düsseldorf-Abstellbahnhof Z
13.01.53–11.04.54	Bw Düsseldorf-Abstellbahnhof
12.04.54–31.05.66	Bw Darmstadt
01.06.66–26.08.66	Bw Limburg
27.08.66–09.10.66	Bw Darmstadt
20.01.67–30.09.68	Bw Dillenburg
01.10.68–06.12.70	Bw Darmstadt
07.12.70–11.04.72	Bw Aschaffenburg
12.04.72–24.08.72	Bw Aschaffenburg Z
Z-Stellung am:	12.04.72
Z-Stellungsgrund:	Fristablauf
Ausmusterung (HVB):	15.08.72
Zerlegt:	09.73 in: Karthaus durch Fa. Metallum
Bemerkungen:	Nicht im Einsatz vom 03.10.51 bis 07.53.

Lok-Nr.:	**65 009** (065 009-3)
Hersteller:	Krauss-Maffei
Fabrik-Nr.:	17669/1951
Anlieferung:	27.03.51
Abnahme/AW:	06.04.51/München-Freimann
Kaufpreis:	248 000 DM

Standorte

07.04.51– 52	Bw Düsseldorf-Abstellbahnhof
52– 53	Bw Düsseldorf-Abstellbahnhof Z
53–22.03.54	Bw Düsseldorf-Abstellbahnhof
24.04.54–21.05.66	Bw Darmstadt
22.05.66–29.05.67	Bw Limburg
30.05.67–09.11.67	Bw Dillenburg
10.11.67–02.04.68	Bw Dillenburg Z
Z-Stellung am:	10.11.67
Z-Stellungsgrund:	Rahmenbruch
Ausmusterung (HVB):	12.03.68
Bemerkungen:	Nicht im Einsatz von 01.52 bis 05.53. Nach Abnahme zunächst leihweise beim LVA Minden.

Lok-Nr.:	**65 010** (065 010-1)
Hersteller:	Krauss-Maffei
Fabrik-Nr.:	17670/1951
Anlieferung:	31.03.51
Abnahme/AW:	11.04.51/München-Freimann
Kaufpreis:	248 000 DM

Standorte

12.04.51– 52	Bw Düsseldorf-Abstellbahnhof
52– 53	Bw Düsseldorf-Abstellbahnhof Z
53–05.04.54	Bw Düsseldorf-Abstellbahnhof
11.06.54–21.05.66	Bw Darmstadt
22.05.66–01.03.67	Bw Limburg
02.03.67–25.07.68	Bw Dillenburg
26.07.68–30.12.68	Bw Dillenburg Z
Z-Stellung am:	26.07.68
Ausmusterung (HVB):	11.12.68
Zerlegt:	ca. 70 in: Limburg, Fa. Schuy
Bemerkungen:	Nicht im Einsatz von 01.52 bis 05.53. Ersatzteilspender im Bw Limburg.

Lok-Nr.:	**65011** (065011-9)
Hersteller:	Krauss-Maffei
Fabrik-Nr.:	17671/1951
Anlieferung:	25.04.51
Abnahme/AW:	07.05.51/München-Freimann
Kaufpreis:	248000 DM

Standorte

11.05.51–12.02.52	Bw Letmathe
13.02.52–15.02.53	Bw Letmathe Z
16.02.53–16.07.53	Bw Letmathe
17.07.53–22.05.54	Bw Fröndenberg
23.05.54–19.04.66	Bw Darmstadt
20.04.66–17.05.67	Bw Limburg
18.05.67–03.04.68	Bw Dillenburg
04.04.68–04.11.68	Bw Dillenburg Z
Z-Stellung am:	04.04.68
Z-Stellungsgrund:	Unfall
Ausmusterung (HVB):	02.10.68
Zerlegt:	ca. 70
Bemerkungen:	Nicht im Einsatz von 01.52 bis 07.53.

Lok-Nr.:	**65012** (065012-7)
Hersteller:	Krauss-Maffei
Fabrik-Nr.:	17672/1951
Anlieferung:	10.05.51
Abnahme/AW:	17.05.51/München-Freimann
Kaufpreis:	248000 DM

Standorte

18.05.51–12.02.52	Bw Letmathe
13.02.52–15.02.53	Bw Letmathe Z
16.02.53–18.07.53	Bw Letmathe
19.07.53–20.01.54	Bw Fröndenberg
08.05.54–20.05.66	Bw Essen Hbf
21.05.66–02.04.68	Bw Limburg
03.04.68–04.11.68	Bw Limburg Z
Z-Stellung am:	03.04.68
Ausmusterung (HVB):	02.10.68
Zerlegt:	03.70 in: Karthaus durch Fa. Metallum
Bemerkungen:	Nicht im Einsatz von 01.52 bis 07.73.

Lok-Nr.:	**65013** (065013-5)
Hersteller:	Krauss-Maffei
Fabrik-Nr.:	17673/1951
Anlieferung:	30.05.51
Abnahme/AW:	08.06.51/München-Freimann
Probefahrt:	München–Petershausen u. zur. Datum: 05.06.51
Kaufpreis:	248000 DM

Standorte

09.06.51–21.08.51	Bw Letmathe
22.08.51–07.10.51	Bw Letmathe Z
08.10.51–12.02.52	Bw Letmathe
13.02.52–15.02.53	Bw Letmathe Z
16.02.53–24.07.53	Bw Letmathe
25.07.53–21.05.54	Bw Fröndenberg
22.05.54–26.05.66	Bw Essen Hbf
27.05.66–11.04.69	Bw Limburg
12.04.69–30.12.70	Bw Darmstadt
31.12.70–25.02.72	Bw Aschaffenburg
26.02.72–27.04.72	Bw Aschaffenburg Z
Z-Stellung am:	26.02.72
Ausmusterung (HVB):	18.04.72
Gesamtlaufleistung:	ca. 1060000 km
Zerlegt:	09.73 in: Karthaus durch Fa. Metallum
Bemerkungen:	Nicht im Einsatz von 01.52 bis 24.07.53.

Lok-Nr.:	**65014** (065014-3)
Hersteller:	Krauss-Maffei
Fabrik-Nr.:	17893/1955
Anlieferung:	30.11.55
Abnahme/AW:	12.12.55/Ingolstadt
Probefahrt:	Ingolstadt Hbf–München– Datum: 06.12.55 Allach u. zur.
Kaufpreis:	345554 DM

Standorte

30.12.55–18.05.66	Bw Essen Hbf
19.05.66–01.11.67	Bw Limburg
02.11.67–08.12.67	Bw Darmstadt
09.12.67–03.04.69	Bw Limburg
04.04.69–06.12.70	Bw Darmstadt
07.12.70–14.03.72	Bw Aschaffenburg
15.03.72–24.08.72	Bw Aschaffenburg Z
Z-Stellung am:	15.03.72
Z-Stellungsgrund:	Rahmenriß
Ausmusterung (HVB):	15.08.72
Gesamtlaufleistung:	ca. 1250000 km
Zerlegt:	09.73 in: Karthaus durch Fa. Metallum

Lok-Nr.:	**65015** (065015-0)
Hersteller:	Krauss-Maffei
Fabrik-Nr.:	17894/1955
Anlieferung:	30.12.55
Abnahme/AW:	11.01.56/Ingolstadt
Probefahrt:	Ingolstadt Hbf–München– Datum: 04.01.56 Pasing u. zur.
Kaufpreis:	345554 DM

Standorte

01.02.56–18.05.66	Bw Essen Hbf
19.05.66–03.12.68	Bw Limburg
04.12.68–28.03.69	Bw Limburg Z
Z-Stellung am:	04.12.68
Z-Stellungsgrund:	Kesselfrist abgelaufen
Ausmusterung (HVB):	03.03.69
Gesamtlaufleistung:	1121648 km
Zerlegt:	08.69 in: Limburg, Fa. Schuy

Lok-Nr.:	**65016** (065016-8)
Hersteller:	Krauss-Maffei
Fabrik-Nr.:	17895/1955
Anlieferung:	31.01.56
Abnahme/AW:	08.02.56/Ingolstadt
Probefahrt:	Ingolstadt Hbf–München– Datum: 02.02.56 Pasing u. zur.
Kaufpreis:	345554 DM

Standorte

29.02.56–26.05.66	Bw Essen Hbf
27.05.66–19.05.68	Bw Limburg
31.07.68–06.12.70	Bw Darmstadt
07.12.70–27.12.70	Bw Aschaffenburg
28.12.70–14.06.71	Bw Aschaffenburg Z
Z-Stellung am:	28.12.70
Z-Stellungsgrund:	Unfall (Rahmen und Pufferbohle beschädigt)
Ausmusterung (HVB):	02.06.71
Gesamtlaufleistung:	ca. 1200000 km
Bemerkungen:	Fuhr am 16.12.70 in Aschaffenburg auf eine Elektrolok auf, was zu Schäden am Rahmen und an der Pufferbohle führte, die Puffer wurden weggerissen.

Lok-Nr.:	**65017** (065017-6)
Hersteller:	Krauss-Maffei
Fabrik-Nr.:	17896/1956
Anlieferung:	29.02.56
Abnahme/AW:	06.03.56/Ingolstadt
Kaufpreis:	345554 DM

Standorte

08.03.56–23.05.66	Bw Essen Hbf
24.05.66–24.05.67	Bw Limburg
25.05.67–19.11.67	Bw Darmstadt
20.11.67–02.04.68	Bw Darmstadt Z
Z-Stellung am:	20.11.67
Ausmusterung (HVB):	12.03.68
Zerlegt:	03.70 in: Karthaus durch Fa. Metallum

Lok-Nr.: **65 018** (065 018-4)
Hersteller: Krauss-Maffei
Fabrik-Nr.: 17897/1956
Anlieferung: 03.04.56
Abnahme/AW: 07.04.56/Ingolstadt
Probefahrt: Ingolstadt Hbf–München Ost Pbf Datum: 05.04.56
 u. zur.
Kaufpreis: 345 554 DM

Standorte

27.04.56–16.10.56	LVA Minden
17.10.56–26.05.66	Bw Essen Hbf
27.05.66–24.05.67	Bw Limburg
25.05.67–06.12.70	Bw Darmstadt
07.12.70–27.12.72	Bw Aschaffenburg
28.12.72–29.04.73	Bw Aschaffenburg Z
30.04.73–Anf. 75	ausgemustert abgestellt im Bw Aschaffenburg
Anf. 75 –11.10.81	Deutsches Dampflokmuseum (DDM, Neuenmarkt-Wirsberg)
14.10.81–heute	Stoom Stichting Nederland (SSN), Rotterdam

Z-Stellung am: 28.12.72
Ausmusterung (HVB): 12.04.73
Gesamtlaufleistung: ca. 1 350 000 km
Zerlegt: – in: –
Bemerkungen: Heizlok in Aschaffenburg. Ist zur Zeit bei der SSN (dort Leihgabe vom DDM) betriebsfähig.

Baureihe 66

Lok-Nr.: **66 001**
Hersteller: Henschel
Fabrik-Nr.: 28923/1955
Anlieferung: 05.10.55
Abnahme/AW: 06.10.55

Standorte

06.10.55–20.09.56	LVA Minden
24.10.56–13.07.57	Bw Frankfurt-3
19.07.57–28.05.60	Bw Frankfurt-1
29.05.60–02.10.66	Bw Gießen
03.10.66– 03.67	Bw Gießen Z

Z-Stellung am: 03.10.66
Z-Stellungsgrund: Treibstangenbruch, Triebwerkschäden
Ausmusterung (HVB): 24.02.67
Zerlegt: 07.–13.07.67 in: AW Trier
Bemerkungen: Erlitt am 02.10.66 einen Treibstangenbruch mit schweren Triebwerkschäden.

Lok-Nr.: **66 002** (066 002-7)
Hersteller: Henschel
Fabrik-Nr.: 28924/1955
Anlieferung: 06.10.55
Abnahme/AW: 14.10.55/AW Göttingen
Probefahrt: Göttingen–Kassel u. zur. Datum: 11.10.55

Standorte

14.10.55–19.03.58	Bw Frankfurt-3
20.05.58–28.05.60	Bw Frankfurt-1
29.05.60–14.09.67	Bw Gießen
15.09.67–02.04.68	Bw Gießen Z
03.04.68– 68	ausgemustert abgestellt im AW Trier
68–21.03.69	ausgemustert abgestellt in Ewersbach
23.03.69–27.10.73	Deutsche Gesellschaft für Eisenbahngeschichte (DGEG), abgestellt im Bw Erndtebrück
10.73–heute	DGEG-Fahrzeugsammlung Bw Bochum-Dahlhausen

Z-Stellung am: 15.09.67
Ausmusterung (HVB): 12.03.68
Gesamtlaufleistung: ca. 775 000 km

Baureihe 82

Lok-Nr.: **82 001** (082 001-9)
Hersteller: Krupp
Fabrik-Nr.: 2877/1950
Anlieferung: 18.11.50
Abnahme/AW: 07.12.50/Mülheim-Speldorf
Probefahrt: Mülheim-Speldorf–Opladen Datum: 27.11.50
 u. zur.
Kaufpreis: 211 300 DM

Standorte

07.12.50–05.09.53	Bw Soest
06.09.53–26.07.67	Bw Emden
27.07.67–05.04.68	Bw Emden Z

Z-Stellung am: 27.07.67
Ausmusterung (HVB): 12.03.68
Bemerkungen: Ab 17.07.65 Reserve (bis Z-Stellung).

Lok-Nr.: **82 002** (082 002-7)
Hersteller: Krupp
Fabrik-Nr.: 2878/1950
Anlieferung: 21.11.50
Abnahme/AW: 06.12.50/Mülheim-Speldorf
Kaufpreis: 211 300 DM

Standorte

06.12.50–20.12.63	Bw Soest
21.12.63–20.06.64	Bw Paderborn
23.06.64–23.09.67	Bw Hamburg-Wilhelmsburg
24.09.67–31.01.68	Bw Hamburg-Rothenburgsort
01.02.68–18.07.68	Bw Hamburg-Rothenburgsort Z

Z-Stellung am: 01.02.68
Z-Stellungsgrund: L2 erforderlich
Ausmusterung (HVB): 21.06.68

Lok-Nr.: **82 003** (082 003-5)
Hersteller: Krupp
Fabrik-Nr.: 2879/1950
Anlieferung: 09.12.50
Abnahme/AW: 19.12.50/Mülheim-Speldorf
Kaufpreis: 211 300 DM

Standorte

19.12.50–27.01.52	Bw Hamm
28.01.52–19.12.63	Bw Soest
20.12.63–20.06.64	Bw Paderborn
23.06.64–23.09.67	Bw Hamburg-Wilhelmsburg
24.09.67–08.08.68	Bw Hamburg-Rothenburgsort
09.08.68–20.12.70	Bw Hamburg-Rothenburgsort Z

Z-Stellung am: 09.08.68
Ausmusterung (HVB): 27.11.70
Zerlegt: 02.–29.03.72 in: Lübeck-Vorwerker-Hafen durch Fa. Hinrichs

Lok-Nr.: **82 004** (082 004-3)
Hersteller: Krupp
Fabrik-Nr.: 2880/1950
Anlieferung: 25.11.50
Abnahme/AW: 05.12.50/Mülheim-Speldorf
Probefahrt: Speldorf–Opladen u. zur. Datum: 01.12.50
Kaufpreis: 211 300 DM

Standorte

05.12.50–29.01.52	Bw Hamm
30.01.52–22.05.66	Bw Hamburg-Wilhelmsburg
23.05.66–21.12.70	Bw Koblenz-Mosel
22.12.70–03.06.71	Bw Koblenz-Mosel Z

Z-Stellung am: 22.12.70
Ausmusterung (HVB): 02.06.71
Zerlegt: 72 in: Saarbrücken-Schleifmühle
Bemerkungen: Vom 09.10.70 bis zur Z-Stellung auf »w« abgestellt.

Lok-Nr.:	**82005** (082005-0)
Hersteller:	Krupp
Fabrik-Nr.:	2881/1950
Anlieferung:	11.12.50
Abnahme/AW:	28.12.50/Mülheim-Speldorf
Probefahrt:	Speldorf–Opladen u. zur. Datum: 13.12.50
Kaufpreis:	211300 DM

Standorte

28.12.50–17.12.51	Bw Hamm
18.12.51–21.05.66	Bw Altenkirchen
22.05.66–19.09.68	Bw Koblenz-Mosel
20.09.68– 12.68	Bw Koblenz-Mosel Z
Z-Stellung am:	20.09.68
Ausmusterung (HVB):	11.12.68
Zerlegt:	ca. 70

Lok-Nr.:	**82006** (082006-8)
Hersteller:	Krupp
Fabrik-Nr.:	2882/1950
Anlieferung:	23.12.50
Abnahme/AW:	30.12.50/Mülheim-Speldorf
Kaufpreis:	211300 DM

Standorte

30.12.50–04.01.52	Bw Hamm
05.01.52–19.09.67	Bw Hamburg-Wilhelmsburg
20.09.67–23.09.67	Bw Hamburg-Wilhelmsburg Z
24.09.67– 04.68	Bw Hamburg-Rothenburgsort Z
Z-Stellung am:	20.09.67
Ausmusterung (HVB):	12.03.68

Lok-Nr.:	**82007** (082007-6)
Hersteller:	Krupp
Fabrik-Nr.:	2883/1950
Anlieferung:	29.12.50
Abnahme/AW:	17.01.51/Mülheim-Speldorf
Probefahrt:	Speldorf–Opladen u. zur. Datum: 12.01.51
Kaufpreis:	211300 DM

Standorte

17.01.51–08.01.52	Bw Hamm
26.01.52–23.09.67	Bw Hamburg-Wilhelmsburg
24.09.67–31.07.68	Bw Hamburg-Rothenburgsort
01.08.68–05.01.69	Bw Hamburg-Rothenburgsort Z
Z-Stellung am:	01.08.68
Ausmusterung (HVB):	11.12.68
Gesamtlaufleistung:	ca. 600000 km
Zerlegt:	02.69 in: AW Lingen

Lok-Nr.:	**82008** (082008-4)
Hersteller:	Krupp
Fabrik-Nr.:	2884/1950
Anlieferung:	02.01.51
Abnahme/AW:	06.01.51/Mülheim-Speldorf
Probefahrt:	Speldorf–Opladen u. zur. Datum: 04.01.51
Kaufpreis:	211300 DM

Standorte

07.01.51–03.12.51	Bw Hamm
21.12.51–13.02.57	Bw Hamburg-Wilhelmsburg
14.02.57–24.06.60	Bw Emden
25.06.60–17.12.60	Bw Freudenstadt
18.12.60–21.05.66	Bw Altenkirchen
22.05.66–11.11.71	Bw Koblenz-Mosel
12.11.71–27.04.72	Bw Koblenz-Mosel Z
28.04.72– 06.72	ausgemustert abgestellt im Bw Koblenz-Mosel
06.72–27.03.73	AW Lingen/Ems in Aufarbeitung
27.03.73–heute	Denkmal Bf Lingen/Ems
Z-Stellung am:	12.11.71
Z-Stellungsgrund:	Durchgerostete Pendelbleche
Ausmusterung (HVB):	18.04.72

Lok-Nr.:	**82009** (082009-2)
Hersteller:	Krupp
Fabrik-Nr.:	2895/1950
Anlieferung:	06.01.51
Abnahme/AW:	10.01.51/Mülheim-Speldorf
Kaufpreis:	211300 DM

Standorte

10.01.51–23.09.67	Bw Hamburg-Wilhelmsburg
24.09.67–31.10.67	Bw Hamburg-Rothenburgsort
01.11.67–18.07.68	Bw Hamburg-Rothenburgsort Z
Z-Stellung am:	01.11.67
Ausmusterung (HVB):	21.06.68

Lok-Nr.:	**82010** (082010-0)
Hersteller:	Krupp
Fabrik-Nr.:	2896/1950
Anlieferung:	10.01.51
Abnahme/AW:	15.01.51/Mülheim-Speldorf
Kaufpreis:	211300 DM

Standorte

15.01.51–23.09.67	Bw Hamburg-Wilhelmsburg
24.09.67–09.09.68	Bw Hamburg-Rothenburgsort
10.09.68–20.12.70	Bw Hamburg-Rothenburgsort Z
Z-Stellung am:	10.09.68
Ausmusterung (HVB):	27.11.70
Zerlegt:	02.–29.03.72 in: Lübeck-Vorwerker-Hafen durch Fa. Hinrichs

Lok-Nr.:	**82011**
Hersteller:	Krupp
Fabrik-Nr.:	2897/1950
Anlieferung:	18.01.51
Abnahme/AW:	24.01.51/Mülheim-Speldorf
Kaufpreis:	211300 DM

Standorte

25.01.51–20.02.57	Bw Hamburg-Wilhelmsburg
09.04.57–28.02.67	Bw Emden
01.03.67–25.07.67	Bw Emden Z
Z-Stellung am:	01.03.67
Z-Stellungsgrund:	Kesselfrist abgelaufen
Ausmusterung (HVB):	05.07.67
Bemerkungen:	Ab 12.06.65 Reserve (bis Z-Stellung).

Lok-Nr.:	**82012** (082012-6)
Hersteller:	Krupp
Fabrik-Nr.:	2898/1950
Anlieferung:	27.01.51
Abnahme/AW:	02.02.51/Mülheim-Speldorf
Kaufpreis:	211300 DM

Standorte

04.02.51–02.10.58	Bw Hamburg-Wllhelmsburg
03.10.58– 01.59	Bw Hamburg-Wilhelmsburg Z
01.59–22.05.66	Bw Hamburg-Wilhelmsburg
23.05.66–12.10.67	Bw Koblenz-Mosel
13.10.67– 04.68	Bw Koblenz-Mosel Z
Z-Stellung am:	13.10.67
Ausmusterung (HVB):	12.03.68
Bemerkungen:	Unfall im Oktober 1958, deshalb ab 03.10.58 im AW Lingen z-gestellt und im Rahmen einer L3 vom 31.01.59 bis 16.04.59 wiederaufgearbeitet.

Lok-Nr.:	**82013** (082013-4)
Hersteller:	Krupp
Fabrik-Nr.:	2885/1951
Anlieferung:	11.06.51
Abnahme/AW:	16.06.51/Mülheim-Speldorf
Kaufpreis:	211300 DM

Standorte
18.06.51– Bw Hamburg-Wilhelmsburg
– 03.59 Bw Hamburg-Wilhelmsburg Z
03.59–23.09.67 Bw Hamburg-Wilhelmsburg
24.09.67–29.09.68 Bw Hamburg-Rothenburgsort
30.09.68–05.01.69 Bw Hamburg-Rothenburgsort Z
Z-Stellung am: 30.09.68
Ausmusterung (HVB): 11.12.68
Zerlegt: 69 in: Lübeck-Vorwerker-Hafen durch Fa. Hinrichs
Bemerkungen: Unfall, deshalb Z-gestellt und im Rahmen einer L3 vom 06.03.59 bis 15.05.59 im AW Lingen wiederaufgearbeitet.

Lok-Nr.: **82014** (082014-2)
Hersteller: Krupp
Fabrik-Nr.: 2886/1951
Anlieferung: 25.04.51
Abnahme/AW: 05.05.51/Mülheim-Speldorf
Kaufpreis: 211300 DM

Standorte
06.05.51–23.09.67 Bw Hamburg-Wilhelmsburg
24.09.67–06.06.68 Bw Hamburg-Rothenburgsort
07.06.68–23.10.68 Bw Hamburg-Rothenburgsort Z
Z-Stellung am: 07.06.68
Ausmusterung (HVB): 02.10.68
Zerlegt: 70 in: Essen-Rüttenscheid

Lok-Nr.: **82015** (082015-9)
Hersteller: Krupp
Fabrik-Nr.: 2887/1951
Anlieferung: 05.05.51
Abnahme/AW: 09.05.51/Mülheim-Speldorf
Probefahrt: Speldorf–Opladen u. zur. Datum: 08.05.51
Kaufpreis: 211300 DM

Standorte
11.05.51–23.09.67 Bw Hamburg-Wilhelmsburg
24.09.67–02.08.68 Bw Hamburg-Rothenburgsort
03.08.68–05.01.69 Bw Hamburg-Rothenburgsort Z
Z-Stellung am: 03.08.68
Ausmusterung (HVB): 11.12.68
Gesamtlaufleistung: ca. 570000 km
Zerlegt: 01.69 in: AW Lingen

Lok-Nr.: **82016** (082016-7)
Hersteller: Krupp
Fabrik-Nr.: 2888/1951
Anlieferung: 08.05.51
Abnahme/AW: 16.05.51/Mülheim-Speldorf
Kaufpreis: 211300 DM

Standorte
18.05.51–31.08.67 Bw Hamburg-Wilhelmsburg
01.09.67–23.09.67 Bw Hamburg-Wilhelmsburg Z
24.09.67–23.10.68 Bw Hamburg-Rothenburgsort Z
Z-Stellung am: 01.09.67
Z-Stellungsgrund: Unfall
Ausmusterung (HVB): 02.10.68
Zerlegt: 02.69 in: AW Lingen

Lok-Nr.: **82017** (082017-5)
Hersteller: Krupp
Fabrik-Nr.: 2889/1951
Anlieferung: 09.05.51
Abnahme/AW: 16.05.51/Mülheim-Speldorf
Kaufpreis: 211300 DM

Standorte
18.05.51–23.09.67 Bw Hamburg-Wilhelmsburg
24.09.67–20.09.68 Bw Hamburg-Rothenburgsort
21.09.68–20.12.70 Bw Hamburg-Rothenburgsort Z
Z-Stellung am: 21.09.68
Ausmusterung (HVB): 27.11.70
Zerlegt: 02.–29.03.72 in: Lübeck-Vorwerker-Hafen durch Fa. Hinrichs

Lok-Nr.: **82018**
Hersteller: Krupp
Fabrik-Nr.: 2890/1951
Anlieferung: 15.05.51
Abnahme/AW: 21.05.51/Mülheim-Speldorf
Kaufpreis: 211300 DM

Standorte
23.05.51–21.07.66 Bw Hamburg-Wilhelmsburg
22.07.66– 12.66 Bw Hamburg-Wilhelmsburg Z
Z-Stellung am: 22.07.66
Ausmusterung (HVB): 22.11.66

Lok-Nr.: **82019** (082019-1)
Hersteller: Krupp
Fabrik-Nr.: 2891/1951
Anlieferung: 06.06.51
Abnahme/AW: 12.06.51/Mülheim-Speldorf
Kaufpreis: 211300 DM

Standorte
14.06.51–23.09.67 Bw Hamburg-Wilhelmsburg
24.09.67–12.11.68 Bw Hamburg-Rothenburgsort
13.11.68–06.04.69 Bw Hamburg-Rothenburgsort Z
Z-Stellung am: 13.11.68
Ausmusterung (HVB): 03.03.69
Zerlegt: 69 in: Lübeck-Vorwerker-Hafen durch Fa. Hinrichs

Lok-Nr.: **82020** (082020-9)
Hersteller: Krupp
Fabrik-Nr.: 2892/1951
Anlieferung: 07.06.51
Abnahme/AW: 16.06.51/Mülheim-Speldorf
Probefahrt: Speldorf–Remscheid-Lennep Datum: 14.06.51
u. zur.
Kaufpreis: 211300 DM

Standorte
18.06.51–17.12.51 Bw Hamburg-Wilhelmsburg
18.12.51–21.05.66 Bw Altenkirchen
22.05.66–15.09.70 Bw Koblenz-Mosel
16.09.70–03.06.71 Bw Koblenz-Mosel Z
Z-Stellung am: 16.09.70
Z-Stellungsgrund: Rahmen verzogen
Ausmusterung (HVB): 02.06.71
Gesamtlaufleistung: ca. 690000 km
Zerlegt: 04.72 in: Saarbrücken-Schleifmühle

Lok-Nr.: **82021** (082021-7)
Hersteller: Krupp
Fabrik-Nr.: 2893/1951
Anlieferung: 16.06.51
Abnahme/AW: 22.06.51/Mülheim-Speldorf
Probefahrt: Speldorf–Opladen u. zur. Datum: 18.06.51
Kaufpreis: 211300 DM

Standorte
25.06.51–17.12.51 Bw Hamburg-Wilhelmsburg
18.12.51–21.05.66 Bw Altenkirchen
22.05.66–14.01.72 Bw Koblenz-Mosel
15.01.72–26.04.72 Bw Koblenz-Mosel Z
Z-Stellung am: 15.01.72
Z-Stellungsgrund: Frist abgelaufen (L2 erforderlich)
Ausmusterung (HVB): 18.04.72
Zerlegt: 05.73 in: Karthaus durch Fa. Metallum

Lok-Nr.: **82022** (082022-5)
Hersteller: Krupp
Fabrik-Nr.: 2894/1951
Anlieferung: 27.08.51
Abnahme/AW: 03.09.51/Mülheim-Speldorf
Probefahrt: Speldorf–Opladen u. zur. Datum: 29.08.51

Standorte
03.09.51–12.12.51   Bw Hamburg-Wilhelmsburg
14.12.51–24.09.52   LVA Minden
21.03.53–23.09.67   Bw Hamburg-Wilhelmsburg
24.09.67–31.10.67   Bw Hamburg-Rothenburgsort
01.11.67–18.07.68   Bw Hamburg-Rothenburgsort Z
Z-Stellung am: 01.11.67
Ausmusterung (HVB): 21.06.68

Lok-Nr.:   **82 023** (082 023-3)
Hersteller: Henschel
Fabrik-Nr.:   28601/1950
Anlieferung: 13.09.50
Abnahme/AW: 04.10.50/Kassel
Probefahrt: Kassel–Hümme u. zur.   Datum: 19.09.50

Standorte
05.10.50–06.03.51   LVA Minden
07.03.51–18.04.53   Bw Siegen
19.04.53–25.08.53   Bw Letmathe
01.09.53–02.04.68   Bw Emden
03.04.68–15.07.68   Bw Emden Z
Z-Stellung am: 03.04.68
Z-Stellungsgrund: aufwendige L0 erforderlich (33 000 DM)
Ausmusterung (HVB): 21.06.68
Gesamtlaufleistung: ca. 480 000 km
Bemerkungen: Ab 12.06.65 Reserve (bis Z-Stellung).

Lok-Nr.:   **82 024** (082 024-1)
Hersteller: Henschel
Fabrik-Nr.:   28602/1950
Anlieferung: 22.09.50
Abnahme/AW: 10.10.50/Kassel

Standorte
10.10.50–09.04.53   Bw Siegen
10.04.53–26.08.53   Bw Letmathe
27.08.53–30.06.70   Bw Emden
01.07.70–20.03.71   Bw Emden Z
Z-Stellung am: 01.07.70
Ausmusterung (HVB): 23.02.71
Zerlegt: ca. 72
Bemerkungen: Anfang 1972 in Mülheim-Speldorf zur Verschrottung abgestellt.

Lok-Nr.:   **82 025** (082 025-8)
Hersteller: Henschel
Fabrik-Nr.:   28603/1950
Anlieferung: 02.10.50
Abnahme/AW: 13.10.50/Kassel
Probefahrt: Kassel–Hümme u. zur.   Datum: 04.10.50

Standorte
14.10.50–09.04.53   Bw Siegen
10.04.53–23.07.53   Bw Letmathe
21.08.53–29.05.70   Bw Emden
30.05.70–10.10.70   Bw Emden Z
Z-Stellung am: 30.05.70
Z-Stellungsgrund: große Schäden – L3 erforderlich
Ausmusterung (HVB): 22.09.70
Gesamtlaufleistung: 787 800 km
Zerlegt: 71   in: Mülheim-Speldorf

Lok-Nr.:   **82 026** (082 026-6)
Hersteller: Henschel
Fabrik-Nr.:   28604/1950
Anlieferung: 11.10.50
Abnahme/AW: 20.10.50/Kassel

Standorte
21.10.50–06.04.52   Bw Ratingen-West
01.05.52–09.04.53   Bw Siegen
10.04.53–26.08.53   Bw Letmathe
27.08.53–26.07.67   Bw Emden
27.07.67–05.04.68   Bw Emden Z
Z-Stellung am: 27.07.67
Ausmusterung (HVB): 12.03.68

Lok-Nr.:   **82 027** (082 027-4)
Hersteller: Henschel
Fabrik-Nr.:   28605/1950
Anlieferung: 17.10.50
Abnahme/AW: 26.10.50/Kassel

Standorte
27.10.50–13.11.51   Bw Ratingen-West
14.11.51–09.04.53   Bw Siegen
10.04.53–27.07.53   Bw Letmathe
21.08.53–04.04.68   Bw Emden
05.04.68–15.07.68   Bw Emden Z
Z-Stellung am: 05.04.68
Z-Stellungsgrund: aufwendige L0 erforderlich
Ausmusterung (HVB): 21.06.68

Lok-Nr.:   **82 028** (082 028-2)
Hersteller: Henschel
Fabrik-Nr.:   28606/1950
Anlieferung: 20.10.50
Abnahme/AW: 31.10.50/Kassel

Standorte
31.10.50–18.10.51   Bw Ratingen-West
30.11.51–09.04.53   Bw Siegen
10.04.53–25.08.53   Bw Letmathe
26.08.53–14.09.69   Bw Emden
15.09.69–15.01.70   Bw Emden Z
Z-Stellung am: 15.09.69
Ausmusterung (HVB): 03.12.69
Zerlegt: 70   in: Essen-Rellinghausen

Lok-Nr.:   **82 029** (082 029-0)
Hersteller: Henschel
Fabrik-Nr.:   28607/1950
Anlieferung: 25.10.50
Abnahme/AW: 10.11.50/Kassel

Standorte
10.11.50–14.01.52   Bw Bremen-Walle
15.01.52–19.09.67   Bw Hamburg-Wilhelmsburg
20.09.67–23.09.67   Bw Hamburg-Wilhelmsburg Z
24.09.67–   04.68   Bw Hamburg-Rothenburgsort Z
Z-Stellung am: 20.09.67
Ausmusterung (HVB): 12.03.68

Lok-Nr.:   **82 030** (082 030-8)
Hersteller: Henschel
Fabrik-Nr.:   28608/1950
Anlieferung: 01.11.50
Abnahme/AW: 24.11.50/Kassel

Standorte
24.11.50–22.01.52   Bw Bremen-Walle
23.01.52–23.09.67   Bw Hamburg-Wilhelmsburg
24.09.67–31.05.68   Bw Hamburg-Rothenburgsort
01.06.68–23.10.68   Bw Hamburg-Rothenburgsort Z
Z-Stellung am: 01.06.68
Ausmusterung (HVB): 02.10.68
Zerlegt: 70   in: Essen-Rellinghausen, Fa. Arens

Lok-Nr.:   **82 031** (082 031-6)
Hersteller: Henschel
Fabrik-Nr.:   28609/1950
Anlieferung: 09.11.50
Abnahme/AW: 17.11.50/Kassel
Probefahrt: Kassel–Hümme u. zur.   Datum: 10.11.50

Standorte

17.11.50–22.01.52	Bw Bremen-Walle
23.01.52–23.09.67	Bw Hamburg-Wilhelmsburg
24.09.67–23.05.68	Bw Hamburg-Rothenburgsort
24.05.68–23.10.68	Bw Hamburg-Rothenburgsort Z
Z-Stellung am:	24.05.68
Ausmusterung (HVB):	02.10.68
Zerlegt:	02.69 in: AW Lingen

Lok-Nr.: **82 032** (082 032-4)
Hersteller: Henschel
Fabrik-Nr.: 28610/1950
Anlieferung: 23.11.50
Abnahme/AW: 04.12.50/Kassel

Standorte

04.12.50–22.01.52	Bw Bremen-Walle
23.01.52–23.09.67	Bw Hamburg-Wilhelmsburg
24.09.67–03.10.67	Bw Hamburg-Rothenburgsort
04.10.67–23.10.68	Bw Hamburg-Rothenburgsort Z
Z-Stellung am:	04.10.67
Ausmusterung (HVB):	02.10.68

Lok-Nr.: **82 033** (082 033-2)
Hersteller: Esslingen
Fabrik-Nr.: 4969/1951
Anlieferung: 27.08.51
Abnahme/AW: 29.08.51/Esslingen
Probefahrt: Esslingen–Heilbronn u. zur.   Datum: 29.08.51

Standorte

05.03.51–22.09.60	Bw Emden
23.09.60–15.02.61	Bw Emden Z
16.02.61–28.02.70	Bw Emden
01.03.70–20.03.71	Bw Emden Z
Z-Stellung am:	01.03.70
Z-Stellungsgrund:	Tenderwände, Lenkgestelle, L2 erforderlich
Ausmusterung (HVB):	23.02.71
Zerlegt:	ca. 72
Bemerkungen:	Anfang 1972 in Mülheim-Speldorf zur Verschrottung abgestellt.

Lok-Nr.: **82 034**
Hersteller: Esslingen
Fabrik-Nr.: 4970/1951
Abnahme/AW: 02.09.51/Esslingen

Standorte

09.51–19.04.67	Bw Emden
20.04.67–25.07.67	Bw Emden Z
Z-Stellung am:	20.04.67
Z-Stellungsgrund:	L2 erforderlich
Ausmusterung (HVB):	05.07.67

Lok-Nr.: **82 035** (082 035-7)
Hersteller: Esslingen
Fabrik-Nr.: 4971/1951
Anlieferung: 25.09.51
Abnahme/AW: 27.09.51/Esslingen
Probefahrt: Esslingen–Oberlenningen u. zur.

Standorte

28.09.51–29.05.70	Bw Emden
30.05.70–14.07.70	Bw Emden Z
15.07.70–30.07.70	Bw Koblenz-Mosel Z
01.08.70–30.04.72	Bw Koblenz-Mosel
01.05.72–24.08.72	Bw Koblenz-Mosel Z
Z-Stellung am:	01.05.72
Z-Stellungsgrund:	Fahrgestellfrist abgelaufen
Ausmusterung (HVB):	15.08.72

Zerlegt:	02.73 in: Witten durch Fa. Metzger
Bemerkungen:	Grund für die Z-Stellung am 30.05.70: Kesselfrist abgelaufen und Uo erforderlich.

Lok-Nr.: **82 036** (082 036-5)
Hersteller: Esslingen
Fabrik-Nr.: 4972/1951
Abnahme/AW: 10.05.51/Esslingen

Standorte

05.51–15.02.70	Bw Emden
16.02.70–25.07.70	Bw Emden Z
Z-Stellung am:	16.02.70
Ausmusterung (HVB):	24.06.70

Lok-Nr.: **82 037**
Hersteller: Esslingen
Fabrik-Nr.: 4973/1951
Abnahme/AW: 04.12.51/Esslingen

Standorte

12.51–30.11.66	Bw Emden
01.12.66–15.03.67	Bw Emden Z
Z-Stellung am:	01.12.66
Z-Stellungsgrund:	Kesselfrist abgel., neue Rauchkammer nötig
Ausmusterung (HVB):	24.02.67

Lok-Nr.: **82 038** (082 038-1)
Hersteller: Esslingen
Fabrik-Nr.: 5125/1955
Anlieferung: 28.07.55
Abnahme/AW: 01.08.55/Esslingen
Probefahrt: Kornwestheim–Heilbronn u. zur. Datum: 29.07.55

Standorte

04.08.55–18.11.55	LVA Minden
19.11.55–21.05.66	Bw Altenkirchen
22.05.66–29.06.70	Bw Koblenz-Mosel
30.06.70	Bw Koblenz-Mosel Z
01.07.70–04.05.71	Bw Koblenz-Mosel
05.05.71–15.12.71	Bw Koblenz-Mosel Z
Z-Stellung am:	05.05.71
Z-Stellungsgrund:	Kesselpendelblech u. Rahmenquerverbindung durchgerostet
Ausmusterung (HVB):	15.12.71
Zerlegt:	05.72 in: Karthaus durch Fa. Ferrum

Lok-Nr.: **82 039** (082 039-9)
Hersteller: Esslingen
Fabrik-Nr.: 5126/1955
Anlieferung: 04.08.55
Abnahme/AW: 06.08.55/Esslingen
Probefahrt: Untertürkheim–Ulm–Söflingen   Datum: 05.08.55
u. zur.

Standorte

10.08.55–21.05.66	Bw Altenkirchen
22.05.66–09.10.69	Bw Koblenz-Mosel
10.10.69–01.03.71	Bw Koblenz-Mosel Z
Z-Stellung am:	10.10.69
Ausmusterung (HVB):	23.02.71

Lok-Nr.: **82 040** (082 040-7)
Hersteller: Esslingen
Fabrik-Nr.: 5127/1955
Anlieferung: 19.08.55
Abnahme/AW: 22.08.55/Esslingen
Probefahrt: Esslingen–Ulm–Söflingen   Datum: 21.08.55
u. zur.

Standorte
23.08.55–25.05.66 Bw Freudenstadt
23.06.66–10.08.71 Bw Koblenz-Mosel
11.08.71–15.12.71 Bw Koblenz-Mosel Z
Z-Stellung am: 11.08.71/01.09.71 (siehe Bemerkungen)
Z-Stellungsgrund: Entgleisung, schlechter Allgemeinzustand
Ausmusterung (HVB): 15.12.71
Gesamtlaufleistung: ca. 730 000 km
Zerlegt: 05.72 in: Karthaus durch Fa. Ferrum
Bemerkungen: Entgleisung am 11.08.71 im Bhf. Engers mit der
                                        1., 2. u. 3. Achse durch Überfahren der Gleissperre
                                        bei 20–25 km/h.
                                        Z ab 11.08.71 mit rückwirkender Verfügung der
                                        BD Köln vom 01.09.71.

Lok-Nr.:   **82 041** (082 041-5)
Hersteller: Esslingen
Fabrik-Nr.:   5128/1955
Anlieferung: 29.08.55
Abnahme/AW: 31.08.55/Esslingen
Probefahrt: Ulm–Söflingen u. zur.   Datum: 30.08.55

Standorte
02.09.55–31.05.66 Bw Freudenstadt
01.06.66–18.09.67 Bw Koblenz-Mosel
19.09.67–   04.68 Bw Koblenz-Mosel Z
Z-Stellung am: 19.09.67
Ausmusterung (HVB): 12.03.68
Zerlegt: 69 in: Limburg, Fa. Schuy

Die Bauartunterschiede der Neubaulokomotiven auf einen Blick.

Sind die Maschinen aus den Vergaben 1949/50 und 1952 noch durch ihren Versuchscharakter geprägt, so werden bei den folgenden dann die gewonnenen Erfahrungen verwertet. Die zunehmende Verfeinerung der Typen ist offensichtlich.

Zu den verwendeten Abkürzungen (von links nach rechts):

k.V.	kein Vorwärmer	MV 57-P	MV 57-Speisepumpe
OV	Oberflächenvorwärmer	Mfr	Heißdampf-Mehrfachventilregler
MVC	Mischvorwärmer Henschel MVC	Efr	Heißdampf-Einfachventilregler
MVT	Mischvorwärmer Henschel MVT	Db.	Dampfbläser Bauart Gärtner
Heinl	Mischvorwärmer Bauart Heinl	Stoß	verstärkte Zug- und Stoßeinrichtungen
MV 57	Mischvorwärmer Bauart MV 57	Ind	Induktive Zugsicherung
Str.p.	Nichtsaugende Strahlpumpe DB	Gl	Gleitlager
Fried.	Strahlpumpe Friedmann ASZ	Rl	Rollenlager
KSV	Knorr-Speisepumpe mit Ventilsteuerung	Rück	verbesserte Rückstellung der Lenkgestelle
KT 1	Knorr-Tolkien-Speisepumpe	Steu	verbesserte Steuersäule
Turbo	Henschel-Turbospeisepumpe	Fh.verb.	verbessertes Führerhaus
Heinlp.	Heinl-Mischvorwärmerspeisepumpe	Dr.gest.	Tender-Drehgestelle verstärkt

Vergabe	St.	Bestellte Loks	Fabriknummern		Kessel												Rahmen				Laufwerk			Triebwerk	Führerhaus	Tender
				k.V.	OV	MVC	MVT	Heinl	MV 57	Str.p.	Fried.	KVS	KT 1	Turbo	Heinlp.	MV 57-P	Mfr	Efr	Db.	Stoß	Ind	Gl	Rl	Rück	Rl	Steu	Fh.verb.	Dr.gest.
1950		23001–015	Henschel 28611/50–28625/51		X					X	X					X						X					
		65001–013	Krauss-Maffei 17661/50–17673/51		X					X	X					X						X					
		82001–012	Krupp 2877/50– 2884/50 und 2895/50– 2898/50	X						X	X					X						X					
		013–022	Krupp 2885/51– 2894/51		X					X	X					X						X					
		023–032	Henschel 28601/50–28610/50	X						X	X					X						X					
	65	033–037	MF Esslingen 4969/51– 4973/51	X						X	X					X						X					
1952		23016–023	Jung 11471/52–11478/52		X					X			X	X		X						X					
	10	024–025	Jung 11838/53–11839/53			X				X		X				X					X		X	X	X		
1953		23026–029	Jung 11966/54–11969/54		X					X	X					X						X	X		X	X	
		030–043	Henschel 28530/54–28543/54		X					X	X					X						X	X		X	X	
		044–052	Krupp 3179/54– 3187/54		X					X	X					X						X	X		X	X	
		65014–018	Krauss-Maffei 17893/55–17897/56				X			X		X				X						X	X		X	X	
		66001–002	Henschel 28923/55–28924/55				X			X		X				X		X	X		X	X	X		X	X	
	38	82038–041	MF Esslingen 5125/55– 5128/55				X			X		X				X						X					
1954		23053–064	Krupp 3441/55– 3452/55 (Tender von Esslingen)					X		X		X				X					X		X	X	X	X	X
	18	065–070	Jung 12131/55–12136/55					X		X		X				X					X		X	X	X	X	X
1955		10001–002	Krupp 3351/57– 3352/57					X		X		X				X	X	X			X		X	X	X	X	X
	8	23071–076	Jung 12506/56–12511/56					X		X		X				X				X	X		X	X	X	X	X
1956		077–080	MF Esslingen 5205/57– 5208/57					X		X		X				X	X	X			X		X	X	X	X	X
		23081–092	Jung 12751/57–12762/58 (-086: 1957, 087–1958)					X		X		X				X	X	X			X		X	X	X	X	X
	29	093–105	Jung 13101/59–13113/59						X			X				X	X	X			X		X	X	X	X	X
	168	davon Esslingen 13, Henschel 41, Jung 51, Krauss-Maffei 18, Krupp 45																									

Literaturübersicht

Bücher

Arbeitsgemeinschaft Dieselschienenverkehr: Dieselfahrzeuge im Schienenverkehr – eine vergleichende Betrachtung gegenüber Dampf- und elektrischer Zugförderung, Darmstadt und Köln 1954

Arbeitsgemeinschaft für Ausbildungsmittel (Hrsg.): Dampflokomotivkunde (= Band 134 der Eisenbahnlehrbücherei der DB), Starnberg 1959 (2. neu bearbeitete Auflage)

Düring, Theodor, Dipl.-Ing.: Die deutschen Schnellzugdampflokomotiven der Einheitsbauart – BR 01 bis 04, Stuttgart (Franckh) 1979

Ebel, Jürgen und Gänsfuß, Rüdiger: Franco-Crosti – Technik und Geschichte der Baureihen 42^{90} und 50^{40}, Erlangen (Lok Report), 1980

Griebl, Helmut und Wenzel, Hansjürgen: Geschichte der deutschen Kriegslokomotiven, Wien (Slezak) 1971

Heinrich, Peter, Einheitslokomotiven 1950, Erlangen (Lok Report), 1974

Henschel-Lokomotivtaschenbuch, Ausgabe 1952, Kassel 1952 (ohne Autor)

Herb, Manfred und Knipping, Andreas und Wenzel, Hansjürgen: Die Triebfahrzeuge der Deutschen Bundesbahn im Jahre 1950, Freiburg 1978

Holzborn, Klaus-D.: Moderne Dampflokomotiven, Band 1, Neubaudampflokomotiven, München 1981

Knipping, Andreas: Die Triebfahrzeuge der Deutschen Bundesbahn und ihre Heimatbetriebswerke, Stand 31.12.1958, Krefeld 1976

dito, Stand 31.12.1962, Krefeld 1974

Konzelmann, Peter: Die Baureihe 41, Wuppertal 1975

Messerschmidt, Wolfgang: 1C1 – Entstehung und Verbreitung der Prairie-Lokomotiven, Stuttgart (Franckh), 1966

Niederstraßer, Leopold: Leitfaden für den Dampflokomotivdienst, 8. Auflage, Frankfurt 1954

Niederstraßer, Leopold: Die 1'C1'h2-Personenzuglokomotive 23 105 (= Eisenbahnen und Museen, Monographien und Mitteilungen, Folge 18), Karlsruhe 1976

Niederstraßer, Leopold und van Kampen, Manfred: Auszüge aus dem Betriebsbuch der 23 105. (= Eisenbahnen und Museen, Monographien und Mitteilungen, Folge 19), Karlsruhe 1977

Niederstraßer, Leopold: Die 1'C2'h2-Personenzug-Tenderlokomotive 66 002 (= Eisenbahnen und Museen, Monographien und Mitteilungen, Folge 15/16), Karlsruhe 1976

Quellmalz, Jürgen: Die Baureihe 05, Freiburg (Eisenbahn-Kurier), 1978

Röhr, Gustav (Hrsg.): Bespannungsübersicht für alle Schnell- und Eilzüge der DB, Sommerfahrplan 1955, Krefeld o.J.

dito, Sommerfahrplan 1961, Krefeld o.J.

Röhr, Gustav (Hrsg.): Die Triebfahrzeuge der Deutschen Bundesbahn und ihre Heimat-Betriebswerke, Stand Ende 1966, Krefeld 1967

dito, Stand Ende 1969, Krefeld 1970

dito, Stand Ende 1970, Krefeld 1971

dito, Stand Ende 1971, Krefeld 1972

dito, Stand Ende 1972, Krefeld 1973

dito, Stand Ende 1973, Krefeld 1974

dito, Stand 31.12.1974, Krefeld 1975

dito, Stand 31.12.1975, Krefeld 1976

dito, Stand 31.12.1976, Krefeld 1977

dito, Stand 31.12.1977, Krefeld 1978

Röhr, Gustav (Hrsg.): Die Triebfahrzeuge der Deutschen Bundesbahn und ihre Heimatbetriebswerke, Stand Ende 1967 und Umzeichnungsplan der Deutschen Bundesbahn 1968, Krefeld 1978

Schröder, Arno: Die Baureihe 38, Solingen 1972

Van Kampen, Manfred und Wenzel, Hansjürgen: Die Baureihe 03^{10}, Freiburg (Eisenbahn-Kurier), 1978

Weisbrod, Manfred und Müller, Hans und Petznick, Wolfgang: Dampflokarchiv 1, Baureihen 01 bis 39, Berlin 1976

Weisbrod, Manfred und Müller, Hans und Petznick, Wolfgang: Dampflokarchiv 3, Baureihen 60 bis 96, Berlin 1978

Wenzel, Hansjürgen: Die Baureihe 39, Solingen 1971

Wenzel, Hansjürgen: Die Baureihe 94, Solingen (Eisenbahn-Kurier), 1973

Zehn Jahre Wiederaufbau 1945–1955, Darmstadt 1955 (ohne Autor)

Zeitschriften und andere Periodika

Dampfgeführte Reisezüge der DB. Verschiedene Ausgaben 1968–1974, Wuppertal (Eisenbahn-Kurier)

Deutsche Bundesbahn – Kursbuch-Gesamtausgabe, Verschiedene Ausgaben 1950–1981, Mainz

Die Bundesbahn, verschiedene Ausgaben 1949 bis 1960, Köln

Die Lokomotivtechnik, verschiedene Ausgaben 1948 bis 1960, Rheine

Eisenbahn-Kurier, Verschiedene Ausgaben 1968–1982, Wuppertal, Solingen, Freiburg

Eisenbahntechnische Rundschau, verschiedene Ausgaben 1953 bis 1965, Darmstadt

Eisenbahn-Revue, verschiedene Ausgaben 1978 bis 1982, München, Baden-Baden

Glasers Annalen, verschiedene Ausgaben 1947 bis 1965, Berlin

Kölner Schienenverkehr, Verschiedene Ausgaben 1963–1968, Köln

LOK-Report, Verschiedene Ausgaben 1972–1982, Erlangen, Münster

Münsterscher Eisenbahnreporter, Verschiedene Ausgaben 1970–1971, Münster

Die Schwarzwaldbahn, Verschiedene Ausgaben 1973–1977, Stuttgart, München

Zollerbahn-Echo, Verschiedene Ausgaben 1975/76, Balingen

In Zeitschriften erschienene Abhandlungen

Die Deutsche Bundesbahn im Jahre 1949, erschienen in »Jahrbuch des Eisenbahnwesens 1949«, Hamburg 1950 (ohne Autor)

Die Ölhauptfeuerung bei der Dampflok in der Praxis, erschienen in »Die Lokomotivtechnik« 10/59, Rheine (ohne Autor)

Düring, Theodor, Dipl.-Ing.: Nochmals Baureihe 23, erschienen in »Eisenbahnrevue« 6/81 und 1/82, Baden-Baden

Ewald, Kurt: Das Beugniot-Gestell, erschienen in »Glasers Annalen« 7/64, Berlin

Flemming, Friedrich, Dipl.-Ing.: Neue Dampflokomotiven der Deutschen Bundesbahn, erschienen in »Die Bundesbahn« 1950, Köln

Flemming, Friedrich, Dipl.-Ing.: Die Fortentwicklung der Dampflokomotive bei der Deutschen Bundesbahn seit 1945, erschienen in »Die Bundesbahn« 1951, Heft 12, Köln

Frydag, Karl, Dipl.-Ing. und Hanko, Hans, Dipl.-Ing.: Über die technische Entwicklung der Lokomotive in der Bundesrepublik Deutschland seit 1945, erschienen in »Eisenbahntechnische Rundschau« 10/56, Darmstadt

Gottwaldt, Alfred B.: Die letzten deutschen Personenzuglokomotiven, erschienen in Lok Magazin 38, 39, 40, Stuttgart (Franckh), 1969/70

Holz, Johannes: Vorwärmeranlagen für Dampflokomotiven (Mischvorwärmer), erschienen in »Die Lokomotivtechnik« 10 und 11/53, Rheine

Klingensteiner, Josef und Ebner, Ernst: Der Zugförderungsdienst im Fahrplanjahr 1970/71, erschienen in »Die Bundesbahn« 1 und 2/71, Köln

Klüsche, Wilhelm, Dipl.-Ing.: Die elektrische Zugförderung der Deutschen Bundesbahn. Stand und Aussichten, erschienen in »Jahrbuch des Eisenbahnwesens 1951«, Köln 1952

Löhr, Friedrich, Dipl.-Ing.: Von der Reparatur zur Pflege der Dampflok, erschienen in »Die Bundesbahn« 1952, Köln

Löttgers, Rolf: 82 im Westerwald, erschienen in »Lok Magazin« 108 (1981), Stuttgart (Franckh)

Lüdecke, Frank und Holzborn, Klaus-D.: Die Baureihe 23 der DB, erschienen in »Eisenbahn-Revue« 4/78 und 1/79, München

Maedel, Karl-Ernst: Abschied von der Baureihe 10, erschienen in LOK Magazin 25/1967, Stuttgart (Franckh)

Ostendorf, Rolf und van Kampen, Manfred: 2'C1'h3 Schnellzuglokomotive BR 10 der Deutschen Bundesbahn, erschienen in »Eisenbahn 5/57« (ständige Beilage der Modelleisenbahn) (Wien)

Pfeifer, Johannes, Dipl.-Ing.: Der Werdegang einer Lokomotive, erschienen in »Die Lokomotivtechnik« 7/54 und 9/54, Rheine

Recker, E., Dr.-Ing.: Wiederaufbau der Reichsbahnanlagen im Vereinigten Wirtschaftsgebiet, erschienen in »Die Bundesbahn« April 1949, Köln

Rühmann, Jürgen: Die Baureihe 10, erschienen in »Eisenbahn-Kurier« 2/75, Solingen

Scheffer, Dr. R. Th.: Die Ölfeuerung bei Dampflokomotiven der Deutschen Bundesbahn, erschienen in »LOK Magazin« 4/63, Stuttgart (Franckh)

Schimmeyer, Werner: Die Hochleistungsloks 10001 und 10002, erschienen in »Lok Report« 7/80, Erlangen

Schmundt, Hans, Dipl.-Ing.: Güterzuglokomotiven im Schnellzugdienst, erschienen in »Glasers Annalen« 10/1954, Berlin

Schöningh, Paul, Dr.-Ing. habil; Die neue 2C1h3-Schnellzuglok Baureihe 10 der DB, erschienen in »Lokomotiv- und Werkstättentechnik« 1958

Sechs Jahre Wiederaufbau, Sonderausgabe »Die Bundesbahn«, Köln 1951 (ohne Autor)

Stieler, C., Dr.-Ing.: Die Schweißtechnik im Dienste des Fahrzeugbaues und des Oberbaues, erschienen in »Jahrbuch des Eisenbahnwesens 1951«, Köln 1952

Wenzel, Hansjürgen: Dreißig Jahre Baureihe 82, erschienen in Eisenbahn-Kurier 3/81 und 4/81, Freiburg

Witte, Friedrich, Dipl.-Ing.: Die neue Dampflokomotive Baureihe 23 der Deutschen Bundesbahn, erschienen in »Die Lokomotivtechnik« 1/51, Rheine

Witte, Friedrich, Dipl.-Ing.: Die Lokomotiv-Baureihen 65 und 82, erschienen in »Die Lokomotivtechnik« 5/51, Rheine

Witte, Friedrich, Dipl.-Ing.: Eh2t Güterzuglokomotive, Baureihe 82 der DB, erschienen in »Glasers Annalen« 7/51, Berlin

Witte, Friedrich, Dipl.-Ing.: 25 Jahre Bau von Einheitslokomotiven, erschienen in »Jahrbuch des Eisenbahnwesens 1951«, Köln 1952

Witte, Friedrich, Dipl.-Ing.: Die Dampflokomotiven auf der Deutschen Verkehrsausstellung 1953, erschienen in »Die Lokomotivtechnik« 8/53, Rheine

Witte, Friedrich, Dipl.-Ing.: Die neuen Baugrundsätze bei der Entwicklung der seit 1945 gebauten Dampflokomotiven und ihre Anwendung auf die 1'C1'h2-Personenzuglokomotive Reihe 23, erschienen in »Eisenbahntechnische Rundschau« 8 und 9/53, Darmstadt

Witte, Friedrich, Dipl.-Ing.: Neue Dampflokomotiven Baureihe 66, erschienen in »Die Lokomotivtechnik« 10/55, Rheine

Witte, Friedrich, Dipl.-Ing.: Saugzuganlagen bei Dampflokomotiven der DB, erschienen in »Die Lokomotivtechnik« 1/56, Rheine

Witte, Friedrich, Dipl.-Ing.: Neue Dampflokomotive Baureihe 66 der DB, erschienen in »Eisenbahntechnische Rundschau« 4/56, Darmstadt

Witte, Friedrich, Dipl.-Ing.: Vom Bau der Dampflokomotive Reihe 10, erschienen in »Die Lokomotivtechnik« 7/56, Rheine

Witte, Friedrich, Dipl.-Ing.: Wälzlager an Dampflokomotiven und ihre Behandlung im Betrieb, erschienen in »Die Lokomotivtechnik« 7 und 8/56, Rheine

Witte, Friedrich, Dipl.-Ing.: Die neuen Dampflokomotiven-Reihen 66 und 10 der Deutschen Bundesbahn, erschienen in »Glasers Annalen« 11/56, Berlin

Witte, Friedrich, Dipl.-Ing.: Der Weg der Dampflokomotive im Bereich der DB, erschienen in »Die Lokomotivtechnik« 12/56, Rheine

Witte, Friedrich, Dipl.-Ing.: Zur Diensterleichterung auf Dampflokomotiven, erschienen in »Die Lokomotivtechnik« 9 und 10/57, Rheine

Witte, Friedrich, Dipl.-Ing.: Die Dampflokomotiven der Deutschen Bundesbahn im Rahmen des Strukturwandels, erschienen in »Eisenbahntechnische Rundschau« 11 und 12/58, Darmstadt

Witte, Friedrich, Dipl.-Ing.: Der Strukturwandel und die Dampflokomotiven der DB, erschienen in »Die Lokomotivtechnik«, Heft 1–4/59, Rheine

Witte, Friedrich, Dipl.-Ing.: Der Heißdampf-Ventilregler bei DB-Dampflokomotiven, erschienen in »Die Lokomotivtechnik« 7/59, Rheine

Wolff, Adolf, Dipl.-Ing.: Die 2'C2'h3-Schnellzuglokomotive 05003 der Deutschen Reichsbahn, erschienen in »Glasers Annalen« 2/47, Berlin

Wolff, Adolf, Dipl.-Ing.: Die Speisewasservorwärmung bei Dampflokomotiven, erschienen in »Glasers Annalen« 6/47, Berlin

Dienstvorschriften und Protokolle der Deutschen Bundesbahn

Merkbuch für die Schienenfahrzeuge der Deutschen Bundesbahn, Dampflokomotiven und Tender (Regelspur), Gültig vom 1.7.1953 an, DV 939a, Minden/Köln 1953, Dazu: Nachtrag 2, Gültig vom 1.10.1960 an

Merkbuch für die Schienenfahrzeuge der Deutschen Bundesbahn Brennkrafttriebfahrzeuge einschl. zugehöriger Steuer-, Mittel- und Beiwagen, Gültig vom 1. Januar 1970 an, DV 939C, Minden/Köln 1969

Beschreibung der Dampflokomotive für schweren Schnellzugdienst, Baureihe 10, Ausgabe vom Oktober 1960, DV 93024, Minden 1960

Beschreibung der 1'C1'h2-Personenzuglokomotive mit Schlepptender Baureihe 23 der Deutschen Bundesbahn bis Betriebsnummer 23052, DV 93082, Minden/München 1953

Beschreibung der 1'D2'h2-Personenzugtenderlokomotive Baureihe 65 der Deutschen Bundesbahn bis Betriebsnummer 65018, DV 93085, Minden 1956

Beschreibung der 1'C2'h2-Personenzugtenderlokomotive Baureihe 66 der Deutschen Bundesbahn, DV 93025, Minden 1956

Beschreibung der Eh2-Güterzugtenderlokomotive Betriebsgattung Gt 55[18] – Reihe 82 der Deutschen Bundesbahn, DV 93083, Minden 1951

Gegendruckbremse für Dampflokomotiven (BR 82), DV 93089b, Minden 1955

Beschreibung der Mischvorwärmeranlage Bauart Henschel MVT, DV 999373/2, Minden 1955

Zweistufige Luftpumpen Bauart Tolkien, Ausgabe April 1955, DV 999350, Minden 1955

Beschreibung der Mischvorwärmeranlage Bauart Henschel MVR, DV 999373, Minden 1954

Die Mischvorwärmeranlage Bauart 1957, Ausgabe 1958, DV 999388, Minden 1958

Die Ölfeuerung bei Dampflokomotiven, DV 999393, Minden 1960

Abkürzungsverzeichnis der Bahnhöfe und Betriebsstellen, Gültig ab 26. Mai 1974, 210.2103 Za (Abk), o.O. 1974

Übersichten über die Verwendbarkeit der Triebfahrzeuge auf den Strecken der Bundesbahndirektion Hannover u. die zulässigen Geschwindigkeiten der Triebfahrzeuge, Gültig vom 1.1.1961 an, DV 941/I Han. o.O. 1961

Vorschriften für den Betrieb auf der Steilstrecke Baiersbronn–Freudenstadt Hbf im Bezirk der Bundesbahndirektionen Karlsruhe und Stuttgart. Gültig vom 26.9.1971 an, DV Kar 166, Karlsruhe 1971

Verzeichnis der Reichsbahn-Ausbesserungswerke der Deutschen Reichsbahn im Vereinigten Wirtschaftsgebiet, Geschäftsjahr 1948, W 03, Minden o.J.

Die Ausbesserungswerke der Deutschen Bundesbahn, Geschäftsjahr 1957, W 03, Minden o.J.

Einheitliche Kennzeichen der Triebfahrzeuge – Umzeichnungsliste, Heft 1: Dampflokomotiven. Stand Juni 1967. 2. Auflage, o.O., o.J.

Buchfahrpläne verschiedener Fahrplanperioden und Bundesbahndirektionen

Deutsche Reichsbahn/Deutsche Bundesbahn: Niederschrift der Sitzungen des Fachausschusses Lokomotiven

  Nr. 1 am 11. und 12. Mai 1948 in Göttingen,
        2 am 27. und 28. Juli 1948 in Finnentrop,
        3 am 19., 20. und 21. Oktober 1948 in Hammersbach,
       2a am 1. Februar 1949 in Niederdollendorf,
        4 am 5. und 6. April 1949 in Kirchheim/Teck,
        5 am 7. und 8. September 1949 in Volkach,
        6 am 18. und 19. Oktober 1949 in Wertheim,
        7 am 17., 18. und 19. Juli 1951 in Marburg/Lahn,
        8 am 18., 19., 20. und 21. Dezember 1951 in Maulbronn,
        9 am 5., 6. und 7. Mai 1952 in Neustadt/Weinstraße,
      10 am 25. und 26. Februar 1954 in Mainz,
      11 am 2. und 3. Dezember 1954 in Würzburg,
      12 am 6., 7. und 8. Juli 1955 in Minden/Westf.,
      13 am 13. und 14. Dezember 1955 in Stuttgart,
      14 am 7. und 8. Juni 1956 in Essen,
      15 am 25. und 26. April 1957 in Schwerte,
      16 am 12. und 13. Februar 1958 in Freudenstadt,
      17 am 9., 10., 11. und 12. Dezember 1958 in Mainz,
      18 am 2., 3. und 4. Juni 1959 in Minden/Westf.,
      19 am 24. März 1960 in München und
      20 am 18. und 19. April 1961 in Esslingen

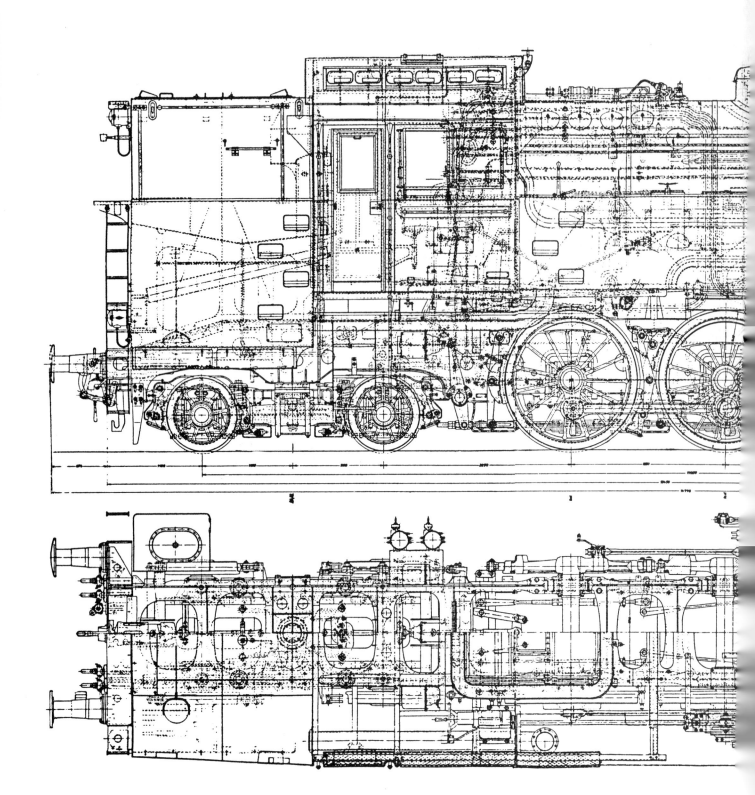